海昏侯墓
出土文物研究

主　编　徐长青
副主编　管　理　杨　军　王意乐　蔡保全

科学出版社

北　京

内 容 简 介

　　本书系国家社科基金重大委托项目子课题海昏侯墓出土文物研究的阶段性发掘和研究成果，由主持考古发掘与文物保护的主要人员参与编撰。主要内容涉及海昏侯国遗址与海昏侯墓的考古背景、海昏侯墓出土文物研究，以及出土文物的科学技术检测与分析等，是海昏侯墓出土文物及相关研究的最集中展现，其中漆木器、玉器文物发布了大量最新材料，图文并茂，丰富了阶段性研究的内容。

　　本研究成果涵盖传统考古学、文物保护学、历史学、科技考古、环境考古、中医药考古等相关专业内容，适合考古与文物保护、博物馆、历史研究等专业人员及高等院校相关专业学生参考阅读。

图书在版编目（CIP）数据

海昏侯墓出土文物研究/徐长青主编；管理等副主编.—北京：科学出版社，2023.6

　ISBN 978-7-03-075771-5

　Ⅰ．①海…　Ⅱ．①徐…②管…　Ⅲ．①汉墓‐出土文物‐研究‐南昌‐西汉时代　Ⅳ．①K878.84

中国国家版本馆CIP数据核字（2023）第103587号

责任编辑：王琳玮/责任校对：邹慧卿
责任印制：霍　兵/封面设计：金舵手世纪

科 学 出 版 社 出版

北京东黄城根北街16号
邮政编码：100717
http://www.sciencep.com

北京汇瑞嘉合文化发展有限公司印刷
科学出版社发行　各地新华书店经销

*

2023年6月第　一　版　　开本：787×1092　1/16
2024年4月第二次印刷　　印张：24 1/2
字数：600 000

定价：360.00元
（如有印装质量问题，我社负责调换）

目 录

上 篇 发现发掘篇

第一章 发现 \ 003
第二章 发掘 \ 019

中 篇 侯国藏珍篇

第一章 金器 \ 037
第二章 玉器 \ 062
第三章 青铜器 \ 102
第四章 漆木器 \ 150
第五章 简牍 \ 218
第六章 陶瓷 \ 276

下 篇 科技考古篇

第一章 主椁室粮库植物遗存检测与分析 \ 287
第二章 北藏椁内青铜器及其埋藏环境 \ 292

第三章　主椁室青铜器制作工艺初步分析　　　　　　　　　\　301

第四章　木质文物材质分析　　　　　　　　　　　　　　　\　315

第五章　古墨检测研究　　　　　　　　　　　　　　　　　\　325

第六章　中药炮制品"地黄"研究　　　　　　　　　　　　\　332

第七章　"医工五禁汤"命名考辨　　　　　　　　　　　　\　349

第八章　海昏侯墓出土马蹄金、麟趾金内嵌物的分析研究　　\　356

第九章　车马坑鎏金青铜当卢铜、锡元素迁移变化研究　　　\　370

后记　　　　　　　　　　　　　　　　　　　　　　　　　\　386

上篇—发现发掘篇

第一章　发　　现

第一节　海昏史迹

一、海昏侯国历史

海昏侯国位于西汉豫章郡境内，侯国都城遗址位于今江西省南昌市新建区铁河乡与大塘坪乡交界处观西村老裘村民小组一带。

海昏侯国前后历经四代海昏侯，一直延续到东汉。第一代海昏侯为汉废帝刘贺，因其先后经历王、帝、侯三重身份而成为历史上具有传奇色彩的人物。刘贺的父亲是汉武帝刘彻的第五子——刘髆。公元前97年，刘髆被封为昌邑王（封地在今山东省巨野县一带），也是西汉历史上首位昌邑王。公元前88年，刘髆去世，谥号哀，史称昌邑哀王。公元前86年，刘贺继承王位，成为第二代昌邑王。公元前74年，汉昭帝刘弗陵驾崩，因无子嗣继承皇位，霍光便迎十九岁的昌邑王刘贺继承大统，"受玺"，登天子位。但刘贺"受玺以来二十七日，使者傍午，持节诏诸官署征发，凡千一百二十七事"，"失帝王礼谊"，"乱汉制度"[1]。霍光以不堪重任为由，废黜刘贺，并将他送回封地山东昌邑。削其王爵，监视其行动，赐汤沐邑二千户。废除昌邑国，改设山阳郡。刘贺从继位至被废黜仅仅二十七天，史称汉废帝[2]。

在山阳郡昌邑故宫，刘贺终日战战兢兢，意志消沉，深居简出。公元前63年，汉宣帝继位十年后，确认"贺不足惧"，对皇权不再构成威胁。遂念及"骨肉之亲"，下诏将刘贺改封至豫章，为海昏侯，食邑四千户。自此，刘贺重获爵位，成为第一代海昏侯，海昏侯国建立。但刘贺属于"嚚顽放废之人，不宜得奉宗庙朝聘之礼"[3]。数年，扬州刺史柯上书朝廷，说刘贺想做"豫章王"，于是又被削去三千户封邑。公元前59

---

① 《汉书·霍光传》，中华书局，2000年。
② 《汉书·武五子传》，中华书局，2000年。
③ 《汉书·宣帝纪》，中华书局，2000年。

年，刘贺去世，葬于海昏侯国墎墩山墓园。

刘贺有子嗣刘充国、刘奉亲、刘代宗等十一男、十一女。就国豫章被封为海昏侯五年后去世。本应由长子刘充国继承侯位，但刘充国还未来得及受封就去世，不久刘奉亲也去世。汉朝廷认为这是天意要绝海昏侯一族，便废除了海昏侯国。直到公元前49年，刘贺的另一个儿子刘代宗，被新继位的汉元帝重新封为海昏侯，即海昏釐侯（也作海昏僖侯）。海昏釐侯刘代宗传位给儿子海昏原侯刘保世，刘保世传位给儿子刘会邑。王莽篡汉后，海昏侯国再一次被废除。之后刘秀兴复汉室，史称东汉，刘会邑也被恢复为海昏侯。此后，并无关于海昏侯国及海昏侯家族的史料记载。东汉末年，建昌县从海昏县分立而出，此时"海昏侯国"已被废黜[①]。历经一百余年的海昏侯国遂湮没在历史的沧海之中。

二、海昏县沿革

1. 海昏含义

"海昏"的含义与海昏县及海昏侯国有着密切的联系，然而并没有相关文献对"海昏"二字的含义做出解释。近年来有些学者对此主要有以下两种观点。

一种观点认为，"海"曾用于表示湖，这里应特指鄱阳湖；"昏"字的甲骨文字形如一个将太阳压在手下的人，本义指黄昏，推测表示"西方"。因此"海昏"即表示"鄱阳湖西边"[②]。另一种观点认为，"海"是指高山湖泊，这里指位于北潦河源头的高山湖泊；"昏"指水患、沉沦的意思。汉朝廷在北潦河源头设立海昏县的目的在于治理潦水流域[③]。此外，王子今、辛德勇、赵明、王泽文、刘新光等学者也对"海昏"进行了阐释。

2. 海昏县与海昏侯国

关于海昏县，《汉书·地理志》记载海昏县为豫章郡十八县之一，位于今江西省北部偏西，彭蠡湖之西。

关于海昏县治，据康熙十四年版《建昌县志》载："故海昏县治在芦潭东北二里

① 许怀林:《江西史稿》，江西高校出版社，1993年。

② 黎传绪:《解说海昏国》，《中学历史教学》2008年第7期。

③ 应宗强:《汉代海昏侯考辨》，香港文艺出版社，2016年，第319页。

许。"即在今永修县吴城镇西五十里许的芦潭，豫章郡治之北一百六十里。据《水经注》记载，潦水流经海昏县城，且县城位于潦水分流处附近。潦水下游分为两个支流，一支注入修水，另一支即为今天的蚂蚁河，经过海昏侯国都城，注入铁河，最终注入赣江。海昏县的位置和范围大致包括今新建、永修、安义、靖安、奉新和武宁等县区[1]。

汉代的诸侯国多以其所在的郡县命名。西汉在海昏县境内设立海昏侯国，都城位于今南昌市新建区铁河乡紫金城遗址所在地。海昏侯国撤销之后，所属土地依然归于海昏县。

因而，海昏县与海昏侯国属于两个不同的体系。海昏县是汉代郡县制的产物，是为方便管理而设置的行政区划，海昏县城为行政中心；海昏侯国则是分封制的产物，供王室成员居住、生活。侯国不干预所在县的管理，海昏县为侯国提供日常生活所需。"秦汉之制，列侯封君食租税，岁率户二百。千户之君则二十万，朝觐聘享出其中。"[2]海昏侯依照制度在侯国享受待遇。

海昏县自西汉设立以来，一直延续到东汉。东汉年间，海昏县分立出建昌县和新吴县，并于修水与潦水交汇处设立永修县。东汉末年，在修水中游地区又设立了西安县。随着同时期海昏侯国的没落，海昏县的核心也由位于潦水下游的紫金城转移至潦水中上游地区。三国时期，东吴孙策曾以海昏县为中心，将周围的六个县划为一区，并以海昏为治所[3]。由于永修、建昌位于潦水和修水流域的重要节点，可以控制这两条河流经的区域，因此在政治、军事上的地位越来越突出。而海昏县则由此没落，于南朝宋元嘉二年（425年）并入建昌县[4]。

第二节 考古缘起

汉代海昏侯国遗址包括墎墩海昏侯刘贺墓园、紫金城城址以及周边历代海昏侯墓园和贵族墓地等，其发现及考古是一个漫长的历程。由于墎墩海昏侯墓园发现之前主要以

---

① 刘新光：《说"海昏"》，《光明日报》2016年5月14日第11版。
② 《汉书·货殖传》，中华书局，2000年。
③ 赵明：《西汉海昏县境域与建昌地望的变迁》，《江西社会科学》2021年第3期；温乐平：《西汉海昏县名称由来与地理范围考证》，《中国史研究》2020年第4期。
④ 许怀林：《江西史稿》，江西高校出版社，1993年。

抢救性保护和考古调查为主，对遗址的认识有限；而海昏侯墓的发现，在短短几年之内推动了相关遗址的考古和研究进程。考古范围由小到大，由局部到整体。随着考古研究工作的逐渐深入，汉代海昏侯国遗址的面貌也更加完整、清晰地呈现在人们面前。

对海昏侯国遗址的调查与记录始于20世纪五六十年代[①]。1982年，江西省组织全省文物普查，对江西省范围内的城址进行了实地调查，并对调查结果进行详细记录，其中包括新建县"昌邑古城遗址"，即现在的紫金城内城、苏家山墓园遗址。综述中不仅对城址和墓园的历史文献进行了研究，还详细描述了城址和墓园的形态、布局和现状。除此之外，对城址外城也有简要描述，并最终认定为"昌邑城址"[②]。虽然当时的调查结论与现在的研究成果并不一致，但仍然是最早对汉代海昏侯国遗址进行记录与保护的过程，也为后续的考古研究工作提供了依据。

1985年8月，该处城址与墓园被分别命名为"紫金城城址"与"铁河古墓群"，列入新建县第二批县级文物保护单位。1985年12月10日被南昌市公布为第一批市级文物保护单位。1987年12月28日被江西省人民政府公布为第三批省级文物保护单位。2013年5月，"紫金城城址与铁河古墓群"被国务院公布为第七批全国重点文物保护单位（图1-1-1）。

图1-1-1　紫金城城址与铁河古墓群保护标志石碑

---

①　柏泉、红中：《江西新建昌邑古城调查记》，《考古》1960年第7期。

②　李科友：《江西古代文明探索》，江西科学技术出版社，1998年。

2011 年，位于紫金城城址西南墎墩山上的一座古墓遭到盗掘（当时墎墩山尚未被公布为全国重点文物保护单位）。在国家文物局的批复下，江西省文物考古研究所会同南昌市博物馆、新建县博物馆等单位开始进行抢救性考古发掘。这将汉代海昏侯国遗址重新带入人们的视野，并一度成为焦点。同时开始对墎墩墓及周边 5 平方千米的区域进行全面、系统的考古调查和勘探，并确定了紫金城城址的范围。此后，在国家文物局的统一指导下，江西省文物考古研究所联合全国诸多考古科研、文物保护单位，对墎墩海昏侯墓园进行有计划发掘，发现墓园墙、排水和道路系统、门、门阙及各式陵表建筑基址、墓葬等遗迹，并开展了科学保护①。

考古出土青铜器、漆木器、金玉器、纺织品、简牍、彩绘漆棺、陪葬马车、钱币等一万余件（套）②。数量、品类之多均创我国汉墓考古之最。

第三节　文保理念③

南昌汉代海昏侯国的考古启动发掘至今已超过十年。十多年来，在国家文物局和江西省委、省政府的指导下，考古工作者贯彻"一流发掘、一流保护、一流展示"总方针，将海昏侯国遗址的考古、出土文物保护、展示利用有机结合，取得重大收获。考古成果获得2016年度"全国十大考古新发现""田野考古二等奖""考古资产与文物保护金尊奖"等考古和文物保护奖项，2019年还摘得"世界田野考古大奖"桂冠。 在2016年首届中国考古学大会上，时任国家文物局局长刘玉珠同志把海昏侯考古项目称赞为"堪称考古工作的典范"④，代表了新时期中国考古学的发展方向。考古成果为科学研究、考古遗址公园建设和博物馆展陈奠定了坚实基础。2016年，江西师范大学联合江西省文物考古研究院、南昌汉代海昏遗址管理局、北京大学、西北大学等单位以"海昏侯墓考古发掘与历史文化资料整理研究"为题获得国家哲学社会科学基金重大委

① 江西省文物考古研究所、首都博物馆：《五色炫曜——南昌汉代海昏侯国考古成果》，江西人民出版社，2016年。

② 江西省文物考古研究所、南昌市博物馆、南昌市新建区博物馆：《南昌市西汉海昏侯墓》，《考古》2016年第7期。

③ 徐长青：《全新的理念，引领海昏侯墓发掘成为当今中国考古典范》，《江西画报（南昌汉代海昏侯国考古专辑）》，2016年；徐长青：《海昏侯墓考古及文物保护理念》，《首届中国考古学大会会志》，科学出版社，2018年。

④ 刘玉珠在2016年河南郑州召开的首届中国考古学大会上致辞。

托项目课题立项。综合研究由此全面展开，学术成果不断深化。是什么原因促使海昏侯国遗址考古取得如此骄人的成果呢？关键是考古与文物保护的理念创新。

第一，海昏侯国遗址考古坚决贯彻执行国家文物局田野考古操作规程和大遗址考古工作要求，以聚落考古的思路从大遗址角度来开展考古和保护工作。在发现墓葬遭到盗掘后，没有马上发掘，而是先对墓葬周边历史环境开展全方位调查，在约20平方千米范围先进行大面积的普探、重点区域精探，最后对墓葬进行发掘。普查、勘探时，首先发现了一座基本完整的海昏侯墓园；在解剖这座墓园的同时，拓展勘探了周边的遗存，基本确认了另外3座历代海昏侯墓园及一系列高等级贵族墓地；之后对海昏侯国都城即紫金城城址进行了勘探。在调查之初大量使用地球物理探测系统、GPS定位、电子全站仪布网，通过建立的9000多个监控点，搭建了覆盖整个海昏侯国遗址的考古调查、勘探地理信息系统；通过虚拟布方，明晰了每个发掘单位的空间位置，确保在发掘过程中每一个堆积单位和出土遗物都有属于自己的三维坐标（图1-1-2）。在摸清这些墓园和侯国都城基本情况后，重点对海昏侯刘贺墓葬进行发掘。经历5年的努力，一座布局完整的海昏侯国聚落遗址得到认识，迄今国内结构最清晰的列侯墓园得到清理，海昏侯刘贺的前世今生逐渐进入视野。

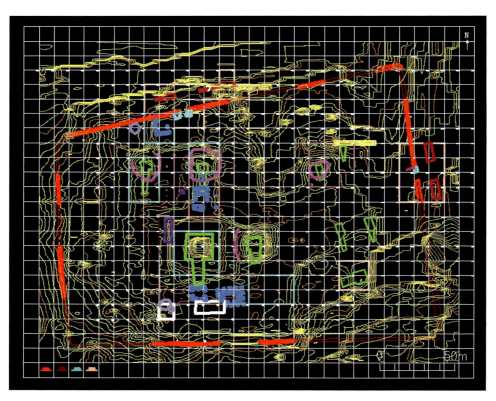

图1-1-2　海昏侯国遗址考古地理信息系统图

第二，坚持方案预案先行的理念。由于发掘过程漫长，发掘期间受季节、天气、外部环境影响巨大，墓壁裂隙、坑底渗水、坑壁微生物繁殖等不可预见性问题时常暴露，人身安全、文物安全、现场遗迹安全始终是考古队重点关注的问题。为此，对于墓葬本体、墓壁加固，文物提取、运输，特别是主椁室清理、主棺吊运、有机质文物的现场维护、提取、保护，以及文物库房、临时文物工作站和安防消防等，考古队首先编制针对性的方案预案，经由现场专家组讨论修改，再报请国家文物局批复，然后由考古队具体实施。在这些过程中，包括文物提取、包装运输、文物库房、安防消防等方案预案超过20项。完善的文物保护方案，严谨的操作流程，保证了考古过程针对性强、程序规范、风险可控、效果最优。比如主椁室墓壁保护问题。由于刘贺墓墓室面积近400平方米，墓深达8米，墓壁陡直，局部还有积沙层，地下水渗漏引起墓壁的可能坍塌对考古人员和现场文物造成极大安全隐患。为此，专家组多次组织岩土专家和文保专家现场勘查、论证、反复研讨，提出了"监测、治水、减负"的总原则。为适合南方地区土壤特点，果断放弃了最常使用墓壁支护临时方案和锚杆加固墓壁方案，创新使用了钢架支护、钢网兜护的全新方案（图1-1-3）。同时，强化了墓壁的水分控制措施，避免土壤过度失水或饱水造成墓壁裂隙或坍塌。还设立红外监测点，对墓壁细微变化进行系统监测。这个方案实施后至今，墓壁没有发生坍塌现象，人员进出墓室方便自如，文物拍摄和搬运也安全高效，而具有可逆性的钢架支护对后续的整体保护措施更具操作性。

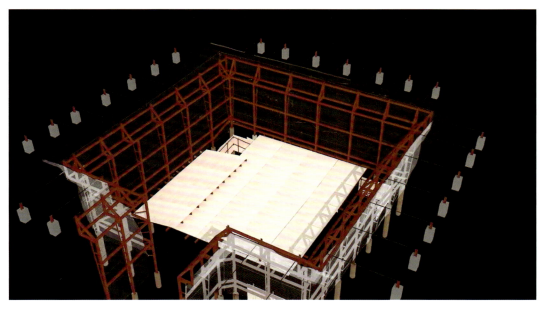

图1-1-3　海昏侯墓墓壁支护结构图

　　第三，坚持精细化发掘，始终把考古资料提取和文物安全放在首位的理念。2015年初，考古发掘进入主椁室即将开启的关键时刻，国家文物局派遣信立祥、张仲立、王亚蓉、吴顺清、胡东波等组成考古与文物保护专家组长期驻扎考古现场。在发掘过程中精益求精，以"慎之又慎，确保万无一失"为目标，坚持现场文物保护第一、现场安全第一的工作思路。正确处理好现场提取和异地实验室清理的关系。在现场，每一件文物都有出土位置，每一组遗存相互关系都得到充分体现。而在考古现场难以提取的脆弱质文物，采用套箱套取的办法，将泥土和文物整体套取到实验室进行清理。湖北荆州文物保护中心负责竹木漆器和有机质文物的提取和保护。总共有100多箱这类文物被套取到实验室进行精细化考古，科学揭示了文物埋藏的内在关联，有效保护了脆弱质文物，相较于野外考古更加细致，还降低了保护与发掘的矛盾。比如在竹简清理过程中，考虑到竹简是脆弱质文物，且现场保存状况差、堆积情况复杂，在发掘现场我们经过反复论证、科学预判，非常及时地将这批珍贵的竹简进行了提取（图1-1-4）。

图1-1-4　海昏侯墓考古现场文物清理

　　在提取过程中，工作人员根据现场竹简分布的具体情况，确定以保存竹简的完整性为主要原则，将原整体提取方案改为分四个区域进行，提取后的竹简在现场第一时间进行了保湿、防霉、防光、防高温等临时性简单技术处理，之后整体打包运送至工作站。在工作站室内清理过程中，采用了国内领先的多种科技手段，在剥离前进行了三维扫描及三维影像重建，保存了大量竹简的三维影像资料，确保竹简清理工作过程直观可逆。清理工作在确定基线、划分区域的基础上，按照竹简的叠压摆放顺序对竹简进行剥离，剥离过程中一方面注重竹简基础资料的收集，另一方面采用了正射影像同步绘图技术，大大提高了竹简绘图记录的效率及准确性。经过半年多的辛苦努力，顺利完成竹简的剥离工作，成功剥离出竹简5200余枚，为海昏侯考古留下极为珍贵的资料。至于出土的大量金器上面的文字，也是采用了非常精细的清洗、科学的研判才发现的。为了保护文物的本体安全和文物的安全，我们对整个发掘现场的车马坑和所有祔葬墓以及刘贺主墓，都加盖了大型临时性保护大棚，既有效降低了风吹日晒雨淋对埋藏文物的影响，又满足了安全的防护要求（图1-1-5）。

图1-1-5　海昏侯墓主墓保护大棚

发掘至主椁室核心部位，针对棺内遗存堆积层次复杂、遗物品种丰富、有机质文物容易劣化的特点，专家组决定将刘贺主棺吊运至室内清理。为了将刘贺主棺水平状态吊离墓室，采用临时性钢架行车和轨道相结合的方式，垂直起吊主棺、水平搬运至文物保护房，将文物倾斜、震动威胁降至最低。距离工地约1000米处新建的4800平方米大型文物保护用房，为出土文物的精细化清理、临时保护、科学研究提供了保障。中国社会科学院考古研究所主持了实验室考古清理。刘贺主棺、刘充国主棺等重要遗存得到精细化清理。120台大功率空调和除湿机满足了所有库房的恒温恒湿条件。载重达20吨的行车解决了巨型棺椁的平稳搬运、挪腾。实验室同时配备充氮低氧舱及文物低氧保存装置，有效控制了文物的保存环境，对文物的防霉、防虫等方面起到了积极的调控效果（图1-1-6）。

图 1-1-6　海昏侯文物保护用房

　　第四，高度重视高科技手段的应用，及时、准确地记录和提取文物信息，实现了发掘现场全程数字化、影像化、科学化。发掘全过程采用田野考古数字测绘、航空遥感考古、考古现场四维数据采集、田野考古延时信息记录等数字化技术。在调查和发掘前期，大量使用地球物理探测、GPS定位、电子全站仪布网测控、全球地理信息系统（GIS）记录等科技手段，将调查资料完整信息化，初步建立起海昏侯国遗址的地理信息系统。陕西十月公司全程进行了数字化采集和记录。在发掘过程中，阶段性运用三维激光扫描技术、结构光扫描技术和摄影测量技术等进行记录工作，其中三维扫描采用超高精度毫米级别扫描仪，在力求还原文物细节的同时能够对文物进行标准色彩三维数据的存档。在主墓室发掘阶段，采用适合现场情况的长久性自动延时摄影系统，成像效果单帧不小于4000万像素，该系统可以自动记录考古发掘的全阶段连贯影像，高速回放几个月工作过程，无须进行后期烦冗的编辑整理工作。视频完整记录发掘过程细节，为考古现场数字化采集提供全程可回溯的信息基础，由此建立延时摄影数据管理系统。既确保了最真实留存的文物信息，又便于快速制图，快速分析，节省了大量绘图时间，还对现场遗存的分析判断提供了前瞻性引导，为文化遗产的保护展示带来全新方式。例如，墓室回廊部分，面对个体大小不一、堆积层次无序的文物，全部采取逐层清理逐层扫描的方式，全程跟踪发掘，全程记录，最大限度地记录了遗迹遗物的历史，为后期的实体复原和数字化复原展示提供严谨翔实的基础资料（图1-1-7）。海昏侯墓长久延时摄影自动数字记录项目荣获2018年第二届国际数字遗产最佳实践案例竞赛入围奖。在文物清理过程中，采用了高光谱、多光谱技术，解决了肉眼和一般技术手段无法识别的难题，如对孔子衣镜上的图像及数字的释读，为后期的修复及复原提供可靠保障。数字化技术的运用，为文物展示利用提供真实、可靠、清晰、可交互的发掘场景，大大提升了考古工作和遗产保护展示的科技含金量。

图1-1-7　海昏侯墓数字化记录

第五，高度重视跨学科合作，重视人才培养。为保证发掘研究的权威性、规范性，与全国十多家高校和文物保护机构进行长期合作，既强化了对文物的现场提取，也把合作延伸到实验室，取得单纯依靠田野考古无法达到的效果。国家文物局专家组五位成员长期坚持在一线指导工作，一些重大现象还临时邀请国内其他专家重点研讨（图1-1-8）。江西省文物考古研究院先后组织专业技术人员20多人参与工作，全省范围内有近百位地方文博干部接受了轮训，而国内的其他高校也有近百名博士、硕士参与了发掘保护工作。

正是因为有上述明确的技术路线、较为先进的工作理念，才使得海昏侯国遗址的考古与文物保护得到学术界和社会的广泛认同。

图1-1-8　海昏侯墓地考古专家学术研讨会

第四节　公共传播①

　　湮没了两千年的海昏侯刘贺墓,凭借其独特的考古价值和历史文化魅力,一经报道,迅速吸引了海内外各界人士的目光。各方媒体与媒体人对海昏侯刘贺墓的持续关注、考古界的密切配合和细致工作,揭示出海昏侯刘贺墓令人瞠目的历史、科学价值,在对南昌及江西古老往昔的追溯与宣扬中,整个过程悬念迭生,堪可直呼全民"追剧"。这部"大剧"的精彩一一呈现后,海昏侯刘贺墓发掘过程与成果的大众报道及传播,也被称誉为"公众考古的一个范例"。

　　318年,海昏侯刘贺墓所在彭蠡泽及鄡阳平原(今南昌北部墎墩山周边均在此范围)发生了一次破坏力极大的地震,导致海昏侯刘贺墓椁室发生局部坍塌;唐宋时期,随着气候变暖,鄱阳湖面积扩大,水位上升,墓圹被淹,椁板坍塌。泥水包裹、氧气隔绝,海昏侯刘贺墓也因祸得福,大量珍贵文物得以完整保存下来,亦有效避免了历史上多次盗墓的侵扰。

　　2011年3月23日,南昌市新建县大塘坪乡观西村群众举报有处大墓发现了盗洞,

---

　　①　徐长青、曹柯平:《海昏侯刘贺墓:公众考古的一个范例》,《南方文物》2017年第1期。

江西省文物考古研究所时任所长樊昌生，当即安排人员前去查看情况。据地方文献记载，铁河乡一带曾是海昏侯刘贺家族生活过的地方，考古与文保人员也曾多次在这一带参与过打击盗墓活动。接到任务的第二天一早，副研究员杨军成为第一个进入海昏侯刘贺墓的考古人员，此后一直负责该墓葬的发掘工作，这一坚持就是将近10年。

从2011年4月15日至2015年10月31日，历时近5年时间，数十位考古工作者在海昏侯刘贺墓周围共勘探约400万平方米，发掘面积达到1万平方米。经过2015年11月开始启动的主椁室发掘系列宣传，海昏侯刘贺墓逐步向大众揭开了它的神秘面纱。11月4日，中共江西省委宣传部联合江西省文化厅（省文物局）召开新闻通报会，以《南昌西汉海昏侯墓前一阶段考古发掘工作基本情况介绍》为题向社会正式发布了重大信息。由于当时考古工作者还没有找到墓主人为刘贺的确凿证据，所以通报会着重介绍了该墓的科学发掘历程，已探明的罕见的西汉列侯墓园布局、墓室结构，初步辨识的珍贵文物，如编钟、车马器、雁鱼灯、漆器、五铢钱等，并对未来大遗址保护与长远考古发掘予以展望。一时间各路媒体争相报道。宣传造势、营造氛围成为宣传的主旋律，社会公众随着众媒体的牵引而日益聚集起盎然兴致。大家最关心的事情主要集中在10余吨的五铢钱、最早的青铜火锅、最早的酿制白酒的蒸馏器等。尤其是11月14日，墓葬之主椁室发掘正式开启，以重量级电视、电台滚动连线直播为第一强大推进力，以地方报纸、新锐媒体微博和博客对社会的全面覆盖为助攻，在主椁室北回廊新发现的金光灿烂的马蹄金、麟趾金、金饼，再次锁定了公众的眼球。而关于这些金器与巨量的五铢钱、最早的火锅、最早的蒸馏器等背后的历史、文化故事，加上墓主人是否真的为刘贺也顺势成为2015年11月17日至12月16日蜂拥到江西省博物馆参观"南昌西汉海昏侯墓考古发掘成果展"的20多万观众口中最津津乐道的话题。如果我们把2015年11月4日到12月16日视作海昏侯刘贺墓公众考古的第一个阶段，那么在这个阶段，公众考古的特征就表现为考古人向媒体提供即时性的发掘成果，突出展现的是单个文物的价值，媒体代表公众对其中的某些考古内容热烈关注。这种碎片式消息的发布，经过街谈巷议式的累积，呈几何级数飙升了海昏侯刘贺墓考古发现的影响力。学术引导渐入佳境。2015年12月16日，随着墓主棺柩吊运和室内实验室考古工作开始，海昏侯刘贺墓的公众考古也随之进入第二个阶段，即跟踪报道、巩固成果阶段。考古专家开始引导舆论从文物本身，朝着墓主身份、海昏侯国物质文化特点进行比较深入、系统的宣传。专家们反复强调的是：发掘所揭示的以某代西汉海昏侯和侯夫人墓为中心的祠堂、寝、厢房和墓园墙，以及道路与排水系统等各类地面建筑基址、甲字形墓穴、回字形椁室及回廊形藏阁内清晰的功能区划，对复原西汉列侯葬制和园寝制度价值巨大。

　　墓葬出土的一万余件文物，形象再现了西汉时期高等级贵族的生活，具有极高的历史价值、艺术价值和科学价值。其中大量工艺精湛的错金银、包金、鎏金车马器、乐器和图案精美的漆器，显示出西汉时期手工业高超的工艺水平。其时，各方媒体继续对新的重大发现保持着高度的热情，如精致玉器，绘有孔子、孔门弟子图像的衣镜，简牍文字等。央视新闻、凤凰卫视、地方有线电视、民间媒体（爱奇艺、搜狐视频）等皆予以密切跟踪报道。像爱奇艺视频对墓主棺柩搬移的直播，就有30487人次在线观看。考古学作为一门科学，之所以能够揭示从人的诞生，到不同文化或文明发生发展的科学事实及其原理、规律，其原因在于具有由细微的考古细节而推知历史真相的正确方法。海昏侯刘贺墓考古，自始至终把第一时间最大程度获取文物信息当作总目标。当墓主棺柩迁移到室内进行实验室考古后，考古工作人员不但向世人展示了多学科合作精细考古的技术、方法，还不失时机地把运用的新科技、新方法作为文物保护服务的理念推向极致。地球物理探测、GPS定位、电子全站仪布网测控、全球地理信息系统（GIS）记录；高光谱、多光谱、X射线探伤、低氧链仓发掘、检测；全程数字化、影像化、科学化记录等，亦成为广大公众不再陌生隔阂的语汇。考古学承担起引领时代潮流的任务。经过对墓主棺柩科学发掘，考古人终于获得了有关墓主人的关键性证据——刘贺的玉印，并提取到刘贺的遗骸DNA。至2016年3月2日，共计441组件珍贵文物的"五色炫曜——南昌汉代海昏侯国考古成果展"在北京首都博物馆开展（图1-1-9），即适时公布了一直被议论纷纷的墓主身份。

图1-1-9　海昏侯墓考古成果展

到此刻，考古工作抽丝剥茧的严谨和科学性得到圆满证明。一条具有标志意义的微博是@央视新闻发出的"南昌西汉海昏侯墓主人身份确定为第一代海昏侯刘贺"。因这条微博引发了公众对刘贺身世的大讨论，令"考古不是盗墓，是一门科学"成为公众的普遍共识。《人民日报》以《海昏侯墓，为何如此受关注》《海昏侯墓，江西怎样打好这张牌》《海昏侯墓，一个新的开始》等进行了连续递进式深度发问。新华社、光明日报等中央权威媒体也进行了密集报道。在"五色炫曜——南昌汉代海昏侯国考古成果展"爆棚京城的同时，考古人员以海昏侯刘贺墓考古发掘亲历者身份在北京大学、中国人民大学、故宫博物院、中国社会科学院历史所、清华大学、首都博物馆等国家顶级学术机构密集演讲。另外，由江西教育出版社于国内首家（2015年12月）推出的《发现海昏侯》（《江西晨报》编撰），还有二十一世纪出版集团推出的《千古悲摧帝王侯——海昏侯刘贺的前世今生》（黎隆武著），都迅速在社会上引起强烈反响。2016年1月13日，海昏侯刘贺墓发掘荣获号称中国考古学界"奥斯卡奖"的"中国考古六大新发现"（2015年度）。这一事件，恰好为自2015年12月16日肇始的海昏侯刘贺墓公众考古的第二阶段画上了句号。在这个阶段，由于学术的引导，大众对海昏侯刘贺墓发掘的评论从热闹的围观，渐渐趋向理性与平和深化成果规划先行。海昏侯刘贺墓的发掘，复原了西汉列侯埋葬制度，再现了西汉物质文化生活，补益了传奇人物刘贺的真实形象。获得年度"中国考古六大新发现"后，海昏侯刘贺墓的考古工作又先后摘取"中国考古学会田野考古二等奖"（2016年5月14日）、"中国十大考古新发现"（2016年5月16日）、"首届考古资产保护金尊奖"（2016年5月23日）等桂冠。这几乎一举囊括了中国考古学界的各项荣誉。《江西日报》为此以《海昏侯墓，当今中国科学考古的典范》为题，重点概括了海昏侯考古的科学理念。在首都博物馆举办的"五色炫曜——南昌汉代海昏侯国考古成果展"也盛况空前，为期三个月的展览，接待海内外观众42万人次。由于人们高涨的参观热情，展期延后了24天。与之同节奏，是高层面学术会议的召开和政府力量的介入。早在2015年12月23日，来自中国考古学会秦汉考古专业委员会的40余位专家就聚集南昌，召开"秦汉考古视野下的汉代海昏侯墓地考古及其意义学术研讨会"，对考古发掘、文物保护给予了高度评价。另一个经过精心筹划，参与学科更加广泛的"南昌海昏侯墓发掘暨秦汉区域文化国际学术研讨会"，则于2016年4月16日在南昌江西师范大学举行。数十位文物界、历史界的专家对出土的文物进行了讨论，并形成阶段性研究论文，结集出版《纵论海昏》，这代表海昏侯刘贺墓公众考古已然进入第三个阶段。国家文物局和江西省委、省政府高度重视海昏侯刘贺墓的考古工作，制定了"一流的考古、一流的保护、一流的展示"总方针，要求把该墓发掘、保护和研究好。 江西省文化厅、江西省文物局，始终坚持"保护为主、抢救第一、合理利用、加强管理"的文物工作原则，大力推进考古与保护、展示工作，除了积极出面协调发掘中遇到的问题，还在关键节点、重要时段，指导宣传方案策划，帮助媒体多角度、多手段、广覆盖地报道好重大发现和成果。正是因为各级政府部门的高屋建瓴，海昏侯刘贺墓考古进展顺利，并取得重大成果，海昏侯国遗址的保护、利用、开发也迅速提上议事日程。

2016年6月7日，江西省人民政府宣布"南昌汉代海昏侯国遗址管理局"正式成立，并制订了建设国家考古遗址公园、申报世界文化遗产的目标。公众考古服务社会，海昏侯刘贺墓由发掘到展示宣传，考古人员把严谨的工作、科学的思辨、丰富的展示，有计划、分步骤地向社会公布、展示，让观众的疑团、困惑得到及时解答和消除。而从及时召开多学科共同探讨此墓价值的学术大会，到政府倡导运作整体、宏伟的海昏侯国遗址保护、利用规划，亦彰显出公众考古事业以海昏侯刘贺墓为契机，宣传江西深厚的历史文化底蕴，增强人民群众的文化归属感、自信心，造福江西的美好愿景。

公众考古涉及考古研究与公众之间的关系与沟通，也涵盖了考古发掘和文化遗产对现代社会的作用及影响。当我们把考古资源自觉融入公共性文化资源的一部分时，科学发掘和研究就成为发挥资源价值的基础部分，而如何阐发、合理利用考古资源的社会价值则成为公众考古的另一重大命题。目前的中国公众考古实践，尽管形式多样、内容丰富，但主要停留在学科知识普及的浅表层面。海昏侯刘贺墓发掘为公众考古提供了一个新模式，即公众、专家与政府的良性互动而形成的效应扩展模式。伴随着考古发掘逐步展开，考古信息亦源源不断地向社会传播与共享，公众关注、讨论乃至反复"围观"新发现。进而专家及时推出更新的研究成果并对公众进行学术引导，政府在保障发掘的同时，与专家共同统筹宣传方案、学术研讨，助力公众热情与兴趣及持续开展文化产品创造、实施文化遗产长期保护工程。这一模式，使海昏侯刘贺墓的公众考古实践在更广阔的社会层面形成了多维度的良性互动，产生了更为巨大的社会效应，从而在现有条件下尽可能拓展考古资源的价值。

第二章　发　　掘^①

第一节　紫金城城址

　　1982年文物普查时发现新建县铁河垦殖场南面的陶家山有一座与历史记载大体相符的长方形城址，另外还发现舒家山土城在铁河垦殖场偏西约1千米的地方有一座墓园。1985年将此处城址及墓园命名为紫金城城址与铁河古墓群，并列入新建县第二批县级文物保护单位。之后紫金城城址与铁河古墓群逐步被列为市级、省级文物保护单位，直至2013年5月由国务院公布为第七批全国重点文物保护单位。

　　2011年起，考古人员正式对墎墩海昏侯墓及其墓园进行发掘，并逐步对其周围进行考古调查和勘探，发现并确认了紫金城城址。2015年，陕西龙腾、洛阳潓华都河、安阳华夏考古等勘探公司对紫金城城址及周边进行了勘探。在城址西部除墎墩海昏侯墓园外，发现多处汉代墓葬；南部除原有铁河古墓群外，也存在多处古墓葬。至此，紫金城城址与铁河古墓群以及包括海昏侯墓园在内的众多古墓葬群，共同构成了全国重点文物保护单位"紫金城城址与铁河古墓群"遗址（图1-2-1）。

　　"紫金城城址与铁河古墓群"遗址，包括紫金城城址和铁河古墓群两部分。其中铁河古墓群是指与海昏侯国遗址相关的古墓葬，包括墎墩海昏侯墓园及城址周围的墓群分布区。

　　紫金城城址中心地理坐标为东经116°25′15″、北纬28°51′28″，海拔22～45米。为海昏侯国都城城址所在地，平面略呈方形（东南部内凹），长2037 、宽1759米，总面积约3.6平方千米（图1-2-2）。

　　城址东部、北部濒临鄱阳湖，地势低洼；南部为水稻田；西部丘陵山冈相连。城

　　① 江西省文物考古研究所、首都博物馆：《五色炫曜——南昌汉代海昏侯国考古成果》，江西人民出版社，2016年；江西省文物考古研究所、南昌市博物馆、南昌市新建区博物馆：《南昌市西汉海昏侯墓》，《考古》2016年第7期。海昏侯遗址系列勘探、大遗址保护规划、申报国家考古遗址公园资料。

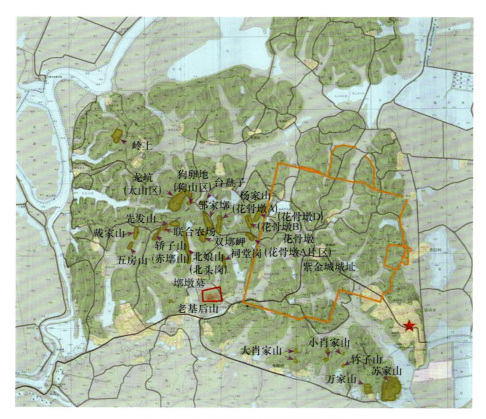

图1-2-1　海昏侯国遗址重要遗存分布图

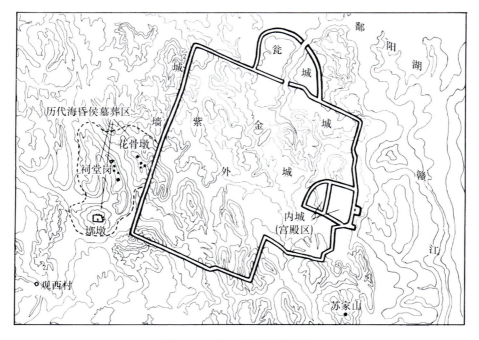

图1-2-2　紫金城城址平面图

内丘陵连绵，交通蜿蜒，凭水路相通。城址四面均有城墙，城墙遗存大部分地面可见，仅东南部城址被铁河乡镇区的住宅区占压、破坏，护城河围绕在城墙外侧。

城址分内城和外城，内城位于城址内东部，东城墙与外城城墙共享。内城平面近长方形，东西最长约403、南北最宽约345米，面积约14万平方米。城墙较高大，外围有护城河环绕。自身布局相对独立、完整，构成一个相对独立的空间。内城由东、西两个小城组成，墙体堆筑而成，共发现9处缺口。

内城之东城形制较规整，20世纪调查时即已发现。平面大致呈南北向长方形，局部护城河依然可见，宽2～5米。城内发现两组较大规模的房址，考古推测为汉代大型的高台式宫殿建筑。同时发现了集中分布的石块。由此判断，东城应为紫金城城址的宫殿区（官署区）。

内城之西侧小城规模稍小，未发现建筑遗存，但也应是城址的核心区之一。

外城规模宏大，整体大致呈方形，东南部内凹。根据现状调研和考古探查成果初步估算，南北向最长约2062、东西向最长约1934米。城墙总长约7516米，为双重墙体，墙体利用自然地势堆筑而成，具有"大随自然、小有规则"的建造方式。内层城墙较为高大，高度、厚度均大于外层城墙。两重墙体间距7.2～28米。经勘探，共发现47处城墙墙体缺口，分布于城址各个方向。推测这些缺口包含城门以及沟通城内外水系的水门。护城壕沟位于双重城墙以外，目前考古勘探已确定东城墙和南城墙外的壕沟两处，北城墙与西城墙外的壕沟分布以及长度与宽度等情况有待考古工作进一步确定。

前期勘探，城址内发现文化遗迹560多处。初步确定有墓葬、房址、夯土基础、河道、道路、窑址、灰坑、砖瓦堆积等多种遗迹现象。其中，外城范围内发现15处房址，分布于城内北部和南部。除房址外，还发现河道21条，平面多呈长条形，内外城均有分布。城址四面均有城门，有些地方设有水门，沟通城内外水系。在临近水系的位置，还发现多处码头或疑似码头的遗迹，证明了城址内部与外部，特别是与鄱阳湖水系的整体关系。

一系列的考古勘探，初步明确了紫金城城址的范围、平面形制、城址的防御体系、城墙布局、结构与修筑方式。

铁河古墓群主要位于城址外西侧及南侧。

西侧目前已发现墎墩墓、花骨墩、邹家墎、双墎岬、祠堂岗、北头岗、太山区、扁山区、台盘子、松树山、联合林场、戴家山、杨家山、老基后山、五房山、岭上等20个墓葬区。其中墎墩墓经考古发掘，发现由墓园园墙围合，内由主墓、车马坑、寝殿等墓园建筑组成，并出土大量珍贵文物。考古发掘研究证明，墓园中的一号墓是西汉第一代海昏侯刘贺墓。

在城址西侧约 3 平方千米的范围内陆续发现了 19 处墓群，各墓群墓葬数量、规模、等级各不相同。据考古研究推测，墓群分为不同的等级。其中花骨墩、祠堂岗、邹家塅、双塅岬 4 处墓群为后代海昏侯的墓葬区；北头岗、太山区、扁山区、松树山、联合林场、戴家山、杨家山、老基后山、岭上、赤岸山等 12 个墓群为贵族及平民墓地。台盘子、五房山还未勘探，无法确定其规模和等级。

城址南侧的苏家山墓园位于铁河乡镇区东南端的一处独立岗地上，墓园四周依山势建有园墙。岗地南北长约 300、东西宽约 200、高约 30 米，面积约 6 万平方米。经考古勘探，共发现遗迹 51 处，其中有明显可见的大小墓葬 46 座，绝大多数是汉墓，文化堆积 2 处、砖遗迹 3 处。墓园四周依山势建有高耸墓园墙，墙体为夯实。顶部宽 1～6、底部宽 12～20 米。墓园墙局部高 8 米以上，断面可见陶片、瓦砾等。园墙外围有人工开挖的水沟环绕，形如护城河。

在此之后，经考古调查，又在城址的南侧发现除苏家山墓园外，还存在其他墓群，包括万家山、竹子山、大鼓山、柯家山、帅家岗、罗城山、郭家山墓群。

紫金城城址为汉海昏侯国都城，建造年代明确，历史背景清楚。保存完整，筑城风格独特，是汉代侯国城市建设和发展研究的重要历史资料。就其选址而言，紫金城城址北望鄱阳湖，西邻蚂蚁河，所在区域水资源丰富，城内林木葱郁，形成独特的生态景观环境，展现了古人与自然同生共息的思想。汉代海昏侯国遗址科学、合理的选址，不仅确保了城市生活、生产水源，还保证了城市的安全，并且充分利用了近水筑城的经验，体现出"高毋近旱而水用足，下毋近水而沟防省"（《管子·度地》）的营国理念。既提高了城市防护能力，又充分利用岗地间的河道，解决交通之需。就其防御系统而言，因地制宜、利用岗地形成防御系统的观念在迄今为止发现的汉代城址中具有代表性。城垣、城门在地形基础上加以修整，采用双城墙、护城河、角台等防御设施形成整体防御体系，为研究秦汉时期城市防御体系及城墙建造技术提供了重要实例。在此基础上修建了护城河、角台、马面等防御设施，形成了完整的防御体系。城内利用自然山脉水体，形成相互贯通的水路，并与鄱阳湖水系相连（图 1-2-3）。紫金城城址的选址、建城方式、因地制宜的防御观念，都表现出高超的建设科技水平。城垣、城门及城内交通等建设都充分利用了自然地形地貌，对自然岗地、水体加以修整形成了完备的防御体系。这些都为我国秦汉时期城市研究提供了重要实例。

图 1-2-3　海昏侯国都邑环境地貌

第二节　墓　园①

据文献记载，西汉列侯墓建有墓园。此前仅陕西西安张安世墓考古发现有墓园，但它是以兆沟为墓园四界。同为列侯等级，刘贺墓园与张安世墓园近似，但更加完善

———————

　①　江西省文物考古研究所、首都博物馆：《五色炫曜——南昌汉代海昏侯国考古成果》，江西人民出版社，2016 年；江西省文物考古研究所、南昌市博物馆、南昌市新建区博物馆：《南昌市西汉海昏侯墓》，《考古》2016 年第 7 期。

和规整。刘贺墓园是迄今考古发现的布局最完整、结构最清晰的西汉列侯墓园[1]。

　　2011~2016年，对海昏侯刘贺墓园进行了系统发掘，面积约1万平方米。墓园墙、祠堂类建筑、祔葬墓、车马坑和主墓等得到清晰展现。

一、墓园形制

　　墓园呈梯形，以海昏侯墓和侯夫人墓为中心建成，由墙基和墙体组成。墙基和墙体均夯筑，垣墙周长868、宽约2米，占地约4.6万平方米。门址由门道、门墩和夯土基址构成，清理了东门和北门。东门面阔约5.7、进深约1.8米，北门面阔10.6~12、进深约5.7米。东门、北门外疑有门阙建筑，阙台为夯筑，对称分布。东门内发现车辙痕迹。墓园内有2座主墓、7座祔葬墓、1座车马坑以及祠堂、寝、园寺吏舍、水井、道路和排水设施遗存（图1-2-4）。

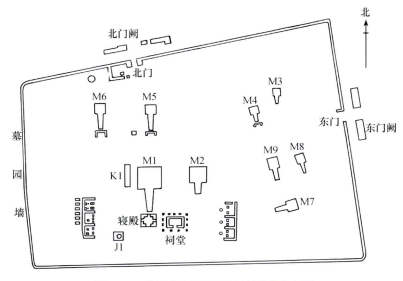

图1-2-4　海昏侯刘贺墓园遗迹平面分布图

二、寝、祠堂类建筑

　　海昏侯刘贺墓（M1）前发现有边长约10米的寝类建筑基址；刘贺墓和夫人墓

---

　　① 白云翔：《侯墓·王气·废帝心——西汉王侯陵墓考古视野下海昏侯刘贺墓的观察》，《纵论海昏——南昌海昏侯墓发掘暨秦汉区域文化国际学术研讨会论文集》，江西教育出版社，2016年。

（M2）墓前，发现有东西长14、南北宽10米的祠堂类建筑基址；祠堂类建筑的东西两侧，分别发现园寺吏舍类建筑基址。此外，在已经发掘的M4、M5、M6等祔葬墓的墓前，各自也有寝类建筑基址。北门内也发现对称分布的园寺吏舍类建筑基址。

三、祔葬墓

7座（编号M3～M9）。M7～M9和M3、M4位于墓园东部道路的南北两侧，M5、M6位于墓园北部。除M7坐东朝西外，余皆坐北朝南。其中M3、M4位于M1东北，M5位于M1正北，M6位于M1西北，M8、M9位于M1正东，M7位于M1东南。已发掘3座（M3～M5），平面均呈"甲"字形，封土周围均有排水沟，封土下有夯土基座。原封土范围以排水沟为界，夯土基座经两次修建而成，分别在修建墓葬过程中和墓主下葬后起封土前。

M3　方向170°，封土高约0.5米，墓前有地面建筑堆积，未见建筑基址。墓室南北长约4.5、东西宽约3.5、深约3.3米，斜坡墓道南北长约5.7、东西宽1.5～2.3米，总面积约29平方米。墓内棺椁已腐朽，仅存痕迹。出土青铜器、陶器等30余件（图1-2-5）。

图1-2-5　海昏侯刘贺墓园祔葬墓M3

M4　方向170°，封土高约1.5米，墓前有地面建筑遗迹，打破墓道填土。基址平面呈"凹"字形，东、西两侧中部分别有一个方形夯土基础，东西长约7.9、南北宽约4.95米，面积约39平方米。墓室平面呈正方形，墓内有一棺和一椁，墓室长约4.83、宽约3.97、深约5米，斜坡墓道南北长约5.35、东西宽约2.2米，总面积31平方米（图1-2-6）。出土青铜器、陶器等30余件。

M5　方向184°，封土高约3米，墓前有回廊形地面建筑遗迹，结构规整，打破墓道填土。主体夯土基址呈"凹"字形，外围分布方形夯土基础，有的基础内还残存柱础石，东西长约12、南北宽约9米，面积约108平方米。墓室长约6.16、宽约5.54、深约6米，斜坡墓道南北长约12.67、东西宽2.96～4.7米，总面积93平方米（图1-2-7）。

图 1-2-6　海昏侯刘贺墓园祔葬墓 M4

图 1-2-7　海昏侯刘贺墓园祔葬墓 M5

　　墓内有一棺和一椁。出土青铜器、玉器、陶器等 100 多件，其中有表明墓主身份的"刘充国印"铜印章，显然，M5 墓主人为刘充国。刘充国为刘贺长子，随葬器物不仅数量种类较多，且档次不低，精品不少。其头部叠压有漆器，下有玉圭、玉枕，颈部有玉组佩，腰部有玉带钩、玉觿、水晶、玛瑙、铜印、玉具剑、书刀和马蹄金，足部有 3 个青铜小罐，还有大小玉璧。墓主身下有用贴有金片的云母进行包边的丝缕琉璃席，推测与刘贺墓琉璃席相似[1]。

从墓园现场及发掘情况看，袝葬墓M3～M6（M6清理了表层，未发掘），位于刘贺墓北侧，东西横向排列，朝向一致，结构相似，规整有序。属于墓园相当重要位置，应属该墓园核心部分，仅次于刘贺夫妇尊位的最重要区域。尤其是M4～M6墓前均都有醒目的祠堂设置（M3不明），表明墓葬同样重要。但4座墓葬制规格可能有一定区别。以刘充国的长子身份而论，其墓葬位于刘贺墓北侧正中轴线上，无论其墓祠规模还是棺椁随葬，他的葬制享用规格层级最高[2]，因而其地位也是最高的。

诸侯王陵的陪葬墓和列侯墓的袝葬墓是西汉诸侯王陵陵园的重要组成部分。列侯墓中，张安世墓的12座袝葬墓分别位于墓园的东、西、北三面。而刘贺墓的7座袝葬墓均分布在墓园之内。这是列侯墓中袝葬墓和主墓均分布在墓园中的第一个实例[3]。

第三节　刘贺主墓[4]

一、主墓

2座，为侯墓（M1）和侯夫人墓（M2），均已发掘。M1封土高约7米，呈覆斗形。与M2共建于墩墩山顶，东西并列，属同茔异穴合葬墓。封土下有方形大型夯土基座。封土基座共二层，下层基座和M2共用。M1和M2共用一个礼制性高台建筑（图1-2-8），该建筑由东西厢房（F13、F14）、寝（F1）和祠堂（F2）构成，东西长约100、南北宽约40米，总面积约4000平方米（图1-2-8）。

寝的基址平面呈方形，由4座平面呈曲尺形的夯土基址组成，边长约10米，面积约100平方米。

祠堂为回廊形建筑，主体夯土基址呈"凹"字形，外围分布方形夯土基础，东西

① 张仲立：《海昏侯刘贺墓园五号墓初探》，《江西师范大学学报（哲学社会科学版）》2019年第4期。

② 张仲立：《海昏侯刘贺墓园五号墓初探》，《江西师范大学学报（哲学社会科学版）》2019年第4期。

③ 白云翔：《侯墓·王气·废帝心——西汉王侯陵墓考古视野下海昏侯刘贺墓的观察》，《纵论海昏——南昌海昏侯墓发掘暨秦汉区域文化国际学术研讨会论文集》，江西教育出版社，2016年。

④ 中国社会科学院考古研究所、江西省文物考古研究院：《江西南昌西汉海昏侯刘贺墓主棺实验室考古发掘》，《文物》2020年第6期。

图 1-2-8　海昏侯刘贺与夫人墓封土外景

长约14、南北宽约10米，面积约140平方米。厢房分别位于高台建筑的东、西两侧，均为三开间的长方形回廊形建筑，每组长约37、宽约10米，面积约270平方米。

M1坐北向南，平面呈"甲"字形，墓室口南北长约17.2、东西宽约17.1、深约8米，墓道南北长15.65～16.17、东西宽5.92～7.22米，总面积约400平方米。椁室由主椁室、过道、回廊形藏椁、甬道和车马库构成（图1-2-9）。

椁室中央为主椁室，东西长约7.4、南北宽约7、通高约3米，面积约51.8平方米，高出周围回廊形藏椁约0.6米。主椁室由木板隔墙分成东、西室，中间有一门道。东室宽约4米，南部东、西两侧为窗，中间为门；西室宽约2.9米，南部西侧为窗，东侧为门，门宽约0.9米。主椁室北、东、西三面按功能区分环绕有回廊形藏椁，主椁室与藏椁之间辟有宽约0.7米的过道，主椁室和墓道之间有甬道。甬道主要为乐车库，甬道东、西两侧为车马库，北藏椁自西向东为钱库、粮库、乐器库、酒具库，西藏椁从北向南为衣笥库、武库、文书档案库、娱乐用器库，东藏椁主要为厨具库的"食官"库。

二、M1主棺

主棺位于主椁室内东室的东北部，由棺床、外棺和内棺组成，保存基本完整，侧面有龙形帷帐钩。受椁室盖板倒塌产生压力的影响，主棺侧板和端板出现了严重变形、崩裂、粉碎或缺失。根据现场遗留痕迹，已难以获取内外棺侧板和端板的形制、规格、结构等信息。棺内遗存叠压情况严重，除了部分遗存散落棺外，多数遗存的位置没有发生移动，出土遗物丰富且较为完整，其中有相当数量的脆弱质遗物。如果在现场自然环境状态下进行常规考古发掘，难以有效控制环境变化，在短时间内无法对出土遗

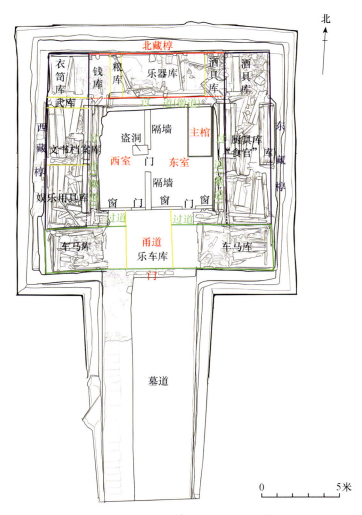

图 1-2-9　海昏侯刘贺墓墓室平面结构图

存进行有效处置和保护，可能致使遗存原始有效信息较快消失或在较短时间内发生断裂、损伤、缺失等。鉴于考古现场的遗存出土状况和环境条件，在实验室对主棺进行了考古发掘和清理保护。

（一）外棺

主棺包含内外两重棺。外棺南北长约 3.71、东西宽约 1.44、残高 0.46～0.96 米。外棺盖上有漆画痕迹，并放置 3 把玉具铁剑。根据倒塌前和板和后挡板高度推测，主棺原高约 1.36 米。外棺置于棺床上。棺床高约 0.26 米，下安 4 个木轮（拱轴）。主棺的外棺盖基本保持着原有形态，南端（墓主头部）较低，北端偏高，中部区域略有凹陷，厚度约8厘米，保持一定的强度。盖四周边缘下方与侧板和端板的衔接处，有部分破损及缺失。

外棺与内棺之间，留有长约70、宽50厘米的空间，类似头箱功能。内棺内遗存主要集中于此。上层出土一件漆木盒，制作工艺精良。漆木盒表面和侧面均嵌有不同动物形状的金箔饰片。受上方棺盖重压的影响，漆木盒被压成平铺状，已完全破损变形。漆木盒下方出土了两件玉璧，直径分别为29、20厘米，后者盛装于上下可以扣合的木盒之中。底层出土不同规格、数量各异的黄金制品，包括麟趾金、马蹄金、金饼、金板。

（二）内棺

内棺盖保存基本完整，仅近北端存在局部断裂现象，厚约6厘米。内棺盖上彩绘漆画，并有纺织品痕迹。由于椁室倒塌形成的巨大压力，内棺侧板和端板被挤压成破碎状，散落于棺外周边，且外形变化严重。棺内所有遗存被压缩至厚约5厘米的空间内，多数遗存呈扁平状，形状出现扭曲，并且互相叠压。

内棺残存墓主人遗骸痕迹，头南足北。受埋藏环境及水土内含有较高的酸性物质的影响，除牙齿外，其他部位完全朽蚀。从墓主腰间至脚端上方表层，似保留着已经泥化的纺织物品。墓主头部被镶玉璧的漆面罩（也称温明）覆盖，南侧放贴金漆盒。遗骸上整齐排列数件大小不等的玉璧，腰部有玉具剑、书刀各1件，以及带钩、佩玉等，还发现刻有"刘贺"名字的玉印1枚。腹部有食物残迹。遗骸下有包金丝缕琉璃席，琉璃席下等距放置20组金饼，每组5枚，共100枚（图1-2-10）。

图1-2-10　海昏侯刘贺墓内棺遗存分布位置图

从上往下具体情况如下。

1. 第一层遗存

内棺棺盖至底板的空间距离约5厘米。在头箱部位，出土11件漆木盒，规格、大小不同，且存在叠压关系；还见一件青铜质长方形盒。上述遗存均被棺盖板压成扁平状，器物多数断裂破碎。

在墓主人头部上方，覆盖一层夹纻絮漆覆面（也称温明）。覆面表层放置两件玉璧，直径各异、厚度不一。墓主颈、胸、腰等部位出土玉璧共15件。

2. 第二层遗存

将覆盖于脸部的玉璧取出后，下方有墓主人的上下颌牙齿，牙齿保存状况大体良好，具备一定的牢固度。墓主头部下方为一木枕，表面髹褐色漆，已被压成平板状。木枕长约50、宽约18、高不足2厘米，表面和侧面镶嵌8枚素面玉饰，分别位于墓主头部下方、前侧面和左右两端。在木枕两端相互对称的位置上，侧立放置8件规格不一的乳钉纹玉璧和透雕玉环，多数断裂破碎，并有部分缺失。墓主身体中部左侧出土一件较完整的青铜质带剑鞘玉具剑，右侧出土一件铁质带剑鞘玉具剑，后者存在断裂情况。剑鞘为木质夹纻絮漆，玉质的剑首、剑格、剑璏、剑珌虽有部分断裂破碎，但基本保持完整形态。墓主腰间、腹部下端及身体两侧，出土多件玉质、玛瑙质、琥珀质和角质的小型饰件。腰间右侧出土一组串饰，包括玉质印章、铁质书刀、鞢形玉佩及两件水晶饰件。

3. 第三层遗存

第三层遗存为金缕编缀的琉璃席。琉璃席由纵向32片、横向12片琉璃组成，每片长约6、宽约4厘米。琉璃席四周有包边，长198、宽54、厚约3厘米。其中包边宽约3厘米，原厚度应与内侧琉璃席片相近，部分已腐蚀，现存厚度约0.1厘米。包边底层为植物纤维组成，中间层由不规则与无规律的金箔片和红色彩绘互为镶嵌点缀，表面覆盖一层云母片。云母片材质十分脆弱，多数已呈破碎状，并有一定程度的缺失。从墓主人头端到膝盖部分的琉璃席片虽然断裂破碎，部分略有残损，但基本没有缺失，并且具备一定的牢固度。而膝盖以下至脚端的琉璃席片多数表面已经高度粉化，内侧材质完全泥化，边缘部分无法识别（图1-2-11）。

图1-2-11　海昏侯刘贺墓琉璃席

4. 第四层遗存

琉璃席之下，整齐排列着一组金饼。由纵向20、横向5，合计为100枚的金饼组成。每枚金饼的直径约6、厚约1厘米，重量约250克，其重量差在1克之内。百枚金饼多数为素面，只有数枚于底端出现十分规律的"V"形符号，这是在模具加工时留下的印迹。另外，也有数枚金饼于铸造完成后，在底端光洁处刻有数量不一的文字。由于埋藏时间久、金饼体积小而比重较大，以及上层遗存和土体的重压等多重因素的影响，内棺底板表层留下了一百个深浅不一的坑窝，代表了每一枚金饼的摆放位置。

（三）棺床

棺床外观基本保存完整。棺床由两条纵木、三条横木、四个木质轮体和表面铺设的木板组成。纵木和横木经榫卯结构连接，形成"日"字形框架形状，框架长372、宽152、厚26厘米。框架顶端加工有榫槽，用于棺床表面铺设木板的嵌入固定。

纵木：两条。置于棺床两侧，长372、宽24、厚26厘米。两端及中部有榫卯结构。纵木表面，内侧各有宽、高约6厘米的榫槽，用于置放棺床表面木板。两条纵木两端底部，分别掏挖出长方形孔洞，孔洞长35、宽14厘米，用于镶嵌木质轮体。长方形孔洞的左右两侧，有两个掏挖呈圆形的孔洞，用于固定轴体。在放置轮体的纵木部位，表面厚约2厘米的板体已被下方车轮顶开，局部呈破碎缺失状。

横木：三条。分别置于棺床两端和中间，长152、宽24、厚26厘米。三条横木两端各有榫卯结构与纵木连接，南端和北端两条横木与纵木相似，表面内侧各有宽、高约6厘米的榫槽，而中间横木高度为20厘米，与两端横木内侧榫槽处于同一高度，用于置放棺床表面木板。

轮体：4个。直径31、厚12厘米。由于长期处于重压之下，轮体已严重变形，并有断裂、移位及部分缺失，仅棺床东北角轮体保存较为完整。轮体中间有一圆形孔洞，直径约5厘米，内置木质轴体，但均已出现断裂、残损和缺失现象。

　　床板：长339、宽103（两端宽84）、厚近6厘米。平铺于棺床框架之上，床板基本完整，局部有裂隙现象。两端和中间均有横木支撑，没有支撑的区域出现了部分凹陷，使床板表层形成了波浪形状。棺床之上为外棺底板，外棺底板长353、宽103、厚约7厘米，表层素面，整体外观较完整。外棺底板之上为内棺底板，内棺底板长271、宽87、厚5～10厘米。

第四节　车　马　坑

　　车马坑1座（K1）。位于主墓西部，为主墓的组成部分，东侧被主墓封土叠压。平面呈长方形，南北长17.7、东西宽4.24米，坑口距地表深2.5米。坑北有一条不及坑底的斜坡道，长2.08、宽2.18米。坑内木椁和加固木椁的柱子均腐朽殆尽，仅留痕迹。从修建木椁时留下的熟土二层台和二层台上腐朽殆尽的椁顶板痕迹判断，椁室高约1米。坑内有木质彩绘车5辆，分属安车和轺车。马车经过拆卸，被拆卸下的车马器装入彩绘髹漆木箱内放置在椁底板上。坑内有马匹约20匹，骨架已腐朽殆尽，仅存痕迹（图1-2-12）。

图1-2-12　海昏侯墓车马坑

中篇——侯国藏珍篇

第一章 金 器

第一节 综 述 ①

海昏侯刘贺墓的发掘清理，集中出土了大量金器，包括金饼385枚、马蹄金48枚、麟趾金25枚、金板20块。其中，主椁室西室北部出土金饼189枚、马蹄金15枚、麟趾金10枚，外棺与内棺间头箱出土金饼96枚、马蹄金33枚、麟趾金15枚、金板20块，内棺底部出土金饼100枚。

一、金饼

金饼，平面呈圆形，柿饼状，正面较为光滑，中部内凹并有铸造冷却时形成的龟裂纹，背面凹凸不平，边缘处呈现水波纹。

标本1424-18，完整。正面刻划"郭""□□""五""下六""□八"字样。最大直径61.53、最小直径61.17、最大厚度6.13毫米，重243.319克（图2-1-1）。

标本1424-20，完整。无戳记及刻划痕。最大直径61.41、最小直径61.19、最大厚度6.5毫米，重248.414克。

标本1424-31，完整。正面有单字戳记（未辨识），并刻划"租重二朱"字样。最大直径63.36、最小直径62.03、最大厚度5.54毫米，重251.024克。

标本1424-64，完整。正面有V形戳记，并刻划"弓""下八""巨□""巨""三下""九"等字样，外缘錾刻"去六朱下十二朱"字样。最大直径62.6、最小直径61.37、最大厚度6.2毫米，重250.846克（图2-1-2）。

标本1424-66，完整。正面有V形戳记，并刻划"上五""上十四""张□"等字样。最大直径62.8、最小直径61.92、最大厚度6.36毫米，重254.318克（图2-1-3）。

---

① 本节内容曾发表于江西省文物考古研究院、北京大学考古文博学院：《江西南昌西汉海昏侯刘贺墓出土部分金器的初步研究》，《文物》2020年第6期。

图2-1-1   金饼（1424-18）

图2-1-2   金饼（1424-64）

标本1485-50，完整。正面有两处V形戳记。最大直径62.55、最小直径61.17、最大厚度5.98毫米，重241.295克（图2-1-4）。

使用Niton Xl3t950型便携能谱对金饼进行成分分析，根据检测对象不同，分别采用Precious Metals Mode及General MetalsMode，共测得数据433组，其中基体247组、表面附着物及纹饰134组。分析结果显示，金饼基体主要成分为Au，含量约为99.2%，除此之外还含有少量的Ag（0.52%）、Cu（0.18%）及Fe（0.13%），极少数含有Pb（不

图2-1-3　金饼（1424-66）

图2-1-4　金饼（1485-50）

足0.01%）[1]。金饼表面红色、红褐色及褐色附着物中含有较多的Cu（最大含量8.83%）、Fe（最大含量12.9%），具体来源尚待进一步研究。

　　经微痕观察发现，金饼上的印记与文字按加工工艺可分为三种，即戳记、刻划和錾刻。戳记即事先做好一定形状、图案的金属印章或模具，再利用黄金质软的特点，

---

① 本次测得数据均为基体平均成分，以下皆同。

使用锤等工具敲打，使印文图形印在金饼表面。刻划指使用尖锐的工具，直接在金饼表面刻出需要的图案或文字。錾刻即用錾刀在金饼表面錾出图案或文字。经统计，检测的187枚金饼中有62枚带有戳记，有139枚带有刻划文字，仅1枚带有錾刻文字，另有41枚既无戳记亦无刻划痕迹。

从检测的金饼来看，戳记主要有两类。一类是简单几何图形戳记，包括V形和△形，前者占绝大多数，共57枚，出现了58次（标本1485-50上有两处V形戳记，计2次），后者仅出现过1次（图2-1-5）。

图2-1-5　金饼上的△形戳记（1424-76）

另一类是文字类戳记，其中"由"（或"甲"）、"市"、"士"、"贝"、"重"、"巨"、"周"、"长"各出现1次（图2-1-6），其余难以准确辨识的文字共发现18处。值得注意的是，戳记均出现在金饼正面。

图2-1-6　金饼上的"市"字戳记（1485-46）

与戳记相比，刻划痕较为复杂，一方面由于刻划痕种类较多、意义未知，另一方面因为大多数刻划痕都较为潦草，给辨识工作增添了很大难度。其中以带姓氏刻划痕居多，有单字，如"王""杨""陈""郭"等，也有多字组成的序列文字，又以"郭"字开头的一列文字最具代表性，已发现20余处，包括"郭四□五十□五"（图2-1-7）、"郭四□五十中"、"郭□□□五十□"、"郭上一"等。除此之外，还有描述重量的，如"租重二未"（图2-1-8）（"未"，通"铢"，下同）；意义不明的，如"上""中""下""上二""上三""中甲""下三"等（图2-1-9），已发现40余处。刻划痕主要出现在金饼正面，亦有部分刻划在金饼背面，目前发现29处。

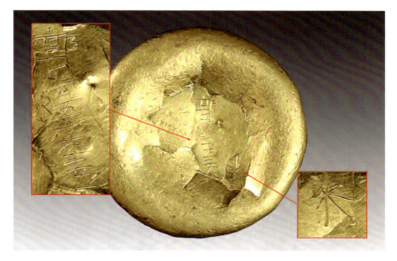

图2-1-7　金饼1485-54上的刻划文字

图2-1-8　金饼1421-31上的刻划文字

图2-1-9　金饼背面刻划"上三"（1485-47）

鋬刻仅发现于标本1424-64外缘1处，为"去六末下十二末"字样。

除了戳记、刻划、鋬刻外，还在金饼背面见有嵌入物及刮削痕迹。目前已发现嵌入物37处，嵌入物主要为不规则的小金块（图2-1-10），刮削痕迹目前见有24处（图2-1-11）。二者可能是在金饼成形后为了调节重量而采用的措施。

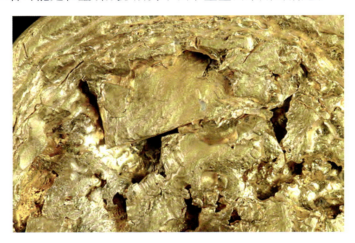

图2-1-10　金饼背面嵌入现象（1485-38）

图2-1-11　金饼背面刮削现象（1485-9）

二、马蹄金

马蹄金，分大、小两种，形制相似，均呈马蹄状、中空、斜壁，前壁高，后壁低，使顶部呈一斜面，底部较为规整。顶部镶嵌琉璃或玉石，近口沿处外围一周饰有金丝掐成的一组纹饰，其下为数周横向水波纹。马蹄金底部或铸有或贴有"上"、"中"或"下"字，部分有损坏。

（一）大马蹄金

大马蹄金口沿处外围纹饰均相同，自上而下依次为赶珠丝、赶珠丝环、赶珠丝、码丝。根据字款不同，可分三类。

第一类，9枚。铸"上"字。标本1423-1，镶嵌物缺失。高18.35~35.28、内径长38.11、内径宽37.82、外径长58.45、外径宽46.67~48.93、底部长59.19、底部宽53.65、前壁长41.95、后壁长16.72、镶嵌物厚2.34~2.69毫米，重251.406克（图2-1-12）。

图2-1-12 大马蹄金（1423-1）
1.顶面 2.侧面 3.底面

标本1423-2，镶嵌物缺失。高19.42~34.13、内径长46.44、内径宽36.55、外径长58.96、外径宽47.15~49.47、底部长59.08、底部宽52.76、前壁长39.59、后壁长18.71、镶嵌物厚2.1~3.05毫米，重253.012克（图2-1-13）。

第二类，4枚。铸"下"字。标本1814-3，镶嵌物缺失，顶部口沿处及前壁变形严重，可复原（图2-1-14）。

第三类，4枚。贴"中"字。标本1814-1，镶嵌物碎裂为若干大小不等的小块，顶部口沿处变形严重，前壁完全塌陷，可复原（图2-1-15）。

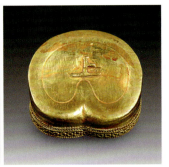

1   2   3

图2-1-13　大马蹄金（1423-2）

1.顶面　2.侧面　3.底面

图2-1-14　大马蹄金（1814-3）　　　图2-1-15　大马蹄金（1814-1）

　　使用Niton Xl3t950型便携能谱对大马蹄金进行合金成分分析，根据检测对象不同，分别采用Precious Metals Mode 及 General Metals Mode，共测得数据169组，其中基体33组、底部铸字、贴字40组，顶部口沿处纹饰73组。分析结果显示，大马蹄金基体主要成分为Au，含量约为99%，除此之外还含有少量的Ag（0.71%）、Fe（0.12%）、Cu（0.09%）及Pb（0.05%），底部铸字及贴字的主要成分与基体基本相同。除此之外，对贴字边缘及顶部花丝装饰处弥出的焊药进行检测，发现含有较高的Ag，部分高达8.2%，综合实验仪器及检测条件等因素，可推断贴字及顶部花丝的焊接应使用了金银二元合金焊药，且实际焊药中Ag的含量应比检测结果更高。金银二元合金焊药熔点相较于金更低，使用此焊药可避免在焊接过程中，因局部温度过高而造成金基体及贴字、纹饰组配件的变形。顶部口沿处灰色附着物位置Pb含量较高，部分高达22.5%，应是镶嵌物粉化脱落后的残留。

（二）小马蹄金

　　小马蹄金口沿处外围纹饰不尽相同，但均由赶珠丝、麦穗丝、巩丝、码丝顺序组合而成，部分四种皆有，部分仅见其中两或三种。根据字款不同，可分六类。

第一类，13枚。铸"上"字。标本1423-10，镶嵌物缺失。口沿处外围纹饰自上而下依次为赶珠丝、麦穗丝、巩丝、码丝。高10.33～17.66、内径长20.84、内径宽15.96、外径长27.73、外径宽21.18～22.72、底部长26.77、底部宽23.45、前壁长21.36、后壁长10.58、镶嵌物厚2.5～3.8毫米，重37.923克（图2-1-16）。

图2-1-16　小马蹄金（1423-10）
1.顶面　2.侧面

第二类，8枚。铸"中"字。标本1814-35，镶嵌物缺失，顶部口沿处稍有变形，可复原。口沿处外围纹饰自上而下依次为赶珠丝、麦穗丝、码丝。高9.85～16.55、内径长20.97、内径宽15.54、外径长27.47、外径宽20.1～21.81、底部长26.86、底部宽25.26、前壁长19.6、后壁长10.03、镶嵌物厚2.01～2.59毫米，重29.232克（图2-1-17）。

图2-1-17　小马蹄金（1814-35）
1.顶面　2.侧面　3.底面

第三类，2枚。铸"下"字。标本1814-48，镶嵌物缺失，顶部口沿处及前壁变形，可复原。口沿处外围纹饰自上而下依次为赶珠丝、麦穗丝、码丝（图2-1-18）。

第四类，3枚。贴"中"字。标本1814-30，镶嵌物缺失。口沿处外围纹饰自上而下依次为麦穗丝、巩丝。高8.56~15.96、内径长21.96、内径宽15.68、外径长27.06、外径宽20.33~21.7、底部长27.28、底部宽23.98、前壁长19.7、后壁长8.95、镶嵌物厚2.2~2.88毫米，重28.974克。

第五类，4枚。贴"下"字。标本1814-44，镶嵌物缺失，顶部口沿处稍有变形，可复原。口沿处外围纹饰自上而下依次为麦穗丝、巩丝。高9.31~16.24、内径长21.69、内径宽14.23、外径长27.86、外径宽19.83~21.36、底部长27.53、底部宽24.04、前壁长19.75、后壁长9.92、镶嵌物厚2~2.81毫米，重29.335克（图2-1-19）。

第六类，1枚。无字。标本1423-8，完整。口沿处外围纹饰自上而下依次为赶珠丝、麦穗丝、码丝。高10.21~20.63、内径长24.23、内径宽18.74、外径长33.27、外径宽28.23~29.26、底部长31.51、底部宽26.57、前壁长21.84、后壁长10.13毫米，重51.313克（图2-1-20）。

图2-1-18　小马蹄金（1814-48）　　图2-1-19　小马蹄金（1814-44）　　图2-1-20　小马蹄金（1423-8）

使用Niton Xl3t950型便携能谱对小马蹄金进行合金成分分析，根据检测对象不同，分别采用Precious Metals Mode及General Metals Mode，共测得数据180组，其中基体50组，底部铸字、贴字54组，顶部口沿处纹饰40组。分析结果显示，小马蹄金基体主要成分为Au，含量约为98.6%，除此之外还含有少量的Ag（0.93%）、Pb（0.66%）、Cu（0.18%）及Fe（0.14%），底部铸字及贴字的主要成分与基体基本相同。与大马蹄金类似，在贴字边缘及花丝装饰焊药弥出的位置检测出了较多的Ag，部分高达6.2%，推测也应使用了金银二元合金焊药。顶部口沿及内壁上亦检测到了含Pb的灰色附着物，部分高达19.3%，应是镶嵌物粉化脱落后的残留。

三、麟趾金

麟趾金，中空，斜壁，前壁高，后壁低，光面，底部呈椭圆形。顶部镶嵌琉璃或玉石，近口沿处有金丝掐成的纹饰，后壁靠近纹饰一端有金丝攒成的花蕾状凸起。麟趾金底部铸有"上"、"中"或"下"字。根据字款不同，可分四类。

第一类，13枚。铸"上"字。标本1423-17，镶嵌物缺失。口沿处外围纹饰自上而下依次为麦穗丝、巩丝、麦穗丝，花蕾状凸起处组合为赶珠丝环、金珠。高17.17～35.44、内径长30.7、内径宽11.43、外径长34.91、外径宽16.35、底部长47.92、底部宽15.39、前壁长55.36、后壁长27.2、镶嵌物厚2.82～3.26毫米，重82.53克（图2-1-21）。

图2-1-21　麟趾金（1423-17）

第二类，7枚。铸"中"字。标本1814-22，镶嵌物缺失，顶部口沿及侧壁稍有变形，可复原。口沿处外围纹饰自上而下依次为麦穗丝、巩丝、麦穗丝、码丝，花蕾状凸起处组合为赶珠丝环、金圈。高19.82～35.61、内径长28.39、内径宽11.75、外径长34.32、外径宽16.75、底部长48.21、底部宽15.35、前壁长55.41、后壁长27.46、镶嵌物厚1.94～3.31毫米，重75.767克（图2-1-22）。

图2-1-22　麟趾金（1814-22）

第三类，4枚。铸"下"字。标本1814-14，镶嵌物缺失。口沿处外围纹饰自上而下依次为麦穗丝、巩丝、麦穗丝，花蕾状凸起处组合为赶珠丝环、金珠。高19.86～36.07、内径长30.33、内径宽9.41、外径长36.96、外径宽13.46、底部长46.48、底部宽15.13、前壁长54.87、后壁长29.68、镶嵌物厚2.02～2.68毫米，重75.765克（图2-1-23）。

图2-1-23　麟趾金（1814-14）

第四类，1枚。无字。标本1423-24，完整，镶嵌物稍有粉化，侧壁有变形，可复原。口沿处外围纹饰自上而下依次为麦穗丝、巩丝、麦穗丝，花蕾状凸起处组合为赶珠丝环、金珠。高15.58～34.46、内径长31.36、内径宽13.78、外径长37.62、外径宽20.11、底部长49.1、底部宽17.37、前壁长54.25、后壁长27.43毫米，重94.111克（图2-1-24）。

图2-1-24　麟趾金（1423-24）

使用Niton Xl3t950型便携能谱对麟趾金进行合金成分分析，根据检测对象不同，分别采用Precious Metals Mode及General Metals Mode，共测得数据144组，其中基体53组、底部铸字21组、顶部口沿处纹饰31组。分析结果显示，麟趾金基体主要成分为Au，含量约为98.9%，此外还含有少量的Ag（0.8%）、Fe（0.12%）、Cu（0.09%）及Pb（0.04%），底部铸字的主要成分与基体基本相同。顶部花丝装饰处检测出较多的Ag，部分Ag含量高达8.1%，也应使用了金银二元合金焊药。与此同时，本次还对马蹄金和麟趾金的内嵌物进行了分析检测。马蹄金、麟趾金以包镶方式镶嵌内嵌物，内壁有四枚对称的金质爪托增强内嵌物稳定性。经过长时间埋藏，内嵌物粉化、脱落严重，仅有42枚仍有残留，使用Hitachi-TM3030超景深背散射电子显微镜在低真空模式下采用BSE-EDS对其进行成分分析，可知主要分为以下几类。

第一类为软玉，仅存1枚（标本1423-8，小马蹄金）。嵌物形态完整，无明显腐蚀，玉质温润，呈浅绿色，可见较多絮物。

第二类为铅钡玻璃，仅存1枚（标本1814-6，大马蹄金）。内嵌物质地坚硬，碎裂为数块，表面有厚约0.3毫米的白色透明彩虹层，内部为无色透明玻璃质。

第三类为蛋白石，仅存2枚。标本1814-1，大马蹄金。内嵌物碎裂为无数1～10毫米的蓝色小块，质地透明坚硬，断口锐利呈贝壳状。标本1423-24，麟趾金。内嵌物形态较完整，表面遍布大量裂隙，整体呈浅蓝色，裂隙周边由浅蓝色向白色过渡，并伴有极细颗粒脱落。

其余38枚内嵌物仅剩高铅腐蚀产物，机械强度几乎完全丧失，为浅灰色粉末，或与土壤混合而呈黄色，主要成分为碳酸铅和磷氯铅矿，部分表面有或致密或疏松的浅色壳层，Si含量较高。

四、金板

金板，平面呈长方形，表面较为粗糙，浇铸而成，边缘有浇口。标本1831-6，完整。长（带浇口）230.34、宽94.84、厚2.49毫米，重920.5克（图2-1-25）。标本1831-11，完整。长（带浇口）182.32、宽95.59、厚2.57毫米，重815.4克（图2-1-26）。

图2-1-25　金板（1831-6）

图2-1-26　金板（1831-11）

使用Niton Xl3t950型便携能谱对金板进行成分分析，根据检测对象不同，分别采用Precious Metals Mode及General Metals Mode，共测得数据66组，其中基体44组、浇口及补铸位置22组。分析结果显示，金板基体主要成分为Au，含量约为99.9%，此外还含有少量的Ag、Cu、Fe、Pb，含量均在0.1%以下。金板浇口及补铸位置合金成分与基体相同。

第二节　马蹄与麟趾 [①]

何谓马蹄，何谓麟趾，黄盛璋先生在《关于马蹄金、麟趾金的定名、时代与源流》[②]一文中是这样阐述的："马蹄金是我国最早使用金币之一……根据出土实物归纳可分为三式：Ⅰ式，为圆形饼状，正背面皆实而不空，有如饼……。Ⅱ式，正面为圆形（或不甚规则近似圆）背面中空，周壁向上斜收，口小底大，形如圆足兽蹄。Ⅲ式，正面为稍圆形，背面中空，形如马蹄。"今南昌西汉海昏侯墓出土的马蹄金、麟趾金当属于黄盛璋先生文中的第Ⅲ式。

（一）海昏侯墓马蹄金、麟趾金的出土位置

主要在两个位置。

1）主椁室西室最北部放置榻的地方及榻的底部。此一空间，马蹄金和麟趾金排列

---

①　本部分内容曾发表于刘慧中、田庄、管群等：《海昏侯刘贺墓中出土马蹄金、麟趾金意义探析》，《南方文物》2017年第1期。

②　黄盛璋：《关于马蹄金、麟趾金的定名、时代与源流》，《中国钱币》1985年第1期。

整齐地放在同一长方形漆盒内，漆盒盒盖已经腐烂不见，盒底有凹槽。其中，大马蹄金5枚、小马蹄金10枚、麟趾金10枚。马蹄金、麟趾金在盒内的排列方式为三组：大马蹄金一组，小马蹄金一组，麟趾金一组。大马蹄金、小马蹄金口部均朝上；麟趾金是两个交错一起呈长方形放置于盒内，四组横放一组竖放，共5组10枚。马蹄金和麟趾金均中空，上端嵌琉璃或玉石，部分马蹄金底部发现了"上"字。与马蹄金、麟趾金一起出土的还有金饼189枚。

2）外棺和内棺之间，主棺的头箱部位及棺的南部。刘贺墓主棺头箱及棺的南部放置数个贴金箔漆箱和漆盒，内装有玉璧、金饼、马蹄金、麟趾金等物。清理出金饼96枚，大马蹄金12枚，小马蹄金21枚（其中有一个小马蹄金套置在大马蹄金内），麟趾金15枚，另还有金板20块。与在主椁室西室一样，马蹄金、麟趾金和金饼同样是分盒装置的。根据现场清理情况，这些金器均放置在漆盒之内，但漆盒均已腐烂，仅剩漆器残片。金饼放置在一个长方形漆盒内，马蹄金和麟趾金叠压在一起，放置在一个盒内。紧靠着马蹄金、麟趾金及外棺头箱最西边的长方形漆盒内，还出土了尺寸大小不一的金板。这里出土的马蹄金、麟趾金底部不仅有"上"字，还发现了很多"中、下"字样。

（二）马蹄金出土数量、形态等相关状况

此次发掘共出土马蹄金48枚，其中大马蹄金17枚、小马蹄金31枚。大、小马蹄金形相似，均为马蹄状、中空、斜壁，前壁高后壁低，呈一斜面，底为较为规整的圆形。上部口沿外部周缘饰金丝掐成的一组纹饰，其下为几圈横向波纹，上口嵌琉璃面或玉面，通体抛光，十分华丽，底部铸有或贴有上、中、下字，部分有损坏。

1. 大马蹄金

17枚。其口部纹饰相同，由四组纹饰组成，第一组为滚珠丝纹、第二组为滚珠丝制成的套珠纹、第三组为滚珠丝纹、第四组为码丝纹（图2-1-27、图2-1-28）。

图2-1-27 大马蹄金口部纹饰

图2-1-28 大马蹄金纹饰细部

大马蹄金底部有铸字和贴字两种。底部铸字的有"上"和"下"字，贴字的只有"中"字。

（1）底部铸字

13枚。

A型　9枚。底部铸有"上"字。

B型　4枚。底部铸有"下"字。

（2）底部贴有"中"字

4枚。标本1814-1（变形，内有琉璃残片）。

2. 小马蹄金

31枚。小马蹄金口沿部纹饰有五组和六组之分，且五组纹饰组合的小马蹄金又可分为两种由五组排列顺序不同的纹饰组成。小马蹄金底部分有字和无字两类。有字的30件，与大马蹄金一样有铸字和贴字两种，铸字的分别有"上""中""下"三字；贴字的分别有"中""下"二字。无字的只有1枚。根据上述特征，分类描述如下。

（1）底部有字

30枚。分为铸字和贴字两种。

1）底部铸字，25枚。

A型　13枚。底部铸"上"字。根据其口沿部纹饰特征可分二亚型。

Aa型　12枚。口沿部由五组纹饰构成。内有镶嵌物。五组纹饰自上而下分别为滚珠丝纹、正花丝纹、素丝纹、反花丝纹、码丝纹。

Ab型　1枚。口沿部由六组纹饰构成。标本1423-10。六组纹饰自上而下分别为滚珠丝纹、正花丝纹、素丝纹、反花丝纹、巩丝纹、码丝纹。

B型　9枚。底部铸"中"字。

根据其口沿部纹饰特征可分二亚型。

Ba型　8枚。口沿部由五组纹饰构成。根据五组纹饰排列特征可分二式。

Ⅰ式：2枚。五组纹饰自上而下分别为滚珠丝纹、正花丝纹、素丝纹、反花丝纹、码丝纹。

Ⅱ式：6枚。五组纹饰自上而下分别为滚珠丝纹、正花丝纹、素丝纹、反花丝纹、巩丝纹。

Bb型　1枚。口沿部由六组纹饰构成。标本1814-35。六组纹饰自上而下分别为滚珠丝纹、正花丝纹、素丝纹、反花丝纹、巩丝纹、码丝纹。

C型　3枚。底部铸"下"字。

底部铸"下"字的其口沿部纹饰五组，但其纹饰可分为二式，前四组纹饰相同，第五组纹饰不同。

Ca型　1枚。口沿部由五组纹饰构成。标本1814-48。五组纹饰自上而下分别为滚珠丝纹、正花丝纹、素丝纹、反花丝纹、码丝纹。

Cb型　2枚。口沿部由五组纹饰构成。五组纹饰自上而下分别为滚珠丝纹、正花丝纹、素丝纹、反花丝纹、巩丝纹。

2）底部贴字，5枚。

A型　2枚。底部贴"中"字。口沿部由五组纹饰构成，五组纹饰自上而下分别为滚珠丝纹、正花丝纹、素丝纹、反花丝纹、巩丝纹。

B型　3枚。底部贴"下"字。口沿部由五组纹饰构成，其纹饰与贴"中"的纹饰相同，其自上而下分别为滚珠丝纹、正花丝纹、素丝纹、反花丝纹、巩丝纹。

（2）底部无字

1枚。标本1423-8。口沿部由六组纹饰构成，六组纹饰自上而下分别为滚珠丝纹、正花丝纹、素丝纹、反花丝纹、巩丝纹、码丝纹。

（三）麟趾金出土数量、形态等相关状况

25枚。麟趾金中空。长斜壁，前壁倾斜度较大，后壁较短。底为椭圆形，其形似狼蹄。上口周缘饰金丝掐成的一组纹饰，后侧有一金丝攒成的花蕾状凸起，上口嵌琉璃面。通体修长，壁面无波纹，抛光十分光洁（图2-1-29）。其底部为铸字和无字两类，无贴字。铸字有"上""中""下"三字；口部纹饰可分为两种。第一种是七组纹饰，由正花丝、素丝、反花丝、巩丝、正花丝、素丝、反花丝7种纹饰组合构成。第二种是八组纹饰，由正花丝、素丝、反花丝、巩丝、正花丝、素丝、反花丝、码丝8种纹饰组合构成。

图2-1-29　麟趾金

（1）底部铸字

24枚。

A型　13枚。底部铸有"上"字。

Aa型　12枚。其口部纹饰为七组。自上而下由正花丝、素丝、反花丝、巩丝、正花丝、素丝、反花丝7种纹饰组合构成。有的内有残留物，有的变形。

Ab型　1枚。标本1423-16，口部纹饰为八组，自上而下由正花丝、素丝、反花丝、巩丝、正花丝、素丝、反花丝、码丝8种纹饰组合构成。

B型　8枚。底部铸有"中"字。

Ba型　4枚。其口部纹饰为七组，自上而下由正花丝、素丝、反花丝、巩丝、正花丝、素丝、反花丝7种纹饰组合构成。

Bb型　4枚。其口部纹饰为八组，自上而下由正花丝、素丝、反花丝、巩丝、正花丝、素丝、反花丝、码丝8种纹饰组合构成。变形或残缺。

C型　3枚。底部铸有"下"字。其口部纹饰为七组，自上而下由正花丝、素丝、反花丝、巩丝、正花丝、素丝、反花丝7种纹饰组合构成。

（2）底部无字

1枚。标本1423-24，口部纹饰为七组，自上而下由正花丝、素丝、反花丝、巩丝、正花丝、素丝、反花丝7种纹饰组合构成。

（四）关于黄金与黄金货币

黄金是古代自然界最为贵重的金属之一，也是人类最早开发利用的金属之一，早在新石器时代（约1万年~4000年前）人类就已识别了黄金。从目前发现的黄金看，黄金历史可以说几乎与人类文明史同步。在人类的历史文明中，黄金作为一种物质文化元素，构成了灿烂的黄金历史文化。目前，中国境内发现的最早的黄金是"河南汤阴龙山文化遗址曾出土2片含金砂的陶片"[1]。发现的最早的黄金实物是："1976年甘肃玉门火烧沟墓地出土的金耳环和金银鼻饮。"[2]新疆温泉县阿敦乔鲁石板墓出土的一件包金铜耳环[3]，内蒙古赤峰市敖汉旗大甸子村[4]、北京昌平雪山墓葬出土的金耳环[5]。最多的一次黄金出土是北方地区的内蒙古鄂尔多斯市阿鲁柴登两座墓葬，出土金器218件，重量4000余克[6]。可以说在龙山文化时期，中国境内就发现了黄金。从以上论述看，黄金最早出现是在中国西北和北部的大草原上。

---

① 江楠：《中国早期金银器的研究》，吉林大学博士学位论文，2015年。

② 甘肃文管会：《甘肃省文物考古工作三十年》，《文物考古工作三十年（1949—1979）》，文物出版社，1979年，第143页。

③ 中国社会科学院考古研究所、博尔塔拉蒙古自治州博物馆、温泉县文物局：《新疆温泉县阿敦乔鲁遗址与墓地》，《考古》2013年第7期。

④ 中国社会科学院考古研究所：《大甸子——夏家店下层文化遗址与墓地发掘报告》，科学出版社，1996年。

⑤ 严文明：《史前考古论集》，科学出版社，1998年。

⑥ 田广金、郭素新：《内蒙古阿鲁柴登发现的匈奴遗物》，《考古》1980年第4期。

关于黄金文化传统，叶舒宪先生在《文化传播：从草原文化到华夏文明》一文中阐述道："东亚地区出土的黄金制品的史前文化主要有两个，即河西走廊中部的四坝文化和内蒙古赤峰地区的夏家店下层文化，出土的金质器物皆为金耳饰。……河西走廊上的四坝文化与赤峰到燕山地区的夏家店下层文化用一条联线联接……据此可以得知，在中国文化史上黄金生产和使用的习俗是先在西北和北方草原地区出现，随后和玉石之路的情况一样，南下传播到中原地区和其他地区。"①

在中国商代甲骨文和西周文献中就出现了"金"字，但从古文献和考古资料看，当时的"金"并非专指黄金，其更多的主要是指红铜和青铜，到了东周以后，"金"字才多半专指黄金。随着古代先民对黄金的认识，其利用程度也在不断加深。黄金作为货币，大体出现于战国时期即以楚国"郢爰"为代表。"春秋战国时代，楚国市场上已有两种形制不同的金币。一种是圆形的金饼，一种是板状的金板。"②由此可以看出黄金货币的最初形式，一是铸成两端凹入的长方形金板，另就是做不规则的方形或圆饼状。在楚国地界不仅发现了金币，还发现了黄金称重的天平。高至喜先生在《湖南楚墓出土的天平与法马》："楚国黄金之多，不但有金饼金板，以及仿制的冥币作为见证，同时还有大量的天平及大小不等的一整套砝码作为更有力的旁证。"③

《史记·平准书》卷三十也记载了"太史公曰：'农工商交易之路通，而龟、贝、金钱、刀布之币'兴焉……及至秦，中一国之币为二等，黄金以溢名，为上币，铜钱识曰半两，重如其文，为下币。而珠玉、龟贝、银锡之属为器饰宝藏，不为币"。"关于汉代金币。1951年在湖南长沙伍家岭M211西汉墓发现1枚金饼，直径6.1厘米，重244.125克，凹面刻一'辰'字。同年在长沙杨家大山M401西汉墓出土1枚金饼，直径6.3厘米，重254.125克。凹面刻'君''黄'等字。1953年在湖南衡阳蒋家山M4东汉墓出土1枚金饼，重250克，凹面刻三字。1956年在湖南长沙桐荫里东汉墓出土1枚金饼，直径4.2厘米。1959年在湖南长沙五里牌东汉墓出土1枚，直径7.1厘米，重250克，凹面刻三字。1963年9月，在湖南长沙汤家岭西汉墓出土1枚，直径6厘米，重245.6克，凹面刻'齐'等字。1971年，在广西合浦望牛岭西汉墓出土2枚，直径6.5厘米，重247克，凹面刻有'位''阮'二字。1972年，在江苏铜山龟山西汉崖洞墓出土1枚，直径6.2厘米，重207.57克。1973年在河北易县西干坻出土1枚，直径5.9厘米，重264.8克，凹面刻有三个字。1973年，在河北满城凌天寨贾庄发现1枚，直径5.4厘米，重249.9克，

① 叶舒宪：《文化传播：从草原文化到华夏文明》，《内蒙古社会科学（汉文版）》2013年第1期。
② 任乃强：《我国黄金铸币的历史考察》，《社会科学研究》1980年第3期。
③ 高至喜：《湖南楚墓出土的天平与法马》，《考古》1972年第4期。

凹面刻三个字。1961 年，在山西太原郊区的东太堡西汉墓出土 5 枚，直径 5～6.4 厘米，重量为两枚 250 克、两枚 245 克，另外 1 枚为 215 克。其中 4 枚凹面刻有多字，而编号为 34 号的金饼刻字最特别，内容为'令之'。1963 年，在陕西临渔武家屯管庄村东南秦栎阳城遗址范围内发现一窖藏，出土 8 枚金饼，时间在秦代到西汉初年。直径均为 6 厘米，重量为：两枚 248 克，一枚 248.8 克，三枚 249 克，一枚为 249.5 克，另有一枚 253.5 克。凹面均有刻字。1967 年安徽寿县陆郢出土 14 枚西汉金饼，直径 5.2 厘米。重量在 250.5—259.5 克之间。1971 年，在河南郑州市古荥乡古城村西的汉荥阳故城内发现一窖藏出土 4 枚西汉金饼，直径 4.9—5.1 厘米，重 244.6—250 克，而其中 248.3—250 克的为 3 枚。1973 年，在河北定县八角廊村的 40 号西汉晚期墓（五凤三年入葬的中山怀王刘修墓）出土 45 枚金饼，其中 40 枚为小金饼，其余的原报告者可以依形态分为两种，即掐丝贴花镶琉璃面的马蹄金和麟趾金。"① 从以上材料看，金饼在汉代墓葬中发现如此之多，可以看到其已经是汉代的主要货币之一了，而马蹄金、麟趾金的发现微乎其微，可以说马蹄金、麟趾金不可能为汉代的流通货币，充其量只能是一种纪念币。作为决策人汉武帝，其制作马蹄金、麟趾金的动机值得深思。

（五）汉匈关系视野下的马蹄金、麟趾金

1. 汉匈关系

"匈奴，其先夏后氏之苗裔，曰淳维。唐、虞以上有山戎、猃允、薰粥，居于北边，随草畜牧转移。其畜之所多则马、牛、羊，其奇畜则橐佗、驴、骡、駃騠、騊駼、驒奚。"② 匈奴作为游牧民族，是一个"士力能弯弓，尽为甲骑"的民族。他们生活在一望无际的大草原，马在他们的生活中是不可或缺的，无论是在战争中还是在其游牧生活中，都起着非常重要的作用，故他们也被称为"马背上的民族"。

公元前 209 年，冒顿单于杀其父自立为王。在其统治时期，相继征服了许多邻族，控制了东尽辽河、西至葱岭、北抵贝加尔湖广大地区。西汉建立之时，势力空前强大，不断骚扰汉代边境。公元前 201 年，汉高祖刘邦亲率 32 万大军对匈奴进行征讨，在白登（今山西大同东北）被匈奴冒顿单于 40 余万骑兵围困七天七夜。之后被迫接受了与匈奴的"和亲政策"，至汉武帝时期。

汉武帝上位之时，汉朝廷被迫接受的与匈奴"和亲"政策已六十余载，这时汉朝

---

① 尹夏清：《汉代黄金货币初步研究 ——兼论汉代的黄金问题》，西北大学硕士学位论文，2003 年。

② 《汉书·匈奴传》，中华书局，2015 年，第 3215 页。

与汉初建立之时已有很大的改观，已今非昔比。"国家亡事，非遇水旱，则民人给家足，都鄙廪庾尽满，而府库余货财。京师之钱累百钜万，贯朽而不可校。太仓之粟陈陈相因，充溢露积于外，腐败不可食。"① 汉武帝"上即位，欲事伐胡，而（韩）嫣先习兵，以故益尊贵""诏丞相、御史、列侯、中二千石、二千石、诸侯相举贤良方正直言极谏之士……所举贤良，或治申、商、韩非、苏秦、张仪之言"②。

元朔六年（前123年）六月，汉武帝在其所颁布的一份诏书中："朕闻五帝不相复礼，三代不同法，所繇殊路而建德一也。盖孔子对定公以徕远，哀公以论臣，景公以节用，非期不同，所急异务也。今中国一统而北边未安，朕甚悼之。"③ 作为将一统中国为凤愿的汉武帝，"朕饰子女以配单于，金币文绣赂之甚厚，单于待命加嫚，侵盗亡已"④。尽管与匈奴的"和亲政策"解了汉高祖"平城之围"，但解围方式对汉朝来说始终是一种耻辱。匈奴单于曾给吕后写信说："孤偾之君，生于沮泽之中，长于平野牛马之域，数至边境，愿游中国。陛下独立，孤偾独居。两主不乐，无以自虞，愿以所有，易其所无。"⑤ 汉武帝对这两件事耿耿于怀。元光六年（前129年）他就明确表示"欲刷耻改行""高皇帝遗朕平城之忧，高后时单于书绝悖逆。昔齐襄公复九世之仇，《春秋》大之"。元朔二年（前127年），他又对李广说："夫报忿除害，捐残去杀，朕之所图于将军也。"⑥

汉武帝通过元朔二年（前127年）、元狩二年（前121年）、元狩四年（前119年）对匈奴三次大战役的完胜，基本完成了汉匈关系的战略布局，并掌握了主动权。作为具有雄才大略的汉武帝，却不仅于此。为了应对匈奴，汉武帝采取了一系列政策和措施：置郡、大力屯田、安置流民、移民实边、通贸易。西北疆域在汉武帝的不断征伐和统治下，范围不断扩大，特别是汉武帝战后对西北边疆的治理，取得了丰硕的成果。

2. 匈奴文化及其造型艺术与文化象征

"匈奴金银器的动物造型艺术，是中国古代匈奴民族以形象的表现手法，通过观察现实生活而产生，并描绘了他们的生活环境。……装饰中所表现的动物种类有马、牛、

---

① 《汉书·食货志》，中华书局，2015年，第1041页。
② 《汉书·武帝纪》，中华书局，2015年，第135页。
③ 《汉书·武帝纪》，中华书局，2015年，第149页。
④ 《汉书·武帝纪》，中华书局，2015年，第141页。
⑤ 《汉书·匈奴传》，中华书局，2015年，第3225页。
⑥ 《汉书·李广传》，中华书局，2015年，第2127页。

羊、鹿、狼、虎、豹、野猪、刺猬、禽类、怪兽等，鸟、鹿、马、羊、虎是动物造型的主体。""马、羊、鹿、虎造型，在阿鲁柴登、纳林高兔等墓葬和窖藏中出土的器物上都有装饰，风格和造型呈一致性，应作为匈奴民族共同体的图腾……随着匈奴民族共同体的形成，逐渐演变为民族图腾……匈奴人在特定的生态环境中，对牧畜和野兽有着特殊的感情，表现在艺术上便塑造了各种形态的动物图案，并赋予了文化的象征意义。动物造型不仅体现了匈奴的经济类型、生活情景和剽悍勇敢的民族性格，还上升到观念形态，作为图腾去崇拜，这种深层次的文化现象是匈奴民族社会组织形式……也是匈奴经济类型与意识形态相结合的产物……匈奴人在特定的生态环境中，对牧畜和野兽有着特殊的感情，表现在艺术上便塑造了各种形态的动物图案，并赋予了文化的象征意义。"①

在大量的考古中，还发现了与马相适应的服饰。"漠北诺颜山匈奴墓葬的发掘，使我们看到类似现今蒙古人的服装——衣、帽、靴等，曾经流行于公元前后的匈奴人中。"②马注定成为他们文化的主题。马也成为游牧民族生活中的神灵。关于蹄形，马健先生在《黄金制品所见中亚草原与中国早期文化交流》③一文："以萨彦—阿尔泰地区2号坟冢、哈萨克斯坦东部齐列克塔墓地为代表……公元前8—前5世纪伯利亚萨彦—阿尔泰地区在早期铁器时代初期就形成了以马具、武器和动物纹三要素为代表的发达的游牧文化……出土金器5700多件，总重20公斤……除人身装饰外，还发现一件敞口鼓腹圜底瓢，把手部位包金箔，表现为马蹄形。"

3. 汉匈关系视野下的马蹄金（襃蹄）、麟趾金

《汉书·武帝纪》太始二年诏书："往者朕郊见上帝，西登陇首，获白麟以馈宗庙，渥洼水出天马，泰山见黄金，宜改故名，今更黄金为麟趾、襃蹄以协瑞焉。"④谓马蹄金、麟趾金，源于此。

《盐铁论》言与匈奴市易之利，谓"夫中国一端之缦，得匈奴累金之物"。足见匈奴市易多有黄金。至于西域，则葱岭内有于阗、高昌等国，葱岭外则罽宾大秦诸国，皆以产金银著称，并已铸有金银货币流行西域，及于华夏。正是这一时期，汉匈之间通过战争、贸易、通婚等，使汉王朝与匈奴间发生了紧密的关系，而这种关系又对两

① 张景明：《匈奴金银器的造型艺术与文化象征》，《民族艺术》2006年第2期。
② 照那斯图：《匈奴文化初探》，《北方文物》1992年第1期。
③ 马健：《黄金制品所见中亚草原与中国早期文化交流》，《西域研究》2009年第3期。
④ 《汉书·武帝纪》，中华书局，2015年，第178页。

者之间的政治、经济、文化和社会产生了深刻的影响，而马蹄金和麟趾金正是其产物。

南昌西汉海昏侯墓出土的大量马蹄金和麟趾金无论是从黄金本身的传统文化还是作为蹄形饰物马蹄和麟趾都是草原文化在黄金艺术品上的深刻体现，打上了以匈奴文化为代表的草原文化的深深的烙印。至于马蹄金、麟趾金纹饰及黄金饰品的花丝工艺，也是来源于草原民族。甘肃张家川马家塬墓地黄金饰品的花丝工艺，是目前发现的最早的花丝工艺。"专家认为，张家川马家塬墓地的年代为战国晚期，其族属与秦人羁縻下的戎人有关，墓葬的规格和等级较高，应是戎人首领及贵族墓地。"①

从以上的叙述可以看到，无论是黄金本身，还是马蹄金、麟趾金所展示的艺术表现力，无不具有匈奴草原文化色彩。

（六）马蹄金、麟趾金与汉代国家祭祀

"祭祀活动从本质上说，就是古人把人与人之间的求索酬报关系，推广到人与神之间而产生的活动。祭祀的具体表现就是用礼物向神灵祈祷（求福曰祈，除灾叫祷）或致敬。"②

"祀"之所以被看成是"国之大事"，是因为"祀"的对象——神，是维系政权存在的道义力量和精神依托。从本质上讲，祭祀是宗教信仰外化的一种表现形式；国家祭祀是统治阶级用以神化君权，巩固统治的思想工具。

从文明初期起，神权就操纵在王者手中，神权与政权结合就成为国家统治的工具。当"政令宣布为神意之后，就具有无上的权威。君主可以极其轻易地把自己的意志宣布为神的旨意"③。

"朕闻昔在唐、虞，画像而民不犯，日月所烛，莫不率俾，周之成、康，刑错不用，德及鸟兽，教通四海，海外肃慎，北发渠搜，氐羌徕服。"④这就是汉武帝统治下的西汉蓝图，再看其"日者大将军巡朔方，征匈奴，斩首虏万八千级……行幸雍，祠五畤。获白麟，作《白麟之歌》⑤，"贰师将军广利斩大宛王首，获汗血马来。作《西极天马之歌》⑥。作为祥瑞的白麟和大宛城的汗血马自然也就成为汉武帝祭祀上天的祭祀物。

① 《甘肃张家川马家塬墓地出土战国晚期随葬车等文物》，新华网，2012年11月28日。
② 王柏中：《两汉国家祭祀制度研究》，吉林大学博士学位论文，2004年。
③ 王柏中：《两汉国家祭祀制度研究》，吉林大学博士学位论文，2004年。
④ 《汉书·武帝纪》，中华书局，2015年，第140页。
⑤ 《汉书·武帝纪》，中华书局，2015年，第149、150页。
⑥ 《汉书·武帝纪》，中华书局，2015年，第174页。

标示其外国归降"氐羌徕服"。《汉书·武帝纪》太始二年诏书:"往者朕郊见上帝,西登陇首,获白麟以馈宗庙,渥洼水出天马,泰山见黄金,宜改故名,今更黄金为麟趾、褭蹏以协瑞焉。"① 在早期国家事务中,基于鬼神信仰的精神力量,祭祀一直是国家的政务。"国之大事,在祀与戎。"

作为太始二年的这次郊祀,汉武帝是要通过神传递出什么旨意,从中可检索出几个关键词:上帝、白麟、天马、黄金、协瑞。通过这几个关联词的勾连,马蹄金(褭蹏)、麟趾金制作和使用的功能、目的、意义,以及汉武帝的真实意图和雄才大略,就昭然若揭了。郊祀是用以彰显君权神授统治理念的最为主要的礼仪形式。太始二年,武帝经过多年的匈奴战争后,基本巩固了疆域。而代表匈奴黄金文化传统和以标示着匈奴文化的马蹄金、麟趾金,作为郊祀物,汉武帝都将其"一统中国"的夙愿蕴含其中。

(七)余论

南昌西汉海昏侯刘贺墓发掘出土的黄金,无论在数量上还是在种类上,都可谓历次考古发掘之最。出土如此多的黄金,不得不对其本人做一个初步了解。刘贺系刘髆之子,汉武帝之孙。其父刘髆乃汉武帝刘彻与孝武李皇后所生之子、汉武帝第五子、贰师将军李广利的外甥。《汉书·武五子传》:"昌邑哀王髆,天汉四年立,十一年薨,子贺嗣。立十三年,昭帝崩,无嗣,大将军霍光征王贺典丧……王受皇帝玺绶,袭尊号。即位二十七日,行淫乱。大将军光与群臣议,白孝昭皇后,废贺归故国,赐汤沐邑二千户,故王家财物皆与贺。"② 由此看来,刘贺墓中难免会有其父昌邑王时期之物。关于这个问题,张仲立先生《刘贺墓与巨野红土山西汉墓关联研究》一文中就刘贺墓与巨野红土山西汉墓之比绞阐述道:"刘贺墓的随葬是丰厚的,仰赖几个重要条件:①刘贺虽然最后已被削为千户小侯,但是汉宣帝要讲'骨肉之亲,析而不殊',要'于贺甚厚',要'怀柔'垂顾,所以刘贺的丧葬还是得到了特殊的礼遇的;②刘贺被废之日,幸有太后垂顾,其昌邑国的积累,悉归到他的名下。在这种情况下,刘贺墓的随葬中就有了一些昌邑国时期的器物,甚至其父刘髆时期的器物。"③

刘髆于公元前97年受封为昌邑王,建都昌邑(今山东菏泽市巨野县大谢集镇)。其舅李广利《史记·大宛列传》有云:"欲侯宠姬李氏,拜李广利为贰师将军,发属国

---

① 《汉书·武帝纪》,中华书局,2015年,第178页。

② 《汉书·武五子传》,中华书局,2015年,第2398页。

③ 张仲立:《刘贺墓与巨野红土山西汉墓关联研究》,《南方文物》2017年第1期。

六千骑，及郡国恶少年数万人，以往伐宛。"[①]期至贰师城取善马，故号"贰师将军"。李广利伐大宛是两汉之世唯一一次大规模远征西域的事例，无论其后的哪一次西域用兵就规模之大、时间之久、劳师远袭都不能与此相比。其意义就在于"汉既诛大宛，威震外国"。初步实现了汉武帝"威德遍于四海"的目的[②]。作为其战役的贰师将军又因其即"欲侯宠姬李氏，拜李广利为贰师将军"，在汉武帝"今更黄金为麟趾、褭蹄以协瑞焉。因以班赐诸侯王"。自然不可能或缺。正因此刘贺墓才有可能出现大量马蹄金、麟趾金。汉武帝颁诏书"西登陇首，获白麟以馈宗庙，渥洼水出天马，泰山见黄金，宜改故名，今更黄金为麟趾、褭蹄以协瑞焉。因以班赐诸侯王"。在此次的祭祀中，汉武帝将匈奴文化的象征物作为其大汉天子祭祀的祭祀品，无非是将其大一统思想幻化于神的旨意。

① 《史记·大宛列传》，中华书局，2010年，第2752页。

② 郝树声：《浅论李广利伐大宛的功过是非》，《甘肃社会科学》2002年第4期。

第二章 玉　　器

海昏侯刘贺墓已知出土玉器400余件。玉器在墓葬中处于较为封闭的环境中，整体保存较好，玉器表面多风化成灰白色、灰黑色。240件加工成器者中，以白玉为主的和田玉约占70%，玛瑙、水晶和石英等硅质岩类约占20%，岩石类约占10%。

40多种玉器中，大多为西汉时期常见种类，如玉璧、玉剑饰、韘形玉佩、凤鸟形玉饰、玉带钩、玉印等；兽形石嵌饰、双狼猎猪纹石嵌饰、兽面纹玉嵌饰、纽钟形"合欢"玉印和琉璃席为新发现的器形；舞人玉佩、玉耳杯、双身兽面纹玉环、双龙首玉珩等是战国时期制作；蟠虺纹龙首纹龙形玉饰为早期玉琮在春秋末期或战国早期改制；多节龙首玉带钩是战国龙形玉器在西汉改制的。

刘贺墓不同部位出土玉器组合具有不同特点。娱乐用具库、武库和主椁室西室主要是装饰用玉，主椁室东室主要是供献祭祀用的玉器组合，而主棺内除祭祀礼仪用玉和丧葬用玉外，也包含生活用玉和装饰用玉。

用玉制度可分为继承周代的礼仪用玉，如大型玉圭和玉璧组合成的圭璧制度，西汉发展起来的葬玉制度如玉窍塞、玉玲、玉握、嵌玉木枕和琉璃席等，但缺少玉衣。具有列侯等级的玉印（如龟纽"大刘记印"玉印、螭纽"刘贺"玉印）和玉剑饰，随葬玉璧数量属于诸侯王级别，舞人玉佩、龙凤螭纹韘形玉佩和玉耳杯等体现高级奢华生活，仍存在组玉佩但较为简单而且礼仪功能明显淡化。

使用了切割、钻孔、阴刻、阳刻、磨抛、掏膛等加工工艺以及浅浮雕、深浮雕、镂空雕、活环、镶嵌、拼接、改制等复合技术，显示出当时加工玉器的工艺复杂、技术高超。

第一节　玉器描述

古人认为美石为玉。今人对玉和美石的解读是：玉专指和田玉和翡翠，除了这两种玉材，还有蛇纹石玉（岫玉）、蓝田玉、独山玉、绿松石、玛瑙、石英、大理石等美石。结合海昏侯刘贺墓出土的材料，将符合上述玉石种类制成的具有典型玉器形制和工艺特征的玉石器统称为玉器。

刘贺墓玉器主要出自西回廊娱乐用具库和武库、主椁室西室、东室和主棺。由于靠近鄱阳湖而且主棺接近湖面水位，玉器埋藏在较为封闭潮湿的还原环境中，仅在玉器表面吸附形成浅褐色、灰白色、灰黑色沁，整体风化较弱，保存很好。现按出土位置加以介绍。

一、西回廊娱乐用具库

共出土玉器13件，其中三件凤形石盖纽和一件螭形石纽座为漆樽盖上的装饰，成对出现的兽形石嵌饰、双狼猎猪纹玉嵌饰和兽面纹玉嵌饰为漆樽外壁的嵌饰，这10件玉石饰来自同一漆樽。另外，出自一个漆盒里的舞人玉佩、双龙首玉珩和石管认为是一组玉佩。

凤形石盖纽　标本M1：1-1-3，尾部残。灰白色大理岩，风化弱。片状透雕凤形，昂首挺胸。杏眼，尖喙内卷，口衔有珠；叶形耳，头部一长冠羽下垂回卷；身体弯曲，胸前有一羽向前翘起，翅膀部位勾勒内卷飞羽，尾部上翘，凤的身体结构用阴线勾勒而成。镂空部位采用钻孔、拉丝法取料，器物的底部钻有前横孔、中直孔和后斜孔，固着用。残高30.9、宽25.7、厚4.5毫米，底部直孔孔径2毫米（图2-2-1）。

螭形石盖纽　标本M1：1-1-4，拱形，左前脚残，浅灰白色灰岩，局部黄色沁。圆雕螭的形象，梯形脸，曲形耳，翘眉，圆鼓眼，直鼻，肩部两侧生翼；嘴着地，尾下垂，四肢前伸后蹬呈拱背状；阴刻弧线勾勒四肢关节；底部前后各钻一横排小孔，每排外侧两个为直孔而中间两个为斜穿孔。长30.8、宽15.7、高18.7、脸宽9.3毫米（图2-2-2）。

兽形石嵌饰　标本M1：1-1-10，左脚趾前端残，浅灰白色灰岩，无风化。片弧状，单面浅浮雕立兽形象，整体半跪，上身挺直。脸部宽扁，独角，双耳竖立，眉梢上翘，眼球圆凸，

图2-2-1　凤形石盖纽（M1：1-1-3）

图2-2-2 螭形石盖纽（M1：1-1-4）

图2-2-3 兽形石嵌饰（M1：1-1-10）

阔鼻，张口暴出三颗上门牙，下巴歪斜。颈部短粗，胸腹部圆鼓，体态浑圆略显笨拙，刻小圆圈示乳头和脐眼。手臂粗壮，人手形五指，指甲尖长，左手五指并拢掌心朝前紧贴于耳呈招手状，右手掌心向内做抚胸状。左腿下蹲，右膝跪地，兽足。用卷云纹勾勒关节，用平行短斜线饰关节外侧缘鬃毛。正面抛光好，背面未抛磨。高52.5、宽40.8、厚2.6～3.8毫米（图2-2-3）。

双狼猎猪纹石嵌饰 标本M1：1-1-5，左外下侧残。灰色蛇纹石化大理岩，白黄色沁。片状，单面镂空浅浮雕"双狼猎猪"图案。猪在下部，张口用力挣扎；两只狼在猪的上方，圆睁有神，其中左上方的狼左前爪抓住猪颈上的鬃毛，撕咬其背；右上方的狼左前爪擒住猪的吻部，右前爪按在左狼的腿上，猛咬猪的头部。身体各部位以细阴线饰之，血腥场面栩栩如生。器身的孔洞存在不同孔径钻痕，为不同直径桯钻打孔后拉丝去料。正面抛磨好，背面有磨痕。长53.8、宽37、厚6.1毫米（图2-2-4）。

图2-2-4 双狼猎猪纹石嵌饰（M1：1-1-5）

兽面纹玉嵌饰 标本M1：1-1-7，断为三片，和田白玉，受褐沁严重，片弧状浅浮雕。可见兽面纹的丝束眉、额部水滴状丝束纹及外侧的瓦沟状云纹。宽55.6、高41.8、厚2.5毫米（图2-2-5）。

图2-2-5 兽面纹玉嵌饰（M1：1-1-7）

舞人玉佩 标本M1：727-3，右袖缺水袖和尖状坠饰，残断处留有修理痕迹。和田白玉，淡黄色沁。扁平状透雕直立舞女，瓜子脸、杏仁眼、细长眉、长直鼻、小嘴，面目清秀。头梳发髻，右上扎一发钗，额发平齐，两鬓卷曲垂肩，脑后长发束一垂髻。身着右衽袍服，衣长曳地，曲裾边饰伞形卷云纹，袖口饰斜网格纹，博带束腰；左臂

图2-2-6　舞人玉佩（M1：727-3）

上举水袖上翘扬袂于头上作舞，右臂横置腹前。用宽阴弧线饰两袖和裙摆的衣褶，用细阴线饰发型、五官和服饰细部；身材颀长，体态婀娜。上下各雕一个半圆形穿孔。打磨抛光好。高93、宽30.5、厚4～4.2毫米（图2-2-6）。

双龙首玉珩　标本M1：727-1，和田白玉，黄褐色沁。片状，雕琢同体双龙形；两端对称双龙首，叶形耳，水滴形眼，上颌前伸，下颌上翘内卷，口微张，下獠牙尖锐；躯体阴刻两条脊状线并内饰双弧线，其余空间填充卷云纹，沿轮廓阴刻一圈细线；凸弧侧正中穿一小孔；器表抛磨好。长173、两端宽36、中部宽27、厚3.4～4.2毫米（图2-2-7）。

图2-2-7　双龙首玉珩（M1：727-1）

二、西回廊武库

出土玉剑饰36件，另有一方刻一个字的半成品锥纽玉印。

谷纹玉剑首，标本M1：507-2，和田白玉，密布棕褐色沁。圆形，正面浅浮雕规整饱满的谷纹；背面中央榫卯部扁圆柱状，正中有一直孔，周边等距离管钻三个与直孔贯通的斜向隧孔。直径48.3、高17.1毫米（图2-2-8）。

图2-2-8　谷纹玉剑首（M1：507-2）

素面玛瑙剑格　标本 M1：494-2，暗红色缠丝玛瑙。素面，断面呈菱形，上端中部琢一凹形缺口，侧面中间起脊，下端平，中有长方形圆角穿孔，孔壁内竖痕清晰；器表抛磨好，玻璃光泽。长53、宽11.6、厚22.4毫米（图2-2-9）。

图2-2-9　素面玛瑙剑格（M1：494-2）

兽面纹螭纹玉剑格　标本 M1：512，和田白玉，保存完整，器表灰黑色沁，与剑身接触的凹槽内受沁较弱。断面呈菱形，上端中部琢一凹形缺口，下端中间出尖，椭圆形穿孔。器表一面浅浮雕兽面纹，兽面纹以中脊为鼻，左右对称的圆眼，躯体曲折外展。另一面深浮雕螭纹，螭首梯形、弯眉、圆眼下凹、曲耳、阔鼻、张嘴露牙，躯体细长呈"S"形，四足两爪、绞丝长卷尾。孔壁留有竖直的去料痕迹，凹槽内磨痕清晰，器表打磨抛光较好。长57、宽23.2、厚21.6毫米（图2-2-10）。

图2-2-10 兽面纹螭纹玉剑格（M1：512）

螭纹玉剑璏 标本M1：486，和田白玉，密布灰黑色沁。体长方形，两端下弯微卷，正面深浮雕三只子母螭，背面琢出长方形穿孔。

中央大螭梯形头，曲耳、鼓眼、阔鼻、张嘴露齿；身体修长，四肢矫健，昂首呈"S"形行走状，绞丝长尾回卷，身体饰羽状纹。上端小螭与大螭对视，曲耳、弯眉、圆眼、尖嘴，鬣毛细长，身体呈"C"形，分支尾，身上阴刻鳞状纹，尾饰密集短阴线。下端小螭呈侧身攀爬状，曲耳、弯眉、鼓眼、直鼻；躯体呈"C"形，四足，两爪，短尾，张口咬住大螭的尾巴，身体脊线和腿部饰平行短阴线。长102、宽24、厚23毫米（图2-2-11、图2-2-12）。

图2-2-11 螭纹玉剑璏（M1：486）俯视

图2-2-12 螭纹玉剑璏（M1：486）局部俯视

　　素面玉剑珌　标本M1：507-4，和田白玉，散布灰黑色沁。梯形，断面呈橄榄形，略收腹，素面。顶面中部管钻一直孔，孔的两侧各钻一个与直孔相通的斜向小隧孔。长48.4、高39.5、厚12.7毫米（图2-2-13）。

图2-2-13 素面玉剑珌（M1：507-4）

　　素面琉璃剑珌　标本M1：556，器物一角缺失，顶部有凹凸不平的缺口。材质为蓝色琉璃，崩片处贝壳状断口明显，风化较重，器表布满蚀孔。剑格素面，正视呈长方形，横断面呈橄榄形，上端中部钻一圆孔。采用管钻打孔工艺，孔底圆圈形管钻痕迹清晰，器表抛光效果一般。长26.3、宽16、厚9.5毫米，孔径3.4、孔深5.1毫米（图2-2-14）。

图2-2-14　素面琉璃剑珌（M1∶556）

三、西回廊漆箱内玉器

在西回廊娱乐用具库与文书档案库之间的一个漆箱内装有玉器189件，包括44件玉剑饰、25枚贝形玉髓饰、20件小型残断人佩饰（小型玉璧、石圭、玉环、玉佩等）和约百件未加工成器的玉材和玉片。

柿蒂纹云纹玉剑首　标本M1∶732-3-69，和田白玉，褐色沁重。正面圆形内凹，浅浮雕，两圈阴刻线和斜线组合分内区四瓣柿蒂纹和外区八个正反相间的"山"字形卷云纹。背面榫卯部环形凸起，中央管钻一直径4.5毫米的圆槽，槽壁光滑，外缘直角对穿一孔径1毫米的隧孔。表面抛磨好。直径44、高10毫米（图2-2-15）。

图2-2-15　柿蒂纹云纹玉剑首（M1∶732-3-69）

柿蒂纹云纹螭纹玉剑首　标本M1：732-3-39，和田白玉，保存完整，器表有少量灰黑色沁。剑首正面圆形，中央略凹，管钻一圆圈。纹饰分内外两区，内区浅浮雕五瓣柿蒂纹，外区为带状云纹。背面浮雕一对躯体柔曲盘绕的螭纹，螭首前视，曲耳、圆眼、直鼻，口或张或闭，二爪，长卷尾，头和部分爪、尾出廓。管钻圆形榫槽，在外侧斜钻两个孔径2毫米的隧孔，一个与榫槽相通，另一个未钻穿。器表抛光好。直径56、高10.5毫米（图2-2-16）。

图2-2-16　柿蒂纹云纹螭纹玉剑首（M1：732-3-39）

素面石剑格　标本M1：732-3-50，保存完整，黑色辉石岩。素面，断面呈菱形，上端中部琢一凹缺，下端中间出尖，中脊凸出，中有长方形圆角穿孔，孔前沿两侧磨出V形槽，器表抛光好。长49、宽17.7、厚20.5毫米（图2-2-17）。

图2-2-17　素面石剑格（M1：732-3-50）

兽面纹螭纹玉剑格　标本M1：732-3-82，和田白玉，散布褐色沁。断面呈菱形，上端中部琢一凹形缺口，下端中间略出尖，中脊凸出，中有长方形穿孔，孔前沿两侧磨出V形槽。一面深浮雕螭纹并辅砣刻阴线，螭首梯形，曲耳，圆眼，直鼻，鬃毛长回卷，躯体做"U"形状。另一面，以鼻为中脊阴刻兽面纹，两边对称，方眼，躯体弯曲外展并饰双弧线和卷云纹。器表抛光好。长56.2、宽18.4、厚22.5毫米（图2-2-18）。

图2-2-18　兽面纹螭纹玉剑格（M1：732-3-82）

乳钉纹玉剑璏　标本M1：732-3-66，保存完整。和田白玉，器表散布淡黄色沁。长方形，两端未下垂，璏面采用压地法加工乳钉纹，用阴线横竖有规则勾连乳钉，抛磨较好。穿孔长方形，穿孔内壁打磨过，加工痕迹不清晰。长39.8、宽17.9、厚13.1毫米（图2-2-19）。

图2-2-19　乳钉纹玉剑璏（M1：732-3-66）

兽面纹玉剑璏　标本M1：732-3-75，和田白玉，少量淡黄色沁。体长方形，两端下弯微卷。正面一端浅浮雕兽面纹，兽面以鼻梁为基线左右对称，圆眼，丝束角，额部卷云状冠饰出尖成脊并延至另一端；兽身由五组左右对称纵向正反交互分布的卷云纹构成，抛磨好。背面琢出长方形穿孔，孔壁上钻孔去料的痕迹清晰。长86.9、宽25、厚14.1毫米（图2-2-20）。

图2-2-20　兽面纹玉剑璏（M1：732-3-75）

螭纹石剑珌　标本M1：732-3-65，乳白色黄蜡石，浅黄色沁，质地细腻，蜡状光泽。梯形，略收腹，断面呈橄榄形，上端正中管钻一直孔。

一面深浮雕头朝外的对螭，一只俯卧状，另一只昂首状。梯形头，曲耳、鼓眼、阔鼻、咧嘴，躯体呈"S"形，四足、三爪、绞丝长卷尾。另一面浅浮雕一只螭，梯形头、曲耳、翘眉、圆眼、直鼻、咧嘴，身体呈蛇曲状，四足、三爪、绞丝长卷尾。底长51.9、高31.2、厚22.3毫米（图2-2-21）。

图2-2-21　螭纹石剑珌（M1：732-3-65）

素面玛瑙剑珌　标本M1∶732-3-54，红黄缟丝纹玛瑙，保存完整。素面，六面体，侧面呈长方形、断面呈菱形，器表抛光好。上端中部两次部分重叠的管钻形成一长方形孔，孔底圆形管钻痕迹清晰，孔长9.4、短5.6、孔深7.2毫米。器物长25.3、宽13.9、高16.8毫米（图2-2-22）。

蟠虺纹谷纹玉璧　标本M1∶732-3-221，外缘有一残缺。和田白玉，沿裂隙灰色沁。扁平圆形，厚薄不均。正面浅浮雕谷纹和蟠虺纹，背面无纹饰，保存片切割台痕。直径59.6、孔径23.4、厚2.4～3.5毫米（图2-2-23）。

图2-2-22　素面玛瑙剑珌（M1∶732-3-54）　　　图2-2-23　蟠虺纹谷纹玉璧（M1∶732-3-221）

石圭　标本M1∶732-3-223，保存完整，灰色滑石。上尖下方，片状，素面，一面留有竖直切割痕，厚度不一，下端中部穿一孔，孔壁直。通高88.8、宽25、厚4～5.1毫米（图2-2-24）。

龙形玉佩　标本M1∶732-3-225，缺下半部。和田白玉，通体灰黑色沁。片状，透雕回首龙；杏眼，斧形上下颌，张口衔珠，鬃毛分支回卷；腿部肌肉发达，足分两趾。管钻钻孔后拉丝工镂空，阴刻线饰躯体细节。长56.2、宽41.1、厚2.3毫米（图2-2-25）。

贝形玉髓饰　标本M1∶732-3-96，褐红色玉髓，内有"红点"，曾被称为玛瑙贝形饰。仿海贝形，正面隆起椭圆形，中部竖刻长齿槽，齿槽两侧横刻7对短齿纹，齿槽两端各管钻一小直孔做穿系用。背面平。长径19.6、短径12.5、厚4.4毫米（图2-2-26）。

图2-2-24　石圭
（M1：732-3-223）

图2-2-25　龙形玉佩
（M1：732-3-225）

图2-2-26　贝形玉髓饰
（M1：732-3-96）

四、主椁室西室

主椁室西室为刘贺的"起居室"，出土一件完整的蟠虺纹龙首纹龙形玉饰，残破的玉剑首和小玉璧各一件，两件可能是青铜器上的玉器盖和多件可能是青铜器上的玉嵌饰。

蟠虺纹龙首纹龙形玉饰　标本M1：1483-1，和田白玉，浅褐色沁。龙首前伸，圆眼，下颌上翘，上颌外卷，闭口；龙身竖立，龙尾盘旋状，浅浮雕满饰蟠虺纹和龙首纹；体伸出钩形两翼，翼饰羽鳞状纹；背部出一素面拱形横穿孔纽。俯视，外轮廓正方形，拱形纽位于正方形棱角处且未超出棱角范围；内壁圆形曲面，总体是内圆外方之态，为早期高体玉琮改制而成。长55.9、宽55.8、高89毫米（图2-2-27）。

图2-2-27　蟠虺纹龙首纹龙形玉饰
（M1：1483-1）

螭纹圆形玉器盖　标本M1：1590-2，保存完整。纯净白玉，器表散布灰黑色灰白色沁。盖面圆形，微隆，饰三个螭；中央桥形纽，纽内琢出一圆形活环；背面平，光面无纹；三个螭首呈三角形向外出廓，螭首下缘磨出台阶状斜面巧妙地嵌在铜箍上。螭首两个梯形脸一个尖状脸、方眼、直鼻、曲状耳，分支鬣毛从螭首顶部伸出并沿盖面外弧分布。桥形纽面饰两道瓦沟纹，一侧有一圆形斜穿孔。打

图 2-2-28　螭纹圆形玉器盖（M1：1590-2）

磨抛光较好。最大宽 53.2、内圆直径 43.1、高 17.6 毫米（图 2-2-28）。

五、主椁室东室

主椁室东室代表刘贺生前的卧室，主棺摆放在东室的东北角，东室（不包括主棺）出土玉石器约 100 件：靠近主棺有龙凤螭纹韘形玉佩和多件玉环；南面长榻有玉印、玉带钩、石璧、玉剑饰、凤鸟形石饰等；在两者之间一个镶嵌宝石的漆木几案上有玉耳杯、龙凤螭纹韘形石佩、谷纹蒲纹玉璧；同时还有 70 件从青铜器或漆器上掉落下来的半球状、片状玉石嵌饰。

龙凤螭纹韘形玉佩　标本 M1：1488，和田白玉，少量灰黑色沁。片状，韘体心形，中孔圆大，边缘出廓，左侧透雕龙纹，右侧透雕螭纹，左上侧透雕凤鸟纹。韘体正面上半部沿圆弧起凸棱，并在顶部出尖，两肩内凹，内刻卷云纹，右外上侧雕一外凸的三角形锐尖；下半部微凹，阴刻云气纹。背面微鼓，阴刻云气纹和流云纹。龙纹叶状耳、水滴眼、上下颌外卷、昂首张口露牙咬住凤尾。螭纹倒立，头似梯形，曲耳、翘眉、圆眼、宽鼻、长鬣毛回卷。凤鸟纹回首状、叶状耳、水滴眼、张口勾喙、分支卷曲长冠。螭纹、龙纹和凤鸟纹身体均为弯曲修长，长卷尾，腿部肌肉发达，二爪。身体用阴刻短细线和弧线饰细节。长 98.2、宽 70、厚 5.2～6.2 毫米，孔径 33 毫米（图 2-2-29）。

龙凤螭纹韘形石佩　标本 M1：1662，灰色灰岩，不透光，正面褐色背面浅灰色。片状，韘体心形，中孔圆大，边缘出廓，左侧透雕龙纹，右侧透雕螭纹，右上侧透雕凤鸟纹。韘体正面上半部沿圆弧起凸棱，并在顶部出尖，两肩内凹，内刻卷云纹，右外上侧雕一外凸的三角形锐尖；下半部微凹，阴刻云气纹。背面微鼓，阴刻云气纹和卷云纹。龙纹分支长鬣毛回卷，叶状耳、圆

图 2-2-29　龙凤螭纹韘形玉佩
（M1：1488）

眼、上下颌外卷、张口露獠牙衔珠。螭头似梯形，长鬃毛回卷，曲耳、弯眉、圆眼、宽鼻。凤鸟纹冠上翘，水滴眼，勾喙。螭纹、龙纹和凤鸟纹头后部分相似，均为弯曲修长身体，长卷尾，腿部肌肉发达，二爪。阴刻细短线和弧线饰身体细节。长83.8、宽83.7、厚3.9～5.1毫米，孔径35毫米（图2-2-30）。

　　兽面纹玉环　标本M1：1809，和田青玉，温润，风化弱。平面环形，每面均浅浮雕三组相同的合首双身兽面纹，斜长角，叶状眼，卷云鼻，绞丝状腮，额部饰网格纹；头后向两侧分出蛇曲形躯体，躯体阴刻中脊线及平行双弧线纹，各有两只似刀状足，卷尾。靠近内缘的空隙处阴刻三组网格纹和涡纹。直径94.8、孔径60.9、厚5.6毫米（图2-2-31）。

图2-2-30　龙凤螭纹鞢形石佩（M1：1662）　　　　图2-2-31　兽面纹玉环（M1：1809）

　　龟纽"大刘记印"玉印　标本M1：1639，和田白玉，纯净，器表少量浅褐色沁。方形印身，光素无纹；印面无边栏，缪篆阴刻"大刘记印"四字；圆雕龟形印纽，龟首上昂，圆眼，龟背拱起，以脊棱为界，左右满饰五边和四边形阴刻龟背纹；扁状四肢，两爪。龟腹下方多次钻孔形成扁椭圆形穿孔；器表打磨抛光好。正方形边长17.6、高16.4毫米（图2-2-32、图2-2-33）。

　　凤鸟形石饰　标本M1：1729-2，浅褐色蛇纹石化大理岩，油脂光泽。片状，凤鸟立姿，叶形耳，圆眼，短喙，分支长尾高出头顶回卷；颈部和翅膀阴刻成排短直线以表羽，底部钻一个未通孔。高43.4、宽14.9、厚7毫米（图2-2-34）。

　　谷纹蒲纹玉璧　标本M1：1721，外沿有一小残。和田白玉，散布灰白、灰黑色沁。扁平圆形，厚薄均一，两面压地阳刻浅浮雕规整纹饰，一面为谷纹，另一面为蒲纹；内外缘各阴刻一圈细线，外沿侧面阴刻四字（解读为"午三十九"）。直径116.4、

图2-2-32 龟纽"大刘记印"玉印
（M1：1639）印面

图2-2-33 龟纽"大刘记印"玉印
（M1：1639）侧面

图2-2-34 凤鸟形石饰（M1：1729-2）

孔径46.6、厚5毫米（图2-2-35）。

凤鸟纹兽面纹玉耳杯 标本M1：1655，也称玉羽觞，和田白玉，纯净，灰黑、灰褐色沁，由整块玉料雕琢而成。椭圆形杯，弧壁，平底，两侧边为月牙形耳。杯内壁光素无纹，杯内底雕琢双层纹饰，内外层纹饰由椭圆形阴刻线分开；中央阴刻两只中心对称的抽象凤鸟纹，由勾连云纹连接两只凤鸟纹；外层阴刻两组对称的鸟云纹和云气纹。杯外壁两端浅浮雕兽面纹，其余阴刻鸟云纹、云气纹和柿蒂纹；外底阴刻一只与内底相似的抽象凤鸟纹。耳面饰左右对称的鸟云纹。纹饰简洁洗练，器表抛磨好。长径123、短径78、高31毫米（图2-2-36）。

六、主棺

主棺位于主椁室东室的东北部，按玉器出土位置可以细分为：

（一）外棺盖板上

外棺盖板上放置三把剑，共有8件玉剑饰。

图2-2-35　谷纹蒲纹玉璧（M1：1721）　　　　图2-2-36　凤鸟纹兽面纹玉耳杯（M1：1655）

螭纹云纹玉剑首　标本M1：1794-1，和田白玉，灰白、灰黑色沁。圆形，正面纹饰分内外区，内区圆形隆起，表面浅浮雕四个卷云纹组成四瓣花形，中央阴刻菱形纹；外区深浮雕两只腰部隐没、蜿蜒盘曲的穿云螭。背面平，管钻内外两个圆槽，从中央向内圆槽斜穿两隧孔。直径52.5、高15.8毫米（图2-2-37）。

柿蒂纹乳钉纹玉剑首　标本M1：1676-3，和田白玉，器表散布灰色和灰黑色沁，背面榫部残。正面圆形，中央内凹，两条平行阴刻圆圈纹将纹饰分为内外两区。内区阴刻柿蒂纹，外区饰压地凸起规整有序的勾连乳钉纹。背面榫部为圆筒形，在筒壁上有两对约呈直角对称、孔径3毫米的小孔，一对完整另一对破损。器表抛磨较好。直径41.6、高18.2毫米（图2-2-38）。

图2-2-37　螭纹云纹玉剑首（M1：1794-1）　　　图2-2-38　柿蒂纹乳钉纹玉剑首（M1：1676-3）

兽面纹玉剑格　标本M1：1676-2，和田白玉，密布灰色和灰黑色沁。断面呈菱形，上端中部琢一凹缺，侧面中间起脊，下端出尖，中有长方形穿孔，孔前沿两侧磨出V形槽。两侧面纹饰相同，以中脊为鼻左右对称浅浮雕抽象兽面纹，躯体以勾连卷云纹为特征向两侧外展。器表抛磨好。长59.4、宽37、厚21.5毫米（图2-2-39）。

卷云纹玉剑璏　标本M1：1676-1，和田白玉，器表散布灰白、灰黑色沁斑。长方形，上端略微下弯，下端下垂略微回卷，正面饰横竖有序的阴刻卷云纹组合，组合间用平行弧线串联，边沿阴刻轮廓线。背面长方形穿孔，孔壁留有磨痕。正面和侧面打磨抛光较好。长82.5、宽28、厚16.6毫米（图2-2-40）。

图2-2-39　兽面纹玉剑格（M1：1676-2）

图2-2-40　卷云纹玉剑璏（M1：1676-1）

兽面纹玉剑璏　标本M1：1677-1，和田白玉，少量灰色和灰黑色沁。体长方形，两端下弯微卷。正面一端浅浮雕兽面纹，以鼻梁为基线左右对称，方眼，丝束上翘角，卷云鼻，张嘴露牙，额部卷云状冠饰，冠饰中间出尖形成脊线并延至下端，两侧饰以六组对称的卷云纹，且正反相间分布；两侧缘斜坡状。背面琢出长方形穿孔。正面抛磨呈玻璃光。长131.6、宽24.8、厚15毫米（图2-2-41）。

图2-2-41　兽面纹玉剑璏（M1：1677-1）

（二）内外棺之间南部

出土3件玉璧，其中一件蒲纹玉璧保存在大小吻合的圆形木盒内。

蒲纹玉璧　标本M1：1813-1，和田青玉，局部浅黄色沁。扁平圆形，厚薄不均，两面均浅浮雕规整、精致的蒲纹。直径169、孔径43、厚4.9～5.3毫米（图2-2-42）。

涡纹玉璧　标本M1：1825-1，和田青玉，一面残留铁锈朱砂痕。扁平圆形，厚薄不均，两面磨刻和砣刻结合雕琢规整有序的涡纹。直径180、孔径57.4、厚3.1～4.6毫米（图2-2-43）。

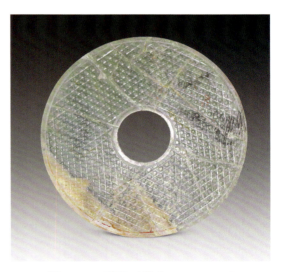

图2-2-42　蒲纹玉璧（M1：1813-1）

（三）内棺

50多件玉器主要围绕墓主人分布。墓主人头部、胸部、胯部和左右胳膊都覆有玉璧，头胸部下边也铺满了玉璧；眼部覆有玉眼罩，鼻孔塞有玉髓珠，口有玉玲，肛门有肛塞，手握一对玉带钩；腰部出土玉印、玉带钩、玉觿、玉刀、玉管、玉髓珠；头下有嵌玉木枕，身下铺有琉璃席；头部左外侧摆放多件玉环，身体左侧摆放一把玉具剑，右腿外侧有鞢形玉佩和水晶珠。另外，在头箱漆盒内出土一件玉圭。

蒲纹玉璧　标本M1：1878-60，和田白玉，纯净，风化弱，边缘局部浅褐色沁，表面附杂质未清洗。扁平圆形，厚薄不均，两面同饰规整、精致的蒲纹。抛光好。直径96、孔径42、厚3.4～4.6毫米（图2-2-44）。

谷纹玉璧　标本M1：1878-77，和田白玉，局部灰白色沁，表面附杂质未清洗。扁平圆形，厚薄不均，两面均压地和砣刻规整饱满的谷纹。直径141.2、孔径51.7、厚5.2～5.7毫米（图2-2-45）。

图2-2-43　涡纹玉璧（M1：1825-1）

图2-2-44　蒲纹玉璧（M1：1878-60）

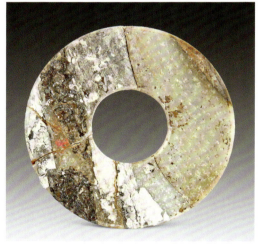

图2-2-45　谷纹玉璧（M1：1878-77）

兽面纹蒲纹玉璧　标本M1：1878-25，和田青玉，破成多片，可拼接完整，表面附杂质未清洗。扁平圆形，厚薄均一，两面纹饰相同，内外缘各阴刻一圈粗线。璧面用一圈绞丝纹分内外两区，内区满饰规整精致的蒲纹，部分叠加涡纹；外区阴刻四组双身合首兽面纹，菱形眼眶，圆眼，阔鼻，L形角，额部饰网格纹，躯体S形弯曲，身饰平行双弧线纹，尾中脊刻一细阴线，躯体中部刻一似凤鸟纹足。器表抛光较好。直径220.4、孔径52.3、厚8.5毫米（图2-2-46）。

兽面纹蒲纹玉璧　标本M1：1878-24，和田青玉，破成多片，可拼接完整，表面附杂质未清洗。扁平圆形，厚薄均一，两面纹饰相同。璧面用一圈斜线纹分内外两区，内区满饰规整精致的蒲纹，外区阴刻四组合首双身兽面纹。器表抛光较好。直径

216.7、孔径27.3、厚5.2毫米（图2-2-47）。

素面玉圭　标本M1：1878-15④，和田青玉，无风化。扁平体，尖首长方形，形制规整，通体抛光，素面。圭体近底部管钻直径6.1毫米孔。长161.2、宽69.7、厚8.1～8.9毫米（图2-2-48）。

云气纹兽首玉带钩　标本M1：1878-39，和田白玉，纯净致密，局部黑褐色沁。钩首为抽象兽首，钩身琵琶形，钩纽椭圆形，器身饰云气纹。长33.6、宽10.9、高16毫米（图2-2-49）。

图2-2-46　兽面纹蒲纹玉璧（M1：1878-25）

图2-2-47　兽面纹蒲纹玉璧（M1：1878-24）

图2-2-48　素面玉圭（M1：1878-15④）

图2-2-49　云气纹兽首玉带钩（M1：1878-39）

多节龙首玉带钩　标本M1：1878-40，保存完整，棕褐色沁。钩体中间由一节白玉髓连接两段和田白玉，钩纽亦为单独一块和田白玉，四部分通过铁芯拼接成器。钩首简化龙首形，仅雕琢出水滴眼和铲形吻部；钩身和钩尾为早期龙形玉器再利用，钩身为原玉器的龙身，弯曲方形，浅浮雕"❤"形卷云纹，左胸部和右腰部侧伸出短足；钩尾为原玉器的龙首部位，浅浮雕叶状耳、圆眼和谷纹鼻，张口，口沿阴刻绞丝纹，额饰网格纹；钩纽椭圆形，纽面阴刻"十二"两字。长99.3、宽15.7、高25.2毫米（图2-2-50）。

图2-2-50　多节龙首玉带钩（M1：1878-40）

螭纹龙首玉带钩　标本M1：1878-27，和田黄玉，风化弱，局部褐色沁。钩首龙形，鸭嘴形上下颌，颈部饰鳞纹。钩身方体，向钩首方向逐渐变细，正面深浮雕对视的母子螭，以阴刻弧线勾勒螭体细节，子螭中部钻一圆孔；侧面阴刻S形勾连纹。钩纽椭圆形，纽面阴刻龟纹。长132、宽14.6、高44.9毫米（图2-2-51）。

图2-2-51　螭纹龙首玉带钩（M1：1878-27）

螭纽"刘贺"玉印　　标本M1∶1878-23，和田白玉，纯净，纽少量褐色沁。盝顶方形印身，光素无纹；印面无边栏，缪篆阴刻"刘贺"二字。纽深浮雕幼螭，螭首三角形，曲耳，弯眉鼓眼，尖嘴，分支丝束长鬣毛；躯体呈"C"形，身饰鳞状纹，卷曲尾，左腿拱形外蹬，右腿紧贴躯体，二爪。螭腹下方钻成扁圆形孔，通体打磨抛光好。正方形边长21.3、高15.7毫米（图2-2-52、图2-2-53）。

图2-2-52　螭纽"刘贺"玉印（M1∶1878-23）印面

图2-2-53　螭纽"刘贺"玉印（M1∶1878-23）侧视

有研究者将该印纽定为鸥鹓[1]或神鸟[2]，因为他们看到了"羽和喙"，从形态上看确实像鸟类；也有认为是蟾蜍[3]，然定为蟾蜍就令人无法理解了，因为除了身上的"羽状纹"外，如何解释该动物还有尾、爪和鬣毛？

我们定为螭的重要依据是同在刘贺墓出土的玉剑璏中常见这种造型——"子母螭"（见图2-2-11），计有14件，它由幼螭和成年螭组成。我们曾对这14件"子母螭"玉剑璏做过统计，发现子螭头部轮廓、眼睛和耳朵均与母螭相似，仅嘴部形态不一样：其中有11件子螭尖嘴，有1件子螭勾嘴；有两件子螭身饰鳞状纹或细密阴刻线[4]，这也出

---

① 郑志刚：《海昏侯墓出土汉印四题》，《中国美术》2016年第4期，第41～44页。

② 蔡庆良、赵文杰、杨军：《日暖生烟——海昏侯墓出土玉器鉴赏》，《收藏家》2018年第3期，第29～32页。

③ 温乐平、周广明：《海昏侯墓出土"刘贺"玉印的印纽造型辨析》，《南方文物》2020年第6期，第167～179页。

④ 江西省文物考古研究院、厦门大学历史系：《江西南昌西汉海昏侯刘贺墓出土玉器》，《文物》2018年第11期，第57～72、97页。

图2-2-54　素面玉觿（M1：1878-51）

现在母螭身上（见图2-2-12）。战国时期螭常常从头上长出飘逸的鬣毛。再者，从龙凤螭纹韘形玉佩（见图2-2-29）看，龙、凤、螭的躯体形态非常接近，能够区分出龙、螭或凤纹的是头部形态而非身体特征。因此，我们认为该印纽的形态是子螭，尖嘴或勾嘴（不是勾喙）是幼螭的特征，"刘贺"玉印的纽为螭纽。

素面玉觿　标本M1：1878-51，和田白玉，局部浅黄色沁。扁平S形，素面，中间有一坎分其为上下两部分，下端尖，上端一穿孔。长49.8、宽8.4、厚1.9～4.3毫米（图2-2-54）。

龙纹螭纹韘形玉佩　标本M1：1878-21，和田白玉，纯净，仅小裂隙处有浅黄色沁。韘体心形，韘体中孔椭圆形，顶部出尖，尖刃两侧内凹成肩状，两面上半部阴刻卷云纹，下半部阴刻云气纹。左右镂空浮雕龙纹和螭纹。龙首似马脸，斧形下颌、水滴眼、张口獠牙，鬣毛后飘。螭首梯形，曲耳，圆眼，直鼻。龙纹和螭纹躯体细长弯曲，穿越韘体，分支长卷尾，腿部肌肉发达，二爪锐利，周边饰云气纹。龙纹身饰勾云纹，螭纹阴刻细长中脊线并饰平行双弧线。长111、宽83、厚3.8～5毫米（图2-2-55）。

六棱柱水晶珠　标本M1：1878-29，水晶，无色透明。不规则六棱柱形，大致呈三对对称的面，素面，每个面鼓起。两顶面中心对钻直径1.8毫米的贯穿孔，孔壁存在细密螺旋痕。打磨抛光好。宽18.7、高28毫米（图2-2-56）。

双六棱台水晶珠　标本M1：1878-78，水晶，无色透明。双六棱台，素面，六棱台顶面、底面为不规则六边形，侧面似等腰梯形；中心对钻直径1.6毫米的管钻孔，孔壁存在细密螺旋痕，打磨抛光好。宽25.8、高21.4毫米（图2-2-57）。

图2-2-55　龙纹螭纹韘形玉佩
（M1：1878-21）

图2-2-56　六棱柱水晶珠（M1：1878-29）

图2-2-57　双六棱台水晶珠（M1：1878-78）

玛瑙珠　标本M1：1878-44，天然缟玛瑙制，呈棕色，中部有相对平直、宽窄不一的白色和棕色圈带纹，整体风化较弱，局部有旧损痕迹。腰鼓形，中间粗，微鼓起，两端细；素面，中有一小孔贯穿两端，孔壁直且有同心凹槽，为对钻钻孔；器表抛磨好，两端未抛磨，存在明显的切割痕。长38.5、上下端直径10.7、中部最大径14.7毫米，两孔孔径分别为1.77、1.78毫米（图2-2-58）。

纽钟形"合欢"玉印　标本M1：1878-95，和田白玉，器表浅褐色沁。出土于口中，作为玉琀用。形似纽钟，纽有穿孔，两面均阴刻云纹，底部椭圆形，刻有篆文"合欢"二字，宽约20、厚约5、高约30毫米（图2-2-59）。

图2-2-58　玛瑙珠（M1：1878-44）

图2-2-59　纽钟形"合欢"玉印
（M1：1878-95）

谷纹玉勒　标本M1：1878-38，和田白玉，纯净，局部浅黄色沁。出土于肛门，作为肛塞用。圆柱体，粗端微收成圆形，细端渐成椭圆形；器身浅浮雕和阴刻规整饱满的谷纹；两顶面中心多次对钻形成椭圆形贯穿孔。长55.7、粗端直径9.4、细端长径10.6、短径8.4毫米（图2-2-60）。

玉髓珠　标本M1：1878-45，出土于主棺内墓主人腰部，玉髓，整体呈红色，风化较弱，保存完整。瓜形，七棱七面，素面，中有贯穿直孔，为对钻钻孔，孔径不一，分别为1.7、2.9毫米。器表抛磨好，孔壁有螺旋钻痕。最大径7.9、高7.5毫米（图2-2-61）。

兽形琥珀饰　M1：1878-47，金黄色透明琥珀，兽形圆雕，前视，长耳下垂，斜长眼，直鼻，一字口，前后肢屈收于腹下，呈蹲卧状，尾下垂。

图2-2-60　谷纹玉勒（M1：1878-38）

腹部一横向穿孔，孔壁留有旋痕；器身用宽阴线雕琢纹饰，阴线平直有力，具有"汉八刀"特点；器表抛磨好。长20.7、宽9.5、高12.6毫米（图2-2-62）。

图2-2-61　玉髓珠（M1：1878-45）

图2-2-62　兽形琥珀饰（M1：1878-47）

第二节 玉器功能

刘贺墓不同部位随葬的玉器不同，其摆放和组合是有意的，具有一定的特点。

一、娱乐用具库

据出土时的观察，有10件玉器属于一个漆樽上的装饰用玉。漆樽器盖上有三件凤形石盖纽（见图2-2-1），呈等边三角形分布于器盖的外侧，一件螭形石盖纽（见图2-2-2）位于中央，它们均通过榫卯结构固定在器盖上，既是器盖的装饰，也便于器盖的取和放；镶嵌在漆樽外壁上分别成对出现的是体现方相氏形象的兽形石嵌饰（见图2-2-3）、描述北方草原地区动物厮杀景象的双狼猎猪纹石嵌饰（见图2-2-4），以及可以拼合成眼睛以上部分的兽面纹玉嵌饰（见图2-2-5），它们组合成一幅幅驱疫逐鬼、祈求安康的愿景。

收藏在同一盒子里的舞人玉佩（见图2-2-6）、双龙首玉珩（见图2-2-7）和玉管，认为是一组玉佩，其中舞人玉佩的顶部和底部各有一孔用于穿系，方便搭配其他佩饰，往往是组玉佩中的重要成员。组玉佩是西周出现、春秋战国时期流行的一般佩戴于胸前的佩饰，是身份地位的标识。相较于春秋战国时期，该组玉佩的数量显得较少且简单，而且出土于娱乐用具库，似乎说明西汉时期组玉佩的礼仪功能在淡化，更强调佩饰和娱乐功能。

二、武库

武库里成堆摆放着铁剑和铜剑，共出土36件玉剑饰，玉剑饰的主要功能是装饰。从中可以辨认出四把剑的玉剑饰：兽面纹玉剑格（M1：15-1-1）和兽面纹玉剑璏（M1：15-1-2）；兽面纹螭纹玉剑格（M1：1434-1）和子母螭纹玉剑璏（M1：1434-2）；谷纹玉剑首（M1：507-2）和兽面纹玉剑格（M1：507-3）；螭纹玉剑璏（铜剑编号M1：471）。另外，还出土一枚四棱锥纽无字玉印。

三、西回廊漆箱内玉器

初步观察，这个漆箱更像是一个玉器的收藏箱，收纳189件尺寸较小的玉剑饰、贝形玉髓饰（见图2-2-26）、残断玉器，以及可能计划用于加工丧葬用玉的片状玉材。

贝形玉髓饰（又称"玛瑙贝币"）源自贝币，因海贝分布于我国海南岛和台湾岛，难以大量获得，古人很早就使用其他替代材料，骨仿贝币、铜仿贝币和玉石仿贝币应运而生。铜仿贝是用青铜浇铸的贝币，可以快速生产，数量巨大，最终代替了上述其他仿制贝的流通。因此，西汉时期的贝形玉髓饰已经失去货币的功能，成为装饰品。

四、主椁室西室

主椁室是按照刘贺生前"东寝西堂"的居室格局设计的。西室作为刘贺的"起居室"，出土玉器10多件，除蟠虺纹龙首纹龙形玉饰、玉剑首和小玉璧各一件外，还有铜器上的玉器盖和漆器上的玉嵌饰。

蟠虺纹龙首纹龙形玉饰（见图2-2-27）是由早期高体玉琮改制而成的，玉琮原是祭祀大地的重要礼器，将玉琮改制成玉龙，说明玉琮已经失去作为礼器的功能，这从该件龙形玉饰出土于"起居室"也得到证明；然耗费大量精力改制而成的这件龙形玉饰应是一件高级别的挂饰，也许形成了新的礼仪功能。

五、主椁室东室南部

出土于主棺前外侧的龙凤螭纹鞢形玉佩（见图2-2-29）和兽面纹玉环（见图2-2-31），原先可能挂在主棺前侧板，因主棺压塌后才散落于此，应是刘贺生前的佩饰。南面床榻上摆放有"大刘记印"玉印（见图2-2-32）、玉带钩、石璧、凤鸟形石饰（见图2-2-34）和一把玉具剑（兽面纹石剑格M1：1679-2、兽面纹玉剑璏M1：1679-3、素面玉剑珌M1：1679-1）。在主棺和床榻之间一个镶嵌宝石的漆木几案上摆放龙凤螭纹鞢形石佩（见图2-2-30）、谷纹蒲纹玉璧（见图2-2-35）和凤鸟纹兽面纹玉耳杯（见图2-2-36）。另有大量从青铜鹿形镇、棋盘、铜鼎或漆器上掉落下来的半球状、片状几何形玉石嵌饰。这些玉器体现了以供奉为特点的器物组合。

六、主棺

主棺外棺盖板上摆放三把玉具剑，共有8件玉剑饰。佩剑是汉代一种礼仪，摆放三把玉具剑彰显其强烈的仪式感和主人地位。

因外棺较大较长而内棺较小较短，故在内外棺之间的南部形成一个空位（也称外棺头箱），在这个头箱处摆放两件玉璧，其中一件直径16.9厘米（约为汉尺7寸）的蒲纹玉璧（见图2-2-42），保存在一个大小合适的木盒里，蒲为席，取安人之义，应是作为祭祀用。

在内棺头箱一漆盒里出土一件大型有孔青玉圭（见图2-2-48）。圭是周代体现身份等级的重要礼仪用器，多用于祭祀和天子册命诸侯的仪式。考古材料证实这种大型青玉圭仅出土于诸侯王和列侯级别的贵族墓。

玉璧原本是祭祀或朝觐等场合以彰显身份的礼仪礼玉（大型玉璧）或作为玉佩的装饰用玉（小型玉璧）。但随葬于内棺刘贺身边的15件大型玉璧，显然是随刘贺去世而转为殓尸之璧。刘贺身上覆盖6件玉璧，其中盖在面部和口颈部的2件玉璧皆饰谷纹。谷纹的"谷"有"生"之意，表达一种生命长存、尸体不朽的希望。古人视玉璧中孔为通天孔道，口自然地被当成灵魂脱离身体的出口；盖在胸部和胯部的4件玉璧皆饰双身兽面纹和蒲纹，兽面纹被认为是引领灵魂升天的神兽。刘贺身下铺垫的9件玉璧集中分布于头枕部及两侧，除了一件蒲纹外，其余8件均为谷纹玉璧，应是殓尸之用。

在刘贺头部的左外侧有两件玉环，从位置上看应是当成玉璧摆放的，因为这个部位刚好没有铺垫玉璧。

玉带钩有束结革带和佩系器物两种用途。用于束结革带的玉带钩一般较长，而用于佩系的玉带钩一般较短。刘贺胯部出土大小两件玉带钩，小者为长33.6毫米的云气纹兽首玉带钩（见图2-2-49），大者为长99.3毫米的多节龙首玉带钩（见图2-2-50）。假设小玉带钩作为佩系器物用，使用时其钩纽嵌于革带孔内，钩首向外垂下可佩挂刀、剑、镜、钱囊、玉印之类。在刘贺腰腹部确实出土玉印（见图2-2-52）、玉觿（见图2-2-54）、玉刀、玉管、玛瑙珠（见图2-2-58）、玉髓珠（见图2-2-61）、兽形琥珀饰（见图2-2-62）等小件生活和装饰用玉，但这些小件玉器出土时位于腰腹部，而玉带钩位于胯部，它们显然不是佩挂于钩首上。刘贺下葬时使用的是多层衣衾交织的绞衾制，绞衾即用带子将包裹尸体的多层衣物束紧，判断大小两件玉带钩都是用于束结革带，小玉带钩用于裹束尸体内层衣物的束带，大玉带钩用于束紧外层衣物的腰带。

"刘贺"玉印（见图2-2-52）直接表明墓主人的身份，印文书体属于缪篆，字体在印章中的布局协调，其印纽用"螭"的幼年形态来表达[1]，形象独特，猜测刘贺有借幼螭暗喻自身对皇位追念之意。

《抱朴子》载："金玉在九窍，则死人为之不朽。"九窍塞即在死者的双眼、双耳、

① 江西省文物考古研究院、厦门大学历史系：《江西南昌西汉海昏侯刘贺墓出土玉器》，《文物》2018年第11期，第57～72、97页。

双鼻孔、口、生殖器和肛门处塞玉，期望人死后精气不外泄，保护尸骨不腐。刘贺墓出土的玉窍塞共6件：2件长方形玉片做眼罩，2颗玉髓珠做鼻塞，1件纽钟形玉印做玉琀（见图2-2-59），1件玉勒做肛塞（见图2-2-60）。眼罩一般是水滴形，而覆盖刘贺眼睛的是长方形玉片；鼻塞一般为短柱状，而刘贺鼻部塞入的则是两颗红色玉髓珠，这两颗玉髓珠中央有穿孔，大小和腰部做串饰的玉髓珠一样，原本是装饰物；做肛塞用的是一件圆柱形玉勒，玉勒本是佩戴于胸前或腰间的饰物。玉琀是入殓时放在死者口中的玉，一般为玉蝉，象征着灵魂不死，可以再生，而刘贺口中的玉琀为纽钟形玉印。汉代认为人死后不能空手而去，玉握表示手中要握住财富，常用的是玉璜及玉豚，而刘贺手中握的是一对玉带钩（见图2-2-51）。刘贺墓出土的窍塞不全（只有眼罩、鼻塞和肛塞），而且包括口内的玉琀及手上的玉握，它们均是替代品，不是专门制作的，判断这是因为刘贺的突然离世而来不及加工，只能临时应变做技巧处理了。刘贺墓未出土成套的玉殓具，储存于西回廊漆箱内的大量切割过的玉片很有可能计划用以制作玉覆面。

在刘贺遗骸左臂外侧出土一把长约85厘米、装饰有玉剑格和玛瑙剑璏的青铜剑，应是刘贺生前所佩之剑。西汉董仲舒《春秋繁露》载："剑之在左，青龙之象也；刀之在右，白虎之象也；韨之在前，赤鸟之象也；冠之在首，玄武之象也；四者、人之盛饰也。"

在刘贺遗骸右腿外侧有龙纹螭纹韘形玉佩（见图2-2-55）及紧挨的两件水晶珠（见图2-2-56、图2-2-57）。根据三件器物的摆放位置分析应该是一组玉佩，这三件透亮无瑕的白玉器和水晶器看来是刘贺特别喜欢的组玉佩。

刘贺身下一套包金丝缕流璃席可能是玉衣的替代品。刘贺头部下面有一个长约50、宽约18厘米的嵌玉木枕，木枕的枕位、前外侧面和左右两侧面镶嵌8枚素面青玉和白玉。

综上所述，这些玉器依功能可以分为：

礼仪用玉：大型玉璧、大型玉圭和蟠虺纹龙首纹龙形玉饰等。

生活用玉：玉印、玉带钩和玉耳杯等，但刘贺墓中这件玉耳杯更多的是礼仪功能。

装饰用玉：数量最多，可分为人饰和物饰。人饰有韘形玉佩、舞人玉佩、双龙首玉珩、龙形玉佩、玉环等大型人佩饰和石圭、玉璧、玉觿、玉刀、水晶珠、玛瑙珠、贝形玉髓饰、玉管和片状玉饰等小型人佩饰。物饰包括玉剑饰、凤鸟形和螭形石盖纽、兽形石嵌饰、双狼猎猪纹玉嵌饰、兽面纹玉嵌饰以及大量从青铜器上掉落下来的半球状、片状几何形玉嵌饰。

丧葬用玉：有玉窍塞、玉握、嵌玉木枕和琉璃席等。汉代流行"玉殓葬"习俗，大型玉璧和许多装饰用玉及生活用玉最终被作为随葬用玉埋入墓里。

娱乐用具库、武库和主椁室西室出土的主要是装饰用玉，主椁室东室出土的主要是供奉用的生活用玉和装饰用玉，而主棺内出土的玉器除礼仪用玉和丧葬用玉外，也包含生活用玉和装饰用玉。

第三节　用玉制度

用玉制度指在祭祀、典礼、政治、军事、外交、丧葬等活动中使用玉器来达成仪式。

一、玉礼器

《周礼·春官·大宗伯》载："以玉作六器，礼天地四方：以苍璧礼天，以黄琮礼地，以青圭礼东方，以赤璋礼南方，以白琥礼西方，以玄璜礼北方。"但到了汉代，玉璜和玉琥已经作为佩饰用，玉琮和玉璋似乎不再制作，只有玉璧和玉圭可能仍继续作为礼仪上使用的玉器[①]。

《周礼·春官·大宗伯》载："以玉作六瑞，以等邦国：王执镇圭，公执桓圭，侯执信圭，伯执躬圭，子执谷璧，男执蒲璧。"六瑞形制大小各异，以示爵位等级之差别。三国（吴）韦昭注："王执镇圭，尺二寸；公执桓圭，九寸；侯执信圭，七寸。"内棺头箱出土的保存在盒子里的有孔青玉圭长161.2毫米，其形制和大小刚好符合刘贺作为侯爵应该持有的"侯执信圭"（七寸）标准，应是一件真正的礼仪用玉。在外棺头箱出土的保存在木盒里的蒲纹玉璧（M1：1813-1），虽不好说与男执蒲璧对应，但无疑也是身份的象征，故也应是礼器。"圭璧以祀"，这两件单独保存在盒子里的青玉圭和蒲纹玉璧似乎存在某种特殊的联系，应该是圭璧制度的体现。

刘贺墓出土4件分区复合纹玉璧。分区复合纹玉璧主要存在于诸侯贵族等上流社会墓葬中，是否拥有分区复合纹玉璧也体现出了社会等级的差异。

刘贺墓未见出廓璧。纵观西汉列侯墓出土的玉璧中也没有出廓璧，在保存完好的西汉诸侯王墓中仅广州南越王墓和满城中山靖王墓有出廓璧，说明出廓璧的使用存在等级差异，出廓璧应是诸侯王以上才能拥有的特殊玉璧形制，且不是每位诸侯王都能够拥有。

---

① 夏鼐：《汉代的玉器——汉代玉器中传统的延续和变化》，《考古学报》1983年第2期，第125～145页。

二、葬玉

汉代追求长生不老的社会思潮形成了以殓尸、保存尸体不朽为主要目的的葬玉制度。《汉旧仪·梁竦传》载："王侯葬，腰以下玉为札，长尺，广二寸半，为匣，下至足，缀以黄金缕为之。"从考古材料可以看出西汉玉衣缕质的等级之别不是很明显，皇帝、诸侯王和列侯皆可使用金缕[①]。《后汉书·志·礼仪下》："大丧……守宫令兼东园匠将女执事，黄绵、缇缯、金缕玉柙如故事……诸侯王、列侯、始封贵人、公主薨，皆令赠印玺、玉柙银缕；大贵人、长公主铜缕。"正是到了东汉才形成金缕玉衣、银缕玉衣、铜缕玉衣、丝缕玉衣等严格的等级制度，而且必须由皇帝特许才能使用，臣子不得僭越。海昏侯刘贺的身份可以拥有玉衣，但实际上没有玉衣，有认为刘贺废帝的身份使其不可能拥有中央特赐的玉衣，这可能是来自朝廷的禁令。

刘贺墓中出土一床以金缕编缀的琉璃席，后来在刘贺之子刘充国墓[②]以及山东青岛土山屯M147[③]也发现琉璃席，尤其是青岛土山屯M147出土的遣册中将琉璃席写作"玉席"，说明琉璃在汉代属于玉石范畴。然琉璃无法与天然珍贵、能助墓主成仙的玉器相比，琉璃制作成葬具也只能屈居于玉器之下，很可能是西汉玉殓葬制度中较低等的一种葬具，但仍属于玉殓葬系统，更可能受中央的掌控[④]。推测琉璃席是汉宣帝赐予刘贺的葬礼用具，不过名义或更多可能是皇室"襚赠"[⑤]。

以玉璧殓葬的方式在西汉大小贵族墓中都能见到，只是不同等级墓中玉璧的数量存在明显的差异。广州南越王赵眜墓出土玉璧共47件，其中玉衣的外面、里面和底下共铺垫31件[⑥]；满城中山靖王刘胜墓出土玉璧共25件，其中前胸、后背共铺垫18

---

① 袁胜文：《汉代诸侯王墓用玉制度研究》，《南开学报（哲学社会科学版）》2012年第5期，第76～85页。

② 张仲立：《海昏侯刘贺墓园五号墓初探》，《江西师范大学学报（哲学社会科学版）》2019年第4期，第90～95页。

③ 青岛市文物保护考古研究所、黄岛区博物馆：《山东青岛土山屯墓群四号封土与墓葬的发掘》，《考古学报》2019年第3期，第405～438页。

④ 庄蕙芷：《西汉琉璃葬具与海昏侯的琉璃席》，《中国美术研究》2018年第2期，第4～12页。

⑤ 张仲立：《海昏侯刘贺墓园五号墓初探》，《江西师范大学学报（哲学社会科学版）》2019年第4期，第90～95页。

⑥ 广州市文物管理委员会、中国社会科学院考古研究所、广东省博物馆：《西汉南越王墓》，文物出版社，1991年，第179页。

件[①]；巨野红土山西汉墓出土玉璧共28件，其中墓主身上、身下共27件[②]；而刘贺墓出土玉璧共22件，其中身上和身下共15件。有人统计过西汉高等级墓出土玉璧情况，诸侯王墓一般超过20件，而列侯墓一般不超过5件[③]，刘贺墓玉璧随葬的数量应属于诸侯王级别。

三、玉印

龟纽"大刘记印"（见图2-2-32）印文为篆书，书体形式与同期流行的篆书笔法较为契合。根据印文判断，是一枚具时代印记的特殊私印。"大刘记印"不局限于"海昏侯"这一身份，更体现刘贺作为皇家国姓的名望。龟纽玉印也符合《汉旧仪》中关于列侯官印使用龟纽的记载。

据（东汉）蔡邕《独断》载："天子玺以玉螭虎纽，古者尊卑共之……"陕西咸阳市韩家湾狼家沟村发现的螭纽"皇后之玺"[④]、广州南越王赵眜墓出土的螭纽"帝印"[⑤]、满城中山靖王刘胜墓出土的螭纽无字玉印[⑥]、徐州市东郊上甸子村黑头山1号墓出土"刘慎"螭纽玉印[⑦]。这些考古材料说明除官印"皇后之玺"和"帝印"外，西汉诸侯王或宗室贵族墓中也发现有非官印的螭纽玉印，显示西汉时期诸侯王们并未严格按照《汉书》所载一样恪守规令，螭纽也能在王侯私印上使用。刘贺墓中出土材质极佳的幼螭纽"刘贺"玉印，说明等级很高。

---

① 中国社会科学院考古研究所、河北省文物管理处：《满城汉墓发掘报告》（上册），文物出版社，1980年，第134页。

② 山东省菏泽地区汉墓发掘小组：《巨野红土山西汉墓》，《考古学报》1983年第4期，第471～499页。

③ 袁胜文：《汉代诸侯王墓用玉制度研究》，《南开学报（哲学社会科学版）》2012年第5期，第76～85页。

④ 秦波：《西汉皇后玉玺和甘露二年铜方炉的发现》，《文物》1973年第5期，第26～29页。

⑤ 广州市文物管理委员会、中国社会科学院考古研究所、广东省博物馆：《西汉南越王墓》，文物出版社，1991年，第201页图131。

⑥ 中国社会科学院考古研究所、河北省文物管理所：《满城汉墓发掘报告》（下册），文物出版社，1980年，图版一〇四图5。

⑦ 徐州博物馆：《江苏徐州黑头山西汉刘慎墓发掘简报》，《文物》2010年第11期，第17～41、97、98页。

四、玉剑饰

剑饰是否存在等级制度？汉代虽然没有相关记载，但《晋书·舆服志》写道："汉制，自天子至于百官，无不佩剑，其后惟朝带剑。晋世始代之于木，贵者犹用玉首，贱者亦用蚌、金银、玳瑁为雕饰。"依据剑的容饰，可分为榶具剑、驳犀具剑、金装剑、玉具剑四类，其佩戴者的等级是不一样的，木剑柄的榶具剑较为简单，佩戴者的身份较低；驳犀具剑的剑饰由动物角、玳瑁等制成，其佩戴者的身份应高于榶具剑；金装剑在汉代中原地区出土较少，佩戴者主要是偏远地区的贵族官吏；玉具剑（玉剑饰）是级别最高的，佩戴者为侯爵以上阶层、皇族近侍内臣或者皇室贵族[1]。

刘贺墓共出土玉剑饰97件，但剑首、剑格、剑璏、剑珌各占数量不一，无法完全匹配。目前可以辨认出9把带玉剑饰的铁剑或铜剑（武库4把、主椁室东室1把、外棺盖板上3把、内棺1把），但没有一把拥有4件玉剑饰。据考古资料，在一把剑上出现过4件玉剑饰的只有广州南越王墓、满城中山靖王墓、巨野红土山西汉墓、徐州狮子山楚王陵等，说明一般为诸侯王以上才能拥有4件玉剑饰齐全的剑，这应该是当时的规制。

五、玉耳杯

战国晚期至西汉中期出土的玉耳杯只有7件。除刘贺墓外，洛阳金村战国晚期天子大墓出土3件（藏于哈佛艺术博物馆2件、弗利尔美术馆1件），广州南越王墓为无纹饰滑石耳杯[2]，徐州狮子山楚王墓为无纹饰白玉耳杯[3]，吉林省集安市高句丽遗址为无纹饰白玉耳杯[4]。未见玉耳杯的持有者低于王级，这也暗示诸侯王以上的高级墓葬才有玉耳杯，当然也不是每位诸侯王皆能持有玉耳杯。

---

① 代明先：《汉代佩剑制度研究》，郑州大学硕士学位论文，2013年。

② 广州市文物管理委员会、中国社会科学院考古研究所、广东省博物馆：《西汉南越王墓》，文物出版社，1991年，第207页图135。

③ 狮子山楚王陵考古发掘队：《徐州狮子山西汉楚王陵发掘简报》，《文物》1998年第8期，第4～33、97页。

④ 高雪：《吉林省博物院藏玉器选介》，《收藏》2015年第19期，第93～99页。

刘贺墓藏椁设有酒具库，包括盛酒器与饮酒器。而作为一件可能用来饮酒的玉耳杯，不是出土于酒具库，而是摆放在主椁室东室南部几案上。

六、玉佩饰

从西汉墓葬出土的韘形玉佩来看，皇室宗亲、官吏均可以拥有韘形玉佩。然刘贺墓出土的三件韘形玉佩工艺精美、构图和谐饱满，尤其是龙凤螭纹三者聚于一器，甚为罕见！反映出刘贺生前享有极高的社会地位，似乎指向龙凤螭纹韘形玉（石）佩是刘贺曾为皇帝时所拥有的。

刘贺墓出土的舞人玉佩与洛阳金村战国晚期天子级别大墓出土的一对舞人玉佩[1]在形态上完全一样，说明是战国晚期制作的（见后述）。与舞人玉佩保存在同一个盒子里的双龙首玉珩和玉管也是战国晚期制作的，这三者组成的组玉佩是前朝遗物，很有可能是西汉宫廷收藏的极高级别的宝物，或许是刘贺从宫中带出来的，是刘贺彰显身份等级的主要标志和短暂帝王生活的见证。

上述分析得出，从礼仪用玉的玉圭玉璧、丧葬用玉的玉巧塞再到玉印和玉剑饰，没有看到玉器存在僭越现象，只有玉耳杯、韘形玉佩和舞人玉佩似乎超出海昏侯身份，随葬玉璧数量也达到诸侯王级别，这也许是刘贺曾为昌邑王和短暂皇帝的佐证。

第四节　前朝玉器

刘贺于公元前59年去世，其墓葬年代明确，其墓葬里的玉器中有些是他在世时制成的，比如时间性最明显的是玉印，尤其是螭纽"刘贺"玉印；有些是同朝之物，如玉璧、玉圭、韘形玉佩、玉带钩、玉剑饰、凤鸟形玉饰等西汉早中期常见的器形；还有些是国内考古新发现的器形，如兽形石嵌饰、双狼猎猪纹石嵌饰、兽面纹玉嵌饰、纽钟形"合欢"玉印和琉璃席。然有多件玉器属于前朝遗物，特分析于下。

舞人玉佩（见图2-2-6）的形态、纹饰与出土于洛阳市金村东周天子墓[2]、广州市西

①　殷志强：《旅美华玉——美国藏中国玉器珍品》，南京大学出版社，2011年，第101页。

②　怀履光：《洛阳故城古墓考》，凯利和沃尔什有限公司，1934年，图版一二五、图310。

村凤凰岗西汉早期墓[①]和湖北宜城跑马堤汉墓[②]的玉舞人相同或极为相似。这四件玉舞人出自不同地域、不同时期墓葬，但它们的五官、身材、服饰如此之一致，仅在曲裾和袖口边饰上存在细小差异，可以说是同一时期制作的。因其最早出土于洛阳金村东周天子墓，说明它们的制作时间最迟为战国晚期。

　　有认为广州市西村凤凰岗、湖北省宜城市跑马堤和南昌海昏侯都是西汉时期的墓葬，将洛阳金村的玉舞人作为标准器，把它们的年代都定为战国晚期是不合理的[③]，其理由是洛阳金村的玉舞人非考古出土，是中华民国时期有人盗挖的。2010年出土于湖北荆门市沙洋塌冢一号墓战国中晚期典型楚墓中的漆木器俑，其服饰、发型和这四件玉舞人是一样的（图2-2-63），由于服饰及发型具有明显的时代特征，再者木器的使用寿命较短，更适合作为年代的标准器，故认为将这四件玉舞人的制作年代定为战国晚

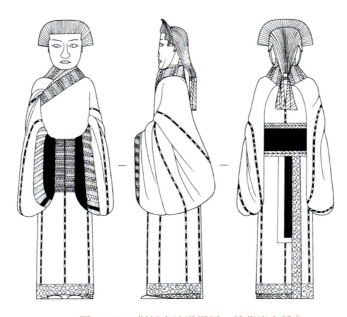

图2-2-63　荆门市沙洋塌冢一号墓漆木俑[④]

　　①　广州市文物管理委员会：《广州西村凤凰岗西汉墓发掘简报》，《广州文物考古集》，文物出版社，1998年，第197～206页；广州市文物考古研究所：《广州文物考古集》，文物出版社，1998年，第202页图五：3。

　　②　武汉大学、湖北省文物考古研究所、宜城市博物馆：《湖北宜城跑马堤东周两汉墓地》，科学出版社，2017年，第91页图66，彩版36。

　　③　徐良：《南昌海昏侯墓出土玉舞人考》，《地方文化研究》2019年第1期，第1～7页。

　　④　湖北省文物局、湖北省南水北调管理局：《沙洋塌冢楚墓》，科学出版社，2017年，第93页图80。

期是可信的。这里需要重点强调的是在讨论器物年代时需要区分制作年代和随葬年代，两者会存在时间差，尤其是玉器制作后一般会流传较长时间才随葬，其时间差会更大一些。

双龙首玉珩为叶形耳、水滴眼、上颌前伸、下颌上翘内卷、獠牙尖锐等，龙首这些五官特征在战国晚期洛阳金村天子墓的玉器中已经出现，故此玉珩也是战国晚期制作的。

蟠螭纹龙首纹龙形玉饰器形呈现内圆外方之态，这是利用齐家文化或陶寺文化的高体玉琮改制而成的。器表的蟠螭纹及龙首纹是春秋末期到战国早期的纹饰特点，可以确认这是一件旧玉改制的，改制时间为春秋末期到战国早期。

刘贺墓出土的玉耳杯杯体椭圆形、杯耳月牙形，这与西汉早期广州南越王墓和徐州狮子山楚王陵出土的玉耳杯一致，而洛阳金村战国晚期玉耳杯的杯体和杯耳偏向弧角长方形。从纹饰上看，与洛阳金村玉耳杯的凤鸟纹和兽面纹较为相似，差别是金村玉耳杯的凤鸟和兽首较为写实，而刘贺的凤鸟和兽首较为抽象；南越王墓和狮子山楚王陵的玉耳杯均没纹饰、无法对比。刘贺墓出土的玉耳杯与同墓出土的漆耳杯[①]一样，都是椭圆形杯体和月牙形耳。刘贺墓玉耳杯的凤鸟呈勾喙、无耳、圆眼、冠向头后方上翘、曲状羽、尾上卷、腿蹬踢状等与同墓出土的漆绪银盘M1：703内底的凤鸟纹[②]形态非常相似。上述对比表明，刘贺墓玉耳杯的器形与西汉早期墓出土的玉耳杯一样，而纹饰则与战国晚期出土的玉耳杯相似，故认为该件玉耳杯的制作年代偏向战国晚期，最迟为西汉早期。

兽面纹玉环上的双身合首兽面纹及工艺特征与战国中期鲁国故城M52出土的玉璧[③]一样，应该也是战国中期或晚期制作的。

龙首多节玉带钩钩身为方体弯曲，胸腰部侧伸出短足，三面浅浮雕卷云纹；钩尾实为原龙形玉器之龙首，该龙首额部饰网格纹、口沿饰绞丝纹；这些特点表示该玉带钩是一件战国时期龙形玉器在西汉时期改制的。

———————

①　江西省文物考古研究院、北京师范大学：《江西南昌西汉海昏侯刘贺墓出土漆木器》，《文物》2018年第11期，第27～56页。

②　江西省文物考古研究院、北京师范大学：《江西南昌西汉海昏侯刘贺墓出土漆木器》，《文物》2018年第11期，第27～56页。

③　山东省文物考古研究所、山东省博物馆、济宁地区文物组等：《曲阜鲁国故城》，齐鲁书社，1982年，第168页图116。

第五节　玉材和工艺

一、玉材种类

刘贺墓出土有编号的玉器 400 余件，其中加工成器者占 60% 约 240 件，还有占 40% 的玉片和几何形玉石嵌饰。玉石材利用分析时，这 40% 的玉片和几何形玉嵌饰不纳入统计似乎更接近客观情形，故仅计算约 240 件加工成器者。经肉眼鉴定，以白玉为主的透闪石（和田）玉约 70%，玛瑙、玉髓、水晶和琉璃等硅质岩类约 20%，大理岩、灰岩、辉石岩、滑石等岩石类约 10%。有人认为黑色剑格、剑璏和剑珌是用墨玉材料制成的[①]，实际上这批玉石器中不存在墨玉，他们误将黑色岩石（可能是辉石岩）当成墨玉了；他们同时也把两件由灰岩制成的兽形石嵌饰和鞢形石佩误认为是青玉。

二、加工工艺

由于玉材硬度大，一般石器加工技术难以做到，故玉器制作是在磨制石器加工基础上的升华。刘贺墓出土的这批玉器，可以观察到以下的加工工艺。

切割工艺：刘贺墓出土 100 来件刚从玉料上切割下来的片状玉材和玉器毛坯，可见平直的切割痕及平滑如镜的切割面，显示西汉时期片切割技术的高超。

钻孔工艺：可见桯钻（实心钻）和管钻两种。桯钻用于高浮雕的去料和器物弯曲边缘的截取，孔壁为蜂腰形。管钻在玉剑饰上常见，孔壁直，有时留有钻芯，显示管钻的刃部极为锋利。

阴刻工艺：可见刮刻、砣刻、凿刻、游丝细刻等。刮刻的刻痕极为细小、密集，判断是用燧石片锋利的刃缘刮刻而成。砣刻的刻痕似纺锤形，中间宽两端窄。"刘贺"玉印的刻痕陡深，边缘可见尖状痕，认为是用锋利而且坚硬的尖刃工具凿刻而成的。多件玉器的阴刻线宽约 0.2 毫米，每条细阴线是由一段、一段短刻痕连接而成的，这种称为游丝痕者应是用尖细工具刻划而成。

阳刻工艺：先用砣具侧面琢出浅缓斜坡，压低地子使纹饰凸显出来，雕琢出浅浮

---

① 蔡庆良、赵文杰、杨军：《日暖生烟——海昏侯墓出土玉器鉴赏》，《收藏家》2018 年第 3 期，第 29～32 页；权敏、罗晓燕：《南昌汉代海昏侯国考古中的玉器》，《收藏家》2016 年第 7 期，第 27～32 页。

雕效果。也可用桯钻和管钻去除余料，达到高浮雕效果。

镂空工艺：在玉器上常见半弧形定位孔痕迹，这是钻孔和线切割技术结合加工成的镂空雕玉器。一般是先在片状或块状玉料上绘好图案，在将要去除的部位设置多个定位点并钻小孔，再把丝线穿过小孔，用拉丝锯方法去除余料，连接线槽形成镂空玉雕。

掏膛工艺：制作瓶、碗、杯等玉器时需要取出腹膛内之玉，如制作玉耳杯时，先用管钻逐步套出腹膛内之玉料后，再用砂石压地磨平杯底。

抛磨工艺：观察到沿同一方向几乎平行的抛磨痕，这是用砺石直接碾磨玉器表面形成的。有些玉器表面平整光洁，这种抛光工艺极为特殊，很可能是在使用粗细不同的砺石多次抛磨基础上再用细软毛皮手工仔细擦拭打光。

活环工艺：带有"环"的玉器如螭纹圆形玉器盖如何加工？一般先切割出长、宽、厚轮廓，琢出立股和卧股形状，然后钻小孔、再拉丝切割余料取环，最后磨平。

榫卯技术：螭形石盖钮的底部钻了多个孔，这种不透孔就是卯眼，再通过漆器上的榫头或圆柱形木条插入连接固定。多节龙首玉带钩也是先钻孔，然后穿入铁芯拼接而成的。

镶嵌技术：如兽形石嵌饰，仅一面有纹饰，背面磨成缓弧形，以黏合方式镶嵌在漆器上，背面不抛光则加大了与漆器结合面的黏合力度。

改制技术：蟠螭纹龙首纹龙形玉饰是由龙山文化时期的高体玉琮在春秋末期至战国早期改制成的。依方体玉琮形态设计出龙形图案，完成图案后拉丝切割出盘旋状龙形轮廓，随后去除余料并对内面局部做薄，最后使用阳刻、阴刻、打磨等工艺在外表面雕琢纹饰并钻钮孔。

对刘贺墓出土玉器的加工，使用了切割、钻孔、阴刻、阳刻、磨抛、掏膛工艺以及浅浮雕、深浮雕、镂空雕、活环、镶嵌、拼接、改制等复合工艺和技术，往往是集多种工艺和技术于一器，加工工艺复杂多样，充分体现了战国晚期到西汉时期高超的玉器加工技术，代表了我国玉器加工的一个高峰。

附记：李文欢、黄希负责发掘现场玉器保护，李双君、薛万琪、蔡冰清、吴函、郭一波、方良朱、包文放、李景娜参与玉资料整理，刘新宇拍摄照片，郭一波整理图片，对他们的辛勤付出表示感谢。

第三章　青　铜　器

第一节　综　述①

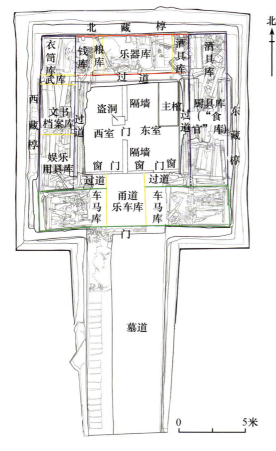

图 2-3-1　海昏侯刘贺墓平面图

海昏侯刘贺墓共出土铜器 500 余件，器类包括食器、酒器、水器、乐器、生活用器、度量衡器、兵器、车马器、工具和杂器配件，大致依功用相应放置于主椁室、车马库及回廊形藏椁的厨具库、酒具库、乐器库、武库、娱乐用具库等位置（图 2-3-1）。

一、食器

共 50 件，包括炉鼎、圆鼎、簋、甗、甑、釜、缸形器、瓮、染炉 9 类。

炉鼎　1 件（M1 ∶ 221）。敛口，圆鼓腹，下腹部弧形内收，圜底，下腹有三半圆形兽蹄足。上腹部有三个半环形纽，纽上衔环。圜底下部接一圆筒形炉腔，炉腔内空，下有圆形炉盘。炉盘一侧带流，流从两足间伸出，流口端较厚。素面。腹壁略有破损。口径 16.6、足高 18.4、通高 29.4 厘米，重 7200 克（图 2-3-2）。

---

① 本部分内容曾发表于江西省文物考古研究院、中国人民大学历史学院考古文博系：《江西南昌西汉海昏侯刘贺墓出土铜器》，《文物》2018 年第 11 期。

圆鼎　25件。标本 M1：924，圆盖隆起，盖上有三个等距分布的片形凤首立纽，盖上有鎏金痕迹。器子口微敛，腹中部圆鼓，下部弧形内收为圜底，三半圆形兽蹄足。肩部有两个长条形耳，微弧，外撇。器身有垫片痕迹，腹中部有一周凸棱。器口径13.7、盖径15.7、盖高4.6、通高17.5厘米，重753克（图2-3-3）。

图2-3-2　炉鼎（M1：221）　　　　　　图2-3-3　圆鼎（M1：924）

簋　1件（M1：680）。器形厚重，圆口，有窄内沿，斜弧腹，向下内收，高圈足，圈足底部有窄内沿。上腹有一周粗圆的凸棱。内底部及圈足上部残存范铸痕迹。口径27、足径22.9、高18厘米，重6050克。

甗　1件（M1：975）。甑口部微敛，斜折窄沿，颈部微束，下腹弧形内收。腹上部有铺首衔环，铺首为凸出兽面形。甑底部有箅孔，下端有榫圈。釜口部微敛，方唇，肩部有两个铺首衔环，鼓腹，下收平底。甑腹上部有一周宽带纹，宽带纹上有一道弦纹。釜口沿下饰一周凸出的带饰，腹中部有一周凸出的窄沿。通高24.1厘米，甑部榫圈直径10.8、腹深9厘米，釜口径10.7、腹深12.5厘米，重1580克。

甑　12件。标本 M1：769，斜折窄沿，口沿下有两个铺首嵌入腹壁的孔，深斜腹，向下弧收，斜直圈足略向外撇。底部有箅，箅有长三角形镂孔，内层4个，外层4个，内外层三角形位置相交错。素面。口径12.9、足径6.8、足高1.4、通高8.6厘米，重70克。

釜　3件。标本 M1：475，口微敛，折沿近平，弧腹，上腹部有一周凸出的宽沿，腹部向下内收为圜底。素面。口径37.2、腹深29.7、高30厘米，重6956克（图2-3-4）。

缸形器　4件。标本 M1：1013，整体呈圆筒形，口微侈，上腹部有两铺首衔环，腰部内收，形成弧形亚腰状，腰中部有内底，把器物内部分隔成上下两个空间，腰上部弧度小于腰下部。口外和底外侧各有一周凸起宽带，腰部有一周带状纹饰。腰径35、腹深29.6、高54.9厘米，重11250克（图2-3-5）。

图2-3-4 釜（M1：475）

图2-3-5 缸形器（M1：1013）

图2-3-6 染炉（M1：1612）

瓮 1件（M1：974）。直口，方唇，溜肩，上腹部呈微弧状，折腹部为最大直径，下腹部微弧形急收，平底。腰部有一周凸棱，凸棱两边相对的位置各有一组凸棱，每组由三竖直的凸棱组成。口径28.3、最大腹径58、底径12.1、腹深36.5、高38厘米，重13800克。

染炉 2件。标本M1：1612，炉身和耳杯可分离，炉身与底盘不可分离。底盘为长方形浅盘。炉身为方形鼎，鼎壁上有长方形镂孔，下接半圆形兽蹄足，炉底中间有一截面为梯形的中空管，鼎上部有镂空云气纹的竖直炉围，耳杯可置于其上。耳杯为椭圆形，侈口，半月形耳，椭圆形平底。耳杯口径15.9×9.4、高4.1、通高14.3厘米，重1039克（图2-3-6）。

二、酒器

共69件，包括卣、锺、长颈壶、带盖壶、侈口壶、樽、鋞、鐎、钫、缶、罍、罎、蒸馏器、碗、勺15类。

卣　1件（M1：404）。盖为椭圆形，菌状纽，盖面上有四条扉棱，盖四壁横向两侧各有一个兽面，左右各有一个扉棱。宽扁条形提梁，在提梁和器身衔接处各有一兽首。器为长子口，方唇，器身整体呈椭圆体垂腹形，器身有四条高扉棱，高圈足。通体以雷纹为地，盖面饰凤鸟纹，提梁上饰四组夔龙纹，肩部饰夔龙纹，腹部饰凤鸟纹，圈足饰双首共身龙纹。器内底部和盖内有铭文"子父乙"。口径12.8×10.2、最大腹径23.7、足高6.5、通高38.2厘米，重10155克（图2-3-7）。

锺　26件。标本M1：923，口微侈，长颈微束，肩部之下有两个凸出的兽面形铺首衔环，圆鼓腹，下腹部弧形内收，圈足。颈部以上的口沿呈凸起状，肩部和腹中部、下部各饰一组瓦棱纹。口径17.9、足径6.1、足高2.1、通高45.5厘米，重12750克（图2-3-8）。

图2-3-7　卣（M1：404）

图2-3-8　锺（M1：923）

长颈壶　1件（M1：415）。口微侈，长颈，圆鼓腹，圈足外撇。颈中下部有一周中间为凸棱的宽带纹。局部可见鎏金痕迹。口径3.8、最大腹径23.7、足高4、通高32.5厘米，重2285克。

带盖壶　1件（M1：419）。圆形盖，盖中部微凸，盖上现存两个片状兽形立纽，盖沿近直。壶口微侈，长颈微束，圆鼓腹，下腹部弧形内收，圈足上部斜直微外撇，下部近直，整个圈足中部形成一个小台。颈部以上的口沿呈凸起状，肩部和腹中部、下部各

图 2-3-9　带盖壶（M1：419）

饰一周凸出宽带纹。口径 11.9、最大腹径 21.2、腹深 23.9、通高 29 厘米，重 2325 克（图 2-3-9）。

侈口壶　7 件。标本 M1：592，口微侈，束颈，圆肩，肩部有两个凸出的兽面形铺首衔环，圆鼓腹，下腹部弧形内收，圈足。肩部和腹中部、下部各饰一周凸出宽带纹，铺首兽鼻上有两道弦纹。器外底部有一道极细的凸棱，似为铸筋。口径 12.5、高 29.6 厘米，重 3491 克。

樽　5 件。标本 M1：1014，圆形盖，顶部微凸，半椭圆环形纽，纽上衔一小环。器子口，器身圆直筒形，平底，三半圆形兽蹄足。腹上部有兽面形铺首，各衔一圆环。盖面、器身饰圆圈乳钉纹和瓦楞纹，纹饰交错分布。盖径 27.7、口径 27.3、腹深 20.9、足高 6.4、通高 27.2 厘米，重 5350 克（图 2-3-10）。

鋞　5 件。标本 M1：397，圆形盖，盖面凸起，中央有一圆角长方形纽，纽孔甚小。器身圆直筒形，子口，直壁深腹，下接三半圆形兽蹄足。上腹部有两个半环形耳，耳上各有一扁圆形衔环，衔环与链形提梁相接。器盖和器身有鎏金痕迹，中腹偏上有一周凸出的宽带纹。口径 12.2、腹径 12.8、足高 1.3、通高 17.6 厘米，重 988 克（图 2-3-11）。

图 2-3-10　樽（M1：1014）

图 2-3-11　鋞（M1：397）

镳　3 件。标本 M1：981，圆形盖，盖面微隆，顶部有一半圆形片状立纽。器为直口、短颈、圆鼓腹、圜底，下有三个半圆形足。腹中部伸出凤鸟头形流，流口的盖遗失，腹中部另一侧伸出长条形把手。盖上有一周弦纹，弦纹中间刻有四叶花瓣纹。器腹中部饰一周带饰，带饰之上饰一周弦纹。凤鸟头形流的颈部饰有鳞纹，把手上刻有兽面纹，足上雕刻兽形。口径6.8、最大腹径16.5、足高4.2、通高12.9厘米，把手长9.5、流长8.5厘米，重760克（图2-3-12）。

钫 2件。标本M1：1009，方形，口微侈，口沿有宽领厚出器壁，长颈微束，肩部有两个兽面形铺首环耳，鼓腹，四隅有棱，圈足。颈部以上呈凸出的宽带状领。器外壁和内壁有多处方形垫片痕迹。口径15、最大腹径20.8、足径12.1、腹深29.3、高32.7厘米，重2284克（图2-3-13）。

图2-3-12 鐎（M1：981）

图2-3-13 钫（M1：1009）

缶 2件。标本M1：431，器形厚重，十二棱形。盖上有四个环形立纽，纽顶端有兽面形饰。器直口，方唇，微束颈，鼓腹，下腹部斜收，平底微内凹。腹中部有四个环形耳，耳上有兽面形纹饰；耳间有四组8个圆形凸起，凸起上满饰蟠螭纹。盖面和器肩、腹部饰蟠螭纹带，以素面环带纹间隔。口径18.5、最大腹径36.6、腹深38.3、通高43.8厘米，重8340克（图2-3-14）。

罐 2件。标本M1：476，腹部残缺。直口，矮领微束，圆肩，肩部有两半环形耳，圆鼓腹，下腹弧形内收，平底。素面。口径16.7、

图2-3-14 缶（M1：431）

最大腹径33.3、底径10.5、高34.2厘米，重4578克。

罍　1件（M1：1142）。卷沿，矮领，肩部有两个凸出的兽面形铺首衔环，圈足。领下部有一周凸出不明显的宽带纹，肩部和腹中、下部各有一周凸出的宽带纹。口沿及器腹变形破损严重。残高32.5、圈足高5.2厘米，残重19600克。

蒸馏器　1件（M1：474）。此器由器盖、器身和釜三部分组成。盖弧形隆起，顶部中央有一个管状的竖直把手，宽平沿，沿下有三个半环形纽，纽上衔环。器身整体呈圆筒状，腹壁分内、外两层。内外腹壁为方唇，直壁。外层口沿一侧有一个马蹄形外槽，腹壁上部有三个半环形耳衔环。内壁略高于外壁，内腹壁外侧上部有三根横向的圆柱与外腹壁内部相连，内腔体下部是菱格状镂孔的圆形底部，器底有两个对称的龙头形流。釜部直口，方唇，圆肩，腹部圆鼓，下收为圜底。肩部有三个半环形耳衔环，肩下有一周凸出的宽沿，一侧宽沿之上有一个凸出的圆角方形槽。盖径53.2、器身径53.4、釜口径27.5、通高132厘米，重82250克。

图2-3-15　勺（M1：1870）

碗　5件。标本M1：768-1，斜折窄沿，上腹近直，下腹弧形内收，平底。素面。口径13.4、最大腹径11.5、底径5.2、高6.1厘米，重53克。

勺　7件。标本M1：1870，微变形，勺首椭圆状，腹较浅，圜底；长柄微弧上倾，柄上有半圆形纽衔环，环已脱落。素面。通长37.1、柄长30.9、勺径11.1×8、勺深3.1厘米，重322克（图2-3-15）。

三、水器

共65件，包括鋗、盆、匜、盘4类。

鋗　33件。标本M1：1147，斜折窄沿，上腹近直，下腹弧形内收，平底。腹部有两半环形纽，纽上各衔一圆环。腹中部有一周宽带纹，宽带纹中间有一道弦纹，底部有一道凸棱。腹部刻有铭文19字。口径28.2、底径16.3、高15.9厘米，重2314克（图2-3-16）。

盆　28件。可分为大盆、小盆两类。

大盆　2件。标本M1：1012-3，略微破损，锈蚀。平折沿较宽，斜腹微弧，平底。素面。口径55.4、底径28、高20.1厘米，重5750克（图2-3-17）。

小盆　26件。标本M1：767-3，斜折窄沿，斜腹，平底，底微内凹。素面。口径25.6、底径12.4、高9.4厘米，重493克（图2-3-18）。

匜　2件。标本M1：406，口微侈，

图2-3-16　铜洗（鋗）（M1：1147）

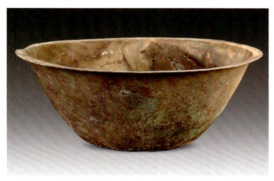

图2-3-17　大盆（M1：1012-3）

图2-3-18　小盆（M1：767-3）

图2-3-19　匜（M1：406）

腹部较深，横截面近椭圆形，腹部弧形向下内收，平底。有流，无鋬。素面。口径22×16.7、流长7.5、腹深8.1、高9.6厘米，重1221克（图2-3-19）。

盘　2件。标本M1：1012-2，平折窄沿，腹较浅，上腹近直，下腹弧形内收，平底，矮圈足。腹中部有一周凸出的带饰，带饰中间有一道凸棱。腹下部有铭文18字。口径50、最大腹径45、底径31.1、腹深13.8、高15.1厘米，重6050克（图2-3-20）。

图 2-3-20　盘（M1∶1012-2）

四、乐器

共62件，包括纽钟、甬钟、铃、錞于、钟（磬）虡5类，另有配饰件25件。

图 2-3-21　纽钟（M1∶164-1A）

纽钟　14件。标本M1∶164-1A，纽呈长条环形，钟身呈合瓦形，钲部两侧分布四组枚，每组九个，分三行，以篆带相隔。枚为锥形乳钉状。舞素面，枚上鎏金，其上刻有细线纹，枚与篆带以弦纹隔开。钟整体饰鎏金龙纹。正面鎏金纹饰清晰，背面由于敲击，鎏金部分脱落。舞内壁铸有铭文一字。口径15.8×13.4、纽高7.1、纽宽4.2、通高27.5厘米，重3097克（图2-3-21）。

甬钟　14件。标本M1∶153，甬为实心圆柱形，上端有一道折棱，中段有两道相连的瓦楞纹，下端有道凸宽带，其上有旋。旋做蛇身状，蛇上半身有多道平行排列的短斜直线，靠近蛇头的身部有卷纹。旋上有一个蛇头形的干，以S形卷纹下部为蛇眼，上部以及中间的水滴状旋纹为蛇顶，蛇嘴较平。钟身为扁凸体状，舞为尖椭圆形，甬下端与舞相连的部位有一周凸起的带饰。钲部两侧各有三行枚，每行三个，以篆带相隔。枚为半球形乳钉状。舞、钲、枚的四周及篆上饰蟠龙纹。通高46、甬长19、钲长11.6、钲宽5.2～5.8厘米，重7132克（图2-3-22）。

铃　2件。标本M1：386，纽为宽扁的环形，器身整体为扁凸体状。钲部两侧分布四组枚，每组八个，枚为锥形乳钉状，以菱格纹分开。钲部和鼓部两侧较直，两铣呈斜曲弧形。钲部中间饰凸出的云气纹。口长径4、纽高1、纽宽1.1、通高4.1厘米，重约20克（图2-3-23）。

镎于　1件（M1：1326）。顶部圆形凸起，中央有半环形粗纽。腔体较高，器体截面为圆形。圆肩，腰略束，弧形筒状体。肩下、腰部和口部各饰一周凸起的宽带纹。高77.1、肩宽30.9、口径31.3厘米，重26550克（图2-3-24）。

虡　6件。标本M1：403，竹节状立柱竖立在底座兽的脊背处，底座为实心的兽，腹底部是椭圆形的平面。底座兽为龙的形象，背上有凸出的脊和双翼，四肢微屈。尾

图2-3-22　甬钟（M1：153）

部向下，末端为桃圆形，能贴于地面；腹前部有一条凸脊，贴于地面，用于稳固。器表可见鎏金痕迹。通高102.8、柱长93.5、底座高29、底座长45.7厘米，重19700克（图2-3-25）。

图2-3-23　铃（M1：386）

图2-3-24　镎于
（M1：1326）

图2-3-25　虡（M1：403）

五、生活用具

共111件，包括镇、灯、博山炉、熏炉、托盘炉、带钩、镜、杵臼、衣镜、撮箕、印、哨、漏13类。

图 2-3-26　鹿形镇（M1：872-18）

镇　47件。分鹿形、龟形、雁形、凤形、虎形和人形，另有6件残损严重，无法辨别造型。

鹿形镇　9件。标本M1：872-18，鹿首上昂，两耳向两侧伸出，鹿角较大，伸向后方，鹿身中部呈凹槽形，鹿身做卧状，四肢弯曲。素面。长10.3、宽7.4、高5.8厘米，重249克（图2-3-26）。

龟形镇　8件。标本M1：545-6，平底，其上有弦纹以示龟腹、足及尾的轮廓。局部可见鎏金痕迹。长9.3、宽5.4、高2.4厘米，重149克。

雁形镇　4件。标本M1：562-3，雁回首环抱身体，尾翼弯曲向内，压于雁首之下。底部有一椭圆形底座。底座长径5.9、短径4.5、高5.5厘米，重514克（图2-3-27）。

凤形镇　8件。标本M1：562-16，椭圆形底。凤鸟头部和颈部向内弯曲，尾部也向内弯曲，并与喙相接。凤鸟头顶有S形冠。双翅上各饰三道弦纹。长5.9、宽5.1、高4.6厘米，重302克。

虎形镇　8件。标本M1：562-13，卧躺虎的形象，底下有一近圆形的底座。底径6.3、高4.5厘米，重264克。

人形镇　4件。标本M1：562-7，圆形

图2-3-27　雁形镇（M1：562-3）

底，人做跪坐状，眯眼微笑，头戴帽。衣领上饰两道衣纹，右衣袖上饰三道长而弧曲的衣褶，腰间有一道腰带。铜镇底部有一道凸棱。长5.1、宽4.8、高7.9厘米，重634克。

灯　25件，另有构件3件及散落灯盘、灯罩和灯托各1件。

雁鱼灯　2件。标本M1：402，灯整体呈雁顾首衔鱼伫立状，雁身为灯座，鱼为灯

罩。雁身近长椭圆状，中空，上部有一凸出的承接灯盘的圆形短直口，弧鼓腹，两侧饰有羽毛，双足并立。通高50.8、雁足高13.7、鱼身长17.5厘米，重8055克（图2-3-28）。

雁足灯　1件（M1：1681）。上部为圆形灯盘，灯盘一侧与灯柱相连，灯柱为雁足形，底部为空心方形底座。雁足灯柱后侧有一道竖形凸棱，中部饰一周带饰，带饰上有一道凸棱。通高25.5、灯盘径15.5厘米，底座长9.1、宽7.9、高1.3厘米，重1278克。

缸灯　5件。标本M1：682，灯由器座、托盘、侧面灯罩、顶部灯罩和弧形烟管组成。灯座为球形腹鼎，半圆形兽蹄足，肩部两侧有圆管弧形向上，为出烟管。托盘为圆形，一侧有中空长条形把手，内有一

图2-3-28　雁鱼灯（M1：402）

圆形灯盘。灯盘和托盘之间有两个可分离、移动的弧形灯罩。托盘底部有一个竖直的圆形圈足状套头，可与直口底座相套。素面。高38厘米，重4250克（图2-3-29）。

连枝灯　2件。标本M1：1479，全形如树，灯柱为整体一节，灯柱顶端托一盏灯盘。枝干共四节，上下各两节，交错分布，以榫卯结构与灯柱连接，四个分枝上各托一盏灯盘。灯盘为八边形。灯柱根部呈喇叭状，与底盘相连。底盘圆形镂空，镂空处为两组动物形纹饰，类似龙纹。通高62.4、底盘径16厘米，重1512克（图2-3-30）。

图2-3-29　缸灯（M1：682）

图2-3-30　连枝灯（M1：1479）

高座灯　13件。标本M1：407，上部为圆形灯盘，腹壁微斜，柱状灯柱，灯柱中部为竹节状，下为喇叭形灯座。灯柱下部有一周凸出的宽带纹。灯盘外壁刻有铭文15字。灯盘口径16.6、通高27.9厘米，重1638克。

行灯　2件。标本M1：1426，浅圆灯盘，直口，平底，盘下有三半圆形兽蹄足，盘一侧有执柄。圆形底盘，斜折窄沿，斜腹内收，平底微凸。灯可与底盘分离。灯盘口径13.1、底盘口径18.5、柄长16.6、通高8.1厘米，重1084克（图2-3-31）。

图2-3-31　行灯（M1：1426）

图2-3-32　博山炉（M1：1433）

博山炉　11件。标本M1：1433，盖母口，呈镂空的山形。炉子口微敛，炉体呈半球形，鼓腹，圜底，喇叭形底座。底座镂空，可与底盘分离。底盘为圆形。盖底层镂雕云气纹、人物纹和动物纹，上层镂雕云气纹。炉体肩部有一道较窄的凸出带饰，腹部饰一周纹饰带及云气纹，底座镂雕两组动物形纹饰。底盘口径24.4、通高23.1厘米，重1751克（图2-3-32）。

熏炉　2件。标本M1：790，炉子口，承接炉盖，炉盖不存，器变形。腹弧形内收成近平底。底座为一昂首趴伏状龟，上承一衔珠曲身展翅的鹤。炉腹饰一周宽凸带，带中间有一道弦纹，龟背中间有多个由两道弦纹构成的菱形图案。炉口径7.8、座高11.6、通高13～18.7厘米，重533克（图2-3-33）。

托盘炉 3件。标本M1：800，整体分为三部分。炉圆形，直口，方唇，圆鼓腹，圜底，底部凸出一个小台与炉托相接。托为人踏龙形，人踏于龙身之上，两臂做托举状。底盘圆形，平底。素面。炉口径8.1、底盘径16、通高15.9厘米，重551克。

带钩 9件。标本M1：1659，侧视呈S形，钩喙鸟首形。一端有钉柱，一端曲首作钩，中间为钩体。鸟首颈部上端有鳞片，下端有细线纹。长11.3厘米，重78克。

镜 5件。标本M1：1490，圆形，正面磨砺光洁。半球状纽，纽孔为半圆形，十二并蒂连珠纹纽座，宽缘。纽座外饰一周凸起的宽带纹，外有内向连弧纹一周，其外再饰一周短斜线纹和弦纹。再外为一周铭文带，有铭文31字。直径17.1厘米，重562克（图2-3-34）。

图2-3-33　熏炉（M1：790）

杵臼 4件。标本M1：1046，臼直口，口壁较厚，上腹近直，下腹弧形内收，喇叭形假圈足。杵柱状，两端粗，中间细。臼口下部有一周折带，臼腹部有一周宽凸带，宽带中间有一道凸棱。器高21.8、口径14.8、杵长34.4厘米，总重9007、臼重6603、杵重2404克（图2-3-35）。

图2-3-34　镜（M1：1490）

图2-3-35　杵臼（M1：1046）

衣镜　1件（M1：1415-1）。断成两部分，可拼对，镜面抛光。长方形，背面中央和近边缘四角各有一半环形穿。长72、宽46厘米，重20048克。

撮箕　1件（M1：1775）。口较宽敞，两侧壁较直，后壁弧曲，底平。素面。口宽26.7、高1厘米，重903克。

印　1件（M1：1045）。左上角有残损，纽缺失。印面为长方形，印身为覆斗形，顶部为长方形，内凹。素面。印面有一字。印面长8.8、宽7、高3.5厘米，重573克。

哨　1件（M1：935-6）。整体为长扁状鸭形，鸭做回首状，长嘴，其上有两个小圆形鼻孔。器身饰鳞纹和短斜线纹，器表有鎏金痕迹。长8.1、最大宽2.3厘米，重65克。

漏　1件（M1：730）。盖圆形，平顶，中央有一长方形孔。盖顶上有一长方形提梁，提梁上有一长方形孔，与盖顶中央长方形孔上下对应。器身长筒形，子口，上腹部有两个半环形耳衔环，近底部有一流，三半圆形兽蹄足。半环形耳上有两道弦纹。口径18.5、足高5.1、通高38.6厘米，重2410克（图2-3-36）。

图2-3-36　漏（M1：730）

六、度量衡器

共14件，包括环权、量2类。

环权　12件。标本M1：732-3-27，圆环形，较厚。素面。外径1.86、厚0.86厘米，重14克。

量　2件。标本M1：409，圆形，口微侈，口部稍微凸出，斜直壁，腹中部一侧有一个半环形竖耳，平底。腹中部有三周弦纹，底部有一周凸棱。口径19、底径16.2、腹深8.7、高9厘米，重1088克（图2-3-37）。

图2-3-37　量（M1：409）

七、兵器

共5件。包括戈、剑、剑格、矛4类。

戈　1件（M1：514）。胡、援、内三部分断开。援素面，锋近似圭首形，但上锋较缓。上刃作浅缓弯弧形，下刃向下微曲，两面开刃。胡比较长，胡上有三长方形穿。内部整体呈方形，内的前端有断裂的痕迹，在前部中间位置有一方形穿。圆形阑，上阑有圆形孔。素面。长34.2厘米，重377克。

剑　1件（M1：526）。脊呈直线，斜从而宽，前锷收狭，锐利，格做倒"凹"字形，圆茎上有两道箍，圆形剑首。素面。长68.5厘米，重1129克。

剑格　2件。标本M1：470，剑格呈倒"凹"字形，上口为菱形，下口近长方形。两面浮雕兽面纹。高1.7、宽5.3厘米，重44克（图2-3-38）。

图2-3-38　剑格（M1：470）

矛　1件（M1：538-16）。窄长柳叶形，脊略微凸起，骹一侧有半环形竖系。素面。通长19、刃长9.7、骹径2.4厘米，重110克。

八、车马器

共48件。包括泡、盖弓帽、伞弓帽、泡钉、车饰、軨饰、当卢、衔镳、镳、小套头、环、管、伞柄13类。

泡　18件。标本M1：1234，方形小盖状，四个角呈圆弧形。盖面下有两个方形纽。高0.92厘米，重2.1克。

盖弓帽　3件。标本M1：538-4，管状柄，一端有扁圆片，空心。靠近圆片的部位略鼓，柄靠上部有一个向上凸出的弯钩。高9.1、圆片径2.6厘米，重42克。

伞弓帽 2件。标本M1：1268，顶部呈四花瓣形，中间有凸出的小半球，似为花蕊。四花瓣底部中间连接一圆管形柱，柱与花瓣连接处比较细，向下逐渐变大，在中部偏上位置鼓状凸起，其下呈圆直管状。柱中部有一朝向花瓣方向的小钩。表面鎏金。长3.6厘米，重10.8克。

泡钉 2件。标本M1：1183，上部为半球状，下部为锥状。素面，实心。高1.3、径1.4厘米，锥体长0.75厘米，重2.7克。

车饰 3件。标本M1：1237，整体似叶片状，两端近端口处各有一圆孔。正面未锈蚀部分有鎏金痕迹。长2.3、宽1.1厘米，重0.8克。

轵饰 5件。标本M1：538-11，曲尺形，外侧边缘凸起。长12、宽12、高1厘米，重61克。

当卢 2件。标本M1：1236，顶部如山形，下面为条状，底部圆弧形。背面上下各有两半环形纽。表面鎏金。长10.8、宽2.7厘米，重21.2克。

衔镳 2件。标本M1：1238，整器由两个马镳和一个马衔组成，不可分离。马衔由两节链条组成，链条外端为椭圆形大环，内端为圆形小环，两小环连接，大、小环中间由长条连接。马衔上的大环与马镳相连。马镳两端为圆饼状，圆饼中间为凸出的半圆球，两圆饼之间由长条连接，长条中间部分的两边各有一鼓状凸起，并有穿孔。器表鎏金。马衔长9.5、马镳长7.5厘米，重34.3克。

镳 1件（M1：1242）。整器由两个马镳和连接马镳的长条组成，三部分不可分离。马镳呈S形，长条上有两环，马镳穿于其中。长条一端有圆饼形封口，近封口处有一半环形小纽。器表有鎏金痕迹。长12.6厘米，重664克。

小套头 2件。标本M1：1230，整体呈圆直筒形，中空，一端封口。中部有一周凸棱。长1.3、直径1.1厘米，重4.5克。

环 4件。标本M1：1229，圆环形，表面鎏金。直径2厘米，重3.5克。

管 3件。标本M1：1231，圆管状。残长1厘米，重0.2克。

伞柄 1件（M1：538-1）。圆形管状。外壁中间饰一周带饰，其上饰两周弦纹。外壁靠两端处各饰一周弦纹，三周纹饰将伞柄较为均匀地分成三节。长27.5、口径3.4厘米，重425克。

九、工具

共2件，包括削、锥2类。

削　1件（M1：11-3）。整体呈长条形，环首近椭圆形，环下端接一长柄，柄为扁条状，近柄末端呈圆弧形。环似贴银线。通长21.4、柄长19.8厘米，重79克。

　　锥　1件（M1：11-5）。破损锈蚀严重。顶端较尖，下部柱状。长16.9厘米，重29克。

十、杂器配件

　　杂器配件百余件，包括帽饰、构件、器盖、铜饰、铜环、铜钩、铺首、铜扣、秘帽、小帽饰、圆柱形铜器、漆奁铜足、铜框、管饰、铜卮和铜牌。

第二节　青铜器定名和功用①

　　（一）锺、壶

　　刘贺墓出土青铜酒器中有一类铜器，器形为侈口、束颈、圆鼓腹、圈足直高，体量较大，高多在40～46厘米，纹饰简单，多数都是肩、腹部饰凹弦纹或瓦楞纹，器表观察可见铭文的有两件自铭为"锺"（M1：921、M1：1099）。此类铜器以前就有多例自铭现象发现，多数学者也都称之为锺，也有学者将之归入壶类②，还有学者认为其与壶是同型异名③。从刘贺墓的情况来看，以两件自铭铜锺为代表的26件铜器（图2-3-39），形制、纹饰及体量接近，可归为一类。与之形制相似的壶类器，体量都较小，高在30厘米以下，肩、腹纹饰都是宽带纹，且无一件有自铭（如图2-3-9）。在铜器分类中，体量是一个比较重要的区分标准，再加上肩、腹纹饰的差别，我们倾向认为锺是自战国晚期沿用下来的体量较大的壶类器的专名，故将之单独命名。至于功用，《说文》曰："锺，酒器也。"此外，在墓葬中也发现有铜锺密封储酒的考古证据④，因此其主要是储酒器。不过，大体量的铜锺均作侈口、厚唇，不易配铜盖，与带盖铜壶口部

----

　　①　本节内容曾发表于曹斌：《西汉海昏侯刘贺墓铜器定名和器用问题初论》，《文物》2018年第11期。

　　②　朱凤瀚：《中国青铜器综论》，上海古籍出版社，2009年，第228页。

　　③　孙机：《汉代物质文化资料图说》（增订本），上海古籍出版社，2016年，第367页。

　　④　西安市文物保护考古所：《西安北郊枣园大型西汉墓发掘简报》，《文物》2003年第12期。

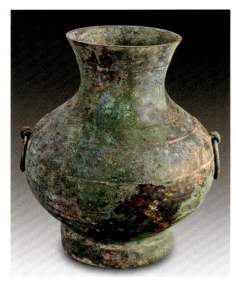

图2-3-39　锤（M1∶921）

特征存在差异，因此铜锤亦有用于盛水的可能，如南陵锤铭文载有"乘舆御水铜锤"[①]。

（二）铜、盆、盘

刘贺墓青铜水器中"铜"的自铭现象比较复杂，虽然器表观察可见铭文中有"铜"字的共6件，但这6件铜器却呈现出三种不同的器物形态。其中3件自铭为"铜"的铜器形制、体量比较一致，M1∶1147外腹部錾刻铭文"昌邑食官铜容四升重十二斤二两，昌邑二年造"，口径28.2、高15.9厘米（见图2-3-16）；M1∶1012类似位置有铭文"昌邑食官铜容四升重十三斤六两，昌邑二年造"，口径32.1、高15.7厘米；M1∶1012-1铭文为"昌邑食官铜容四升重十三斤十两，昌邑二年造"，口径31.6、高15.7厘米。三器口径、高、重量比较接近。形制上也都是斜折窄沿，上腹近直，下腹弧形内收，平底；腹部有两个半环形竖耳衔环，衔环为圆形小环。装饰均是腹中部有一周凸出的带饰，带饰中间有一道弦纹，底部有一道凸棱。铭文显示容量都是"四升"，重量在十二三斤。这些应该是铜铜的标准形制和标准容量，以自铭标准器为据，刘贺墓同样形制的铜铜还有30件，总数达33件。

另有一件铜盆（M1∶956），除器形略矮胖、没有竖耳衔环外，形制、纹饰与以上三器接近，但是体量却明显大于前者，且有铭文。此器口径54.5、高23.6厘米。器腹外壁有铭文"昌邑食官铜容廿升重五十四斤，昌邑二年造盆"，容量达"二十升"，且自铭为"盆"。《说文》云："铜，小盆也。"从刘贺墓同是昌邑二年所造的几件自铭铜器看，实际情况也是如此。没有竖耳衔环可能与其功用有关，盆与铜同样是盥洗的水器，但盆的容量是铜的5倍，对于轻薄的西汉铜器而言，腹两侧的竖耳衔环是难以承受的。从此器铭文也可以看出，"铜"除了作为器名，在西汉也用作计容量的量名。

刘贺墓中还发现另外一件铜器（M1∶1012-3），器形较大，高为20.1厘米，虽略较M1∶978铜盘低矮，但是口径达到55.4厘米，容量明显也是铜铜的几倍（见图2-3-17）。形制上平折沿较宽，斜腹微弧，下收平底。此器未发现铭文，依据容量，我们倾向称之为盆。铜盆的出现主要是受西周后期流行起来的弦纹陶盆的影响，但是

[①]　容庚：《秦汉金文录》卷二，中央研究院历史语言研究所石印本，1931年。

在西周早期就发现有器型相对瘦高、腹壁弧直、腹较深的绳纹陶盆，如西周早期沣西97SCDT1③：2陶盆[①]；西周中期偏晚也有腹部相对斜直的铜盆，如周原庄白一号窖藏76FZJ1：4铜盆[②]。因此，从形制演变上也可将之归为盆。与之形制完全一样的还有一种体量明显较小的器形，口径25.2～26.7、高9.2～10.8厘米。由于同样有窄平沿，体量虽小亦不可能是碗类食用器，我们称之为小盆，应是一类体量相对较小的盛水器，在刘贺墓中出土数量达到了26件（图2-3-18）。

"铜"作为量名还见于另外2件铜器。一件是M1：1012-2盘，平折窄沿，腹较浅，上腹近直，下腹弧形内收，平底，矮圈足。腹中部有一周凸出的带饰，带饰中间有一道凸棱。口径50、高15.1厘米。腹外壁下部有铭文"昌邑食官铜容十升重卅一斤，昌邑二年造盘"，自铭为"盘"（图2-3-20）。从商代延续下来的铜盘，一般都有一个明显的圈足，而此器只是器底内部外凸形成一个象征性的矮圈足，似乎与之不类。但此类铜盘在西周时期就有发现，如黄县庄头西周墓出土的一件铜盘就是此类形制，不过盘底相对较小[③]。另一件是M1：978盘，形制、纹饰及器高、口径比与上文三件自铭铜铜基本一致，也有环耳衔环，但是容量却比它们要多一倍以上，口径44.6、高22.9厘米（有变形），铭文为"昌邑食官铜容十升重卅斤，昌邑二年造"。此器如视为铜铜，就是铜中容量最大者，那么铜铜的容量上限也可以达到十升。但也可将铭文中"铜"理解为量名，视此器为铜盘，因为铭文自述中容量与M1：1012-2铜盘一致，体量上又比其他33件标准形态的铜大很多。

我们通过对同为昌邑二年所造铭文铜器的梳理，可以将海昏侯刘贺墓中铜、盘、盆三种水器区别出来，容量上分别是四升为铜、十升为盘、二十升为盆。

（三）铿

刘贺墓中还有一类铜器，器身为直壁、深筒腹、平底，下有三兽蹄形足。上腹部有两个半环形耳，两耳各有一扁圆形小衔环，衔环上连接链形提梁。器上有盖，中央有纽，盖母口套合器身。形制与铜樽类似，但器体瘦高，与整体矮胖的铜樽对比鲜明。早年已有学者据日本宁乐美术馆藏一件传世自铭铜器将此类器改称为铜铿[④]。关于其功

---

①　中国社会科学院考古研究所丰镐工作队：《1997年沣西发掘报告》，《考古学报》2000年第2期。

②　陕西周原考古队：《陕西扶风庄白一号西周青铜器窖藏发掘简报》，《文物》1978年第3期；曹玮：《周原出土青铜器》，巴蜀书社，2005年，第773页。

③　王锡平、唐禄庭：《山东黄县庄头西周墓清理简报》，《文物》1986年第8期。

④　裘锡圭：《铿与桱桯》，《文物》1987年第9期；朱凤瀚：《中国青铜器综论》，上海古籍出版社，2009年，第363页。

用，一般认为是盛酒器。从形制上看，殷墟晚期的筒形卣发展到西周时期，腹壁也演变为直筒形。西周筒形卣与鋞，除了圈足与三足的差别外，整体形制是近似的。筒形卣在西周前期是酒器基本没有异议，否则也不会在西周后期被淘汰。但是筒形卣的体量相较鋞要大很多，高度一般超过33厘米，口径也有13厘米多，而刘贺墓铜鋞口径11.1～12.2、通高17.6～20.7厘米（见图2-3-11），两者差异很大。因此，两者在功用上也会有所区别，不会是同一类铜器，也不存在渊源关系。北赵晋侯墓地西周晚期晋侯邦父次夫人墓M63出土一件方座筒形器（M63∶86）[1]，器形与鋞相似，器身主体也是直筒形，差别是直筒腹下有一方座，方座下有四个人形足。筒径9.1、通高23.1厘米，体量上与刘贺墓铜鋞也十分接近。从西周早期到晚期，筒形卣与晋侯墓地M63方座筒形器之间并无任何演变关系和功能上的联系，方座筒形器是西周晚期新出现的器形。因此，与方座筒形器类似的铜鋞的功用也应当重新考虑。《说文》："鋞，温器也，圜直上。""圜直上"说明了形制特点，"温器"则是讲功用。陕西咸阳马泉西汉晚期墓出土的铜鋞内有液体凝固痕迹[2]，辽宁抚顺刘尔屯西汉墓出土的铜鋞内残留有禽骨[3]，而刘贺墓出土的一件铜鋞在现场提取时发现其内盛有鸡骨和汤羹，这是铜鋞为保温器和盛肉骨羹的重要证据。铜鋞体量小且带提梁便于提拿移动，小口径、深筒利于保温，三足将器底悬空可能也是出于保温的考虑。简单来讲，西汉铜鋞的功用可能与我们现在的保温桶类似。

（四）组合和器用制度问题

海昏侯刘贺墓共出土铜器500余件，器类包括食器、酒器、水器、乐器、生活用器、度量衡器、兵器、车马器、工具、杂器配件十大类。食器50件，组合为炉鼎1、圆鼎25、簋1、甗1、甑12、釜3、缸形器4、瓮1、染炉2件；酒器69件，组合为卣1、锺26、长颈壶1、带盖壶1、侈口壶7、樽5、鋞5、鐎3、钫2、缶2、罍2、罍1、蒸馏器1、碗5、勺7件；水器65件，组合为鋗33、大盆2、小盆26、匜2、盘2件；乐器31件，组合为纽钟14、甬钟14、铃2、錞于1件；生活用器111件，有镇47、灯25、博山炉11、熏炉2、托盘炉3、带钩9、镜5、杵臼4、衣镜1、撮箕1、印1、哨1、漏1件；

① 山西省考古研究所、北京大学考古学系：《天马—曲村遗址北赵晋侯墓地第四次发掘》，《文物》1994年第8期；上海博物馆：《晋国奇珍——山西晋侯墓群出土文物精品》，上海人民美术出版社，2002年，第162、163页。

② 咸阳市博物馆：《陕西咸阳马泉西汉墓》，《考古》1979年第2期。

③ 抚顺市博物馆：《辽宁抚顺县刘尔屯西汉墓》，《考古》1983年第11期。

度量衡器14件，有环权12（一套）、量2件；兵器3件，组合为戈1、剑1、矛1件；车马器48件，有泡18、盖弓帽3、伞弓帽2、泡钉2、车饰3、轸饰5、当卢2、衔镳2、镳1、小套头2、环4、管3、伞柄1件；工具2件，有削1、锥1件；另外还有杂器配件百余件。

出现在刘贺墓中，均应是刘贺的随葬物品。但仔细区别起来，其在时代上仍可分组。时代明确不属西汉的首推M1：404凤鸟纹卣（图2-3-7）。此器自身特征非常明显，纵梁、垂腹，下有切地座盘。以前考古发现的器身下有切地座盘的铜器多属殷墟三、四期，垂腹明显下带切地座盘的铜卣，以前多认为时代在商末周初。在宝鸡石鼓山墓地发现后，学界开始重新思考此类铜卣的时代，认为其时代已进入西周，甚至可以晚到西周早期偏晚①。此器提梁两端兽首的掌形角虽然在郭家庄M160出土的铜器上就有发现②，但是冠、腹有立羽的长冠凤鸟纹和双首龙纹都只见于西周，类似器形、纹饰比较集中的出土地点是戴家湾和石鼓山墓地③，因此M1：404卣的时代应为西周早期。另外，此卣盖和器底都有铭文"子父乙"，"子"应是复合族徽。另有两件铜缶的时代也不属西汉。这两件铜缶纹饰近同，肩、腹部饰五周蟠螭纹，腹中部八个圆形凸起上也满饰蟠螭纹。形制上都有盖，盖上都有环形立纽，腹部有四个环形耳。差别是M1：431铜缶是十二棱形腹（图2-3-14），M1：423是圆形腹。两器的时代大致为春秋晚期至战国早中期。除了以上三器，还有一件铜壶（M1：1010）（图2-3-40），时代也相对较早。此器出自椁室东回廊，侈口，圆鼓腹，圈足，肩部有两个凸出兽面形铺首衔环。虽然保存状况不佳，器表已有脱落现象，但仍可见

图2-3-40 壶（M1：1010）

① 曹斌：《宝鸡石鼓山三号墓研究》，《考古与文物》2016年第2期。

② 中国社会科学院考古研究所：《安阳殷墟郭家庄商代墓葬——1982年~1992年考古发掘报告》，中国大百科全书出版社，1998年，第84~88页。

③ 石鼓山考古队：《陕西宝鸡石鼓山西周墓葬发掘简报》，《文物》2013年第2期；陕西省考古研究院、宝鸡市考古研究所、宝鸡市渭滨区博物馆：《陕西宝鸡石鼓山商周墓地M4发掘简报》，《文物》2016年第1期；陈昭容：《宝鸡戴家湾与石鼓山出土商周青铜器》，"中央研究院"历史语言研究所，2015年。

颈部饰一周三角纹，肩部、上腹、下腹各饰一周蟠螭纹。蟠螭纹多见于春秋晚期至战国早中期，此器形制与长治分水岭战国中期M36∶4蟠螭纹铜壶相似①，两者的年代可能也比较接近。以上所论铜卣、缶、壶都是刘贺墓中的周代铜器，时代明显早于其他西汉铜器。

刘贺墓其他铜器都是制造和使用于西汉太始元年（前96年）至神爵三年（前59年）。三十余年间的西汉铜器，从形制、纹饰上相对难以区分和断代，但铜器铭文为我们提供了线索。有铭铜器中数量最多的是"昌邑二年造"铜器，计有、盆、盘、灯四类，这些铜器是太始元年（前96年）或始元三年（前84年）所造，是刘贺墓中时代较早、数量最多的一批西汉铜器。另外还有一批有铭文"昌邑"，计有鼎、锺、甬钟、灯四类，未见昌邑国的纪年。关于这批铜器的绝对时代，我们推测是刘贺被废黜后归故昌邑国至受封海昏侯之前铸造的铜器，也就是元平元年（前74年）至元康三年（前63年）之间制造的铜器。《汉书·武五子传》："大将军光……废贺归故国，赐汤沐邑二千户，故王家财物皆与贺……国除，为山阳郡。"元康三年，"封故昌邑王贺为海昏侯，食邑四千户"②。可见，刘贺被废归故昌邑国并无爵位，也无法使用以前昌邑王的纪年，故铜器铭文只提"昌邑"不言纪年的，有可能就是这一时期的铜器。当然特别者如一件籍田鼎和一件籍田灯记有"昌邑"而未见纪年，不排除因为"籍田"一事铸造并反复使用的可能。另外还有少量铜器，时代更晚，属刘贺受封海昏侯时期的铜器，包括"海"字铜印（M1∶1045）以及"南昌"铜灯（M1∶1048）等。

综上所述，刘贺墓中的铜器在时代上可以分为四组：第一组是周代铜器，包括铜卣、缶和壶；第二组是刘髆、刘贺两代昌邑王时期的铜器，即昌邑二年（前96年或前84年）至元平元年（前74年）所造铜器，以昌邑二年所造铜器为代表，包括盆、盘、灯等；第三组是刘贺被废黜归故昌邑国后铸造的铜器，器类包括鼎、锺、甬钟、灯，绝对年代是元平元年（前74年）至元康三年（前63年）；第四组是刘贺受封海昏侯至卒于侯国时期的铜器，包括铜印和铜灯等，绝对年代是元康三年（前63年）至神爵三年（前59年）。刘贺墓出土的铜器不仅可以从年代上进行分组，而且从归属上也可以分组，从已有铭文材料看，至少包括刘髆、刘贺、李姬家、南昌县这四组。

目前确定出于北藏椁乐器库的铜乐器包括纽钟14件、甬钟10件、铃2件，另有铁

---

① 山西省考古研究所、山西博物馆、长治市博物馆：《长治分水岭东周墓地》，文物出版社，2010年，彩版三∶4。

② 《汉书·武五子传》，中华书局，1962年，第2764～2770页。

编磬一肆10多件已套箱清理。从考古现场和出土器物看，以上乐器可以分为三套。钟虡是4件两套，底座造型各异。其中两件底座是龙形一套，龙形底座前胸和尾都伸出贴地以达到稳定作用（图2-3-41）；另外两件底座是卧马形一套，马蹄下有长方形铜板贴地（图2-3-42）。

图2-3-41　钟虡（M1：403）

图2-3-42　钟虡（M1：424）

　　已清理出磬虡底座1件，为卧马形，同样马蹄下有长方形铜板贴地，另外还清理出残断的铜立柱2件。编磬的另一件虡因铁器室内清理需要已被套箱，推测底座形制也是卧马形。纽钟一肆14件出土时都在编钟架上并未散落，我们在整理时发现其中13件钟内腔舞部和纽部交接位置铸有数字"二"到"十四"，而且这13件纽钟通高也是27.5厘米到13.9厘米逐次递减，表明其铸造时即确定是排列有序的一套14件编纽钟。可能在后来使用中最大的一件损坏或遗失，改而在下葬时为凑齐原来的件数临时铸造或者从其他相似纽钟中找来一件补数。因为从形态上看，最小的一件通高12厘米，形制与以上13件类似但不见鎏金纹饰，内腔也未见数字编号。另外，编磬的虡虽有破损，但是铁磬也都在磬架上。具体数字尚不清楚，但一肆10多件是明确的。唯一出现散落难以确定的是10件甬钟。这10件甬钟中，有铭文的5件器体较大，形制、纹饰基本一致，大小相次。另外5件整体的形制、纹饰与前5件也基本相似，同样在器体上也形成一个大小相次的排列。可见，这10件甬钟的形制、纹饰基本相似，大小基本相次，整体可以视为一套10件编甬钟。但是甬钟在细部上也并非完全相同，如前5件和后5件在甬部纹饰上有一些差别，有的鎏金且纹饰依然清晰可见，有的甬部纹饰不尽相同。除了钟和磬外，两件铜铃也应是整套乐器的有机组成部分。两件铜铃出土于乐器库中部，保

图2-3-43　铜铃（M1：449-2）

存完整，高都是4.1厘米，器形、纹饰略有差异，一件整体显得宽扁（图2-3-23），另一件相对瘦高（图2-3-43），但共同特征是均没有发现铃舌。

铜铃自二里头时期就有发现，在夏商时期多被认为是牛或狗的悬铃，在晚商、西周时期的一些铜器上也出现了悬铃，但这些都有铃舌。其实晚商时期没有铃舌的铜铃也有发现，由于无舌引发了激发方式的变化，有学者认为这类铃具有乐用功能，是一种乐铃①。其实即便有舌可能作为乐器的铜铃在西周和东周时期也都有发现，甚至在西周还形成了编铃，如扶风庄白一号窖藏就出土了形制纹饰相同、大小相次的一组7件铜铃②。这样的形式在东周时期也得到了延续，新泰周家庄战国早期墓葬M1除了出土铜镈2件、纽钟4件外，还出土了一套9件形制相同、大小相次的铜铃③。虽然刘贺墓这两件铜铃个体很小，在墓中出现也表明其不一定完全实用，但它们和其他乐器一起出土，则表示其为乐铃，这就丰富了我们对西汉器乐制度的认识。

（五）结语

海昏侯刘贺墓出土铜器的形制、纹饰、组合以及铭文，为我们重新思考西汉鋗、盆、盘、鋞、锺的定名和功用问题提供了条件。四升为鋗、十升为盘、二十升为盆，鋞的功用也可能为保温的食器，锺为体量较大的壶类铜器的专名。从时代上，刘贺墓铜器可分为四组，分别为周代铜器、昌邑王时期铜器、刘贺被废黜归故昌邑国时期的铜器和刘贺为海昏侯时期的铜器，器物归属目前所见有刘髆、刘贺、李姬家、南昌县等。刘贺墓在乐器组合上，14件铜纽钟、10件铜甬钟、10多件铁磬形成三套组合装配

---

① 冯光生：《晚商铜铃辨析》，《中国音乐学》2018年第1期。

② 曹玮：《周原出土青铜器》，巴蜀书社，2005年，第910～925页。庄白一号窖藏铜铃和下文新泰周家庄铜铃均没有发现铃舌，但顶部有穿孔，有可能用于穿挂铃舌。

③ 山东省文物考古研究所、新泰市博物馆：《新泰周家庄东周墓地》，文物出版社，2014年，第61～63页。

在三组虡架上，而且在三套乐器周围还出土男侍俑、女侍俑、男乐俑、女乐俑共210件伎乐木俑。《周礼·春官·小胥》："正乐县之位：王宫县，诸侯轩县，卿大夫判县，士特县。"①郑玄注解，古代天子乐器四面悬挂，诸侯去南面乐器作三面悬挂，大夫则于左右两面悬挂，士仅于东面或阶间悬挂。刘贺墓出土三组乐器可三面悬挂，乐器组合体现了诸侯之礼。刘贺墓出土铜器为我们提供了一批西汉武帝太始元年至宣帝神爵三年的标准器，对于研究西汉铜器的定名、功用、器用制度等问题具有重要意义。

第三节　刘贺墓纽编钟的编列 ②

海昏侯刘贺墓出土了大量的音乐文物，包括编纽钟、编甬钟、铁编磬、錞于、镯、瑟、琴、排箫、建鼓和乐俑。现对14件编纽钟的编列谈谈最新的认识。

1. 刘贺墓编纽钟的器形与纹饰

海昏侯刘贺墓编纽钟于2015年3月17日出土于该墓椁室北藏椁的乐器库。出土时完整地悬挂于钟架上，钟架为彩绘木质，两端镶嵌方形青铜饰件，编钟架上彩绘精美动物纹饰③。编纽钟共计14件（出土号 M1：164-1A～M1：164-14A），从其纹饰来看，可以分为两式：一式为鎏金纽钟（图2-3-44），共计13件。

图2-3-44　海昏侯刘贺墓出土的编纽钟

①　（清）阮元校刻：《十三经注疏》，中华书局，1980年，第795页。

②　本节内容曾发表于王清雷、徐长青、曹葳蕤等：《试论海昏侯刘贺墓编纽钟的编列》，《音乐研究》2018年第5期。

③　江西省文物考古研究所、南昌市博物馆、南昌市新建区博物馆：《南昌市西汉海昏侯墓》，《考古》2016年第7期，第54页。

这13件鎏金纽钟纹饰相同，大小相次，属于同一套纽钟。据参加发掘人员告知，可能有三件纽钟破裂，其余保存完好。这些编纽钟铸造工艺考究，制作精美。平舞，上置竖长方形环纽。钟体为合瓦形，敛舞敛于，铣棱中部外鼓。钟体表面以阳线弦纹

隔钲、篆、枚区。每面枚分2区，区3行，行3枚，两面共36个。器表均有鎏金纹饰。纽钟钲部和篆带饰云纹，但云纹的具体纹样不同。鼓部饰一组对称龙首纹，正鼓部饰一个蘑菇状点纹，作为正鼓音的演奏标记。舞部和纽部素面。枚的造型很精致，下半部分饰指纹，上半部分为螺旋形，可谓之指纹螺旋枚。钟腔于口内壁4个侧鼓部均有楔形音梁，有清晰且精细的调音刻凿痕迹（图2-3-45）。

图2-3-45 海昏侯刘贺墓编钟口部的调音凿痕

二式为非鎏金纽钟，1件，即第14件（M1：164-14A）（图2-3-46），也就是最小的一件，器表没有鎏金。该钟保存完整，器型与前13件相类。舞、钲、篆、鼓均有细阳线纹饰。指纹枚。钟腔于口内壁4个侧鼓部均有楔形音梁，上有调音刻凿的痕迹，但其音梁的形状与一式纽钟的音梁略有不同。显然，从这14件编纽钟的器表纹饰和音梁来看，这两式纽钟并非一套，也就是说海昏侯墓编纽钟为拼凑而成。

2. 刘贺墓二式纽钟的功能

在这套金光灿灿、铸造精美的编纽钟当中掺杂着一件铁黑色的小纽钟，显得非常不协调，这件铁黑色小纽钟就是本书所言的二式纽钟。由

图2-3-46 二式编纽钟（M1：164-14A）

此，我们不仅要追问，当时的乐官为何要将这件铁黑色的二式纽钟编入海昏侯刘贺的乐悬之中？二式纽钟的功能又是什么呢？

（1）西汉乐悬礼制的需要

在海昏侯墓编纽钟出土之前，迄今所知编列完整的西汉编纽钟共计3例（表2-3-1），分别为广州南越王墓编纽钟、山东章丘洛庄汉墓14号陪葬坑编纽钟、江苏盱眙大云山

1号墓编纽钟[①]。

表2-3-1　目前所知完整的西汉编钟编列

名称	出土时间和时代	墓葬保存情况	编纽钟编列	墓主
广州南越王墓编纽钟	1983年出土，墓葬年代约为公元前122年	墓葬保存完好	14件	第二代南越王赵眜
章丘洛庄汉墓14号陪葬坑编纽钟	2000年出土，墓葬年代约为公元前186年	出土编钟的14号乐器陪葬坑保存完好	14件	吕国国王吕台
盱眙大云山1号墓编纽钟	2009～2010年出土，墓葬年代约为公元前127年	墓葬虽曾被盗，但出土实用器编钟的外回廊结构保存完整，未被盗扰	14件	第一代江都王刘非
海昏侯刘贺墓编纽钟	2015年3月17日出土，墓葬年代约为公元前59年	两次盗扰。第一次是唐末五代，墓室西藏椁的衣笥库被盗扰；第二次是2011年，主椁室上方盗洞，被盗部分金饼。其余完好	14件	做过昌邑王、皇帝和海昏侯的刘贺

这三例编纽钟的编列完全相同，均为14件一肆。同时，每例编纽钟的14件钟均纹饰相同，大小相次，为一次铸造而成，故14件一肆是其完整编列。再看出土这三例编纽钟的墓葬墓主，分别为南越王赵眜、吕王吕台、江都王刘非，均为西汉诸侯王级。由此可以推定，西汉诸侯王级乐悬规制编纽钟的编列均为14件一肆。现在，我们再来看看刘贺墓编纽钟的编列。墓主刘贺当过昌邑王、皇帝和海昏侯，去世时是以海昏侯身份下葬。按照西汉诸侯王级乐悬制度编纽钟的编列规定，应为14件一肆。而刘贺墓一式纽钟仅有13件，显然不符合刘贺的身份等级要求，只能另外再找一件纽钟来拼凑。故此，刘贺墓二式纽钟的功能，仅是使其与一式纽钟（13件）凑成14件一肆的西汉乐悬规制，从而在编列上符合西汉诸侯王级乐悬礼制的要求。

（2）编纽钟音列的本质需求

2017年2月对海昏侯墓编钟进行了第一次考察，考察编纽钟中的8件。受场地等条件所限，测音只能拴一件测一件，整体音列如何并不明了。但都悬挂在一个架子之上，故这次对8件编纽钟做了较为详细的测音采样工作，现场整理出这8件编纽钟的音高。

① 广州象岗汉墓发掘队：《西汉南越王墓发掘初步报告》，《考古》1984年第3期，第222～230页；济南市考古研究所、山东大学考古系、山东省文物考古研究所等：《山东章丘市洛庄汉墓陪葬坑的清理》，《考古》2004年第8期，第3～16页；南京博物院、盱眙县文广新局：《江苏盱眙县大云山汉墓》，《考古》2012年第7期，第53～59页。

发现了两个问题：第一，从海昏侯刘贺墓8件纽钟的排序厘定表（表2-3-2）可知，这套编纽钟原来的排序是存在问题的。

表2-3-2　海昏侯刘贺墓8个编纽钟排序厘定表

原始排序	2	4	6	9	10	12	14	13
本文厘定排序	2	4	6	9	10	12	13	14
出土号（M1）	164-2A	164-4A	164-6A	164-9A	164-10A	164-12A	164-14A	164-13A
正鼓音	$^\flat b^1$	$^\flat e^2$	g^2	c^3	f^3	$^\flat b^3$	c^4	f^4
侧鼓音	d^2	g^2	$^\flat b^2$	$^\flat e^3$	$^\flat a^3$	d^4	$^\flat e^4$	$^\flat a^4$

如果仅从编纽钟的尺寸和重量来看，将二式纽钟排定为14号并无不妥。但是编钟的第一属性毕竟是乐器，应该按照其音高的高低次第来排序。从其整体音列来看，二式纽钟的音高并不是最高的，原排序为第13号钟（M1：164-13A）的音高才是最高的。故此，应该将二式纽钟（M1：164-14A）调整到第13号，将原第13号钟（M1：164-13A）调整到第14号。关于这套纽钟编列排序出现的问题，或许有的学者可能会问，是否该编纽钟出土后，考古工作者根据其尺寸大小和重量高低重新调整了排序？答案是否定的。这套编纽钟的排序是严格按照其在考古发掘现场的原始位置编的序号，属于考古发掘者的标准操作规范，任何一位参加过考古发掘的工作者都明白这个道理。由此可以推测，这个小失误很可能是当年该套编纽钟下葬时造成的。我们可以想象，编纽钟下葬时，需要先将14件编纽钟一一取下，然后将钟架放入墓葬，再将它们一一悬挂上去，忙中出错，在所难免。当然还有一种可能，就是自以为是的有意为之。也就是说：当把14件编纽钟按照正确的排序悬挂完毕后会发现，这种正确的排序反而很像是有问题的。因为按照编钟的发音规律，一般说来钟体越大发音越低，钟体越小发音越高，故最小的1件（二式纽钟）应该放在最后才对。那是否有可能，当时下葬时现场人员自以为这是挂错了，所以人为地把二式纽钟放到了最后呢？我想这种可能性也是有的。也就是说，如果站在"局外人"或者旁观者的视角而言，海昏侯墓编纽钟的原始排序更佳，而不是纠正后的编列排序。

第二，通过对现有的8件海昏侯刘贺墓编纽钟音列的分析，又发现了一个问题，即二式纽钟的功能绝非仅仅是使海昏侯墓编纽钟的编列凑成14件一肆的西汉乐悬常制，而要将整套纽钟的音列补全才是最重要的。从海昏侯刘贺墓编纽钟（8件）音列表（表2-3-3）可以看到，如果以 $^\flat E$ 为宫，那么二式纽钟的正鼓音 c^4 是 $^\flat E$ 宫的羽，是 $^\flat E$ 宫 C 羽调式的主音；侧鼓音 $^\flat e^4$ 是 $^\flat E$ 宫的宫，是其 $^\flat E$ 宫调式的主音。从西方乐理的视角来说则更为直观，即二式纽钟的侧鼓音 $^\flat e^4$ 是 $^\flat E$ 大调的主音，其正鼓音 c^4 是 c 小调的主音。

如果以 ^{b}A 为宫，那么二式纽钟的正鼓音 c^4 是 ^{b}A 宫的角，是 ^{b}A 宫 C 角调式的主音；侧鼓音 $^b e^4$ 是 ^{b}A 宫的徵，是 ^{b}A 宫 ^{b}E 徵调式的主音。如果以 ^{b}B 为宫，那么二式纽钟的正鼓音 c^4 是 ^{b}B 宫的商，是 ^{b}B 宫 C 商调式的主音；侧鼓音 $^b e^4$ 是 ^{b}B 宫的和，是 ^{b}B 宫清商七声音阶的四级音，没有此音则无法构成清商七声音阶。特别需要说明的是，二式纽钟的这两个音在上下相邻纽钟的正鼓音和侧鼓音上均没有相同的音可以替代。也就是说，如果缺少了这一件二式纽钟，那么海昏侯墓编纽钟高音区的音列肯定不完整，将无法构成五声音阶或七声音阶，其表现力无疑会大打折扣，甚至整套编纽钟都会蜕变为一套仅能用于摆设的礼器，而不能用于音乐演出活动。

表2-3-3 海昏侯刘贺墓8件编纽钟音列表

本文厘定序号		2	4	6	9	10	12	13	14
出土号（M1）		164-2A	164-4A	164-6A	164-9A	164-10A	164-12A	164-14A	164-13A
测音数据	正鼓音	$^b b^1$	$^b e^2$	g^2	c^3	f^3	$^b b^3$	c^4	f^4
	侧鼓音	d^2	g^2	$^b b^2$	$^b e^3$	$^b a^3$	d^4	$^b e^4$	$^b a^4$
^{b}E宫	正鼓音	徵	宫	角	羽	商	徵	羽	商
	侧鼓音	变宫	角	徵	宫	和	变宫	宫	和
^{b}A宫	正鼓音	商	徵	变宫	角	羽	商	角	羽
	侧鼓音	商角	变宫	商	徵	宫	商角	徵	宫
^{b}B宫	正鼓音	宫	和	羽	商	徵	宫	商	徵
	侧鼓音	角	羽	宫	和	商曾	角	和	商曾

　　囿于中国记谱法的问题，现在我们已经无法得知汉代的曲谱究竟是什么样子。故此暂以现代的两首歌曲（《唱支山歌给党听》《化蝶》）为例（谱例省略），来说明如果海昏侯刘贺墓二式纽钟缺失，将会在音乐演出活动中导致何种严重的后果。由于这两首歌曲均由七声自然大调音阶构成，故对于海昏侯墓编纽钟而言，只能选择 ^{b}E 宫的音列来演奏这两首歌曲，因为只有 ^{b}E 宫的音列才可以构成七声自然大调音阶。我们仅看《唱支山歌给党听》前四句"唱支山歌给党听，我把党来比母亲；母亲只生了我的身，党的光辉照我心"的音域，其最低音是低音mi，最高音是 la；再看《化蝶》前两句"碧草青青花盛开，彩蝶双双久徘徊"的音域，其最低音是低音mi，最高音是高音do。我们再看现有的8件刘贺墓编钟的音列（表2-3-3，^{b}E宫），其最低音为低音sol，并没有低音mi。考虑到现在的最低音是2号钟，其后面还有比它低的 1 号钟。那1号钟正鼓音的音高是否可能为低音 mi 呢？参照洛庄汉墓 14 号陪葬坑编纽钟（14件）的音列推测，1 号钟的正鼓音应为低音 fa，并不是低音 mi。也就是说，这套14件的海昏侯刘贺墓编纽钟的 ^{b}E宫音列应该没有低音mi。既然如此，就只能将这两首歌曲移高八度演奏

了。这时，二式纽钟在音列方面的重要性就凸显出来。因为一旦移高八度，《唱支山歌给党听》前四句的最高音恰为二式纽钟的正鼓音；《化蝶》前两句的最高音恰为二式纽钟的侧鼓音。可以想象，如果二式纽钟的功能仅仅是使海昏侯墓编纽钟的编列凑成14件一肆的西汉乐悬常制，而不考虑其音高，那么这套工艺精美、金光灿灿的编纽钟仅仅来演奏《唱支山歌给党听》和《化蝶》的前几个乐句，都无法完成，更谈不上演奏整首歌曲了。更何况，编钟在古代是要演奏音域更宽的器乐作品呢？毫无疑问，二式纽钟尽管仅有一件，但其在整套编纽钟的音列中却扮演着不可或缺、至关重要的角色，是整套编纽钟编列中无可替代的一环。

3. 关于刘贺墓编纽钟的编列

学术界关于编钟堵与肆的争论由来已久。笔者认为，编钟、编磬应该均可以单独称肆。一肆编钟或编磬，应该是指一组编钟或编磬。所谓一"堵"，应指一虡编钟或者一虡编磬。关于肆的划分标准，有的学者认为编钟的形制、纹饰相同者方为一肆。这种标准显然有些狭窄。如16件晋侯苏编钟由三式不同形制、纹饰的甬钟组成。通过对其测音数据的分析可知，这套编钟"应为音列相同的两肆构成，每肆8件"[1]。再如痶钟，这套编钟现存21件，考古界根据其形制、纹饰的不同，分为七式[2]。笔者"通过对其形制、纹饰、铭文、音列的分析可知，编甬钟原来应该是3肆，每肆8件，共计24件"[3]。可见，仅以编钟的形制、纹饰是否相同来判断其能否成为一肆尚值得商榷。故有些学者又提出应以铭文作为划分编钟是否为一肆的标准。《商周彝器通考》认为："克钟、刑人钟、子璋钟皆合两钟而成全文，则两钟为一肆。虢叔编钟合四钟而成全文，则四钟为一肆。尸编钟第一组合七钟而成全文，则七钟为一肆。"[4]对此，陈双新先生提出了许多反证，"从出土实物看，堵、肆与编钟全铭的组合形式无多大关系，如子犯钟两组十六件，每组八件合为全铭；晋侯苏钟两组十六件，合为一篇全铭；新出楚公逆钟一组八件，每钟全铭"[5]。杨伯峻先生对此说也提出异议，指出容庚以铭文之长短为肆的说法值得商榷，并以曾侯乙编钟为证认为，"以实物证明，似可论断，音调音阶完备能演

① 王清雷：《西周乐悬制度的音乐考古学研究》，文物出版社，2007年，第143页。

② 陕西周原考古队：《陕西扶风庄白一号西周青铜器窖藏发掘简报》，《文物》1978年第3期，第1～18页；《中国音乐文物大系》总编辑部：《中国音乐文物大系·陕西天津卷》，大象出版社，1996年，第37～50页。

③ 王清雷：《西周乐悬制度的音乐考古学研究》，文物出版社，2007年，第143页。

④ 容庚：《商周彝器通考》，上海人民出版社，2008年，第371页。

⑤ 陈双新：《两周青铜乐器铭辞研究》，河北大学出版社，2002年，第27页。

奏而成乐曲者始得为一肆"①。笔者通过对现存8件海昏侯刘贺墓编纽钟音列的考察并结合两首现代歌曲的分析可知，一式纽钟和二式纽钟恰好符合杨伯峻先生的"音调音阶完备能演奏而成乐曲者始得为一肆"的观点。由此可以判定，尽管14件海昏侯墓编纽钟是由两式纽钟拼凑而成，但从其音列来看却是编列完整的一肆。由此还可发现，由1件二式纽钟和13件一式纽钟拼合成14件一肆的编列，仅是西汉乐悬礼制功能的表象；而要将整套编纽钟的音列补全，才是对二式纽钟的本质需求。这正是音乐考古学反哺考古学所做的独有贡献和价值。同时，一式纽钟和二式纽钟在音列上的接合可谓天衣无缝，实属罕见，堪称完美之作。由此不难发现，汉代的编钟音乐艺术已经达到了一个新的历史高度。

此外，将现有的8件海昏侯墓编纽钟的音列与山东章丘洛庄汉墓14号陪葬坑编纽钟（14件）的音列（表2-3-4）相比较，笔者又有一个重大发现，即现有的8件海昏侯墓编纽钟的正鼓音和侧鼓音的音高，与序号相同的那8件洛庄汉墓14号陪葬坑编纽钟的正鼓音和侧鼓音的音高竟然是相同的，真是匪夷所思，这是整个先秦时期和西汉时期都未曾见到的新现象。当然，这只是就现有的8件海昏侯墓编纽钟的音列而言，剩余6件编纽钟的音高是否也与洛庄汉墓14号陪葬坑编纽钟相对应的序号的音高相同，还有待于将来14件海昏侯墓编纽钟的测音数据全部采录后方有定论。

表2-3-4 章丘洛庄汉墓14号陪葬坑14件编纽钟音列表

序号	出土号	正鼓音			侧鼓音		
		频率	音高	阶名	频率	音高	阶名
I	P14C：14	裂,失音	—	—	裂,失音	—	—
2	P14C：13	439.78	$^{b}b^{1}-101$	徵↓	572.95	$d^{2}-43$	变宫
3	PI4C：12	516.80	$c^{2}-22$	羽	618 60	$^{b}e^{2}-11$	宫
4	PI4C：11	615.26	$^{b}e^{2}-20$	宫	781.37	$g^{2}-6$	角
5	PI4C：10	687.88	$f^{2}-27$	商	825.02	$^{b}a^{2}-13$	和
6	P14C：9	781.20	$g^{2}-7$	角	935.52	$^{b}b^{2}+5$	徵
7	P14C：8	821.85	$^{b}a^{2}-19$	和	1039.08	$c^{3}-13$	羽
8	PI4C：7	929.65	$^{b}b^{2}-7$	徵	1170.20	$d^{3}-7$	变宫
9	P14C：6	1038.24	$c^{3}-14$	羽	1252.29	$^{b}e^{3}+10$	宫
10	P14C：5	1403.30	$f^{3}+7$	商	1691.29	$^{b}a^{3}+31$	和
11	P14C：4	1581.78	$g^{3}+10$	角	1876.19	$^{b}b^{3}+10$	徵
12	PI4C：3	1884.72	$^{b}b^{3}+18$	徵	2380.74	$d^{4}+23$	变宫
13	PI4C：2	2104.91	$c^{4}+9$	羽	2552.95	$^{b}e^{4}+43$	宫
14	P14C：1	2841.26	$f^{4}+29$	商	3499.27	$^{b}a^{4}+89$	和

（音叉校正：$a^{1}+6/443.61Hz$）

---

① 杨伯峻：《春秋左传注》，中华书局，1990年，第992页。

第四节　海昏侯当卢纹饰的精神世界 ①

海昏侯刘贺墓提供了一个内涵丰富的符号体系，从载体角度看，这个体系包含三个层次。第一层次由墓园周围的文化遗存组成，包括紫金城城址、历代海昏侯墓园、贵族和平民墓地，面积超过5平方千米。其中面积达3.6平方千米的紫金城址即为汉代海昏侯国都城。第二层次由海昏侯墓墓园内的建筑组成，包括两座主墓、七座祔葬墓、一座陪葬坑和园墙、门阙、寝、祠堂、园寺吏舍等建筑，面积约4.6万平方米。其中较富文化内涵的设施是两个主墓所共用的礼制性高台建筑，总面积约4000平方米。第三层次是墓中出土的各种器物，除见于4号墓、5号墓的青铜器、陶器、玉器等百余件文物外，主要分布在以下两处。

其一是主墓墓穴内的方形木结构椁室，面积达400平方米。椁室布局完整，由甬道、东西车库、回廊形藏椁、主椁室（即便房）构成。北回廊（藏椁）中有分别盛放钱币、粮食、乐器、酒具的库房，西回廊（藏椁）中有分别盛放衣服、武器、文书、娱乐器的库房，东回廊（藏椁）中有盛放厨具的库房。椁室南部有马库和乐车库。回廊形藏椁出土金器、青铜器、铁器、玉器、漆木器、陶瓷器、竹编、草编、纺织品和简牍、木牍（遣策）等各类文物数千件。其中有竹简数千件、木牍近百版；有整套乐器，包括两架编钟、一架编磬，以及琴、瑟、排箫、笙和众多的伎乐俑；有偶车马和仪仗木俑；有大量青铜、漆、陶酒器和厨具；还有五铢钱约两百万枚。

其二是位于主墓西面的真车马陪葬坑，占地面积80平方米。坑中出土了5辆木质彩绘车马，有20匹马的痕迹，另有错金银装饰的铜车马器3000余件。这些车马器的制作很考究，包括盖弓帽、杠箍、龙虎首轭饰、辕首饰、衡饰、车軎等车具，络饰、衔镳、当卢等马具。

以上种种，组成了海昏侯刘贺墓地的符号世界。如果要探究其意义，那么，我们不仅要注意每一个具体物体，而且要注意由各种物体所组成的结构关系。由于它们是有规律地放置的：北藏礼乐之器，西藏文武工具，东藏饮食之器，南藏车马之器，皆反映西汉所想象的冥间世界的面貌。尤其收藏饮食之器的东藏椁，另有计时用的铜漏，有铭刻"籍田"字样的青铜器。这些器物意味着生命的萌发和成长。铠甲、青铜

---

① 本节内容曾发表于曹柯平、王小盾、徐长青：《海昏侯墓地符号世界：当卢纹饰研究》，《江汉考古》2018年第2期。

兵器等藏在西藏椁，反映了古人以西方为日落之处、为鬼魂归依之处、为灾厉刑杀之地的观念。文书档案也藏在西藏椁，意味着文书档案被视为过往之历史，其功能类似祖先及其智慧。至于北方，则是水的世界。按照《管子·水地》的说法，水是"地之血气"，是"万物之本原，诸生之宗室"。因此，在海昏侯刘贺墓椁室的北藏椁中，收藏了包括编钟、编磬、琴、瑟、排箫、笙和近两百个伎乐木俑在内的礼乐器，以及数十件储酒具。这些器物往往用于祭祀仪式，伴奏由死复生主题的颂歌。而在椁室之南，在甬道两侧的车库和甬道内，布置了三马双辕彩车和模型乐车，乐车上有实用的青铜镈于和建鼓，以及四件青铜铙。这些器物可以说是火和光明的象征，因为南方与火和光明一般相联系。总之，从符号角度看，海昏侯刘贺墓椁室回廊形藏椁中各种物品的放置，有可能体现了古人以东南西北四方分别代表春夏秋冬四季、青赤白黑四色、木火金水四行、规衡矩权四器的思想观念[1]。下面我们打算从海昏侯刘贺墓地的符号世界中选择主墓西面的真车马陪葬坑出土的当卢来做讨论。

当卢即"当颅"，是一种系在马头部的饰件，因位于马鼻革与额革部位的交接处而得名。其上端或分出两歧角，或不分而呈叶状。正面周边一般有状似流云纹的边饰，背面则铸有两两相对的四个纽鼻。这是一种在商周时期开始流行的饰件。从现有资料看，在海昏侯刘贺墓车马坑K1有三件耐人寻味的当卢，它们均为叶状，铜质。三件当卢的纹饰中均有白虎形象。今按虎形象所在位置的不同，分别命名为"当卢甲"（K1：602）、"当卢乙"和"当卢丙"（K1：286）[2]。

1. 当卢甲：海昏国人关于冥世和西北世界的认识

在当卢甲的正面纹饰中，白虎占有主神位置。此纹饰（图2-3-47）可分为上下两部分。

图2-3-47　当卢甲 K1：602 图案

①　王小盾：《中国早期思想与符号研究——关于四神的起源及其体系形成（上）》，上海人民出版社，2008年，第101～107页。

②　南昌市西汉海昏侯墓发掘简报中对当卢甲和当卢丙公布了正式器物号，而当卢乙则没有。见《考古》2016年第7期。

上部中央为一只奔跑的白虎，其下有表示太阳和月亮的两圆。下部由交龙贯穿。交龙身形瘦长，如花茎，盘屈为二环。其上环中有一仙鸟，下环中有一鱼，下环之下又有一仙鸟。两只仙鸟均长足，似鹤。但上环之鸟呈凤形，即口含琅玕，展翅做歌舞状，翅、尾均有丰富的花翎，据下文应为凤鸟；而下环之下的鸟敛翅，回首，有丰富的尾翎，据下文应为鸾鸟。按《庄子·逍遥游》记"北冥"神话云："北冥有鱼，其名为鲲。鲲之大，不知其几千里也。化而为鸟，其名为鹏。鹏之背，不知其几千里也。怒而飞，其翼若垂天之云。是鸟也，海运则将徙于南冥。南冥者，天池也。"所述与图中鸟与鱼的转圜关系相合。据此推测，交龙二环等描写的是从北冥到南冥的景象，也就是凤鸟—鱼—鸾鸟的相互转化。而当卢上部，则是高踞于北冥之上的天空。其中右圆内有凤鸟，代表太阳；左圆内有玉兔、蟾蜍，代表月亮（图2-3-48）。居于其上的白虎，代表的是西方的星空，或夜晚的星空。

图2-3-48　当卢甲K1：602上部图案

在这里，白虎和太阳、月亮的关系特别值得注意。因为从人类的视角看，太阳和月亮是最崇高的事物。太阳既是一切生命的依据，又是一切知识的源泉。人类的空间概念和时间概念，都是根据太阳的视运动来建立的；而月亮则是太阳在夜晚的化身，是量度太阳周年视运动的标准，通常被看作太阳的伴侣。只是在黑夜，当太阳光隐没之后，人们才会注意到太阳的星空背景，进而建立起东方青龙、西方白虎、南方朱雀、北方玄武的认识。在汉代画像砖中，有很多图像表明了这一认识。比如图2-3-49，由一鸥、一龟、一虎组成[1]，其含义就是：黄昏，当太阳西落、化身为鸥鹭的时候，迎接它的是西方星宿之神白虎。或者说，太阳由西向东的夜间运行，是从白虎所代表的西方星空出发的。

图2-3-49　白虎与鸥龟图

----

[1]　汉画像砖白虎与鸥龟图，见《郑州汉画像砖》，河南美术出版社，1988年，第151页。

为了说明虎形象的符号意义，我们要注意一下它在汉画像中的对应物。通常有两个对应物：一是龙或青龙（图2-3-50），二是凤鸟或朱雀（图2-3-51）[①]。在不同的情况下，白虎的含义有所不同。一般来说，龙虎相对代表东与西相对、阳与阴相对。比如图2-3-50的汉画像石龙虎争璧图，就是以龙虎相争来象征阴阳二气生成宇宙的。而凤鸟、朱雀和白虎的相对，则往往代表生与死的相对、天庭与冥世的相对。比如图2-3-51的汉画像石

图2-3-50　汉画像石龙虎争璧图

图2-3-51　汉画像石白虎朱雀铺
首衔环图

朱雀白虎图，凤鸟嘴旁有一个仙人喂食的细节，代表长生；可见与之相对的白虎，便是死亡世界的象征。

以上这种情况，表明白虎是具有多重神性的神灵。其原因在于，白虎成为宇宙神，乃经历了一个由图腾神演变为族群共神的发展过程。从中国西南地区各民族的神话遗存看，虎的神性，最初来源于虎为图腾和祖先神的观念。纳西族东巴经中的《崇搬图》（图2-3-52）就表达了这一观念[②]。

《崇搬图》是东巴经中的创世史诗，讲述纳西祖先崇忍利恩到天上娶天女的经历。史诗中的崇忍利恩是虎形人，也就是说，纳西族先民认为自己的祖先或创世英雄是虎。正是这种创世观，使虎在人们心目中成为世界的主宰。图2-3-53的这枚虎纽錞于就表现了虎为世界主宰的观念。它原是流行在中国东部的乐器，后来传到湖南、四川地区，成为巴族的特色乐器，今藏湖南省博物馆。它不仅以立虎为纽，而且在器身两侧各刻一虎，虎头上刻太阳纹，用多种符号强调了虎

①　汉画像石龙虎争璧图、汉画像石朱雀白虎铺首衔环图，见王小盾：《中国早期思想与符号研究——关于四神的起源及其体系形成（上）》，上海人民出版社，2008年，第203、204页。

②　东巴经中《崇搬图》，见《东巴文化艺术》，云南美术出版社，1992年，第83页。

图2-3-52 东巴经《崇搬图》

图2-3-53 虎纽錞于

的主宰地位[①]。据研究，它是在铸成之后传到巴人手中，然后再加刻虎纹和太阳纹的。

关于以上这个崇虎的巴族，《世本》《后汉书·南蛮西南夷列传》《水经注》《晋书·李特李流载记》等史籍有较详细的记载，它的首领最早称作"廪君"，死后化为白虎，所以族中有以人饲虎的习俗。虎这种食人的习性，同以人饲虎的习俗相结合，便产生了以虎为死亡之神，认为进入虎腹可以再生的观念。图2-3-54"开明兽和不死树"即体现了这一观念。它是一幅西汉时的壁画，原见于甘肃省武威市韩佐乡红花村五坝山7号墓墓室南壁，1984年发掘[②]。据《山海经·海内西经》和《西次三经》记载（见下文），

开明兽又名"陆吾"，是一个"身大类虎"的神灵。它镇守在昆仑山上，东向，以迎接西归的亡灵。不死树则是昆仑山上的神树。人们把不死树当作食物，因此而"长寿""不老"。总之，古代有一个流传很广的观念，认为死亡、再生、不死是相联系的三件事，虎神或虎形神是古人心目中的死亡之神和再生之神。正是根据这一点，我们判断当卢纹饰中的虎，是西北世界及冥世的主宰。

图2-3-54 汉开明兽和不死树壁画

① 战国虎纽錞于，见中国美术全集编委会：《中国美术全集40工艺美术编 青铜器 下》，人民美术出版社，2015年，第132页。

② 汉开明兽和不死树壁画，见中国美术全集编委会：《中国美术全集·墓葬壁画卷》，文物出版社，1989年，第8页。

以上这个世界，在《山海经》中被称作"昆仑"和"开明"。《山海经·海内西经》说："海内昆仑之虚，在西北，帝之下都。昆仑之虚，方八百里，高万仞。上有木禾，长五寻，大五围。面有九井，以玉为槛。面有九门，门有开明兽守之，百神之所在。""昆仑南渊深三百仞。开明兽身大类虎而九首，皆人面，东向立昆仑上。""开明西有凤皇、鸾鸟，皆戴蛇践蛇，膺有赤蛇。""开明北有视肉、珠树、文玉树、玗琪树、不死树。凤皇、鸾鸟皆戴。""开明南有树鸟，六首；蛟、蝮、蛇、蜼、豹、鸟秩树，于表池树木，诵鸟、鶽、视肉。"[①]这里说的"昆仑"，我们曾经讨论过它的符号意义，认为它是以墓丘为原型而建立的概念，在古人观念中是冥间世界的象征[②]。以上几段话所描写的正是这个冥间世界的景象：它位于"帝之下都"，是百神居住的地方，守护它

图2-3-55　当卢甲K1：602的下半部分

的是虎形的"开明兽"。"开明兽"向东而立，其西方和北方有凤皇、鸾鸟、佳树、视肉，南方也有佳树、视肉。这些描写和当卢甲的纹饰是颇有相合之处的，比如，当卢甲下端纹饰（图2-3-55）所展示的就是鸾鸟、佳树、视肉的组合。郭璞注《山海经·海外南经》"视肉"有云："聚肉，形如牛肝，有两目也。"[③]此图下部牛肝形的物体，正是食之可再生的"视肉"。

2. 当卢乙：海昏国人关于仙界和东南世界的认识

当卢乙的正面纹饰（图2-3-56）可以分为四部分。上部为一只开屏的仙鸟，高冠而有三出之羽，口衔琅玕，伸展两翅两足做舞蹈状，鸟翅、鸟尾皆有华丽的羽翎。第二部分有一猛虎，和当卢甲中的白虎一样，做奔跑状。第三部分有一对盘曲的交龙，不分雌雄，皆为长舌吐气形象，两龙之尾则卷起呈花卉形。第四部分有一只仙鸟，敛翅，回首，张开十五支尾翎。根据下文考订，这两只仙鸟分别是凤鸟和鸾鸟。五采凤

---

① 袁珂校注：《山海经校注》，上海古籍出版社，1980年，第294～303页。
② 王小盾：《论古神话中的黑水、昆仑与蓬莱》，《选堂文史论苑》，上海古籍出版社，1994年。
③ 袁珂校注：《山海经校注》，上海古籍出版社，1980年，第204页。

鸟被安放在主神的位置上，说明当卢乙纹饰是以仙界或东南世界为主题的。

关于凤鸟和鸾鸟，《山海经·大荒西经》云："有五采鸟三名：一曰皇鸟，一曰鸾鸟，一曰凤鸟。"[①]可见凤鸟、鸾鸟是同类之鸟，以"五采"为特征，亦即富于太阳特质或光明特质。关于凤鸟同太阳或光明的关系，图2-3-57可以作为证据。

图2-3-56　当卢乙　　　　　　图2-3-57　汉画像石日神、月神和三头鸟组合图

按：此图见于汉代的画像石棺，2000年出土于四川新津邓双镇龙岩村。原图画在石棺前端，以日神、月神和三头鸟的组合，表示引导墓主升入仙界或光明世界。其中日、月二神画在凤鸟的胸前，隐喻日月与凤鸟的同一[②]。至于皇鸟同太阳或光明的关系，则用以作为证据。按图2-3-58所示为金文的"皇"字。

这些字由三个符号组成：一为"王"符，代表崇高；二为"日"符，代表太阳；三为三出之形，象征光芒和五采之羽。关于这一点，郭沫若有过考证。他说："皇鸟"之"皇"，其本义就是五采之羽，象插有五采羽的王冠。"引申而有辉煌、壮美、崇高、伟大、尊严、严正、闲暇（做王的人不做事）等义。到秦始皇而固定成为帝王之最高

---

①　袁珂校注：《山海经校注》，上海古籍出版社，1980年，第396页。

②　汉画像日神、月神和三头鸟组合图，见郑伟、颜开明：《汉代画像石棺岩墓清理简记》，《成都文物》2001年第4期。

图2-3-58　金文中的"皇"字

称号……酋长头上的羽饰既谓之皇,故盾牌头上的羽饰亦谓之皇。"[1] 由此可以知道,所谓"五采鸟",指的就是光明之鸟、日月之鸟;而这种神鸟是以三出的冠羽为标志的——图2-3-59明确显示了这一标志。

图2-3-59　海昏侯刘贺墓中的凤鸟当卢

从各种资料看,尽管同为五采之鸟,凤鸟、皇鸟、鸾鸟三者并非毫无区别。在甲骨文中,"凤"和"风"同字形。这说明早在殷商时期,人们便认为凤鸟是风神和帝使。根据《尔雅·释鸟》中凤为雄鸟,皇为雌鸟之说,不难判断,人们所说的神鸟"凤凰",是由凤鸟、皇鸟结合而成的。因此,从来源看,凤凰既是太阳神的使者,具有皇鸟的光明特质,又是风神的使者,"五色备举",具有凤鸟的翱翔之力和"朋从"之力[2]（图2-3-60）。所以凤凰与鸾鸟,人们既认为它们是同类之鸟,又认为鸾鸟是"凤皇之佐"[3]。比如《山海经》说:凤凰是祥瑞之鸟、歌舞之神,而鸾鸟则"自

①　郭沫若:《长安县张家坡铜器群铭文汇释》,《考古学报》1962年第1期。

②　《说文解字·鸟部》:"凤,神鸟也……五色备举,出于东方君子之国,翱翔四海之外,过昆仑,饮砥柱,濯羽弱水,莫宿风穴,见则天下大安宁。从鸟,凡声。……群鸟从以万数,故以为朋党字。"《说文解字注》,上海古籍出版社,1988年,第148页。

③　《山海经·南山经》:"有鸟焉,其状如鸡,五采而文,名曰凤凰……是鸟也,饮食自然,自歌自舞,见则天下安宁。"《山海经·海外西经》《山海经·大荒南经》《山海经·大荒西经》《山海经·海内经》:"鸾鸟自歌,凤鸟自舞。"《山海经校注》,上海古籍出版社,1980年,第16、222、372、397、445页。

歌”而不舞①。《山海经》《禽经》等书则解释：鸾鸟“其状如翟”或“如鸡”，“鸣中五音”，是“凤鸟之亚”②。根据这些说法可判断，当卢乙纹饰上、下两端的神鸟，分别是凤鸟和鸾鸟。它们组成了鸾凤和鸣的情景。

图2-3-60　甲骨文中的凤

前文提到，在古人的设想中，有一个百神居住的“开明”世界，守护它的是虎形的“开明兽”。此兽向东而立，周围有凤皇，有鸾鸟，还有视肉以及珠树、文玉树、玗琪树、不死树等佳树。当卢乙纹饰所表现的，正是同样的景象。我们曾经考察过蓬莱的来历，认为它是昆仑的镜像，是古人根据昆仑神话而创造的一个代表东方和新生、居住着“仙圣之种”的神山③。现在我们看到：在当卢甲和当卢乙之间，存在同样的关系。也就是说，尽管当卢甲纹饰和当卢乙纹饰有很多相同处（都有白虎与凤鸟的结合），但由于图像结构上的差异，它们表现了不同的观念：当卢甲纹饰以白虎为主神，所表达的是海昏国人关于冥世和西北世界的认识；当卢乙纹饰以凤鸟为主神，所表达的则是海昏国人关于仙界和东南世界的认识。后者的纹饰表明：除凤鸟、鸾鸟以外，海昏国人心目中的仙界是由以下这些事物组成的：

虎：即开明兽，仙界的守护之神。《山海经·海内西经》说：“海内昆仑之虚……面有九门，门有开明兽守之，百神之所在。”《水经注·河水》引《遁甲开山图》荣氏注：“天下仙圣，治在柱州昆仑山上。”

交龙：即交尾之龙，代表阴阳交合的生殖神力。《周礼·春官·司常》说：“日月

---

① 《广韵·桓韵》引《瑞应图》曰：“鸾者，赤神之精，凤皇之佐也。”见《广韵校本》，中华书局，1960年，第127页。

② 《山海经·西山经》：“有鸟焉，其状如翟而五采文，名曰鸾鸟，见则天下安宁。”《山海经校注》第35页。《说文解字·鸟部》：“鸾，亦神灵之精也。赤色，五采，鸡形，鸣中五音。”（清）王筠：《说文解字句读》引《禽经》：“鸾者，凤鸟之亚，始生类凤，久则五彩变易。”中华书局，1988年，第128页。

③ 王小盾：《论古神话中的黑水、昆仑与蓬莱》，《选堂文史论苑》，上海古籍出版社，1994年。

为常，交龙为旗。"可见交龙是略次于日月的神力符号。在汉画像石中，交龙形象有多种表现形式：一是两龙交体，二是两龙交尾，三是两龙交首。前两种形式亦见于伏羲、女娲交尾图，明显表现了创生观念。《山海经·海内经》称之为"左右有首"，《淮南子·泰族训》称之为"螣蛇"。《史记》和《汉书》说，刘邦出生之时，其母梦见与神交配，其父则看到雷电中出现一对交龙[1]。这说明交龙代表交媾的神力。《淮南子·泰族训》说："螣蛇雄鸣于上风，雌鸣于下风而化成形，精之至也。"这说明交龙的象征意义就是阴阳化合。

图2-3-61 海昏侯刘贺墓当卢丙
K1∶286正面图

佳木：据《山海经》记载，在昆仑、汤谷、不死之国等地有各种佳木，如有甘木、珠树、圣木等不死之树，有寻木、建木等天梯之树，有扶桑、若木等太阳之树，有文玉、玗琪等光明之树。《列子·汤问篇》记仙山之树云："珠玕之树皆丛生，华实皆有滋味，食之皆不老不死。所居之人皆仙圣之种。"这是说，珠树即不死之树。《山海经·海内西经》郭璞注"文玉树"云："五彩玉树。"这是说，文玉代表光明。在当卢乙的纹饰中，有大量花草树木图案环绕在凤鸟、鸾鸟、交龙、开明兽周围，难以详辨；但可以肯定，它们所表现的就是仙界中的佳木。

3. 当卢丙

海昏国人关于再生和生死两界之关系的认识。当卢丙正面纹饰（图2-3-61）分上下两部分。

上部（图2-3-62）为一只开屏的凤鸟，象征冥世的天空。凤鸟有三出之冠，口衔琅玕[2]，伸展两翅两足，做舞蹈状。鸟尾张开五翎，周围有灵芝等吉祥花纹。下部为一对盘曲的交龙，展现冥世的大地世界。交龙分雌雄，故一为长舌吐气形象，一无舌。交龙盘

---

① 《史记·高祖本纪》《汉书·高帝纪》。
② 《艺文类聚》卷九十引《庄子》云："南方有鸟，其名为凤，所居积石千里。天为生食，其树名琼枝，高百仞，以璆琳、琅玕为实，天又为生离珠，一人三头，递卧递起，以饲琅玕。"上海古籍出版社，1982年，第214页。

屈成四环，上环中有一仙人，次环中有一白虎，第三环中有一麒麟，末环（图2-3-63）以"鸠龟曳衔"方式，表现冥世的地下世界。在这件当卢的纹饰中，最值得注意的便是这个"鸠龟曳衔"的细节。

图2-3-62　海昏侯刘贺墓当卢丙上部　　　图2-3-63　海昏侯刘贺墓当卢丙
下半部分

"鸠龟曳衔"一语出自"鸱龟曳衔"，原见于《楚辞·天问》。全句话说："何阖而晦？何开而明？角宿未旦，曜灵安藏？不任汩鸿，师何以尚之？佥曰：'何忧，何不课而行之？'鸱龟曳衔，鲧何听焉？"意思是说："天户怎样关闭而造就了黑夜？又怎样打开而造就了白昼？角宿未启天关之前，太阳藏在什么地方？鲧不能胜任治洪之事，为什么他又深孚众望？大家都说不必为鲧担心，那么为什么不让他试试看呢？晚上的太阳是由鸱和龟运送到东方的，鲧有什么功劳呢？"显而易见，这是面对一幅壁画而发出的提问。这幅壁画描绘了夜间太阳以及鲧、鸱、龟等神灵。

关于古人对夜间太阳的认识，中国古文献一直是语焉不详的。不过，这一认识却保存在汉以前的许多图文献之中。按这些图像的描写，飞翔在天空中的太阳是只神鸟，名叫"三足乌"。而龟则是一个同水中太阳相联系的神灵（图2-3-64）[①]。由此推论，在上古之时存在这样一个观念：晚上，龟背负着化身为鸱鸮的太阳，把它从西方运往东方。

---

① 图中的左龟出土于北京地区，龟背饰圆涡纹，环绕着连珠纹，分别代表太阳与星星。见北京市文物管理处：《北京市平谷县发现商代墓葬》，《文物》1977年第11期。中、右二龟出土于陕北，中龟背上有圆涡纹和13个圆圈，"十三"是龟背板的数目，可见这些圆圈也代表太阳；右龟背中间则有圆涡纹和10个圆圈，同样代表太阳。见戴应新：《陕北清涧、米脂、佳县出土古代铜器》，《考古》1980年第1期；《清涧县又出土商代青铜器》，《考古与文物》1983年第3期。

图2-3-64　商青铜盘纹饰

以下诸图就是对这个观念的描写[①]：

1）长沙马王堆汉墓帛画下部的"鸱龟曳衔"图（图2-3-65）。

此图位于由禺彊神和两条鲸鱼所代表的水世界中，分别表现解羽的鸱龟和即将在东方重新升起的鸱龟。前者位于左方，以收缩的气花为标志；后者位于右方，以开放的气花为标志。事实上，长沙马王堆汉墓帛画上部（图2-3-66）的太阳月亮图，已经显示了左西右东的分别。在这里，左方的月亮是以蟾蜍为标志的，而右方的太阳则以乌鸟为标志。

图2-3-65　长沙马王堆汉墓帛画下半部分　　　图2-3-66　长沙马王堆汉墓帛画上部分

2）河南新郑汉代画像砖中的两幅"鸱龟曳衔"图（图2-3-67）。

原图见于《中原文物》1978年第1期考察报告《河南新郑出土的汉代画像砖》，分别编号为第17砖和第18砖。第17砖名为《鸱鸟和玄武》，第18砖名为《鲧与鸱龟》。

---

①　王小盾：《中国早期思想与符号研究——关于四神的起源及其体系形成（下）》，上海人民出版社，2008年，第542～558页。

图 2-3-67　汉画像砖 "鸱龟曳衔" 图

在第 17 砖中，出现了鸱鸮与鸩的代换，这是值得注意的。按洪兴祖《楚辞补注》引《广志》有云：鸩的特点是 "大如鸮，紫绿色，有毒，食蝮蛇，雄名运日，雌名阴谐"。可见鸩与鸱鸮有三个相近的地方：第一体型相近，都是大鸟；第二符号意义相近，同样代表了死亡—— 鸩因为有毒而代表死亡，鸱鸮作为夜晚和黑暗世界的标志而代表死亡；第三功能相近，即具有 "运日" "阴谐" 的特性——既是运日的神鸟，又是能够同太阴世界相谐和的神鸟。

关于第三点，请看以下证据：《说文解字·鸟部》："鸩，毒鸟也……一名运日。"

《史记·鲁周公世家》"饮叔牙以鸩" 裴骃集解引服虔："鸩鸟，一曰运日鸟。"《山海经·中山经》"多翟多鸩" 郭璞注："鸩，大如雕。……雄名运日，雌名阴谐也。"《广雅·释鸟》："鸩鸟，其雄谓之运日，其雌谓之阴谐。"《尔雅翼》卷十六《释鸟》："鸩，毒鸟也。似鹰，大如鸮，毛紫黑色，长颈，赤喙。雄名运日，雌名阴谐。天晏静无云则运日先鸣，天将阴雨 则阴谐鸣之。"故《淮南子》云："晕日知晏，阴谐知雨也。"

这些话说明了两个问题：①鸱鸮之所以与鸩代换，乃因为它们被古人视为同一类鸟。②在汉代初期，民间流传两种龟和太阳的传说：一种说太阳化身为鸱（猫头鹰），由龟背负着运行；另外一种说鸩鸟和龟共同运载了太阳。可见 "曳衔运日" 母题的神话曾经在不同族群中流传，曾经结合不同的鸟信仰。至于《鲧与鸱龟》中的鲧，则是指图后部奔走的人物。尽管如此，这幅图的主题仍然是鸱龟和太阳。鸱鸮的形态在原物上表现得很清晰，考古报告说："尾部与两足伏在龟背上，两耳高耸，圆目长嘴张口。" 这实际上就是鸱蹲的形态，亦即 "鸱龟曳衔" 的形态。另外，图周围有十颗圆圈——它们很明确地展示出了太阳崇拜的主题。也就是说，这幅图的含义是：大龟运载着十日，十日化身为鸱鸮。现在，作为太阳化身的鸱鸮正好负在龟背上运行。

3）汉代甘泉宫瓦当上的 "鸱龟曳衔" 图（图 2-3-68）。

此图见于《考古与文物》1980 年第 6 期所载考古报告《汉甘泉宫遗址勘查记》，原名 "蟾蜍玉兔纹瓦当" 和 "龟蛇雁纹瓦当"。其中蟾蜍、玉兔的形象与含义都很明确，即代

图2-3-68　汉画像砖"鸱龟曳衔"图

表月亮；但"龟蛇雁纹瓦当"一名却很成问题。如果和河南新郑汉代画像砖中的"鸱龟曳衔"图做对比，那么，被称作雁的鸟其实是鸱鸟。所以，这个瓦当应当改称为"鸱鸟与龟蛇瓦当"或"日纹瓦当"。它同样讲述了鸱鸟和龟共同运载太阳，使之复活的故事。

综合以上三图，可以知道，当卢丙的纹饰主题是再生，或者说，是讲生死两界之关系。其上部的凤鸟是天庭的标志，代表通过再生而获得的光明；其中部的交龙是生殖力的标志，代表再生的过程；其下部的"鸱龟曳衔"则是夜间太阳的标志，代表由死复生的原动力。或者也可以说，鸱龟图是含有祈福意义的吉祥图；它意味着，借助鸱龟的力量，引导棺内人回到光明世界。另外值得注意的是，"鸱龟曳衔"图有两个鸟主角：一为鸱，一为鸮；鸟与龟的关系至少有两种表现形式：一为鸟站立在龟身之上（如马王堆帛画），一为鸟悬立于龟身之上（如海昏侯刘贺墓当卢丙）。前文说到，这意味着"鸱龟曳衔"（"鸮龟曳衔"）图曾经在多个文化系统中传承。

关于当卢丙的纹饰，还有一个细节值得注意。这就是在其中部有一个麒麟图像（图2-3-69）。

此麒麟有头角，昂首，似在奔走。这是和现存的其他汉代器物上的麒麟形象（图2-3-70）相近的[①]。

图2-3-69　海昏侯刘贺墓当卢丙K1：286局部

———————

①　见孙机：《几种汉代的图案纹饰》，《文物》1982年第3期。 又，本文初稿曾在2016年4月的"南昌海昏侯墓发掘暨秦汉区域文化国际学术研讨会"上，经史党社先生指正；孙机先生采撷而我们也认同的从春秋到汉代的麒麟图中，有的可能并非麒麟，史先生的意见有相当大的合理性，我们拟另撰文讨论之。

图 2-3-70　春秋到汉麒麟形象

1.山西浑源出土的铜壶　2.长安汉武库遗址出土的玉雕　3.陕北王得元墓画像石　4.山东武氏祠画
像石　5.河南偃师出土的鎏金麟　6.严氏洗　7.麟凤洗　8.江苏睢宁九女墩画像石

　　它应当向当卢丙纹饰赋予了一种特殊意义。麒麟是传说中的一种神兽。从其产生
以来，就被人当作吉祥和幸福的象征。《诗经·周南·麟之趾》以麟比喻公侯子孙的
高贵聪明，《春秋》哀公十四年以"西狩获麟"为嘉瑞，说明周代人把它当作瑞兽。从
《说文解字·鹿部》的记载看，麒麟是以鹿为原型而创造出来的幻想动物。由于鹿有
美角，而且有定时解角的习惯，所以人们把麒麟看作美兽和知时之兽。由于鹿类动物
有食草、温驯的性格，所以人们又把麒麟看作"仁兽"。麒麟信仰盛行于周代，但产
生在殷商时期。从殷墟发掘出来六千只野兽骨骼看，鹿类动物是当时最重要的生存资
源。卜辞记载田猎所获，鹿类占据第一，包括鹿、麑、麋等许多种类[1]。殷墟卜辞中有
"麋""麀""麎""麐""麟"等字，其中"麋"是"麒""麟"二字的合音，指无角之
鹿[2]。这说明殷代已有麒麟观念，其特点是强调鹿的幼稚无害状态。古人用"庆（庆）"
这个字显示了鹿的象征义：一方面象征友善，另一方面象征礼仪。《说文解字·心部》
说："庆，行贺人也。从心、文……吉礼以鹿皮为挚，故从鹿省。"这里的从心，意为
发自内心的友善；从文，意为这庆贺出自礼仪之人。在现存的晚商到周代的青铜器中，
有很多麒麟形的器物，它们所表达的正是这种吉庆仁义的观念。这一观念从殷商流传
到周代以至汉代，不断得到加强。所以汉代典籍《说苑·辨物》说："麒麟，麕身牛

---

　①　刘城淮：《麒麟的模特儿探源》，《民间文艺集刊（第6集）》，上海文艺出版社，1984年。

　②　见古文字诂林编纂委员会：《古文字诂林》第8册，上海教育出版社，2003年，第518~
544页。

尾，圆顶一角。含仁怀义，音中律吕。行步中规，折旋中矩，择土而践，位乎然后处。不群居，不旅行。纷兮其有质文也。幽闲则循循如也，动则有容仪。"这段话对汉代人的麒麟观念做了较完整的表达。

总之，当卢丙纹饰的内涵，主要是通过五个动物形象表达出来的。从下往上看，这五个形象分别是鸱龟、麒麟、开明兽、仙人、凤鸟。它们实际上代表了再生的过程，亦即由作为夜间太阳的鸱龟发动，经麒麟代表的仁义之国进入开明兽守护的仙界，作为仙人而降生。这个过程，也可以说是对当卢甲、当卢乙所展示的那两个过程的总结。

综上所述，海昏侯刘贺墓地车马坑出土的三件当卢，其纹饰分别表现了海昏国人对于从死亡到重生三个世界的想象。当卢甲表达对于冥间世界或西北世界的想象，当卢乙表达对于神仙世界或东南世界的想象，当卢丙则表达对于再生世界或由死复生之过程的想象。这些想象是和古人对于太阳经天、晨起暮落、再升于东方这个过程的长期观测相对应的，是以古老的太阳中心的宇宙观为基础的观念有很悠久的历史。正因为这样，它在《山海经》等许多古老记载中、在商周青铜器以来的各种图像中得到了证明。另外，这三件纹饰恰好反映了海昏侯国人对于彼岸世界之结构的认识：冥间是安顿墓主的世界，仙界是墓主即将归升的世界，再生是墓主重新返回人世的途径。这三个世界，分别以白虎、凤鸟、凤形鸾鸟为主神，而以"北冥"故事、"开明神山"故事、"曳衔运日"故事为叙事骨干，充满运动和彼此联系。从这个角度看，海昏侯刘贺墓地的符号组合是系统而富于逻辑的，有很多胜义留待我们去探求。

第四章　漆　木　器

第一节　综　述

刘贺墓园是南昌汉代海昏侯国遗址的重要组成部分。自 2011 年以来，江西省文物考古研究院等单位，在此进行了五年多的考古发掘，取得重大研究成果，出土珍贵文物万余件，其中包括大量精美的漆木器。

这批漆木器数量巨大，种类繁多，制作工艺精湛。不仅在数量上远超同时期墓葬出土的漆木器，在质量上更是代表了汉代王侯一级的漆木器制造水准。尤其是写有"昌邑"款识的器具，更是代表了汉代诸侯王乃至皇室成员的漆木器用器标准。海昏侯墓漆木器的出土，为研究汉代漆木器制造工艺、纹样装饰、器物形制及用器等级提供了宝贵的资料。

2016 年 6 月始，江西省文物考古研究院联合北京师范大学历史学院对海昏侯墓出土漆木器开展了为期一年的统计、整理与分类工作，初步取得了一些研究成果。漆木器整理工作共涉及海昏侯墓出土漆木器两千余件，其中较为完好、能辨识出器型者1100 余件，其余多为漆木器残件或漆皮残块。现将海昏侯墓主墓出土漆木器整理情况概述如下。

一、胎质与制法

海昏侯刘贺墓出土漆木器的胎骨质地主要为木胎与夹纻胎两种。

（一）木　胎

木胎依据制法可分为斫制、旋制、卷制三类。

1）斫制：斫制是在整块木料上斫削出器型的制作方法，在木胎上留有制作痕迹（如削、剜、凿、刻、刨等），使用这种制法制作的漆木器主要有勺、耳杯、几案、剑鞘、剑盒、缴线轴（绕线棒）、木俑等。

2）旋制：旋制是在整块木料上旋削出器型的制作方法，在木胎上留有旋制痕迹。使用这种制法制作的漆木器主要以盘、碗为主。

3）卷制：卷制是用薄木板卷出器壁的制作方法，在木胎上留有衔接痕迹。使用这种制法制作的漆木器主要以卮为主。

（二）夹纻胎

夹纻胎是以木或泥做成内胎，再将若干层麻布附在内胎上，待麻布干实后，去掉内胎（即"脱胎"），以麻布为胎骨。使用夹纻胎的漆木器主要有奁、锺、卮、盘、碗、筒等。

二、纹饰与文字

纹饰以漆绘占绝大多数。纹饰多见云气纹、三角形和变形鸟头纹，其次为龙虎、神兽等动物纹饰。

文字多以朱漆、黑漆书写，部分为刻划。文字可分为三类。

1）标记物品主人或制造者的，如"李具（李氏具杯）""张氏""庞氏""昌邑""安武曹""大所曹""郭野曹""庄曹""曹"等。

2）标记器物名称功能与数量尺寸的，如"绪银椀十枚""绪银六升盘五十枚""医工五，药汤""医药""酒杯御酒""御酒杯""甲子""五"等。

3）表达祝福或规诫的，如"食官慎口""御酒盘，慎毋言""名曰寿欢，御酒承盘此最完，日乐无患"。

4）物勒工名，综合记录制作信息的。"第一，卅五弦瑟，禁长二尺八寸，高七寸。昌邑七年六月甲子，礼乐长臣乃始，令史臣福，瑟工臣成、臣定造""私府髹木筒一合，用漆一斗一升六籥，丹臾、丑布、财用、工牢，并直九百六十一。昌邑九年造，卅合""私府髹丹木筒一合，用漆一斗二升七蠲，丹犹、丑布、财物、工牢，并直六百九十七。昌邑十一年造作，廿合"。

三、器类

海昏侯墓出土漆木器多为实用器，少量为明器。依据功能可分为饮食用器、生活用器、兵器及兵器用具、乐器及乐器用具、明器，共五大类。饮食用器有耳杯、卮、盘、碗、勺、锺；生活用器有盒、奁、筒、杖、几案、棋盘；兵器及兵器用具有盾、弩、剑鞘、剑盒、缴线轴（绕线棒）；乐器及乐器用具有瑟、瑟禁、摇铃、编钟架；明器以木俑为主。

（一）饮食用器

1.耳杯

567件（仅计能辨识出器型者，下同）。耳杯均为椭圆形、两侧均为月牙形耳，圆唇，弧壁，平底，矮卷足。依据耳杯的尺寸、纹饰与文字，可分为御酒杯、素面杯、"曹"字杯、"李具"杯（大）、"李具"杯（小），共五种。

（1）御酒杯

3件。标本M1∶139-19-⑥，夹纻胎，表髹黑漆，里髹朱漆，唇部口沿及内底均髹黑漆。内底刻划云气纹，云气纹外围有一圈由八组朱绘双点纹和刻划平行线间隔组成的边缘装饰纹带。耳杯口沿外侧（包括耳缘）装饰一周朱绘双点纹。内、外底上均刻写有文字。内底上刻写"食官慎口"四字，外底刻写"御酒杯"三字（图2-4-1、图2-4-2）。

图2-4-1　漆御酒杯（M1∶139-19-⑥）　　图2-4-2　漆御酒杯（M1∶139-19-⑥）
内底　　　　　　　　　　　　　　　外底

（2）素面杯

15件。标本M1∶341-2，斫制木胎，表髹黑漆，里髹朱漆，唇部口沿及内底均髹黑漆。通体素面无纹饰。长13、宽10、高3.5厘米，重45克（图2-4-3）。

（3）"曹"字杯

301件。标本M1：139-15-9，斫制木胎，表髹黑漆，里髹红漆，唇部口沿髹黑漆。通体素面无纹饰。内底上用黑漆书写"郭野曹"三字。长14、宽13、高4.5厘米，重105克（图2-4-4）。

图2-4-3　漆素面杯（M1：341-2）　　　　　图2-4-4　漆"曹"字杯（M1：139-15-9）

（4）"李具"杯（大）

121件。标本M1：2-1，斫制木胎，表髹黑漆，里髹朱漆。耳上面布满涡状云纹，云纹之间以曲线和折线相勾连，耳下面绘有简化的三角勾连云纹。外壁上分布有上下两组圈带状纹饰，外壁上部用朱漆在黑地上勾画一圈勾连涡云纹（包括两耳侧面）。外壁下部绘一圈仙鹤纹，两端和两侧各有一组对称的仙鹤，共四组。底部中央用朱漆书写"李具"二字。长16.5、宽14、高6.5厘米，重230克（图2-4-5、图2-4-6）。

图2-4-5　漆"李具"杯（大）（M1：2-1）　　　　图2-4-6　漆"李具"杯（大）

（M1：2-1）

（5）"李具"杯（小）

127件。标本M1：310，出土于西回廊北部。斫制木胎，表髹黑漆，里髹朱漆。耳上面布满涡状云纹，云纹之间以曲线和折线相勾连，耳下面绘有简化的三角勾连云纹。外壁上分布有上下两组圈带状纹饰，外壁上部用朱漆在黑地上勾画一圈勾连涡云纹（包括两耳侧面）。外壁下部绘一圈仙鹤纹。内底上用黑漆书写"李具"二字。与"李具"杯（大）纹饰基本相同而形制略小。长13、宽11、高4厘米，重135克（图2-4-7、图2-4-8）。

图2-4-7 漆"李具"杯（小）（M1：310） 图2-4-8 漆"李具"杯（小）（M1：310）

2. 卮

图2-4-9 朱漆卮（M1：633）

14件。卮均为圆筒形，直口、直壁、平底。依据卮的尺寸与纹饰，可分为朱漆卮、黑漆卮、小卮。共三种。

（1）朱漆卮

1件。M1：633，卷制木胎，通体髹红漆，仅在内壁口沿处髹一圈黑漆。外壁饰黑漆描绘的云气纹、三角纹和变形鸟纹纹饰带。未见器盖、耳錾。直径23、高17厘米，重820克（图2-4-9）。

（2）黑漆卮

1件。M1：713，夹纻胎，表髹黑褐色漆，里髹朱红色漆。器表饰云气纹、鸟头纹。口沿处有一圈银扣，器表中部和底部均有一圈银箍。有双环耳銴，未见器盖。直径16、高14厘米，重400克（图2-4-10）。

（3）小卮

11件。标本M1∶139-2①，夹纻胎，外髹黑漆，内髹红漆。有器盖与双环耳銴，器盖呈圆形，圆弧顶，直壁，直口，圆唇，顶上有一铜制提环。外壁上朱漆描绘一圈三角形和变形鸟头纹，纹饰带上下各有一条边线。直径9、高8.5厘米，重90克（图2-4-11）。

图2-4-10 黑漆卮（M1∶713）

图2-4-11 漆小卮（M1∶139-2-①）

3. 盘

159件。依据盘的尺寸、纹饰与文字，可分为御酒盘、绪银盘、素面盘、医工盘。共四种。

（1）御酒盘

3件。标本M1∶139-19-③，夹纻胎，表髹黑漆，里髹朱漆，内底和唇部口沿均髹黑漆。宽折沿，敞口，浅腹，折壁，平底，矮圈足。内底中部刻划云气纹、三角点纹。器表折壁处有一圈凸弦纹。外底上刻写"名曰寿欢，御酒承盘此最完，日乐无患"，共

图2-4-12　漆御酒盘（M1：139-19-③）

十五字。直径25、高5厘米，重670克（图2-4-12）。

（2）绪银盘

35件。标本M1：703，夹纻胎，表髹黑漆，里髹朱漆，内底髹黑漆。圆形，方唇，折沿，斜直壁，弧腹，平底，矮圈足。口沿面上用黄色漆绘一圈上下相扣的三角变形鸟头纹，口沿内壁有一圈黑漆带，上用红漆绘一圈三角形和变形鸟头纹。器表用红漆绘一圈云气纹。外底圈足上绘一圈红线，器底素面无纹饰。直径18、高4厘米，重135克（图2-4-13）。

（3）素面盘

119件。标本M1：139-8-5，旋制木胎，表髹黑漆，里髹红漆，内壁口沿与内底黑漆。平折沿，方唇，弧壁，弧腹，平底，挖足。腹壁外鼓呈双弧形，腹、壁外部交界处有一圈内凹，内部交界处有一圈凸棱。通体素面无纹饰。直径23.5、高7.5厘米，重230克（图2-4-14）。

图2-4-13　漆绪银盘（M1：703）

图2-4-14　漆素面盘（M1：139-8-5）

（4）医工盘

2件。标本M1：7-1，旋制木胎，表髹黑漆，里髹红漆，口沿、内底均髹黑漆。平折沿，方唇，弧壁，弧腹，平底，挖足。腹壁外鼓呈双弧形，腹、壁外部交界处

有一圈内凹，内部交界处有一圈凸棱。通
体素面无纹饰。内底上用朱漆书写"医工
五，药汤"。直径17、高3厘米，重110克
（图2-4-15）。

4. 碗

28件。依据盘的尺寸、纹饰与文字，
可分为绪银碗、庞氏碗，共两种。

（1）绪银碗

3件。出土于西回廊。

标本M1：858-1，夹纻胎，表髹黑漆，
里髹红漆，内底髹黑漆。敛口、折沿、方唇、束颈、口沿处有一圈银扣。弧直壁、弧

图2-4-15 漆医工盘（M1：7-1）

腹、平底，底部有一圈矮圈足。外壁中部及底部矮圈足上各有一圈银箍（中部银箍脱
落）。外底上刻写"绪银椀十枚"，共五字。直
径16、高6.5厘米，重220克（图2-4-16）。

（2）庞氏碗

25件。标本M1：139-12-6，夹纻胎，表髹
黑漆，里髹朱漆，器表束颈处涂有一圈朱漆，
器内口沿处和内底髹黑漆。口沿微侈、尖圆唇、
束颈、斜直壁、弧腹、平底，底部有一圈较宽
的矮圈足。通体素面无纹饰。外底圈足上刻写
"庞氏"二字。直径15.5、高5.5厘米，重90克
（图2-4-17、图2-4-18）。

图2-4-16 漆绪银碗（M1：858-1）

图2-4-17 漆庞氏碗（M1：139-12-6）

图2-4-18 漆庞氏碗（M1：139-12-6）外底

5. 勺

22件。斫制木胎。分勺头、勺柄两部分。勺头呈瓢状，勺柄中折，以折处为界分上下两部分。勺柄上部较宽，髹红漆，剖面呈横长方形；下部窄长，两端略宽，剖面呈半圆形；半圆形柄部在转折处自然膨大与长方形柄部相接，下接勺头。勺柄饰云气纹、变形鸟头纹，勺头背面用红黄两色描绘大云气纹，正面髹红漆，素面。标本M1∶129，长55、宽10、高5厘米，重290克（图2-4-19）。

图2-4-19　漆勺（M1∶129）

6. 壶

7件。标本M1∶139-3-1，夹纻胎，表髹黑漆，里髹朱漆。未见器盖。喇叭形侈口，平唇，长颈，大鼓腹，假圈足较高外侈，平底略内陷，有一周矮圈足。器表饰云气纹、三角形纹饰。外底上刻写"甲子"二字。直径17、高22厘米，重330克（图2-4-20）。

7. 樽

8件。标本M1∶854，夹纻胎，表髹黑漆，里髹朱漆。圆柱形，直口，直壁，平底，器盖缺失。纹饰均由金箔贴成，大部分已脱落，所有金箔上的细部纹饰均用黑漆描绘。口沿有银扣，腰部和底部各有一圈银箍，底部嵌有三个青铜熊足，两侧有一对铺首衔环，底部有一圈宽的矮圈足。直径25、高17厘米，重1050克（图2-4-21）。

图2-4-20　漆壶（M1∶139-3-1）

（二）生活用器

1. 奁

列为65个编号。奁的形制多样，均有不同程度的残损，且多子奁的母奁多已残失，为统计及分类带来了一定的困难。依据奁的尺寸、形制与纹饰，暂分为长方形大奁、长方形小奁、盝顶式大奁、盝顶式小奁、长形大奁、长形小奁、银扣长形奁、圆形小奁、贴金银扣小圆奁、椭圆形小奁、马蹄形小奁、三子奁、银扣三子奁、贴金人物及动物纹银扣长方奁。共十四种。

图2-4-21　漆樽（M1：854）

标本M1：341，1套，4件。一大三小，四个器盖均缺失。夹纻胎，表髹黑漆，里髹朱漆，器里口沿处髹一圈黑漆。直口、圆唇、直壁、平底。4件漆奁均通体素面。母奁直径24.5、高10厘米，四件共重705克（图2-4-22）。

图2-4-22　漆奁（M1：341）

标本M1：727，器壁分内外层，外壁和器底为木胎斫制；内壁为夹纻胎，卷制紧贴于斫制器壁，向上延伸为子口。器盖的平顶和四面坡为木胎斫制，盖的四壁为夹纻胎卷制，盖壁与盖顶之间以漆胶黏合，平顶边缘有一圈方形银箍，以漆胶粘贴。漆奁由盝顶式盖和弧角长方体盒身两部分组成。盝顶上的两立耳缺失，盒、盖每端和每侧都有一个铺首衔环，原共有八个，盒身一侧的一个衔环缺失，现存七个铺首衔环。器盖的四面坡与盖壁交接处有一圈银箍，该箍的横截面呈折角形。盒、盖之间以子母口相扣合，上下口沿均镶嵌有银扣。盒身内髹红漆，底部绘云气纹。所有纹饰除云气纹和珠螯纹之外，均由金箔剪成相应形状贴于漆表。长19.5、宽7、高8厘米，重480克（图2-4-23）。

图2-4-23　漆奁（M1∶727）

2. 笥

31件。由于笥的残损严重，仅存漆皮，未见完整器，仅计依文字能识别出个体者。

标本M1∶34，残损严重，形制不明。表髹黑漆，里髹红漆。器表上用朱漆书写"私府髹木笥一合，用漆一斗一升六籥，丹臾、丑布、财用、工牢，并直九百六十一。昌邑九年造，卅合"。共五列三十七字（图2-4-24）。

图2-4-24　漆笥（M1∶34）

标本M1∶668，残损严重，形制不明。表髹黑漆，里髹红漆。器表用朱漆书写"私府髹丹木笥一合，用漆一斗二升七蘥，丹犹、丑布、财物、工牢，并直六百九十七。昌邑十一年造作，廿合"，共五列共四十字（图2-4-25）。

图2-4-25　漆笥（M1∶668）

3. 盒

3件。依据功能可分为带钩盒、墨盒、砚盒。共三种。

（1）带钩盒

1件。M1∶531-1，斫制木胎。长方形，分盒盖、盒身两部分。盒盖呈盝顶形，上有四面坡，下为直壁平口。盒盖内挖两道平行等长的长条形凹槽，盒盖内面上有三个小圆洞，一个分布在一侧的中点，另两个分布在另一侧边，三点位置大致构成一等边三角形。盒身整体呈一趴伏动物状，可见简单浮雕的四足、首、尾等部。盒身平口直壁，直壁部分与盒盖类似，直壁下刻有一圈凹陷，作为趴伏动物浮雕与直壁的分界线。盒身内挖两道平行等长的带钩状凹槽，弧形，承钩首处较深。盒盖平顶边缘处，用朱漆画有一圈宽带方框，盒盖与盒身口沿直壁部分的黑漆颜色较浅，似仿银扣。除宽带方框髹红漆之外，盒外皆髹黑漆；内髹朱漆，通体素面。盒内部分漆皮脱落。长19、宽10.5、高3.5厘米，重1010克（图2-4-26）。

（2）墨盒

1件。M1∶500，斫制木胎，通体髹黑漆。漆墨盒由盒盖和盒身两部分组成，出土时内装有一整块墨锭。

盒盖外表中央用银片贴饰窄长的变形四叶柿蒂纹，柿蒂纹与口沿之间贴有一圈方框银环，口沿上有银扣。盒盖内向下挖出一长方形平底凹坑，用以套合长方形墨

图2-4-26　漆带钩盒（M1：531-1）

锭。凹坑的三边为器壁，一端保留一平台，平台上有一小正方形凸起（方形边角被磨圆）。盒身外部口沿有一圈银扣，内部向下挖出一长方形平底凹坑，凹坑的三边为器壁，一端保留一平台，平台上有一小正方形凹坑，可以与盒盖内部小正方形凸起相套合，用以固定盒盖与盒身。盒盖与盒身的上下凹坑扣合后形成的空间，成为盛放墨锭的空盒。盒盖外表饰三角形纹、变形鸟头纹，中央饰四叶柿蒂纹，盒身素面。墨锭为长方块状，形状规整，质地细腻。长22、宽7、高1.5厘米，重375克（图2-4-27、图2-4-28）。

图2-4-27　漆墨盒（M1：500）

（3）砚盒

1件。M1：500-2，斫制木胎，表里均髹黑漆。由盒盖与盒身扣合而成，用以盛放石制砚板、研石与墨锭（未见研石与墨锭）。砚板嵌入盒身，形成子口，盒盖内侧有母口与之扣合，并刻有圆形与方形的凹坑，以盛放圆形研石与方形墨锭。砚板扁平，平整光滑，平面略呈长方形，弧边圆角，中心略微内凹，可起到砚堂与砚池合一的作用。砚盒呈蟾形。盒盖部分为蟾蜍的头部与部分身体，蟾蜍吻部前凸，双眼与鸣囊外鼓，栩栩如生；

盒身可见蟾蜍四肢，呈趴伏状。漆砚盒出土于竹简旁，当为实用器。长12、宽9.5、高4.5厘米，重245克（图2-4-29）。

4. 匜

1件（M1∶717）。夹纻胎，表髹黑褐色漆，里髹朱漆。长方形，直口，方唇，弧壁，底近平。有流，流底平坦，流下及其对面的近底处各有一个月牙形凹陷的坎，坎下连接一圈横长方形假圈足。口沿上有银扣，假圈足上嵌有方形银框。外壁用红黑两色描绘云气纹纹饰带，纹饰带下方近底处有两圈变线。长17、宽18、高6.5厘米，重250克（图2-4-30）。

图2-4-28　漆墨盒（M1∶500）

图2-4-29　漆砚盒（M1∶500-2）

图2-4-30　漆匜（M1∶717）

5. 案

案残损严重，数量不明。现可识别案板15块；案足与残块若干，列为8个。现以部分残件进行说明。

标本M1：706，圆案，斫制木胎，圆形（一半残损）。正面髹朱漆，背面髹黑漆，正面以黑漆髹一圆形装饰纹样。正面案盘上有一圈外壁，背面有三道凹槽，用以放置折叠案足。直径36、高2.5厘米，重508克（图2-4-31）。

图2-4-31　漆圆案（M1：706）

标本M1：725，长方漆案，斫制木胎。长方形，四周有壁，仅见一足。案面正中以红漆为地，以黑漆绘云气纹，云气纹以黄色漆描边。云气纹外环绕一圈三角形和变形鸟头纹。鸟头纹外，以黑漆为地，以红细线描绘一圈云气纹。再外侧髹一圈红漆。壁上以红漆在黑地上绘三角形和变形鸟头纹。案足为兽足形，以红、黑、灰绘兽面。长58、宽37、高3厘米，重3445克（图2-4-32）。

图2-4-32　漆长方案（M1：725）

标本M1：1069，长方漆案，斫制木胎，长方形，通体髹黑漆。案两端各有三足，足分布榫接在案板和长方形横足上。长41.5、宽17、高17厘米，重2250克（图2-4-33）。

图2-4-33　漆长方案（M1：1069）

6. 凭几

2件。标本M1：398-2，凭几由一根截面呈半圆形的梁和两个丁字形的兽足组成，横梁与兽足之间由榫卯连接，横梁素面无纹饰，兽足上用黄漆描双线装饰。长67、宽5.5厘米，重3065克（图2-4-34）。

图2-4-34　漆凭几（M1：398-2）

7. 杖

1件（M1：482）。木胎，通体髹黑漆。杖的剖面近圆形，通体浮雕有龙形装饰，部分区域刻绘虎形图案。长93、宽4厘米，重1085克（图2-4-35）。

图2-4-35　漆杖（M1：482）

8. 棋盘

1件。残为四大块，列为4个编号。木胎，正面髹黑漆，绘朱线方格，反面髹青灰色漆，刻划文字与图案。

标本M1：3-1，残为长方形。正面尚存经线十四条、纬线六条。反面刻划马一匹。马的两耳竖起，目视前方。马以单线描绘，线条流畅，形态优美。残长42、宽19、高2厘米，重955克（图2-4-36、图2-4-37）。

图2-4-36　漆棋盘（M1：3-1）

图2-4-37　漆棋盘（M1：3-1）

标本M1：3-2，残为长方形。正面尚存经线十条，纬线六条。反面刻划鹿一只。鹿头上有两角，角干上各附有若干小枝。眼大而圆，目视前方，做行走状，大腿粗壮，小腿纤细。鹿以单线描绘，线条流畅，形态优美。正面方格上朱漆自右至左刻写"昌邑""礼乐""御□"，共有三列六字。残长30、宽18、高2厘米，重1035克。

标本M1：3-4，残长方形。正面尚存经线十四条，纬线六条。反面用朱漆刻划一只天鹅，目视前方。天鹅以单线描绘，线条流畅，形态优美。残长29、宽20、高2厘米，重770克。

标本M1：3-10，残长方形。正面尚存经线十七条，纬线五条。反面图案。残长51、宽18、高2厘米，重1075克。

（三）兵器及兵器用具

1. 弩

1件（M1：351）。通体无髹漆。弓臂缺失，仅剩弩臂，前端有含口，以承弓臂；后端近托处膨大、镂空，安装铜廓弩机。铜廓上下可见牙（钩弦）、望山和悬刀（扳机），钩心藏于铜廓内。木臂外两侧可见两枚青铜键（枢），前一枚用于固定钩心，后一枚用于固定悬刀和望山。弩臂上有箭槽，中部的两侧略微向内凹陷，前部近含口处有一个穿透的横长方形耳孔，用于缚弓，耳孔的后方左右对称各有一块长条形小凸起，后部近弩机两侧向下有半月形的拿手眼，其中一侧拿手眼内有四个红漆圆点。长60、宽12厘米，重1105克（图2-4-38）。

图2-4-38　漆弩（M1：351）

2. 盾

40件。标本M1：528，残损严重，形制不明。木胎缺失，仅残存盾的漆皮残片若干及两个手柄。漆皮为红漆；手柄为木质，髹黑漆。漆皮上绘有人物、动物纹饰。盾的边缘有一圈黑漆边框，黑边上涂有金粉。其上用黑漆书写"私府髹丹画盾一，用漆二升十籥，胶筋、丹臾、丑布、财用、工牢，并直五百五十三，昌邑九年造，廿"，共五列三十六字。长34、宽15厘米，重1635克（图2-4-39）。

图2-4-39　漆盾（M1：528）

3. 剑鞘与剑盒

剑鞘与剑盒残损严重，数量不明，列为22编号。仅以部分残件进行说明。

标本M1：486，1件。龙形剑盒，残为七段。剑盒做龙形，刻绘龙首、龙身、龙足等部分。表髹黑漆，用红漆绘龙鳞。长46、宽8厘米，重3035克（图2-4-40）。

图2-4-40　漆剑鞘与剑盒（M1：486）

标本M1：497，弹簧剑盒，木胎，残为四段，通体髹黑漆，内嵌一金属制弹簧。长65.5、宽6.5厘米，重1960克（图2-4-41）。

标本M1：505，竹皮剑鞘，竹胎，通体髹黑漆。剖面呈圆形，可见数个竹节。长78、宽3厘米，重590克。

图2-4-41　漆剑鞘与剑盒（M1∶497）

标本 M1∶526，漆皮剑鞘，木胎，通体髹黑漆。剖面呈菱形，两侧中部各有一条脊。长51、宽5.5厘米，重165克（图2-4-42）。

图2-4-42　漆剑鞘与剑盒（M1∶526）

4. 缴线轴（绕线棒）

13件。木胎，标本 M1∶460-3-④，由棒杆和棒座两部分组成。棒杆上细下粗，部分残留有缠绕的麻线。部分棒杆上部较细处装有青铜甬（甬长约为棒杆长度的一半），青铜甬上鎏金，有两道箍。棒杆及其青铜甬剖面呈八边形，棒杆下端膨大处呈八叶花萼状展开，承托棒座。其下有方形榫头，与棒座的方形卯口相接。

棒座呈圜底圆柱体，底近平。平顶，顶上有方孔，作为卯口与榫头相连。棒座周壁由若干木条拼合而成，中空。

棒杆髹红漆，上用黑漆描绘三层纹饰。上层纹饰为用黑漆涂实的下垂三角形蕉叶纹。第二层纹饰为上下交互的空心三角形蕉叶纹，蕉叶中间填有一横一点（或圈）。其余空白处分布若干组平行线纹。第三层纹饰位于底部膨大处八个凹弧面上，用黑漆勾勒八个翎眼纹；八角尖上翘，用黑漆涂实。三层纹饰之间，各以三圈平行线纹为界。棒座通体髹黑漆，平顶处，围绕方形卯口用红黄两色绘有一圈菱形几何纹饰带，纹饰外部有一圈细边线，内部有一圈粗红色边线与方形卯口相切。棒座周壁顶部朱漆绘一圈红线，底部用红黄两色勾绘三组勾云纹，三分对称分布。其外用红漆绘一圈圆形粗红色边线。参数不明（图2-4-43）。

图2-4-43　漆缴线轴（M1∶460-3-④）

（四）乐器及乐器用具

1. 琴

1件（M1∶561）。斫制木胎，残为两块，表髹黑漆，里部未见髹漆。木琴呈长方形，中部挖一长方形槽。长50、宽12厘米，重2330克（图2-4-44）。

图2-4-44　漆琴（M1∶561）

2. 瑟禁

2件。标本M1∶379，木胎，通体髹黑漆。长方形，一面为平面，另一面为弧面，两端各有一个榫眼用以套合横向的卧足。弧面的两端用红漆绘有云气纹，云气纹周围各有两圈红漆方框边线。平面上朱漆书写"第一，卅五弦瑟，禁长二尺八寸，高七寸。昌邑七年六月甲子，礼乐长臣乃始，令史臣福，瑟工臣成、臣定造"，共两列四十字。长67、宽5、高4厘米，重960克（图2-4-45）。67厘米约合汉尺"二尺八寸"，与漆书文字相符。

3. 瑟支脚

2件。标本M1：379-4-①，木胎，通体髹黑漆。长方形，一端较窄，一端较宽。长19.5、宽5、高2.5厘米，重170克（图2-4-46）。

4. 摇铃筒

2件。出土时与青铜球形铃铛同出（铃铛另行存放）。标本M1：264-1，斫制木胎，通体髹黑漆。摇铃筒的中间细两头粗，呈哑铃状。一端为较浅的凹圜底圆坑，另一端镂空较深，用以装置铃铛。两端用红色颜料彩绘三角形蕉叶纹，蕉叶朝向镂空的一端。纹饰下方各有一周彩绘红线。长16、宽5厘米，重100克（图2-4-47）。

图2-4-45　漆瑟禁
（M1：379）

图2-4-46　漆瑟支脚（M1：379-4-①）

图2-4-47　漆摇铃筒（M1：264-1）

5. 钟架

钟架残损严重。标本M1：164-15-②，钟架残块，木胎，通体髹朱漆。呈长方条状，朱漆地上以浅黑色漆描云气纹，云气纹外以白粉调漆描边。长53、宽12厘米，重2250克（图2-4-48）。

图2-4-48　漆钟架（M1：164-15-②）

图2-4-49　漆男侍俑（M1：99）

（五）明器

木俑　210件。木俑均为用整木雕刻而成，衣饰均为雕琢，未见衣物。木俑形制多样，极富个性，且均有不同程度的残损，为分类带来了一定的困难。依据木俑的形态特点，暂分为男侍俑、女侍俑、男乐俑、女乐俑、站姿俑、老人俑共六种。

男侍俑　标本M1：99，跪姿，单膝跪地，左臂自然下垂，右臂缺失，右手置于右膝上。头戴无巾无帻的小冠，身着长袍。长脸，耳、鼻清晰可见。长34、宽18厘米，重1250克（图2-4-49）。

女侍俑　标本M1：93，站姿，脖颈处断裂，双手交于腹部。梳高髻，长脸，长颈，头微偏，五官清秀。身着长袍，广袖，袍下身似裙状膨起。发髻用黑彩描绘，彩绘多不可见。长62、宽23厘米，重2600克（图2-4-50）。

男乐俑　标本M1：103，跪姿，直腰，身着长袍。右臂、右手缺失，左手似拿一支排箫放于嘴唇下吹奏。头顶部圆形平顶，耸肩缩颈。长31、宽21厘米，重1045克（图2-4-51）。

图2-4-50　漆女侍俑（M1：93）

图2-4-51　漆男乐俑（M1：103）

　　女乐俑　标本M1：897，站姿，腰部处断裂。身穿长袍，广袖，束腰，袍下身似裙状膨起。头顶圆顶，瓜子脸，新月形双耳，鼻子呈水滴形，嘴巴隆起。一只手持乐器弹奏，另一只手缺失。整木可见黑漆彩绘。长33、宽19厘米，重1345克（图2-4-52）。

　　站姿俑　M1：166，1件。身着上下通袍，有裤。一手上举，一手下垂，双腿直立张开，似做导引状。长脸，脸庞较宽，脸上布满皱纹，额头夸张，呈长方形，高高耸立，略微前倾。自眉以上有六道波浪形皱纹，分布于额头。两眼深凹呈三角状，眼角下垂，高鼻宽口，口向里镂空成窄长的深槽，下颌呈尖状略微前倾。长36、宽22厘米，重2190克。

　　老人俑　标本M1：107，长42、宽14厘米，重3500克。跪姿，左手撑于腿部腰胯处，右手残缺。头戴无巾无帻的小冠，身着长袍。长方脸，额头宽阔，双眼微张，眼睑下垂，颧骨较高，脸蛋浑圆，慈眉善目，口张开，可见上下齿完好，嘴角布满皱纹（图2-4-53）。

图2-4-52　漆女乐俑
（M1：897）

图2-4-53　漆老人俑（M1∶107）

南昌西汉海昏侯墓出土漆木器数量众多、器型丰富、纹饰精美、工艺繁复。海昏侯墓漆木器不仅在数量上远超同时期墓葬，在质量上更是代表了汉代王侯等级的漆木器制造水准，尤其是写有"昌邑"款识的器具，更是代表了汉代诸侯王乃至皇室成员的漆木器用器标准。海昏侯墓漆木器的出土，为研究汉代漆木器制造工艺纹样装饰、器物形制及用器等级提供了宝贵的资料。

第二节　木笥器用考释 [①]

海昏侯刘贺墓出土漆木器约3000件，部分漆器上残存漆书文字，尤以木笥上所见铭文较多、含义也较为复杂。木笥残损较重，未见完整器型，但依据器物铭文所载刘贺墓中木笥的出土时间，仍可以将这批木笥分为"九年笥""十一年笥"两式。

九年笥，表髹黑漆，里髹红漆。器型残损严重，只剩漆皮。器表上用朱漆书写："私府髹木笥一合，用漆一斗一升六籥，丹臾、丑布、财用、工牢，并直九百六十一。昌邑九年造，卅合。"共五行三十七字。依据铭文可知，"昌邑九年"时制造了此类木笥三十盒（合），初步整理发现了相同铭文者17件（图2-4-54）。

图2-4-54　九年笥

---

①　夏华清、管理：《海昏侯墓出土木笥浅议》，《江汉考古》2019年第S1期。

十一年笥，表髹黑漆，里髹红漆。器型残损严重，仅剩漆皮残块。器表上用朱漆书写"私府髹丹木笥一合，用漆一斗二升七龠，丹犹、丑布、财用、工牢，并直六百九十七。昌邑十一年造作，廿合"共五行四十字。依据铭文可知，"昌邑十一年"时制造了此类木笥二十盒（合），初步整理发现了相同铭文者14件（图2-4-55）。

图2-4-55　十一年笥

　　海昏侯墓中出土的木笥未见完整器，形制、尺寸均不清楚。九年笥、十一年笥上均书写有文字，值得深入探讨。

1. 笥的形制与功用

　　笥，原本指用竹、苇编织的箱子，《仪礼·大射仪》："小射正奉决、拾以笥。"《注》："笥，莦苇器。"[1]可知先秦时就已经有了莦苇编织的"笥"。到了汉朝，这类竹笥成为常用器，《后汉书·逸民传》载："良五女并贤，每有求姻，辄便许嫁，疏裳布被，竹笥木屐以遣之。"[2]可见东汉时竹笥已经与"布被""木屐"一起成为生活中不可或缺的常见器具。

　　秦汉时期的竹笥，在江陵雨台山楚墓、包山楚墓、马山一号楚墓、马王堆汉墓中均有出土。

---

① 李学勤：《仪礼注疏》，北京大学出版社，1999年。

② 《后汉书·逸民传》，中华书局，1965年。

　　雨台山楚墓出土竹笥29件，分别出自24座墓葬的头箱中，其中5件保存较好。这5件较完好的竹笥，长14.1～17.6、宽9.5～13.8、高3～5.5厘米，"形制基本一样，长方盒形，由盖、器合成。盖、身都织双层，盖顶四周及口沿、器底四周和器身口沿，以及盖、器四角都用竹片夹住，用细篾缠紧，织法为人字纹"①。

　　包山楚墓出土竹笥69件，形制较多样。依据形制可分为长方形笥53件、方形彩绘笥15件、圆形笥1件；其中长方形笥又可依据纹饰细分为人字纹笥46件、空花笥6件、菱形纹笥1件。人字纹笥长19、宽15.5、高5厘米；空花笥长61、宽23.8、高15.5厘米；菱形纹笥长57、宽30、高9.4厘米；方形彩绘笥长21、宽18.9、高8.4厘米；圆形笥直径25厘米。这些竹笥均以细篾和竹片编织而成，笥内物品多见荸荠、板栗、菱角、枣等食物，还有部分笥内残留丝织物残片②。

　　马山一号楚墓中出土竹笥18件，分为长方形竹笥17件、圆形竹笥1件。长方形竹笥又可分为大、中、小三类。大竹笥2件，长57、宽32、高17厘米；中竹笥9件，长24、宽10.5、高3.5厘米；小竹笥6件，长20、宽14.5、高4厘米。圆形竹笥通高5.4、直径23.2厘米。竹笥内一般盛有物品。大竹笥内一般盛有小竹笥、漆盘、鞋等物或铜鼎、壶、漆耳杯等器；小竹笥内盛秋衣、铜镜、梳篦等日常生活用品；还有部分竹笥内盛肉食品③。

　　马王堆一号汉墓共出土竹笥48个，形制基本相同，"作长方箱形。一般长48～50厘米，宽28～30厘米，高15～16厘米。由相套合的盖和底两部分组成，形制与我国南方城乡现代所用竹箱相似"。其中，6个竹笥中放有衣物，37个放有食品，1个放置草药"笥内都盛放有随葬的物品，主要为衣物和丝织品、食品、中草药和其他植物，以及模型明器等类。盛放食品的竹笥都用茅草垫底"④。马王堆三号出土的11个竹笥，则全放置丝织品。

　　这些秦汉时期的竹笥，多以竹片和细篾编织而成，所盛内容物多为食品或丝织品，这符合《说文》中释"笥"为"饭及衣之器也"⑤的描述。从形制上看，先秦竹笥多为长方或正方的平顶箱式器具，少量为圆形，郑玄《曲礼注》有"圆曰箪，方曰笥"⑥的记

---

① 　湖北省荆州地区博物馆：《江陵雨台山楚墓》，文物出版社，1984年。

② 　湖北省荆沙铁路考古队：《包山楚墓》，文物出版社，1991年。

③ 　湖北省荆州地区博物馆：《江陵马山一号楚墓》，文物出版社，1985年。

④ 　湖南省博物馆、中国科学院考古研究所：《长沙马王堆一号汉墓》，文物出版社，1973年。

⑤ 　（汉）许慎撰：《说文解字》，中华书局，1963年。

⑥ 　李学勤主编：《礼记正义》，北京大学出版社，1999年。

载，印证了秦汉时竹笥确有方、圆两种形制。但海昏侯墓出土的笥为漆木质地，故自铭为"木笥"，漆木笥的形制与竹笥不同。漆木笥文物，最远可追溯至湖北随州曾侯乙墓出土5件漆木衣箱。其中，2件衣箱自铭为"匫"，匫，《说文》释为"古器也"；还有一件箱盖（E.61）上漆书"紫锦之衣"四字，明确表示此箱专为盛放衣物，形制为长69、宽49、高37厘米。考古工作者把这五件木箱都叫作"衣箱"，《尚书·说命》"惟衣裳在笥"[①]。可知这5件"衣箱（匫）"的功用及形制大致同于"笥"。

"笥"字属"竹"部，"从竹司声"，可见笥的原始形态应是竹编的容器，即"竹笥"。曾侯乙墓出土的漆木衣箱，虽未自铭为"笥"，但从功用看，确实具备了笥的功能。与平顶箱形的竹笥相比，漆木衣箱的器盖隆起呈拱形，以便盖合，这大约就是漆木笥的前身。

到了汉代，出现了自铭为"笥"的漆木器，如1979年江苏扬州西湖乡胡场一号西汉墓出土漆木笥14件，颜色外黑内红，满绘云气纹，笥上漆书藏物名称"肉一笥""脯一笥""鲍一笥""梅一笥""居女一笥"等十三种食物名称[②]。以保存较完整的"鲍一笥"为例，高11.9、宽13.6、长28.1厘米[③]。

1997年江苏扬州西湖乡胡场二〇号西汉墓中，出土了铭文为"鲍笋一笥"的漆木笥，外髹朱漆，满绘黑色云气纹，高11.9、长30.4、宽14.2厘米[④]。

这类西汉漆木笥均由盖、身套合而成，器盖为盝顶，器身为方盒，套合后形制近于汉代常见的奁。漆木笥尺寸较放置衣物的竹笥为小，内容物明确为食品。从海昏侯墓出土木笥残片看，"十一年笥""九年笥"很可能也是盝顶的奁式漆笥，外黑内红，并绘有部分云气纹。从尺寸上看，海昏侯墓木笥较完整的残片最大长度不到30厘米，这与盛装食品的扬州木笥尺寸相近，也符合"箪笥，盛饭食者"[⑤]的记载；另外，在海昏侯墓中还出土了较完整的、盛放草药的漆盒，其尺寸与木笥相近，也为这批木笥的用途提供了佐证。据此推测，海昏侯墓出土的九年笥与十一年笥很可能主要用于盛放食物。

2. 铭文的考释

这两批由昌邑王国"私府"监造的木笥，由昌邑王国带至海昏侯国，应该全数葬

①　李学勤主编：《尚书正义》，北京大学出版社，1999年。
②　扬州博物馆、邗江县文化馆：《扬州邗江县胡场汉墓》，《文物》1980年第3期。
③　傅举有主编：《中国漆器全集》第3卷《汉》，福建美术出版社，1998年。
④　扬州博物馆：《汉广陵国漆器》，文物出版社，2004年。
⑤　李学勤主编：《礼记正义》，北京大学出版社，1999年。

入刘贺墓中。虽然木笥的完整器型已朽烂，难以复原，但根据铭文记载，木笥应是形制、纹饰、用料、工价等完全相同的批量生产物。这类生产有统一标准，如云梦秦简中的《秦律十八种·工律》规定："为器同物者，其大小、短长、广亦必等。"①海昏侯墓漆木笥上的漆书文字，为这种大规模标准化生产提供了极好的实物证据。铭文中主持木笥制作的"私府"，是王国中主管财物的官署，其长官为私府长，《汉官仪》"私府长一人……秩皆六百石"②。《汉书·路温舒传》："上善其言，迁广阳私府长。"可见诸侯的私府长也可经由朝廷指派。颜师古《注》："藏钱之府，天子曰少府，诸侯曰私府。"③则私府的职责当等同于少府"掌山海池泽之税，以给共养"④。

铭文中还涉及漆木笥的用漆量。《汉书·律历志》"合龠为合，十合为升，十升为斗，十斗为斛"⑤，可知1斛＝10斗＝100升＝1000合＝2000龠。以汉一升约等于今0.2升（200毫升）计算⑥，九年笥的"一斗一升六龠"，合今2.26升，三十件笥共计用漆三斛三斗九升，即今67.8升；十一年笥的"一斗二升七龠"，合今2.47升，二十件笥共计用漆二斛四斗七升，即今49.4升。东晋萧广济《孝子传》记载："申屠勋，字君游，少失父，与母居。家贫，佣力侍养。作寿器，用漆五六斛，十年乃成。"⑦申氏作为民人，尚使用五六斛漆做器，以此来看，二三斛的漆用量对于昌邑王国来说，并不为多。

铭文还对木笥的价格情况进行了记述，所涉及的成本有四：①丹臾，即丹朱，朱、臾上古音的韵部相同，臾、猶声纽相同⑧，故音近通假。丹朱即丹砂或者朱砂，是漆器上色时经常用到的红色颜料。②丑布，即夏布（苎麻布），是夹纻胎漆器所必需的原料，制作木笥时在木胎上粘贴麻布，再在麻布上髹漆彩绘、书写文字；木胎朽烂后，带麻布的漆皮比较厚实，将文字较完整地保留了下来。③"财用"，通"材用"，应该

---

① 睡虎地秦墓竹简整理小组：《睡虎地秦墓竹简》，文物出版社，1990年。

② （清）孙星衍等辑：《汉官六种》，中华书局，1990年。

③ 《汉书·路温舒传》，中华书局，1964年。

④ 《汉书·百官公卿表》，中华书局，1964年。

⑤ 《汉书·律历志》，中华书局，1964年。

⑥ 对于汉"一升"的量值，万国鼎《秦汉度量衡亩考》以为汉一升合今199.7毫升，陈梦家《战国度量衡略说》以为约200毫升，丘光明《中国历代度量衡考》以为200毫升，《中国科学技术史·度量衡卷》以为200毫升，《中国考古学·秦汉卷》以为200毫升，熊长云《秦汉度量衡研究》以为199.3毫升。诸家虽略有不同，但大致为"约200毫升"。

⑦ （宋）李昉：《太平御览·杂物部》，中华书局，1960年。

⑧ 唐作藩《上古音手册》，朱"侯·章·平"、臾"侯·喻·平"，韵部相同；猶"幽·喻·平"，与"臾"声纽相同。

指漆器制作过程中的木料与工具。如《左传·宣公十一年》："量功命日，分财用。"杨伯峻注："财通材。用，用具也。"①④工牢，《汉书·食货志》："官与牢盆。"苏林注："牢，价直也。"如淳注："牢，廪食也。"②故"工牢"就是工价或工食，即付给漆工的工钱或餐食。

据铭文的行文情况判断，木笥所"用漆"与"丹臾、丑布、财用、工牢"等花销分类区别，很可能"漆"并不花钱。《史记·货殖列传》"山东多鱼、盐、漆、丝、声色"③，《盐铁论·本议篇》"兖、豫之漆丝絺纻"④，刘贺早年所在的昌邑王国，即归属山东兖州，是汉代生漆的重要产地。《四民月令·正月》"自朔暨晦，可移诸树：竹、漆、桐、梓、松、柏、杂木；唯有果实者，及望乃止"⑤。《后汉书·樊宏传》"尝欲作器物，先种梓漆，时人嗤之，然积以岁月，皆得其用，向之笑者咸求假焉"⑥。可见汉时地主庄园中确实种植有漆树，以备做器之用。另外，上文提到私府的职能如同少府"掌山海池泽之税，以给共养"，汉代的田租以实物税的形式征收，昌邑王国是生漆产地，境内应该有大量民间漆园，这些民间漆园向王国交纳的租税，就是生漆。因此，昌邑王国所用生漆很可能源于王宫自产或王国赋税，因而只记录用量却不计算费用。

海昏侯木笥所用材料和用工费加起来得总成本价，九年笥单件成本961个五铢钱，十一年笥单件成本697个五铢钱，相差264个五铢钱，成本下降约27.5%。但与此同时，九年笥单件用漆一斗一升六籥，十一年笥单件用漆一斗二升七籥，用漆量反而略有上升，可见上涨费用应是"丹臾、丑布、财用、工牢"，这也表明，木笥的"用漆"并不包含在成本价格里，即"漆"并不花钱。

关于汉代笥的价格，除海昏侯墓出土木笥外，笔者另见两例简文。江陵凤凰山一〇号墓出土简牍中，就有"九月七日付五翁伯笥二合＝五十四直百八"⑦，"一〇号墓所出简牍的年代下限，是景帝四年，其上限大概也不会早于景帝四年很久"⑧，可知文景时期的江陵地区一合笥只值五十四钱。居延汉简中明确写于东汉建武三年的《候粟

① 杨伯峻：《春秋左传注》，中华书局，1981年。

② 《汉书·食货志》，中华书局，1964年。

③ 《史记·货殖列传》，中华书局，1959年。

④ 王利器校注：《盐铁论校注》，中华书局，1992年。

⑤ （汉）崔寔：《四民月令》，中华书局，1965年。

⑥ 《后汉书·樊宏传》，中华书局，1965年。

⑦ 湖北省文物考古研究所：《江陵凤凰山西汉简牍》，中华书局，2012年。

⑧ 湖北省文物考古研究所：《江陵凤凰山西汉简牍》，中华书局，2012年。

君所责寇恩事册》中，有"大笥一合直千"①，可见东汉初年西北地区一合笥竟值一千钱。虽然文景时仍用半两、东汉则通用五铢，但木笥的价格相差近二十倍，绝非货币改革所致。

这两例简文中的"笥"，均未见实物，简文中也没有提供更多的器物介绍。江陵地区多见竹笥，凤凰山简牍中所指可能也是竹笥，竹笥制作简单、原料廉价，价格自然不高。但西北地区无竹，所指应是漆木笥，故其价格也近于海昏侯墓所出九年笥的价格"九百六十一"。

第三节　衣镜画传"野居而生孔子"考②

海昏侯刘贺墓考古发掘获得重大收获③，其中出土孔子的画传，引起学术界的高度关注④。孔子生平中有一个令人非常关注的问题，就是《孔子世家》记载他由父母"野合而生"。作为儒家的圣人，他的身世不容有"污点"，后世儒家的卫道士们对此进行了多方辩诬。此次海昏侯墓出土"孔子衣镜"明确记述为"野居而生"，或可证明《史记》所说的"野合"本义源自"野居"。我们梳理两千多年来关于孔子出生问题的争论，对镜文"野居而生"给出合理解释，以此就正于学术界，希望海内外专家学者批评指正。

一、孔子衣镜简介

海昏侯墓主椁室的西室出土一面嵌于镜匣内的大型长方形青铜镜，从出土于其东侧用墨漆书写《衣镜赋》的屏板可知这是一面"衣镜"。衣镜由青铜镜和漆木匣组成。铜镜整体呈长方形，按汉代尺度（1尺≈23厘米），铜镜长三尺（70.3厘米），宽二尺（46.5厘米），厚约半寸（1.2厘米）。镜匣分为镜框、背板和盖板（镜掩）三部分，镜

---

① 马建华主编：《河西简牍》，重庆出版社，2003年。

② 杨军、恩子健、徐长青：《海昏侯墓衣镜画传"野居而生孔子"考》，《江西师范大学学报（哲学社会科学版）》2018年第1期。

③ 江西省文物考古研究所、南昌市博物馆、南昌市新建区博物馆：《南昌市西汉海昏侯墓》，《考古》2016年第7期。

④ 王意乐、徐长青、杨军等：《海昏侯刘贺墓出土孔子衣镜》，《南方文物》2016年第3期。

框和背板连成一体，由一块整木挖制而成，整体长四尺（96厘米），宽三尺（68厘米），厚约四分之一尺（6厘米）。铜镜嵌于背板上，镜框围在铜镜四周，盖板在镜框内，有铜合页将盖板与镜框相连；合盖时镜框与盖板形成一个平面。因镜匣上彩绘漆书孔子及其弟子画传，故称"孔子衣镜"（图2-4-56）。

图2-4-56　海昏侯墓出土孔子衣镜的正面和背面

　　根据《衣镜赋》屏板中的描述，其内容基本可与衣镜实物相互对照。比如描写衣镜立柱曰："猛兽鸷虫兮守户房（阳·并·平），据两蜚居兮囡凶殃（阳·影·平），傀伟奇物兮除不详（阳·斜·平）。""蜚居"即"飞虡"，就是说立柱雕刻有飞禽走兽，镜匣的两个铜环就套在"飞虡"之上。比如描写衣镜镜框曰："右白虎兮左苍龙（东·来·平），下有玄鹤兮上凤凰（阳·匣·平），西王母兮东王公（东·见·平），福憙所归兮淳恩藏（阳·精·平），左右尚之兮日益昌（阳·昌·平）。"对照衣镜实物，其左右镜框分别就有苍龙和白虎图像；顶上镜框通体涂成朱红色，口含一珠，啥下还有二珠下坠的"凤凰"图像；底下镜框就有在红漆地上用黑线勾勒、白粉填涂，左右各抓一蛇的龟形动物的"玄鹤"图像，与传说中龟蛇合体的"玄武"形象比较符合；顶上镜框"凤凰"图像左右两端是东王公和西王母，他们的左、右两侧还分别跪有一侍者。又比如描写孔子画像曰："□□圣人兮孔＝子＝，孔子之徒颜回卜（阳·书·平），临观其意兮不亦康（阳·溪·平），□气和平兮顺阴阳（阳·喻·平）。"对照衣镜实物，其镜匣背板上就彩绘有孔子及其弟子的画像，一人一幅，每幅画像一侧，用墨漆书写人物的评传。由于镜背面的面积有限，仅能容纳孔子和颜回、子贡（卜商）、子路、子羽、子夏五位弟子的画传，另两位弟子子张、曾子的画传则补充在《衣镜赋》屏板的背面。

　　为便于研究者参考，特描绘衣镜背面上的《孔子画传》摹本如图（图2-4-57）。

图 2-4-57　海昏侯墓衣镜的《孔子画传》

孔子画像位于衣镜背面屏风的左上角，居高临下，以左为尊。左侧是墨色漆书文字近六百字，附记孔子生平事迹并略加评论，是为孔子评传。开篇记载有关孔子出生的情况："孔子生鲁昌平乡（鄹）邑。其先［宋人］也，曰防叔。防叔生伯夏，伯夏生叔梁根（纥）。根（纥）与颜氏女野居而生孔子，祷于丘。鲁襄公廿二年孔子生，生而首上圩［顶，故］名丘云。字中（仲）尼，姓孔，子氏。"衣镜漆书载孔子由其父母"野居而生"，与《史记·孔子世家》所载"野合而生"仅有一字之差，但解释却大不相同。我们根据新出材料对"野居而生"做出新的解释，详论如下。

二、关于孔子出生的记载

关于孔子的出生，自西汉始有三种记载。第一种是《史记》记载，被后世污名化。司马迁《史记·孔子世家》："孔子生鲁昌平乡陬邑。其先宋人也，曰孔防叔。防叔生伯夏，伯夏生叔梁纥。纥与颜氏女野合而生孔子，祷于尼丘得孔子。鲁襄公二十二年而孔子生。生而首上圩顶，故因名曰丘云。字仲尼，姓孔氏。"这段记载与孔子衣镜画传文字基本相同，如出一人之手。司马迁《史记》原称《太史公书》，并未流行于当世，如他自己所说"藏之名山，传之其人"。《汉书·司马迁传》载："迁既死后，其书稍出。宣帝时，迁外孙平通侯杨恽祖述其书，遂宣布焉。"杨恽因告发霍氏谋反有功，被封平通侯，事在地节四年（前 66 年）。三年后的元康三年（前 63 年），帝封废帝刘贺为海昏侯，其后神爵三年（前59年）海昏侯刘贺死。如果孔子衣镜是刘贺死时制作的随葬品，那么漆书孔子评传当写作于司马迁的《孔子世家》之后。但海昏侯墓出土的纪年铜器、漆器均为昌邑王纪年，显然是从昌邑王故国运来海昏侯国的，这件衣镜似应如此。其时《太史公书》尚不为世人知晓，衣镜漆书文字不大可能抄自《孔子世家》。最大可能是汉武帝时，立五经博士，教授弟子，朝廷颁发有统一规范的孔子评传，《孔子世家》及《孔子衣镜》，均抄自同一官方文本。

《史记》关于孔子父母"野合而生孔子"的说法，对后世影响很大。孔母死后，孔子欲将其与父墓合葬，《孔子世家》载："丘生而叔梁纥死，葬于防山。防山在鲁东，由是孔子疑其父墓处，母讳之也……孔子母死，乃殡五父之衢，盖其慎也。耶人挽父之母，诲孔子父墓，然后往合葬于防焉。"《礼记·檀弓上》："孔子少孤，不知其墓……问于耶曼父之母，然后得合葬于防。"郑玄《注》："孔子之父耶叔梁纥，与颜氏之女徵在，野合而生孔子，徵在耻焉，不告。"西晋张华《博物志·异说》（卷十）："叔梁纥，淫夫也；徵在，失行也；加又野合而生仲尼焉。"关于"野合"的含义，根据郑《注》"徵在耻焉"和《博物志》"淫夫""失行"等用词来看，显然指男女苟合之事。郑玄、张华都是依据的《孔子世家》，不过《史记》原文未必有贬义，郑玄、张华直接推断孔子父母有道德缺陷，可见至晚在东汉郑玄以后，孔子的出生被污名化已成气候。

第二种是《纬书》记载，把孔子的出生神化，谓孔子母"感黑龙"而生孔子。与《史记》传世的同时或稍晚，《纬书》开始大行于世，对孔子的出生加以神化。如《春秋纬·演孔图》："孔子母徵在，游于大泽之陂，睡，梦黑帝使，请与己交。语曰：'汝乳必于空桑之中。'觉则若感，生丘于空桑之中。"（《后汉书·班固传》李贤《注》引）《论语撰考谶》云："叔梁纥与徵在，祷尼丘山，感黑龙之精，以生仲尼。"（《礼记·檀弓》孔颖达《疏》引）清人崔适《史记探源·孔子世家》云："纥与颜氏女，祷于尼丘，野合而生孔子。于尼丘扫地，为祭天之坛而祷之，遂感而生孔子，故曰野合。"《纬书》的神化描述，与"子不语怪力乱神"的思想相违背，对后世并无多大影响。

第三种是《孔子家语》记载，把孔子出生合礼化，谓其完全符合人伦礼法，并未违反礼教。《孔子家语》相传为孔子十世孙孔安国（前156～前74）所作，成书比《史记》还要早。《孔子家语·本姓解》："防叔生伯夏，伯夏生叔梁纥。曰'虽有九女，是无子'。其妾生孟皮，孟皮一字伯尼，有足病，于是乃求婚于颜氏。颜氏有三女，其小曰徵在，颜父问三女曰'……三子孰能为之妻？'二女莫对，徵在进曰：'从父所制，将何问焉。'……遂以妻之。徵在既往，庙见。以夫之年大，惧不时有男，而私祷尼丘之山以祈焉。生孔子，故名丘字仲尼。"

清人梁玉绳《史记志疑·孔子世家》称"颜氏从父命为婚，岂有六礼不备者"。然而《孔子家语》历来被疑为伪书，后世颇疑《孔子家语》为王肃伪作。宋代王柏《孔子家语考》，清代姚际恒《古今伪书考》、孙志祖《家语疏证》、范家相《孔子家语证伪》等，均认定是伪书。《四库全书总目》指"其书流传已久，且遗闻轶事，往往多见于其中。故自唐以来，知其伪而不能废也"。现代"疑古派"顾颉刚《孔子研究讲义》更是将《孔子家语》断为"赝中之赝"。然而出土简牍证明《孔子家语》不是伪书。河北定州汉墓竹简《儒家者言》，安徽阜阳汉墓简牍《儒家者言》、上海博物馆藏战国楚简《民之父母》等，内容均与《孔子家语》有关，可能是先秦文献《孔子家语》的不同节选本。

今海昏侯墓出土衣镜记载孔子由父母"野居而生"而非"野合而生"，这与《孔子家语》记载其母已行"庙见"之礼，是非常一致的。《礼记·曾子问》孔子曰："嫁女之家……三月而庙见，称来妇也；择日而祭于祢，成妇之义也。"曾子问曰："女未庙见而死，则如之何？"孔子曰："不迁于祖，不祔于皇姑。婿不杖，不菲，不次，归葬于女氏之党，示未成妇也。"由此可见"庙见"是男女婚配的标志性环节，倘若女子"未庙见而死"，是不能算作人妇的。孔子母颜徵在，既已行"庙见"之礼，那么她与叔梁纥的结合就是合于礼法的。《孔子家语》又称"私祷尼丘之山以祈焉，生孔子"。这是《孔子衣镜》所谓"野居"而生的真正含义。

三、历代学者的辩诬

由于司马迁的记载和郑玄的注解，"野合而生孔子"的说法很有影响，对孔子的圣人形象颇为不利。儒家学说最崇尚的是"礼教"，孔子曰："一日克己复礼，天下归仁焉。"如果连自己的出生都不符合礼法，岂能要求别人"克己复礼？"于是各种说法和辩解就应运而生了。唐代注释家为《孔子世家》作注时，开始为孔子辩诬。主要意见是大龄婚姻（男子过六十四、女子过四十九岁），包括老夫少妻，都属于"野合"。司马贞《史记索隐》引《家语》云："梁纥……乃求婚于颜氏徵在，从父命为婚。"其文甚明。今此云"野合"者，盖谓梁纥老而徵在少，非当壮室初笄之礼，故云野合，谓不合礼仪。故论语云"野哉由也"，又"先进于礼乐，野人也"，皆言野者是不合礼耳。张守节《史记正义》："男八月生齿，八岁毁齿，二八十六阳道通，八八六十四阳道绝。女七月生齿，七岁毁齿，二七十四阴道通，七七四十九阴道绝。婚姻过此者，皆为野合。"故《孔子家语》云："梁纥娶鲁施氏女，生九女，乃求婚于颜氏，颜氏有三女，小女徵在。"据此，婚过六十四矣。

后来以此理由为孔子辩诬者不乏其人。宋薛轩《坤元是保》（卷上）"女子二七而阴道通，七七而阴道绝，绝而后育，是名野合。野合之子，率多不寿"。元代王恽《玉堂嘉话》(卷六)："野合，女子七七四十九阴绝，男子八八六十四阳绝，过此为婚为野合。时叔梁纥过六十四，娶颜氏少女，故曰野合。"

另一种意见认为，在野外举行婚礼，就是"野合"。清人桂馥《札朴·野合》："《史记》梁公野合而生孔子。案：野合言未得成礼于女氏之庙也。"《左传·昭公元年》传"楚公子围娶于公孙段氏，郑行人请堙听命。楚太宰曰'围布几筵，告于庄、共之庙而来，若野赐之，是委君贶（赐婚）于草莽也；又使围蒙其先君'"。杜《注》"告先君而来，不得成礼于女氏之庙，故以为欺先君"。馥谓堙在城外，除地行婚礼即野合也。故曰野赐之。

清人梁玉绳《史记志疑》（卷二十五）："古婚礼颇重，一礼未备，即谓之奔，谓之野合……颜氏从父命为婚，岂有六礼不备者……盖因纥偕颜，祷于尼山，而为之说耳。"前引崔适《史记探源》也提到"于尼丘扫地为祭天之坛而祷之……故曰野合"。把"野合"解释为行礼如仪，不过是在野外进行罢了。

四、"郊禖"习俗考

20世纪80年代，俞伟超、信立祥先生为《中国大百科全书·考古学卷》撰写"汉画像砖墓"词条时，提出有一类画像砖的题材"描绘社会习俗方面的内容，如社日期间树下男女成群相会的高禖图，反映了一种原始风俗的遗痕"[1]。90年代初，性学专家刘达临指出四川成都和彭县画像砖中有"野合"或"秘戏"图，并认为"中国古代的大思想家、'大圣人'孔子就是野合的产物"[2]。90年代中期，人们在四川新都画像砖中也找到了这类实物图像，有学者主张叫"高禖图"[3]，有的主张叫"野合图"或"桑间野合图"[4]，有的主张叫"秘戏图"。论者多将此类"野合图"所反映的风俗，与"野合而生孔子"相联系[5]。

有学者基于文献记载和婚俗习惯，认为孔子父母"野合"，是当时实行对偶婚的

① 中国大百科全书总编辑委员会：《中国大百科全书·考古学卷》词条"汉画像砖墓"，中国大百科全书出版社，1986年。

② 刘达临：《中国古代性文化》，宁夏人民出版社，1993年。

③ 陈云洪：《四川汉代高禖图画像砖初探》，《四川文物》1995年第1期。

④ 高文：《野合图考》，《四川文物》1995年第1期。

⑤ 杨孝鸿：《四川汉代秘戏图画像砖的思考》，《四川文物》1996年第2期。

反映①。有学者对此提出批评，认为对偶婚是原始社会末期，由群婚制向一夫一妻制过渡的婚姻形态，春秋时代处在奴隶制社会向封建制社会过渡时期，奴隶主贵族盛行纳妾，不能把对偶婚与纳妾混为一谈。还有学者研究认为，"野合"起源于原始两氏族婚姻，西周时这种婚姻习俗已不复存在，但遗留为"恋爱习俗"：青年男女享有婚前性自由（野合），已婚男子可以参与"野合"，但一旦使未婚女子怀孕，则须纳她为妾。叔梁纥使颜氏女怀上了孔子，按当时习俗娶颜氏作妾②。反映先秦时期"野合"习俗的文献记载，一般习惯引用如下若干条，《周礼·媒氏》："中春之月，令会男女，于是时也，奔者不禁。若无故而不用令者，罚之，司男女之无夫家者而会之。"《墨子·明鬼下》："燕之有祖，当齐之有社稷、宋之有桑林，楚之有云梦也。此男女之所属而观也。"《诗经·郑风·溱洧》："女曰观乎？士曰既且。且往观乎？"《汉书·地理志下》："卫地有桑间濮上之阻，男女亦亟聚会，声色生焉。"《春秋·庄二十三年》："夏，公如齐观社。"《左传·庄公二十三年》："二十三年夏，公如齐观社，非礼也。曹刿谏曰'不可'。"《国语·鲁语》："公如齐观社。曹刿谏曰'……夫齐弃太公之法而观民于社，君为是举而往观之，非故业也，何以训民……今齐社而往观旅，非先王之训也'。"《礼记·月令》："季春之月，禁妇女毋观，省女使以劝蚕事。"《史记·孔子世家》"纥与颜氏女野合而生孔子。"上引除末尾一条之外，所讲主要是"观社"习俗，即在春夏社日，男女聚会于社，称之为"社会"；"社会"有特定地点，如燕之祖泽、齐之社稷、宋之桑林、楚之云梦等；"奔者不禁"，是谓"社会"上可行男女交合之事；自人君以下莫不往观，称之为"观社"。这是一种比较原始的婚姻习俗，没有"三书六礼"等繁文缛节，打破包办婚姻的桎梏，很适合下层民众中的"男女之无夫家者"。《礼记·内则》曰："聘则为妻，奔则为妾。"这种习俗也已融入当时"一妻多妾"的婚姻制度之中。

然而，孔子父母的"野合"并不符合上述"社会"或者"观社"习俗，因为他们行为的目的不是"求婚"而是"求子"，应与当时流行的祈子习俗有关。中国古代的求子之神称为"禖"。《汉书·戾太子传》："初，上年二十九乃得太子，甚喜，为立禖。"颜师古《注》："禖，求子之神也。"《说文》："禖，祭也。"徐《注》："禖，求子祭。"《玉篇》："禖，求子祭。"《集韵》："禖，古者求子祠高禖。"《礼记·月令》："仲春之月……玄鸟至。至之日，以大牢祠于高禖，天子亲往，后妃帅九嫔御，乃礼天子所御，带以弓韣，授以弓矢，于高禖之前。"郑玄《注》交代了高禖之祭的来历："玄鸟，燕也。燕以

---

① 陈云鸾、林平武：《孔子是"野合而生"吗？——兼谈孔子反对人殉》，《历史大观园》1991年第2期。

② 杨军：《从先秦恋俗看孔子的出生》，《孔子研究》2002年第6期。

施生时来，巢人堂宇而孚乳，嫁娶之象也，媒氏之官以为候。高辛氏之世，玄鸟遗鸱卵，娀简吞之而生契，后王以为禖官，嘉祥而立其祠焉。变媒言禖，神之也。"郑《注》指明最早的"高禖神"是有娀氏的简狄，吉祥物是玄鸟（燕子），神守的官职是媒氏。

《续汉书·礼仪志》李贤《注》引蔡邕《月令章句》云："高，尊也；禖，媒也。吉事先见之象也，盖为人以祈子孙之祀。玄鸟感阳而至，其来主为孚乳蕃滋。故重其至日，因以用事。"又引卢植《注》云："居明显之处，故谓之高；因其求子，故谓之禖。"《楚辞·天问》："简狄在台，喾何宜？玄鸟致贻，女何喜？"王逸《注》："言简狄侍帝喾于台上，有飞燕坠遗其卵，喜而吞之，因生契也。"《离骚》云："忽反顾以流涕兮，哀高丘之无女……望瑶台之偃蹇兮，见有娀之佚女……凤皇既受诒兮，恐高辛之先我。"以上所引表明简狄居于高台之上，其庙宇也应建筑在高丘或高台之上，故称"高禖"。

然而《诗经·毛苌传》则不称"高禖"而称"郊禖"。《商颂》传曰："汤之先祖。有娀氏女狄配高辛氏帝。帝率与之祈于郊禖而生契。故本其为天所命。以玄鸟至而生焉。"陈奂《诗毛氏传疏》："禖，禖宫，祈子之宫也。"《续汉书·礼仪志》李贤《注》引蔡邕《月令章句》云："契母简狄，盖以玄鸟至日有事高禖而生契焉，故《诗》曰'天命玄鸟，降而生商'。"《诗·大雅·生民》："克禋克祀，以弗无子。"毛《传》曰："去无子，求有子，古者必立郊禖焉。玄鸟至之日，以太牢祠于郊禖，天子亲往，后妃率九嫔御。乃礼天子所御，带以弓韣，授以弓矢，于郊禖之前。"郑玄《笺》："姜嫄之生后稷如何乎？乃禋祀上帝于郊禖，以祓除其无子之疾而得其福也。"陈奂《传疏》："郊禖，即禖，宫于郊，故谓之郊禖。"《广韵》："禖，郊禖，求子祭也。"《吕氏春秋·仲春纪》："祀于高禖。"下高诱《注》云："因祭其神于郊，谓之'郊禖'。""郊"音与"高"相近，故或言"高禖"。 王引之《经义述闻·礼记上》（卷十四）"高禖"条："高者，郊之借字，古声高与郊同，故借高为郊……盖古本《月令》本作'郊禖'也。"

有学者认为"野合而生孔子"，描述的是"婚配""祈子"两种行为，乃是"循当时高禖节风俗而行"[①]。高禖在国都的郊外举行，叔梁纥为"陬邑大夫"，远离国都，很难参与这种国人活动。但可以说，在上述求子习俗影响下，叔梁纥与颜氏女来到郊外"野居"并"野合"，便极有可能。

五、尼山、陬邑考

尼山又名尼丘山或尼邱山，位于今曲阜市（鲁县）、邹城市（邹县）与泗水县交

---

① 陈以风：《"野合而生孔子"再解读》，《兰台世界》2012年第9期。

界处，山北是故鲁县与泗水县，山南是故邹县地，邹城位于鲁城南，泗水城位于鲁城东，尼丘山是这三县（市）之间的界山。清吴若灏《邹县续志·陬邹考》云："夫疆域沿革古今攸殊，而邹鲁名山终古不易。"故以尼山位置考定陬邑所在，比较稳妥可靠。《史记·孔子世家》唐张守节《正义》引《地理志》云："鲁县有尼丘山，有叔梁纥庙。"此《地理志》疑即《汉志》（今本《汉书·地理志》无此语），这是最早关于"尼丘山"位置的记载。晋张华《博物志》："大野广土，曲阜尼邱。"《水经注·泗水》（卷二十五）："沂水出鲁城东南，尼邱山西北，山即颜母所祈而生孔子也。山东一十里有颜母庙。"北齐魏收《魏书·地形志》载："鲁县有尼丘山。"《史记正义》引南朝顾野王《舆地志》："邹县西界阙里，有尼丘山。"以上引魏晋六朝著述可证《史记正义》所引《地理志》记载不虚。

　　清代孔子六十九代孙、孔广森之父孔继汾撰《阙里文献考》（卷十三）载："（五代）周太祖显德（954年）中，兖守赵某以尼山为孔子发祥之地，始创庙祀。"实际上尼山庙祀最早是"叔梁纥庙"，据上所考可早到汉代；《邹县续志·陬邹考》载："后汉建宁时，鲁相史晨因昌平亭立会市，以便尼山之祀。"而据《水经注》至迟在北魏时已有"颜母庙"，均早于后周显德年间。以上虽然没有关于尼山道里数的记载，但按《水经注》以水求山之法，还是能确定尼山位置的。明陈镐《阙里志·山川》载"沂水出鲁城东南尼丘山"[①]，即说明自《水经注》以来至明朝，均以沂水源头之山为尼山。隋唐置泗水县，尼丘山属之，始出现有关尼丘山（距泗水城）道里数的记载。《元和郡县志》（卷十）："泗水县，属兖州，尼丘山在（泗水）县南五十里，叔梁纥祷尼丘山而生孔子。"《正义》引《括地志》云："叔梁纥庙亦名尼丘山祠，在兖州泗水县五十里尼丘山东趾。"按《魏书·地形志》载："鲁县有尼丘山……邹县有叔梁纥城。"两者不属同一个县，当相隔有一定距离；又因邹县位于鲁县南，故"叔梁纥城"必定位于尼丘山以南；而"叔梁纥庙"建在尼丘山东趾，以此知祠庙并不在城中，而是在城东北郊外。明戴光《邹县地理志》："尼丘山去（邹）城东六十里，在鲁源社鲁源村。昔启圣王夫人颜氏祷于此，而生孔子者也。"鲁县在隋开皇十六年改为曲阜县（《元和郡县志》卷十），地名最早见于《礼记·明堂位》："封周公于曲阜。"唐孔颖达《疏》引"臣瓒注《汉书》云'鲁城内有曲阜，逶迤长八九里'"。《后汉书·郡国志》李贤《注》引"应劭曰'曲阜在鲁城中，委曲长七八里'"。清顾祖禹《读史方舆纪要·山东三》（卷三十二）："尼山，（曲阜）县东南五十里，连泗水、邹县界。一名尼丘山，孔子应祷而生之地……《志》云：'尼山南有鲁源村，为叔梁纥所生之地'。"杨守敬、熊会贞《水

---

　　① 北京图书馆古籍出版编辑组：《阙里志》，书目文献出版社，1998年。

经注疏》（卷二十五）："（尼邱山）在今曲阜县东南六十里，连泗水、邹县界。"

实际情况是，尼山头位于鲁源村北，向东和东南延展十多里，中间低而周围高，主峰靠近与泗水县交界处，因此说尼丘山位于曲阜县东南"五十里"或"六十里"都是准确的。这个道里数与《元和志》给出尼丘山距泗水城"五十里"的道里数是吻合的，根据这两个不同方向的道里数，可以把尼山位置确定下来。以上所考，尼丘山相对于邹城、鲁城和泗水城的方位和里程，与实际情况都非常符合，尼山作为邹鲁名山，两千多年来，名称和位置均无改变。

《魏书》提到的"叔梁纥城"可能与先秦"陬邑"有关。《史记·孔子世家》载"鲁昌平乡陬邑"，《左传·襄十年》作"耶人纥"，《论语·八佾》称孔子为"鄹人之子"。海昏侯衣镜作"邑"，邑名是"鄹"字的省写。则陬、耶、鄹三者本为一字，具有共同的声部"取"（古音侯部）。根据文献记载，"陬"可能与古邾国有关。鲁国陬邑地区，春秋中期以前属于邾国。《公羊·昭三十一》唐徐彦《疏》："《公羊》以邾娄为大国。"《说文》："邾，周武王时所封曹姓国也。始封之君曰侠，为鲁附庸。"又曰："邹，鲁县，古邾娄国，帝颛顼之后所封。"邾国早期定都于訾娄（前 1046～前 627 年）约四百年，鲁僖公三十三年（前 627 年）鲁伐邾，取訾娄之后，此地归鲁，邾文公（前 665～前 614 年在位）迁都于邾瑕。《春秋·哀六》："城邾瑕。"杜《注》："任城亢父县北有邾娄城。"其地在今济宁市南郊 5 千米处的任城区。《左传·文公十三年》（前 614 年）载："邾文公卜迁于绎……遂迁于绎。"直至战国时期"楚宣王（前 369～前 340 年在位）灭邾"《水经注》卷三十五 之前，两百七十余年，邾国未再迁都。西周春秋时期的邾国铜器铭文中，国名写作"鼀"，即今之"蛛"字[1]。1944 年，《滕县志续编·金石志》（卷五）载："清道光十年（1830 年），（滕县）城东北八十里凤凰岭涧沟中，出鲁伯俞父诸器，所见簋三、鬲 五、盘三、匜一。"铭文称"鲁伯愈父作鼀邾）姬仁媵"诸器，表明这批铜器是鲁伯嫁女"姬仁"到邾国的媵器。"凤凰岭涧沟"在今邹城市张庄镇凤凰山南坡下的大律村一带。铜器的主人是邾国国君的一位夫人，娘家是鲁国姬姓，故称"鼀（邾）姬"。这暗示邾国都城就在凤凰岭附近。1934 年，凤凰山南不远的邹滕交界附近的安上村出土邾国铜器，有铭文《鼀姬嬴鼎》[2]。《公羊传·昭公三十一年》载鲁孝公（前 796～前 769 年在位）幼时养在邾娄宫中，"当邾娄颜之时，邾娄女有为鲁夫人者……颜夫人者，姬盈女也，国色也"。邾君颜的夫人"姬盈女"就是鲁夫人"邾姬嬴"的女儿，

---

① 罗卫东：《金文所见"邾"、"鼀"等字及相关问题探讨》，《民俗典籍文字研究（第 14 辑）》，商务印书馆，2014 年。

② 王献唐：《春秋邾分三国考、三邾疆邑图考》，齐鲁书社，1982 年。

说明凤凰山至安上村一带就是"妪嬴女"下嫁之地邾国都邑訾娄。

1980年，在凤凰山下大津附近的小彦村，发现一件西周龙首青铜钺（鑀）《于取子钺》，有铭文"于取子□锤铸□元乔"等九字[①]。"取子"即"郰子"，这是唯一以"郰"为国名的铜器，然而却出现在邾国墓地，这足以证明文献记载"陬"就是"鼀（邾）"的说法是可信的，并再次证明西周时期的邾国都城訾娄就在凤凰山南麓。关于"陬邑"的地点，有四种说法：第一种说法在峄山南的邾国故城，如《水经注》卷二十五："邹山即峄山，邾文公迁国于此。古城在邹山之阳，叔梁父所治之邑。"这里郦道元误将迁都之后的"邹"当作"郰"了。第二种说法在今邹城。《太平寰宇记》卷二十一："邹城，叔梁所治之邑，汉为县，又曰南平阳县，今废，城存。"汉南平阳县治在峄山之北的邹城市。第三种说法在西陬。明陆釴《山东通志·阙里志六》卷十一："郰邑，在曲阜县东南境，鲁下邑，圣父叔梁氏为郰邑大夫。《左传注》'鲁县东堃城是也'。今有东郰村、西郰村……向属曲阜，今入邹县，在县北三十余里。"清人多本此说。《说文》："郰，鲁下邑，孔子之乡。"段玉裁《注》："杜曰'郰邑，鲁县东南堃城'是也……按杜云堃城者，今不得其详。说者以为今邹县西北之东邹村、西邹集是也。"《读史方舆纪要·山东三》卷三十二"鄹邑……《志》云：今邹县西北有东邹村、西邹集，盖地与邹县接界。杜预曰'鲁县东南有堃城'，即此城矣"。清高士奇《春秋地名考略》卷二郰：《襄十年》"郰人纥抉之以出门"者，杜《注》"纥，郰邑大夫仲尼父叔梁纥也。郰邑，鲁县东南堃城是也"。臣谨按：郰，《论语》作鄹，《注》云"鄹，鲁邑名"。《正义》曰："鄹叔梁纥所治邑。春秋时大夫每以邑冠于人之上。"《孔丛子》"孔子将适晋，临河而反，还辕息鄹"即今曲阜县，与今邹县相接。《志》云："邹县西有东邹村、西邹聚，为两邑接境处。"盖即杜氏所谓堃城也。清娄一均、周翼等撰《邹县志·里社》"夏侯社在（邹）城北三十里"有"东邹村"。地在今曲阜市息陬镇东的东邹村。第四种说法在昌平长座村。《左传·襄十年》杜预《注》："郰邑，鲁县东南堃城是也。"今曲阜（鲁县）昌平山东南有村庄名叫"长堃"，亦作"长座"，即古代的陬邑。明嘉靖四年（1525年）戴光《邹县地理志》载："郰邑，在（邹）城东北五十里之长座村。"清吴若灏《邹县续志·陬邹考》："所谓昌平乡陬邑者，俱在尼山、昌平山之侧，西距防山、阙里，尤为密迩。后汉建宁时，鲁相史晨，昌平亭立市会，以便尼山之祀，是尼山、昌平，皆鲁国旧治，至汉且然矣。"1934年，王献唐著《三邾疆邑图考》载："今邹县东北五十里尼山之前有山，汉昌平乡在其附近。"《阙里文献考》《邹县旧志》谓即今之鲁原村，村固在尼山、昌平两山间也。《左传》杜《注》："以郰邑为鲁县东南堃

①　山东省博物馆：《山东金文集成（下）》，齐鲁书社，2007年。

城。"《邹志》："因谓今之昌平山南有村名叫长莎，莎、莝音之转。"《续山东考古录》"则谓莝为邹转。要之，古郰邑固在邹县昌平附近，即今之昌平乡区也"①。此说最为合理，因有不同记载的相关地名，均集中分布在此附近。如《正义》引《括地志》云："昌平山，在泗水县南六十里。孔子生昌平乡，盖乡取山为名。"《山东通志·阙里志六》卷十一"至圣遗迹"："尼山……其东有颜母山，其西有昌平山，山脉连络，若尼山之翼云。颜母山，在尼山东三里，两山相对，中隔沂水，上有颜母井及祠堂遗址。"昌平山，在尼山西五里，《史记》"孔子生鲁昌平乡"即此。汉名昌平亭，今名鲁原村。《阙里文献考》卷二十九载："昌平山，在尼山南五里，下有鲁源林。"即《史记》所云昌平乡也。这些地名，形成很强的证据链，证明"昌平乡郰邑"必定在此附近。实际情形是，长座村今分为"东长座"与"西长座"，位于低山丘陵围成的盆地中，盆地西为昌平山，东为颜母山，北为尼丘山，南为围子山。盆地中心原为田黄河与沂水河之间的"圣水湖"（孔子湖），1960年建成尼山水库。东、西长座位于尼山水库和田黄河以南、围子山以北、等高线150米以下的平地上，"郰邑"应当就在此处（图2-4-58）。邑城应有多大？《释名》："邑，人聚会之称也。"《左传·庄二十八》："凡邑有宗庙先君之主曰都，无曰邑。邑曰筑，都曰城。"《史记·五帝本纪》："一年而所居成聚，二年成邑，三年成都。"邑城的大小，周代井田制规定"三百步一里，名曰井田"，《谷梁·宣十五》，"四井为邑"《周礼·小司徒》，邑方二里。依此则邑城周长不超过八里。孟子曰"三里之城，七里之郭"，即邑的郭城周长七里。依《礼记·王制》"周尺八尺为步"（1尺≈23厘米），则一里合今约552米，略大于今1市里。按此规模，位于长座村的郰邑城不可能跨过田黄河，故尼山和颜母山必在郰邑城以北的郊外。

六、野居、野合考

《礼记·仲尼燕居》郑玄《注》："退朝而处曰燕居。"居于家中为"燕居"，居于野外为"野居"。《尔雅·释地》："邑外谓之郊，郊外谓之牧，牧外谓之野。"《说文》："野，郊外也。"又曰："郊，距国百里为郊。"段玉裁《注》："邑外谓之郊，郊外谓之野。"《周礼·载师》郑玄《注》引杜子春曰："五十里为近郊，百里为远郊。"尼山东麓的夫子洞一带，距离长座村十多里地，符合五十里内为"近郊"的说法。实际上只要居住在城外，就可称"野居"，不必离城那么远。《周礼》："体国经野。"唐贾公彦《疏》："国，谓城中也……野，谓二百里以外，三等采地之中……但郊外曰'野'，大

---

①　胡新生：《西周春秋时期的国野制与部族国家形态》，《文史哲》1985年第3期。

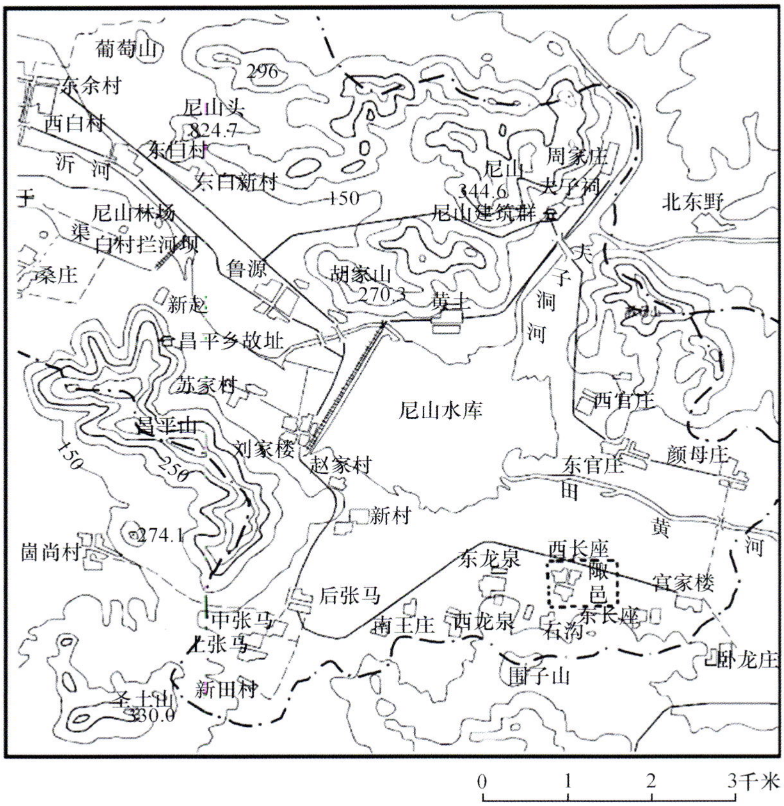

图2-4-58　尼山、陬邑位置示意图

总言耳；散文国外则曰野。"故《乡大夫职》云"国中七尺"，"野自六尺"是城外，则《经》中"野"对"国"言之，谓国外则曰野。这里的"国"是国都，与"城"是同义词，故"国外则曰野"就是说城外叫"野"。尼山在陬邑城外，故称"野"。《周礼·小司徒》"乃经土地而井牧其田野"，野字被用来泛指田野，或非城邑的生产区域①。

陬邑是鲁国的"下邑"，最小的邑有"十室之邑"的说法（《论语·公冶长》）。"十邑为乡"（《广雅》），先秦的小邑或下邑相当于汉代"乡"以下的"亭"，"陬邑大夫"相当于汉代的"亭侯"。鲁国大夫的"家邑"是可以世袭的，叔梁纥需要有健康的继承人，故求婚于颜氏。因年事已高，恐无生育，"私祷"于尼山，这与"郊禖"习俗是有区别的。郊禖仅在都城郊外举行，求子的神主是社神或土地神，时间在春夏"社日"，又称"郊社"《公羊传》载："襄公二十一年十有一月庚子，孔子生。"《谷梁传》载：

①　王作新：《"野"的形义解析与"野合"的历史嬗变——从"野合而生孔子"谈起》，《郧阳师范高等专科学校学报》2002年第1期。

"十月庚子，孔子生。"有学者考证"'十一月误'，应作'十月庚子'。十月为周历，相当于夏历八月。周历的'十月庚子'即夏历的八月二十七"[1]。换算为公历，则孔子生于秋季，按妊娠周期推算，其母怀胎（野合）应在前一年寒冬季节。孔子父母"私祷"的时间与春夏社日不符，地点远离国社，求子的对象是山神，故不属于"郊禖"。"求子祭"在大夫正祭"五祀"之外，故《孔子家语》称之为"私祷"。《晏子春秋·谏上》载齐景公祈雨：晏子曰"君诚避宫殿暴露，与灵山河伯共忧，其幸而雨乎！"于是景公出，居暴露三日，天果大雨。叔梁纥与颜氏祈子于尼山，势必要"野居暴露"，与灵山共忧。"野居"必定"野合"，"野合"必定"暴露"，故"徵在耻焉"，亦在情理之中。"野合而生孔子"，除了"野居"的含义之外，还有野外男女交合的意思。"野合"不一定非要"野居"，因为尼山距陬邑很近，一日可走几个来回；但"野居"意味着不回邑城中宿夜，必定"野合"。故《孔子衣镜》称"野居"，《孔子世家》曰"野合"，其义一也。祭祷的同时必须"野合"，这应该是"求子祭"所要求的。孔子父母认为儿子是山神的恩赐，故此新生儿头上留下了山形的印记。关于尼山的形状，明陆钺《山东通志·阙里志六》卷十一载云："尼山……其山五峰连峙，谓之五老峯，中峯即尼邱，迥出霄汉间，所谓'圩其顶'者，此也。"清娄一均、周翼《邹县志·山川志》亦载："尼山……五峯连峙……所谓'圩其顶'者，此也。"孔子生而首上"圩（洼）顶"，与尼丘山的形状相似，证明他是"尼山之子"，因此父母为他取名"丘"，字"仲尼"。

七、结语

海昏侯墓主人刘贺的生活年代，与《史记》的成书时代十分接近，出土孔子衣镜是目前发现最早对孔子生平记载的实物遗存，其漆书孔子评传，可以与《史记·孔子世家》相互印证。《史记》虽然"是非颇谬于圣人"（《汉书·司马迁传》），但司马迁在《报任安书》中把"仲尼厄而作《春秋》"，列为"古圣贤发愤之作"，引为自己仿效的楷模。孔子早年丧父，命运多舛，而司马迁将其列入"世家"，因之有"素王"美誉，显然出于司马迁对孔子的敬仰之情。因此司马迁主观上不太可能在记载孔子出生时，表现出贬损之意。汉武帝"罢黜百家，独尊儒术"，儒家经学立于学官，设五经博士，教授弟子，视儒学为国教，以孔子为圣人，在这样的文化环境下，不大可能容许诋毁孔子的言论流行。《孔子衣镜》记述"野居而生孔子"，是一个中性而客观的描述。《史记》"野合而生"从另一角度表达了"野居而生"的内涵，即居（合）于野（郊）而非

---

① 韩兆琦：《史记笺证·孔子世家（第六册）》，江西人民出版社，2004年。

居（合）于邑（城）而生。甚至"野合"，或有暗示孔子是"尼山之子"，受天命而降生之意，不仅没有贬损，而且神化了孔子的出生。

第四节　孔子像衣镜初步研究 ①

海昏侯刘贺墓考古发掘不仅揭示了现存保存最完整的西汉列侯墓墓园结构和墓葬形制，发现了江南地区唯一的陪葬真车马的车马坑，而且出土了上万件套文物。其中有一件方形衣镜的外框由于绘有孔子形象及记载其传记，得到广泛的关注。现将衣镜及上面的孔子形象等内容初步释读研究。

一、器物简介

衣镜在海昏侯墓中位于主椁室的西室。主椁室分为东、西两室，东室放置棺椁、床榻及大量的青铜鼎、壶等礼器；西室被用隔板和主椁室的其他部分分隔开来，在西室中主要放置了床榻、漆器如耳杯、漆案、漆盘等，在西室中部还出土了200余枚金饼、马蹄金等。这面衣镜位于主椁室西室中部靠近西壁的位置（图2-4-59），倒伏在地，断裂为数块，装金饼的漆箱就压于屏风的下部。

将衣镜提取至实验室清理拼合，并对镜框上的文字进行释读后确认为衣镜，并对其形制进行了复原。衣镜为青铜质，矩形，出土时从中间断裂为上下两块，可复原，长70.3、宽46.5、厚1.3、镜缘厚1.2厘米，铜镜背面为素面，有五个长3.8、宽2、高1.8厘米的半环状纽用于固定在镜框上。1978年在山东淄博市临淄区窝托村发掘的西汉早期某代齐王墓的五号陪葬坑中出土了一面类似的

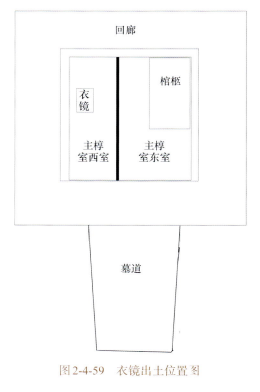

图2-4-59　衣镜出土位置图

---

①　王意乐、徐长青、杨军等：《海昏侯刘贺墓出土孔子衣镜》，《南方文物》2016年第3期。

矩形铜镜，长115.1、宽57.5厘米，重56.5厘米[①]。背部也有五个半环状纽，但镜背有浅浮雕连弧纹、柿蒂纹和夔龙纹。出土时未见镜架和镜框，但报告上说可见上面有土黄色颜料痕迹，认为可能是丝织品，不过也有可能是镜架腐烂后上面漆的颜色残留。

镜框为木质髹漆，由镜掩（盖）和框两部分组成，可开合。掩与框通过左侧的两个铜合页连接（图2-4-60）；镜框顶端有类似两个铜钉状物的残留，应该起将镜框固定在镜框上端横木上的作

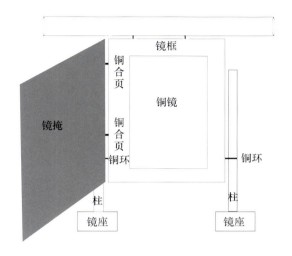

图2-4-60　衣镜复原示意图

用；在框的下部两侧有两个铜环，作用未知；在内框内还保留一个铜制插销，可能是穿在镜纽内以固定铜镜所用。发掘现场未发现固定衣镜的横木或镜架等。

衣镜掩（盖）残损严重，破损为数十块，且大部分图案文字都不清楚，只有较大的两块还能辨识。盖正反两面都有彩绘和墨书文字，正面的墨书文字部分，暂命名为"衣镜赋"，对衣镜的功能及上面的图案内容进行了描述；彩绘图案有仙鹤（朱雀？）等（图2-4-61）。反面从残存的文字和图像判断为孔子弟子图像和传记，有子张和曾子。

孔子形象绘于镜框背板。镜框长方形，由四周的厚方木和背板围成，出土时已破裂为七块，左下角被压扁且有缺失。拼合后残存部分外框长96、宽68、厚6厘米，内框四周方木厚11.8厘米，内框镶嵌铜镜。镜框表面髹漆，漆为红色。镜框内框四周边框正面绘有一圈神兽和仙人图案（图2-4-62），上方中间是神鸟（朱雀）两侧为仙人（东王公西王母），左侧为白虎，右侧为青龙，下方图案不是很清楚。背板以黄色粗线在四周绘有方框，在方框内有两条黄色粗线将屏风分割为大小一致的上中下三部分。每个部分的格局基本一致，中间彩

图2-4-61　衣镜掩正面彩
绘仙鹤高光谱扫描图

① 山东省淄博市博物馆：《西汉齐王墓随葬器物坑》，《考古学报》1985年第2期。

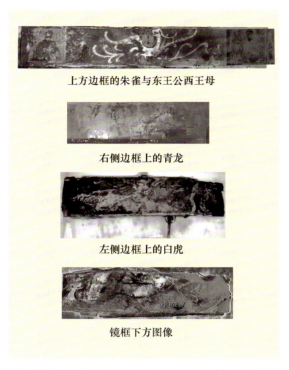

上方边框的朱雀与东王公西王母

右侧边框上的青龙

左侧边框上的白虎

镜框下方图像

图2-4-62　镜框边框彩绘图案高光谱扫描图

绘相向而立的两个人像，人像头部后上方标有人物姓名作为榜题；在两侧用墨书该人物有生平和言行的短传记。

最上面一栏的人物为孔子和颜回。孔子位于左侧，画像与其他人略有不同，其他人都是线描身体轮廓，而孔子画像是满绘，身上服饰用粉彩。画像中孔子像高约28.8、宽约8.4厘米，面向颜回拱手而立，背微前倾。孔子头戴小冠，由于水渍，面目不是很清楚，但可以看到有长须，身材消瘦；孔子身穿深衣长袍，腰部有束带，脚上穿翘头履。颜回像位于孔子像右侧，像高约27、宽8.8厘米。颜回头戴小冠，面目清秀无须，身穿深衣长袍，面向孔子，双手合抱于身前，向孔子躬身行礼。

中间一栏人物为子贡（子赣）与子路（图2-4-63）。子赣像在左，像高约26.5、宽约8.5厘米。子赣侧身向右而立。子赣头戴小冠，脸上有短须短髯，身穿宽袖深衣长袍。子赣面向子路，右手在胸前似乎手中拿笔，左手被挡具体姿势不清。子路像在右，像高约26.2、宽约16.1厘米。子路正面朝外，由于水渍和裂痕，其发型和面目不是很清楚，子路身穿襦，腰间扎腰带，腰带两端下摆飘动，两脚跨立，两小腿露在外面，脚穿圆头鞋。子路双手向下，两臂外张，手心向后，两袖飘动，整个人显得孔武有力。

下面一栏为堂驺子羽和子夏（图2-4-64）。子夏位于右侧，子羽位于左侧。子夏像高约26.3、宽约11.4厘米。子夏头戴小冠，身穿深衣长袍，身体微微倾向左侧，双手持一册打开的竹简，正低头专心看竹简。由于左下角缺失，子羽像的下半部分受损不清楚，上半部分也不是很清晰，但可以看到子羽背向外，头扭向右侧，似乎在看子夏手中的竹简。

图2-4-63　子赣与子路

二、文字内容释读

衣镜盖大部已残，正反面都保留部分文字；镜框背面中部为孔子及其五个弟子的图像，图像两侧为墨书记载该人物生平及言行的传记，其中堂驷子羽像左侧传记为子羽和宰予的合传。文字为分栏式纵向排列，左侧三人传记每列文字间用墨线分割，右侧三人传记每列文字则没有墨线分割。在每篇介绍的起始用黑圆点为篇首，

图2-4-64　堂驷子羽与子夏

除了孔子篇外，其他五个人的篇尾（最右侧）都用单独一列写篇名。文字均为汉隶；每篇字数不一，每一列的字数也不一样，前后文有重文用"二"代表。现将释读文字列于下，由于破损造成缺文或漫漶不清无法辨识的文字用□代替，残损文字用……表示，（）内的字为根据上下文和现存文献推测的文字内容。

（一）镜框盖板

正面可辨部分（图2-4-65）主要是墨书文字，彩绘不清晰。

图2-4-65　衣镜掩正面衣镜赋

文字释读如下：

□□□□□□□□	□□□□□□皆蒙庆	□□□岁兮乐未央	□气和平兮顺阴阳	临观其意兮不亦康	□□之徒颜回卜商	□□圣人兮孔子	左右尚之兮日益昌	福意所通兮淳恩臧	西王母兮东王公	下有玄鹤兮上凤凰	右白虎兮左苍龙	傀伟奇物兮除不详	据两菫虡兮守户房	猛兽鸷虫兮囵凶殃	脩容侍侧兮辟非常	幸得降灵兮奉景光	质直见请兮政以方	●新就衣镜兮佳以明

图2-4-66　子张篇高光谱扫描图

镜框正面的这篇赋，从内容上看，前面是说衣镜的功能；中间描述镜框上所绘的图案，有猛兽鸷虫、蜚廉等傀伟奇物除不详，有白虎苍龙玄鹤凤凰以及西王母和东王公淳恩臧，还有圣人孔子和圣人之徒颜回卜商等可以临观其意；最后为祝词，希望气和平、顺阴阳、乐未央、皆蒙庆等。

背面损毁严重（图2-4-66），只能模糊看到中间有两个人物的头颈部，左侧人物有榜题，似乎为"子张"，右侧人物榜题可以看清为"曾子"。

左侧人物传记残存可辨部分的文字释读如下：

孔子弟子曰顓孫陑陳人字子張少孔子□八歲子張問干祿 孔子曰⋯

⋯慎言其餘則寡尤多見闕殆慎行其餘則寡悔言寡尤行寡悔祿在其中矣子⋯

⋯子張子張曰子夏曰何対曰子夏曰可者與之不可者距之子張曰異乎吾所聞君子尊賢而⋯

⋯不能我之大賢與於人何所不容我之不賢與人將距我若之何其距人也⋯

右侧曾子传记文字基本无法辨识。

（二）镜框背板

第一栏左侧人物为孔子，其传记文字释读如下：

●孔子生魯昌平鄉棷邑其先□（宋）□（人）也曰房叔房叔生伯夏伯夏生叔梁紇叔梁紇與顏氏女野居而生孔子疇於尼

丘魯襄公廿二年孔子生而首上汙頂（故）□名丘云字中尼姓孔子氏孔子為兒僖戲常陳柤豆設

□（容）□（偉）之孔子年十七諸侯□

□禮人皆（偉）稱其賢也魯昭公六年孔子長九尺有六寸人

皆謂之長人異之孔子行禮樂仁義□久天下聞其圣自遠方多來學焉孔子弟子顏回子贛之徒七十有七人

皆異能之士□（子）□（游）□（諸）□（侯）毌所遇困于（陳）（蔡）之間魯哀公六年孔子六十三當此之時周室威王道坏禮樂廢

盛德衰上毌天子下毌方伯臣詫君子□必四面起矣強者為右南夷與北夷交中國不絕如縷耳孔子

退監於史記說上丗之成敗古今之□□始於隱公終於哀公紀十二公事是非二百卌年之中□（弒）□（君）

卅一亡國又十二刺幾得失為天下儀表子曰吾慾載之空言不如見行事深切著名也故作春秋上

明三王之道下辨人事經紀□（決）□（嫌）□（疑）□惡舉賢才廢不肖賞有功誅桀暴善莒惡以備王

道論必稱師而不敢專己追跡三代之禮序書傳上紀唐虞之際下至秦繆編次其文辭

詩書禮樂雅頌之音自此可得而述也以成六藝孔子年七十三魯哀公十六年四月己丑卒天下君王

至於賢人眾矣當時則榮歿則已焉孔子布衣傳十余世至今不絕學者宗之自王侯中國

言六藝者折中於夫子可胃至圣矣

第一栏右侧人物为颜回（图2-4-67）。

图2-4-67　颜回传记文字图

传记文字释读如下：

● 右顏淵	曰自我得回也門人日益親	顏回曰用之則行舍之則藏唯我與爾有是夫孔子	也無由也已孔子曰顏回为淳仁□直。子谓	以禮欲罷不能 □（既）□（竭）□（吾）□（才）□（如）□（有）□（所）□（立）□（卓）□（尔）□（雖）□（欲）□（從）之	在前忽焉在後夫子循循然善誘人博我以文約我	此語也顏回渭然□（歎）□（之）曰仰之彌高鑽之彌堅瞻之	聽非禮勿言非禮勿動顏淵曰回雖不敏也請事	由人乎哉顏淵□（曰）請問其目子曰非禮勿視非禮勿	復禮為仁一日□（克）己復禮天下歸仁焉為仁由己而	● 孔子弟子曰顏□（回）字子淵少孔子卅歲顏回問仁子曰克己

第二栏左侧人物为子赣（图2-4-68）。

图2-4-68　子赣传记文字图

传记文字释读如下：

孔子弟子曰端木赐衛人也字子赣少孔子卅一歲子赣为人

结（駟）□□□既已受业問曰有一言可以終身行之者乎孔子曰
（鬻）財□□□

其恕乎己所不欲勿施於人陳子禽問子赣曰子為恭也中尼豈

賢與子乎子赣曰君子一言以為知一言以為不知不可不慎也夫

子之不可及猶天之不可陛升也夫子得國家者可胃立之斯立道之

斯行餒之斯来動之斯和其生也榮其死也哀如之何其可及也

●右子赣

第二栏右侧人物传记文字（图2-4-69）。

图2-4-69　子路传记文字图

释读如下：

●右子路	小人□（效）则为盗孔子曰自吾得由也恶言不闻吾耳	曰君子好勇乎孔子曰君子义之为上君子好勇无义则乱	□藝稍誘子路子路后儒服委質因門人請為孔子弟子既已受業問	勇力伉直冠雄雞配佩豭豚陵暴孔□（子）□□□孔子教設	●孔子弟子曰中由卞人字子路□（少）□（孔）□（子）□（九）□（歲）□（子）□（路）□（性）鄙好

第三栏左侧文字为子羽和子我传记（图2-4-70）。

图2-4-70　子羽传记文字图

释读如下：

●
右堂駟子羽

失之子羽以言取人失之宰予

临菑大夫与田常□乱死⋯

其稿不可滁也宰予问五帝之德⋯

以为可教既已受业修於學⋯

曰甚乎哉丘之言取人也宰予字⋯

子三百人設□□取予去就□□□⋯

已受业退而修行行不由徑非公事不見⋯

甚恶欲事孔子孔子以为材薄曰然鸟得扬⋯

●
孔子弟子曰堂駟滅明武城人字子羽⋯

第三栏右侧人物位子夏，传记文字释读如下：

●孔子弟子曰卜商字子夏少孔子廿四歲子夏問巧笑倩

分美目盼分素以為絢分何胃也孔子曰繪事後素曰禮

厚乎孔子曰起予商也始可與言詩已子夏曰賢賢易色事

父母能竭其力事君能致起身其友交言而有信雖曰未學

吾必胃之學矣子夏曰博學而執記切問而近思仁在

其中矣孔子歿而子夏居西河致為魏文侯師

●右子夏

镜框盖板和背板上关于孔子及其弟子生平事迹与言行的传记与《史记·孔子世家》、《史记·仲尼弟子列传》、《史记·太史公自序》及《论语》中的记载基本一致，只有部分内容略有出入：

1）镜框上的孔子传记记载曰："叔梁纥与颜氏女野居而生孔子。"《史记·孔子世家》："纥与颜氏女野合而生孔子。"野居与野合一字之差，意思则大有区别。野合，司马贞索隐："今此云'野合'者，盖谓梁纥老而徵在少，非当壮室初笄之礼，故云野合，谓不合礼仪。"据《索隐》《正义》解释，叔梁纥与孔子母颜徵在成婚时已超过六十四岁，而颜徵在岁数尚小，二人年龄相差悬殊，此种婚姻在当时不合礼法，故谓野合。而野居中的"野"则明显有不同的含义，是相对于"国"字而言。"野"字《说文解字》解释："郊外也。"段玉裁《说文解字》注："邑外谓之郊，郊外谓之野。"如《周礼》："体国经野。"唐贾公彦《疏》："国，谓城中也……野，谓二百里以外，三等采地之中。"指周代王畿内的特定地区。周制王城外百里曰"郊"，郊外至五百里疆域中又分"甸、稍、县、都"，各百里。孔子父叔梁纥与其母"祷于尼丘得孔子"，孔子父母可能因为在尼山祈祷而在尼山附近结庐而居，据张守节《史记正义》，尼山在聚邑城外十里，故而为"野居"。

2）镜框孔子传记记载："鲁昭公六年，孔子盖卅矣。"而《孔子世家》记载："鲁昭公二十年，孔子盖年三十矣。"两处记载相差了十四年，而关于孔子的生卒年，衣镜和孔子世家记载是一致的，故此处必有一个是错误的。根据《史记·鲁周公世家》和《春秋公羊传》记载，鲁襄公在位三十一年，鲁昭公为鲁襄公儿子，虽然中间有鲁襄公太子姬野短暂继位，但仅有几个月，据此推算，孔子生于鲁襄公二十二年，孔子三十岁时，应该是鲁昭公二十年，所以镜框上的文字可能是抄写错误。

3）镜框孔子传记曰：孔子弟子颜回子赣之徒七十有七人，皆异能之士。孔子弟子有多少人已不可考，所以史记也用"弟子盖三千人"这样一个虚数来概括，而孔子弟子中有多少是有杰出成就的，各种文献也有不同表述。《史记·孔子世家》记载："孔子以诗书礼乐教，弟子盖三千焉，身通六艺者七十有二人。"而《史记·仲尼弟子列传》：孔子曰"受业身通者七十有七人"，皆异能之士也。衣镜记载与《史记·仲尼弟子列传》一致。《孔子家语·七十二弟子解》中列名七十六人，其中琴牢、陈亢、县为史记未记载，而史记中的奉冉、公伯寮、单、颜何为孔子家语无。所以孔子杰出弟子到底有多少人、是谁，并没有统一的说法，其中大部分人只有名字而没有具体事迹，真正为世人熟知的也只有十几人。

三、两汉时期孔子图像及其解读

关于孔子形象，在孔子生活的当时及之后的战国秦汉的典籍中有大量的描写，在《论语》《庄子·外物》《荀子》《史记·孔子世家》《孔子家语》，以及西汉晚期的一些纬书中都有孔子相貌的描述和记载。《汉书·艺文志》中的"六艺略"有"孔子徒人图法"二卷，应该就是最早的孔子及其弟子画像的粉本。张彦远的《历代名画记》记载"鲁国庙堂东西厢图画"有"孔子弟子图"，由于缺乏资料，我们无法判断这里的鲁国是春秋战国时期的鲁国还是西汉时期的诸侯国鲁国，但不管是春秋战国还是西汉，理论上都是有可能存在的。

《孔子世家》记载："故所居堂弟子内，后世因庙藏孔子衣冠琴车书，至于汉二百余年不绝"。按照秦汉时期在庙堂往往绘有壁画，所以孔庙也有可能绘有孔子和弟子图像的壁画。

战国时期有关孔子的图像还没有发现，汉代是目前考古发现有确切年代可考的孔子图像出现的最早时代，除了海昏侯刘贺墓的有孔子形象的镜框，主要是墓葬壁画和画像石。

目前已发表资料的有孔子图像内容的壁画墓有六座，分别是：1957年发掘的洛阳烧沟61号墓，时代为西汉晚期元帝到成帝间[①]；2008年陕西靖边县杨桥畔杨一村老坟梁发掘M42，时代为西汉晚期到新莽[②]；2009年陕西省靖边县杨桥畔镇渠树壕汉墓，时代为新莽[③]；2005年陕西省靖边县杨桥畔杨一村东汉墓[④]；2007年山东东平县物资局一号汉墓，时代为东汉早期[⑤]；1972年和1973年发掘的内蒙古和林格尔新店子汉墓，时代为东汉晚期的一个护乌桓校尉墓[⑥]。

画像石上出现的孔子形象，其题材也主要为"孔子礼老子"。据研究者统计，目前已出土"孔子礼老子"内容的画像石50余块[⑦]，出土地点有山东、陕西、河南、江苏、四川等，但大部分集中在山东地区，如山东安丘董家庄出土的《孔子见老子图》[⑧]和山东省嘉祥县齐山村出土的"孔子礼老子图"画像石中[⑨]。目前已知最早的"孔子见老子"题材的画像石是山东微山县微山岛沟南村出土的西汉墓中的画像石，时代约在元帝时期[⑩]。

据李强研究[⑪]，"孔子礼老子图"构图大致可以分为三种情况：一是画面上仅有孔子与老子二人相向而立，这类构图比较少见；二是在孔子与老子之间，出现了一个小童，手推双轮小车，小童一般认为是项橐；三是除了孔子、老子、项橐外，还出现了孔子的弟子，这类构图所占比例最高。

除了常见的"孔子礼老子"故事外，1871年嘉祥武氏家族墓还出土了一块"荷蒉"题材的画像石，画面中榜题作"孔子"的人做击磬状[⑫]。这一题材画像石其他地区没有出现。

---

① 河南省文化局文物工作队：《洛阳西汉壁画墓发掘报告》，《考古学报》1964年第2期。

② 陕西省考古研究院：《2008年陕西省考古研究院考古调查发掘新收获》，《考古与文物》2009年第2期。

③ 徐光冀主编：《中国出土壁画全集》第六册《陕西》上，科学出版社，2012年，第42页。

④ 徐光冀主编：《中国出土壁画全集》第六册《陕西》上，科学出版社，2012年，第71页。

⑤ 徐光冀主编：《中国出土壁画全集》第四册《山东》，科学出版社，2012年，第1页。

⑥ 徐光冀主编：《中国出土壁画全集》第三册《内蒙古》，科学出版社，2012年，第58页。

⑦ 赵莎莎：《汉画像石〈孔子见老子〉图像学研究》，杭州师范大学硕士学位论文，2013年。

⑧ 《中国画像石全集》编辑委员会：《中国画像石全集》第2卷《山东卷·汉画像石》，山东美术出版社、河南美术出版社，2000年，第103页。

⑨ 《中国美术全集》编辑委员会：《中国美术全集·绘画篇》第18卷，上海人民美术出版社，1988年。

⑩ 《中国画像石全集》编辑委员会：《中国画像石全集》第2卷《山东卷·汉画像石》，山东美术出版社、河南美术出版社，2000年。

⑪ 李强：《汉画像石〈孔子见老子图〉考述》，《华夏考古》2009年第2期。

⑫ 邢千里：《中国历代孔子图像演变研究》，山东大学博士学位论文，2010年。

这些壁画与画像石表现的题材都是"孔子礼（或见）老子"，其画面布局、故事情节与人物细节（如服饰、动作等）十分接近，可以认定它们在当时一定有固定粉本。对"孔子见老子"的意义，学者做了不同的阐释。李卫星认为它表达了儒学的好学精神[①]；邢千里也认为它表现的是孔子"好学谦恭，不耻下问"的品质，示出对儒学"高度重视"的风气；缪哲认为"孔子见老子"图像是"本于汉代王者必有师"说的经义与实践[②]；赤银中认为孔老相会是两种学说的相互交流，预示着儒道两家学说在对立和统一的矛盾关系之前提下共同发展进步[③]；姜生认为它表现的是汉代道教墓葬仪式，符合死者在冥界升仙的仪式逻辑，孔子向老子所求之礼即为"升仙之道"[④]。

四、海昏侯刘贺所出孔子形象解读

刘贺墓所出孔子形象与汉代其他孔子形象除了都表现了孔子外，其不同是主要的，表现在以下几点。

1）时间不同。刘贺死于汉宣帝神爵三年（前59年），而其他孔子形象最早为元帝时期的微山县画像石墓。

2）内容和表现形式不同。刘贺墓中的孔子与弟子是以肖像画和传记的形式出现，而其他的孔子形象是以壁画和浮雕或浅浮雕的故事画形式表现。

3）载体不同。刘贺墓中的孔子出现在衣镜的镜框上，是死者生前常用喜爱之物品，死后随葬在墓葬主椁室内的重要位置。其他的孔子形象都是出现在墓葬壁画或画像石上，是构成墓葬本体的一部分。

4）所有者不同。刘贺曾是西汉的第七位皇帝，也曾位列诸侯王和列侯，地位尊崇高贵。而其他出土孔子形象的墓主人目前所知地位最高者为内蒙古和林格尔的护乌桓校尉，是两千石的官吏，其他人也都是中下层的官吏和贵族。

以上几点不同是解读刘贺墓中孔子形象的关键。根据《汉书·艺文志》等文献记载，在战国及西汉早期出现的孔子形象都是孔子或孔子与弟子图，而到了元帝之后出现的孔子形象却变成了"孔子礼老子图"，这一转变是儒家学说和孔子在汉代所处地位和其本身内涵变化的结果。西汉立国之后一直到文景期间，为了休养生息，一直依靠

①　李卫星：《略谈儒家思想对山东画像石的影响》，《汉画学术文集》，河南美术出版社，1996年。

②　缪哲：《孔子师老子》，《古代墓葬美术研究（第一辑）》，文物出版社，2011年。

③　赤银中：《老子会见孔子汉画像的文化意蕴》，《中国道教》2002年第4期。

④　姜生：《汉画孔子见老子与汉代道教仪式》，《文史哲》2011年第2期。

"黄老之学"作为治国理念，儒家学说只是在民间流行而未上升为国家精神层面。汉武帝为了加强中央集权，维护大一统的统治，而接受董仲舒"罢黜百家、表彰六经"的独尊儒术思想，儒家学说终于走上统治阶级意识形态的顶端。但统治者接受儒家学说是为其加强思想统治服务的，在最高统治阶层，并不真正信任儒家学说。汉宣帝曾与时为太子的汉元帝有过一段著名的对话。汉元帝"柔仁好儒。见宣帝所用多文法吏，以刑名绳下，大臣杨恽、盖宽饶等坐刺讥辞语为罪而诛，尝侍燕从容言：'陛下持刑太深，宜用儒生。'宣帝作色曰：'汉家自有制度，本以霸王道杂之，奈何纯用德教，用周政乎！且俗儒不达时宜，好是古非今，世人眩于名实，不知所守，何足委任！'"并说："乱我家者，太子也！"差点用"明察好法"的淮阳王刘钦取代元帝太子位①。这充分说明汉武帝后到汉宣帝时所谓独尊儒术只是利用儒家学说作为加强统治的一种包装，最高阶层对儒家学说是明褒暗贬。

但已经取得官学地位的儒家学说在宣元时期已经不可避免地扩大其影响力。宣帝召开的"石渠阁会议"，增"五经七博士"为"五经十二博士"，不仅极大地提高了经学和儒家学说的地位，也极大地扩大和加强了儒家礼仪制度对社会的控制力量。

在这种情形下，即使皇帝并不倡导，皇室子弟却越来越接受儒家思想。与海昏侯刘贺墓时代接近的中山怀王刘修墓中出土了大量的竹简，包括《论语》《儒家者言》《哀公问五义》《保傅传》等八种，其内容多属于儒家学说②，可以从侧面说明这一趋势。元帝自身受儒学影响极深，继位后为了缓和社会矛盾，"纯任德教"，尊崇儒学，重用经学之士，处理国事和政事也以经义为本。由此传授、研习儒家经学成为社会的普遍现象，自武帝"罢黜百家，表彰'六经'"以来，到了元帝时期，经学才真正昌盛起来。

儒家学说的内容为了适应形势，发生了巨大的变化。今文经学占据统治地位，对经文穿凿附会的解释，使得儒家学说有浓厚的神学宇宙论及宗教政治学的色彩，儒学几乎变成了儒教，儒家学说渐渐方士化，而这也是造成元帝之后谶纬之说流行的关键。随着儒家思想地位的上升、儒家学说内容的变化，孔子的形象也不断变化。在孔子生前及其死后相当长时间，孔子一直是被作为"圣人"看待的，但并没有获得什么官方认可。但以董仲舒为首的今文经学家们十分尊崇孔子，把孔子抬到相当高的地位，认为他是受命的素王③。汉元帝继位当年下诏："其令师褒成君关内侯霸以所食邑八百户祀

---

① 《汉书·元帝纪》，中华书局，1964年。

② 国家文物局古文献研究室、河北省博物馆、河北省文物研究所定县汉墓竹简整理组：《定县40号汉墓出土竹简简介》，《文物》1981年第8期。

③ 董仲舒在《天人三策》明确尊孔子为素王："孔子作〈春秋〉，先正王而系万事，见素王之文焉。"

孔子焉。"①这是以皇帝名义奉祀孔子的重大举措。汉平帝元始元年，又封孔子为褒成宣尼公，这是历代皇帝封号孔子的开始。而在当时流行的纬书中，孔子已经从体貌特征、生活经历到才能禀赋都被人为神化了②。这一趋势一直延续整个东汉。

这一时代背景的变化解释了元帝之后汉代孔子形象都以"孔子见老子"这一有某种道教含义的仪式化图像出现，而刘贺墓中的孔子形象还是人物肖像画。

刘贺在史书上留下了荒诞无道的记载，但关于其个人素质的记载极少。但通过对现有材料分析，仍然可以略知一二。刘贺自小生活在其封国昌邑，昌邑国在春秋战国为鲁地，儒学传统浓厚。刘贺的老师王式为西汉大儒，通《诗》；刘贺父刘髆的太傅夏侯始昌及其族子夏侯胜都是通《尚书》的大儒，且都在昌邑国任职；昌邑中尉王吉和昌邑郎中令龚遂都是以明经为官。刘贺身边的人都是通经大儒，刘贺本人不可能不受此影响。《汉书·霍光传》记载了在刘贺被废之时的一个细节，尚书令读罢霍光等废刘贺的奏章，皇太后下诏批准，霍光令王起拜受诏，王曰："闻天子有诤臣七人，虽无道不失天下。"这句话原文出自《孝经·谏诤章第十五》，为儒家十三经之一。刘贺在废立之时说出这种话妄图挽回局势只能说明他的幼稚，但至少说明刘贺对儒家经典的熟悉，也说明他对儒家学说的信任，他以为在标榜"独尊儒术"的朝堂上的权臣们也会按照儒家礼仪来行事。南昌海昏侯刘贺墓出土了大量的竹简，目前对已清理的竹简的初步释读，这些竹简记载的内容，除了日书、医书、部分祭祀礼仪等场合所用歌赋等和少数五色食胜等内容，所出典籍有《论语》《礼记》《孝经》《易》等，几乎全部为儒家学说经典，这从一个侧面说明了刘贺的儒家背景。

刘贺墓出土的衣镜上绘有西王母、东王公、白虎苍龙、玄鹤凤凰等，这些都是当时流行的元素，此类图像几乎大部分在相关器物上有，而衣镜上主题是圣人孔子及其弟子颜回、卜商等。

衣镜上的孔子，儒雅、内敛、谦恭，以布衣形象示人，传记记载孔子因"王道坏、礼乐废、盛德衰，上无天子、下无方伯"，而作春秋、成六艺，是历来为人所知的圣人形象。孔子弟子形象极其个性，传记上的他们各有成就但都崇拜孔子。孔子及其弟子形象刻画真实而生动，而不像"孔子礼老子图"固定而刻板。人物的呈现以肖像画的形式表现，线条简练，人物写实，比较同时期的绘画，如各种墓葬壁画或马王堆汉墓所出帛画，风格大不一样，而且技艺也十分高超，显然不是一般的匠人所绘。其载体也较为特殊，为衣镜的镜框，为刘贺生前实用器，刘贺几乎天天都要面对这些圣贤，

①　《汉书·孔光传》，中华书局，1964年。

②　邢千里：《中国历代孔子图像演变研究》，山东大学博士学位论文，2010年。

图2-4-71　海昏侯刘贺墓出
　　土《论语》书牍图

与汉代其他孔子形象出现的墓葬壁画或画像石大相径庭，其表达的内涵肯定也不一样，是刘贺生前的生活行为的表现，而不是死后希望达到的效果。

圣人与弟子出现在衣镜上的作用，《衣镜赋》做了很好的解答："临观其意兮不亦康，□气和平分顺阴阳。"也许，刘贺在废除帝位之后，通过阅读儒家典籍，时常瞻仰衣镜上的孔子像，学习其偶像孔子在逆境中的修为才能得到内心的平静。

五、余论

刘贺墓中出土衣镜上出现孔子的形象，是目前已知最早的孔子形象，它在刘贺墓中出现是当时独尊儒术的社会思想的体现，但更多的是刘贺个人倾向的选择。

海昏侯刘贺墓中出土了上百板的木牍，内容大部分是签牌和奏牍，但有一板木牍的内容十分特殊，是抄写的《论语》（图2-4-71）。

墓中出土竹简上的儒家经典抄写都十分规整拘束，应该是专门抄手抄写的，这一板木牍的书写则十分率性随意，文字接近章草，与其他竹简和木牍文字不同，如果猜测不错，这是刘贺本人所书写，应该是刘贺读书时随手做的笔记。刘贺被监视居住，无以自娱，只能读写儒家经典打发时间。这也可以作为刘贺的个人注解。

海昏侯刘贺墓的发掘在社会上引起了极大的关注，已有相当多的文章对刘贺墓、刘贺本人及刘贺墓所出孔子形象进行研究，对史书上记载的刘贺形象是否正确有较大争议，有学者认为不能轻易否定史书上关于刘贺的记载；对刘贺墓中出土的孔子形象也有各种解读，有学者认为是儒家思想作为社会统治思想意识的文物标志，也有人认为是刘贺自保的手段，还有人认为是刘贺"图史自镜"[①]。我们也认为利用考古材料来

---

①　王子今：《海昏侯墓发掘的意义》，《光明日报》2015年12月16日第14版；王子今：《"海昏"名义考》，《中国史研究动态》2016年第2期；邵鸿：《也谈海昏侯墓立镜》和王楚宁《海昏侯墓"孔子立镜（孔子屏风）"再释》，复旦大学出土文献与古文献研究中心网站发表文章。

中篇 第四章 漆 木 器

判断历史事件和历史人物需要谨慎，需要详加论证。海昏侯刘贺墓中出土的大量文物虽然并没有发现可以直接与帝位废立相关的材料，但通过研究它们可以更真实地还原刘贺本人。《汉书·武五子列传》记载刘贺被封为海昏侯后，曾与故太守卒孙万世交通，并交流废立之时政策失误及可能王豫章等事，结果被"削户三千"；《水经注·赣水》条也记载："昔汉昌邑王之封海昏也，每乘流东望，辄愤慨而还，世因名之慨口。"① 从刘贺的这些行事作风看，并不像一个被软禁监视居住应该小心谨慎的废帝，可见刘贺所为都是出于其本心和个人的性格修为，刘贺墓及其随葬物是其真实生活状态的体现。

刘贺墓出土衣镜上的孔子像是最早的孔子像，也是唯一的一幅早期孔子肖像，其本身不仅具有极其重要的文物价值和文献价值，对绘画史和工艺史研究，在孔子和儒学研究上，对西汉中期的历史、政治、思想等各个方面研究都提供了重要的素材。

第五节　汉代东王公传说与图像新探②

海昏侯刘贺墓出土的木质髹漆彩绘"孔子衣镜"的镜框上部绘有两个正坐的人物形象③，面向观者席地而坐，头向内侧倾斜，呈对视状，两者之间有一只朱色的衔珠凤鸟（图2-4-72）。根据《衣镜赋》文字可知两者的身份为西王母和东王公④。

学界普遍认为，西王母在战国时期已经出现，东王公的形象是在东汉时期为了和西王母对应而创造出来的⑤。孔子衣镜从文字和图像两方面将东王公的出现由1世纪提

---

① （北魏）郦道元：《水经注》卷三十九《赣水》，中华书局，2007年。

② 刘子亮、杨军、徐长青：《汉代东王公传说与图像新探——以西汉海昏侯刘贺墓出土孔子衣镜为线索》，《文物》2018年第11期。

③ 江西省文物考古研究院、北京师范大学：《江西南昌西汉海昏侯刘贺墓出土漆木器》，《文物》2018年第11期。

④ 王意乐、徐长青、杨军等：《海昏侯刘贺墓出土孔子衣镜》，《南方文物》2016年第3期。

⑤ 茅盾：《中国神话研究初探》，上海古籍出版社，2011年，第24～29页；程憬著，顾颉刚整理、陈泳超编订：《中国古代神话研究》，北京大学出版社，2011年，第264页；袁珂：《中国神话史》，北京联合出版公司，2015年，第110～115页；宗力、刘群：《中国民间诸神》，河北人民出版社，1986年，第439、440页；〔美〕巫鸿著，孙妮译：《"阴阳理论"与汉代西王母东王公形象的塑造——山东武梁祠山墙画像研究》，《西北美术》1997年第3期；信立祥：《汉代画像石综合研究》，文物出版社，2000年，第156页；李凇：《从"永元模式"到"永和模式"——陕北汉代画像石中（转下页）

图2-4-72 镜框上部彩绘图案

前到了公元前1世纪前叶，以刘贺去世的神爵三年（前59年）为下限，并且证明了东王公作为男性的"阳仙"与女性的"阴仙"西王母相对应的传说及其图像组合模式在西汉宣帝时期已经成型。

西王母和东王公的图像位于孔子衣镜镜框上部的左右两侧。虽然图像损毁严重，人物形象细节已不可辨，但右侧人物面部可以看出胡须的痕迹，且该人物头戴冠，应为男性①。右侧人物的衣服为浅青色，左侧人物为白色（图2-4-73、图2-4-74）。这两种颜色或有意对应五行系统中东方的青色和西方的白色。镜框四周绘有对应方位的四神图像。右侧人物位于"青龙"图像上方，对应方位为东方；左侧人物位于"白虎"

图2-4-73 东王公像

图2-4-74 西王母像

（接上页）的西王母图像分期研究》，《考古与文物》2000年第5期。另一种观点认为东王公和西王母的原型可以追溯到先秦时期，如丁山：《中国古代宗教与神话考》，上海书店出版社，2011年，第72～80页；萧登福：《先秦两汉史料中的日神神话与东王公信仰探述》，《世界宗教学刊》2007年第10期。

① 孙机：《汉代物质文化资料图说》，文物出版社，1991年。

图像上方，对应方位为西方。因此，我们判断镜框上部右侧人物为东王公，左侧人物为西王母。

早期东王公的文献与图像十分稀缺。现存较早的关于东王公的记录见于东汉成书的《吴越春秋》以及汉人托名东方朔的《神异经》和《海内十洲记》等志怪著作中①。《吴越春秋·勾践阴谋外传》载"乃行第一术，立东郊以祭阳，名曰东皇公。立西郊以祭阴，名曰西王母。祭陵山于会稽，祀水泽于江州"②，"东皇公"即东王公。这条记载说明东王公和西王母在汉代分别代表了东、西两个方向，并且是主司阳和阴的男性"阳仙"和女性"阴仙"，两者已存在明确的对应平衡关系。

《神异经》以西王母在《山海经》中的记载为模本，将东王公塑造成了一位"长一丈，头发皓白，人形鸟面而虎尾"的半神半兽形象，说明东王公形象的生成和西王母有紧密的联系③。而在《海内十洲记》中，东王公的形象则被宫廷化，成为东方治理众仙官的王公，"扶桑在东海之东岸……上有太帝宫，太真东王父所治处……真仙灵官，变化万端，盖无常形，亦有能分形为百身十丈者也"④。同书中记载的西王母与东王公也呈对应关系。通过文献可以看到东王公和西王母在汉代不仅是宇宙观中东西方阴阳两种力量对应平衡的象征，同时也是仙界宫廷官僚体系的男女主仙。

文献中描述的东王公形象及其与西王母的对应关系在目前已发现的汉代图像资料中也得到了印证。在东汉桓帝元嘉元年（151年）山东嘉祥武氏祠堂中，东王公的图像刻在东壁上部。图中东王公正坐于宝榻之上，背生羽翼，头戴通天冠，周围围绕着众多羽人侍者与神兽，反映出其在仙界中所处高位。同时，东壁东王公的图像和西壁上部的西王母图像在空间上形成了两者各居东西、相互呼应的关系⑤。此外，在建初八年（83年）"朱师"铜镜中，东王公和西王母相对而坐，两旁站立侍女，在两神之间饰

———————

　　① 　袁珂：《中国神话史》，北京联合出版公司，2015年。

　　② 　（汉）赵晔著，（元）徐天祜音注，苗麓点校：《吴越春秋》，江苏古籍出版社，1999年，第139页。

　　③ 　（汉）东方朔撰，（晋）张华注，（明）朱谋㙔校：《神异经》，《汉魏六朝笔记小说大观》，上海古籍出版社，1999年。《山海经·西山经》载西王母"又西三百五十里，曰玉山，是西王母所居也。西王母其状如人，豹尾虎齿而善啸，蓬发戴胜，是司天之厉及五残"，袁珂译注：《山海经全译》，贵州人民出版社，1992年，第38页。

　　④ 　（汉）东方朔撰：《海内十洲记》，《汉魏六朝笔记小说大观》，上海古籍出版社，1999年。

　　⑤ 　《中国画像石全集》编辑委员会：《中国画像石全集·第一卷·山东汉画像石》，山东美术出版社、河南美术出版社，2000年。

青龙和白虎，其阴阳属性和对应关系明确[①]。由此可见，东王公作为仙界统帅的形象及其与西王母对应平衡的图像组合模式在东汉已经定型并且普遍分布。

孔子衣镜上的"东王公西王母图"为研究二仙的图像谱系与现存文献之间的关系提供了新线索。《神异经·中荒经》记载："昆仑之山有铜柱焉，其高入天，所谓天柱也。围三千里，周圆如削。下有回屋，方百丈，仙人九府治之。上有大鸟，名曰希有，南向，张左翼覆东王公，右翼覆西王母。背上小处无羽，一万九千里。西王母岁登翼上，会东王公也。"[②] 用这段文献比照孔子衣镜上的"东王公西王母图"，可以发现两点值得注意的地方。首先是画在东王公和西王母之间的凤鸟图像。虽然《衣镜赋》将其称为"凤凰"，但在此图中该凤鸟似乎还应可视作大鸟希有。凤鸟立于东王公和西王母之间，张开的双翼指向二仙。与《神异经》中对希有"张左翼覆东王公，右翼覆西王母"的描写相似。画像石中也有希有与东王公、西王母同时出现的例子，如出土于南阳的东王公西王母画像石，描绘了二仙共同坐在"周圆如削"的倒锥形的昆仑山上，而其上立希有神鸟[③]。尽管汉代凤凰和大鸟希有之间的联系现在仍无法确定，但这些例子至少证明了《神异经》中所记载的汉代神仙传说与存世图像之间存在较为紧密的联系。其次，孔子衣镜"东王公西王母图"中，两者非完全正面面对观者，而是头部略向内侧倾斜，呈现出"隔凤相望"的姿态，应表现了《神异经》中所记载的"西王母岁登翼上，会东王公也"，即东王公与西王母相会的传说[④]。这个传说在汉代阴阳二元论的宇宙观中被赋予了象征意义，日本学者小南一郎认为东王公与西王母每年的相会和牛郎织女的一年一会一样，象征着来自东方的"阳"与西方的"阴"两种宇宙能量的相会和调和，而这种阴阳的结合对宇宙产生新的生命力是不可或缺的[⑤]。从现世利益的角度看，汉代人认为阴阳两气的和谐与顺畅是恩福和长寿的根源，正如孔子衣镜《衣镜赋》中所说"西王母兮东王公，福憙所归兮淳恩臧，左右尚之兮日益昌……□气和平兮顺阴阳，□觞［万］岁兮乐未央"[⑥]。

---

① 〔日〕冈村秀典：《后汉镜铭の研究》，《东方学报》2011年第86期。

② （汉）东方朔撰，（晋）张华注，（明）朱谋㙔校：《神异经》，《汉魏六朝笔记小说大观》，上海古籍出版社，1999年。

③ 萧登福：《先秦两汉史料中的日神神话与东王公信仰探述》，《世界宗教学刊》2007年第10期。

④ 该传说也见于（汉）郭宪撰：《汉武帝别国洞冥记》，《汉魏六朝笔记小说大观》，上海古籍出版社，1999年。

⑤ 〔日〕小南一郎著，孙昌武译：《中国的神话传说与古小说》，中华书局，2006年，第91～93页。

⑥ 王意乐、徐长青、杨军等：《海昏侯刘贺墓出土孔子衣镜》，《南方文物》2016年第3期。原文已残缺，从前后文判断，此处应为"奉觞万岁"或"称觞万岁"。

孔子衣镜上的"东王公西王母图"为解读其他汉代图像提供了新的提示。如陕西米脂官庄汉墓墓室西壁上刻画的阁楼二人并坐图，图中右边一女子戴胜侧坐，左边一男子凭几而坐，头向右，两者呈对视状①。此类图像常被认为是墓主人的肖像②，然而结合孔子衣镜"东王公西王母图"，我们或可将其视为二仙"相会并坐"的场景。陕西绥德刘家沟东汉墓门额的画像石表现的是墓主升仙或是"东王公赴会西王母"，亦可再探讨③。

　　孔子衣镜的镜框上部，在二仙的身边各绘有一个着黄衫的人物。西王母旁的人物面向西王母跪坐，左手把臼，右手持杵，做捣药状，或与捣药玉兔相关（图2-4-75）。东王公旁的人物面向东王公跪坐，面前摆放一盘状物（图2-4-76）。双手举于胸前，呈

图2-4-75　西王母旁人物像　　　　　　　　图2-4-76　东王公旁人物像

---

　　①　《中国画像石全集》编辑委员会：《中国画像石全集·第五卷·陕西、山西汉画像石》，山东美术出版社，2000年，第26、27页。

　　②　吴兰、学勇：《陕西米脂县官庄东汉画像石墓》，《考古》1987年第11期。

　　③　信立祥在《汉代画像石综合研究》中提出此画像石所表现的内容是"墓主升仙图"，认为日轮旁乘车的人像是墓主。"日轮左边，墓主乘坐的云车由三只形似燕子的神鸟牵驾，正风驰电掣般自动向西飞行……月轮右边，端坐着头戴玉胜的西王母……目前，在陕北、晋西地区的汉画像石墓中，这是唯一一幅配置在门额石上的墓主升仙图，其他墓门额石的画像几乎全都是与祭祀墓主有关的内容，墓主升仙图一般都配置在门柱上"，文物出版社，2000年，第267页。小南一郎在《中国的神话传说与古小说》中则将这个图像解释为"东王公会西王母图"，并对图像中东王公往访西王母的现象（而非传说中西王母往访东王公）做出了解释，认为"大概画像石中所见东王公访问西王母的情节，是东王公身上作为太阳神的性格被强调的结果。太阳从东方升到空中向西方运行，晚上在所抵达的西方的女神处获得再生能力，第二天再从东方出发做新的天上运动"，睡虎地秦墓竹简整理小组：《睡虎地秦墓竹简》，文物出版社，1990年，第94、95页。

跪拜或献物状。这样便形成了东王公和西王母两位主仙带着各自的侍从，在衣镜镜框上部各据一方"左右尚之"的图像结构。相似的构图在汉画像石中常见，如陕西绥德四十里铺画像石墓门楣的东王公西王母图，便刻画有东王公西王母和相随的人物仙兽各据门楣两端的场景。画像石中还可以看到东王公正在接受一个人物的跪拜，西王母旁也有正在用杵臼捣药的玉兔①。六朝《真诰·甄命授卷一》中记载东王公和西王母的传说，"昔汉初有四五小儿，路上画地戏，一儿歌曰：着青裙，入天门，揖金母，拜木公。到复是隐言也。时人莫知之，唯张子房知之，乃往拜之，此乃东王公之玉童也。所谓金母者，西王母也，木公者，东王公也，仙人拜王公，揖王母"②，或与孔子衣镜及画像石图像相关。这不但旁证了《神异经》《海内十洲记》等笔记小说所载东王公西王母相关传说至晚在西汉已经成型的推测，同时还为研究东汉画像石中常见的"东王公西王母图"提供了西汉时期的图像原型。

如前所述，在孔子衣镜发现以前，学界普遍认为东王公出现在东汉时期，是东汉中期群众性造仙运动时为了与西王母对应而创造出来的。目前已知最早的东王公图像为建初八年铜镜，属于东汉早期；画像石中最早的"东王父"题记和图像则刻于滕州西户口一号祠堂的东壁上，该石造于东汉明帝至章帝时期（58～88 年）③。而西王母图像最早的例子可以追溯到建于西汉昭帝至宣帝间（前86～前49 年）的洛阳西汉卜千秋墓壁画和建于西汉宣帝至元帝间（前73～前33 年）的山东邹城卧虎山 M2 墓石椁南椁板内侧的画像石④。然而，虽然这些图像的创作时间与孔子衣镜的制造时间相近，其中却不见东王公。再看文献，成书于东汉初的《汉书》中虽然对西汉末年兴盛的西王母信仰运动多有记载⑤，但对东王公却只字未提。至少在海昏侯刘贺下葬的西汉神爵三年

---

① 榆林地区文管会、绥德县博物院：《陕西绥德县四十里铺画像石墓调查简报》，《考古与文物》2002 年第 3 期。

② 〔日〕吉川忠夫等编，朱越利译：《真诰校注》，中国社会科学出版社，2006 年。

③ 燕燕燕：《滕州西户口一号、二号祠堂画像石中榜题图像考》，《中国汉画学会第十三届年会论文集》，中州古籍出版社，2011 年。

④ 洛阳博物馆：《洛阳西汉卜千秋壁画墓发掘简报》，《文物》1977 年第 6 期；微山县文物管理所：《山东微山县出土的汉画像石》，《文物》2000 年第 10 期。

⑤ 《汉书》中《哀帝纪》《天文志》《五行志》都记载了与西王母信仰相关的运动。如《汉书·五行志》记载"哀帝建平四年正月，民惊走，持稿或棷一枚，传相付与，曰行诏筹。道中相过逢多至千数，或被发徒践，或夜折关，或逾墙入，或乘车骑奔驰，以置驿传行，经历郡国二十六，至京师。其夏，京师郡国民聚会里巷仟佰，设（祭）张博具，歌舞祠西王母，又传书曰'母告百姓，佩此书者不死。不信我言，视门枢下，当有白发。'至秋止"，中华书局，1962 年，第 1476 页。

到"朱师"铜镜铸成的东汉建初八年的140余年间，东王公似乎完全消失了。在东王公消失期间，图像资料中与西王母对应的男性"阳仙"的位置却一直没有空缺。姜生指出，西汉晚期至东汉早期画像石中常见的"风伯与西王母"以及"子路与西王母"的图像对应模式是在东王公出现的东汉以前与西王母形成阴阳对应平衡的"过渡型"组合①。然而孔子衣镜的发现，可以证明东王公在西汉中晚期就已经出现并且成为与西王母对应的阳仙。如此看来，汉画像石中的"风伯与西王母""子路与西王母"的图像组合设计或许并非"过渡产品"，而是有意为之。但东王公消失及重新出现的原因，还有待进一步研究。

　　孔子衣镜上的"东王公西王母图"和《衣镜赋》是目前已知最早的东王公图像和文字资料，将东王公的出现时间由东汉早期提前到了公元前1世纪前叶，并证明以东王公作为男性的"阳仙"与女性的"阴仙"西王母相对应的图像组合模式在西汉宣帝时期已经成型。"东王公西王母图"的图像与《神异经》等文献的契合验证了"东王公会西王母"等传说在汉代便已存在，为研究汉代神仙图像提供了新线索。

---

　　① 姜生、种法义：《汉画像石所见的子路与西王母组合模式》，《考古》2014年第2期。

第五章　简　　牍

第一节　清理与保护综述 ①

　　2015年，南昌西汉海昏侯墓发掘过程中出土了一批珍贵的竹简（图2-5-1）。由于墓葬经历了盗掘、垮塌，同时受到鄱阳湖水位变化及光照、微生物等因素影响，竹简保存状况极差，病害情况严重。针对竹简保存现况，在对其保存状况及受损原因进行检测分析的基础上，江西省文物考古研究院与荆州市文物保护中心的工作人员对这批珍贵的竹简开展了一系列现场及室内的发掘清理和保护工作。

图2-5-1　海昏侯墓竹简现场保存情况

---

① 管理：《出土简牍的现场及室内清理保护》，《海昏简牍初论》，北京大学出版社，2020年。

一、竹简保存状况及成因分析

（一）竹简保存状况及检测分析

竹简出土于海昏侯刘贺墓M1墓室西藏椁的北侧，这个位置堆放了数量较多的长方形漆箱，竹简就存放于其中的五个漆箱内。

在发掘现场清理时，发现竹简保存状况非常复杂，数量多且分布范围大，并与其他文物混合。用于存放竹简的漆箱大多朽坏，残破成块状漆皮，漆箱里的竹简也大都暴露在外。由于漆箱破损，墓葬内的填土、淤泥及其他文物附着粘连在暴露的竹简上。竹简编绳全部朽烂，导致竹简卷束散开呈散乱堆积。暴露出的竹简大多残碎成块状，并严重干缩，表面颜色已严重氧化呈灰黑色。

由于该墓在2011年遭遇盗掘，加之长期埋藏于地下，受到霉菌等微生物、酸碱水分的浸蚀以及附近鄱阳湖水位起落的影响，这批竹简的竹木材细胞壁的细微组织受到损害，器物已丧失了原有的机械强度，内部呈海绵状，色泽和强度与新鲜木材大相径庭。特别是从发掘到提取前，整个墓室一直暴露在空气中，环境变化大，失水明显，竹简附着的淤泥已逐步硬化，部分竹简开始呈现块状及筒瓦状干缩，出现了典型的竹木漆器类文物失水变形病害。

经观察，该批竹简均存在饱水、干缩、卷曲、变形、残碎、腐朽等病害，且竹简均存在通体变色的病害。通过选取部分饱水竹简残片进行检测，得知竹残片含水率高达420%～700%。通过对选取竹简残片自然干燥前后尺寸的检测，得知收缩率横向为40%～55%，径向为14%～21%。通过扫描电子显微镜观察，发现竹材样品的导管破坏较为严重，竹材样品横切面上维管束中的纤维明显被降解，维管束内部的小型薄壁细胞、筛管及其伴胞造成破坏，竹材样品中出现许多横向的空隙。扫描电镜能谱分析结果显示，样品黑色斑点区域较浅色区域铁元素含量更高，推测竹简变色机理与铁元素有关。由于在缺氧条件下铁离子以Fe^{2+}形式保存，在接触空气后，迅速发生氧化，生成Fe^{3+}，进而与木质素降解产生的含苯酚结构的活性物质进行反应，生成黑色物质，导致竹简变色。

检测结果表明，海昏侯墓出土的这批竹简样品含水率高，内部结构已遭到严重破坏，糟朽严重，不适合自然干燥，同时由于竹简受到土壤、地下水、微生物等综合作用，含有较高铁离子，导致竹简变黑，因此后期需要对竹简进行脱色处理。

（二）成因分析

竹简属于有机质类文物，极易受埋藏环境中各类有害物质的腐蚀以及微生物的分解，使得竹简中的纤维素与半纤维素产生严重的降解而糟朽，而这些损坏的空间会被地下水浸入，导致竹简含水量增高并呈海绵状，从而丧失机械强度。同时，竹简在长期的埋藏过程中，埋藏环境相对稳定，文物与环境之间基本已经处于一种相对平衡状态，环境对文物的腐蚀、降解及同化的过程相对而言要缓慢些。一旦墓葬被打开，文物就从相对密闭的环境转变为开放环境，原有的平衡被打破，受光照、温度、湿度、空气污染物的共同影响，竹简的变形加剧和整体强度下降。同时据史料记载，318年江西曾发生一场大地震，使原来的海昏县淹没到鄱阳湖中，也使海昏侯墓墓室坍塌，被地下水淹没，墓室的坍塌也可能对有机质文物的保存状况产生破坏。

因此，对这批出土饱水竹简实施从考古发掘现场的稳定维护、保护性提取，到室内的清理保护，再到脱水修复的技术处理，都显得非常重要。

二、竹简的现场提取

（一）提取预案

为采取科学、有效、简便、快速的抢救性保护措施，尽可能减少因环境突变对出土文物的破坏。由江西省文物考古所与荆州文保中心文保人员成立海昏侯墓竹简项目组，对竹简提取工作进行了分析讨论，并就现场条件制定了专项提取预案，预案内容主要包括可能遇到的难题及应急措施。

荆州技术人员和现场考古工作人员对提取的方法进行了分析讨论，同时进行竹简提取前的准备工作。拟采用的现场提取技术主要为直接提取法、插板提取法以及套箱提取法等。对与之相对应的工具和材料进行了准备。

竹简提取工作开始后，项目组人员对发掘现场做了进一步观察，进行了小范围实验，初步确定选用插板提取法将竹简整体提取。

（二）现场提取

在提取的过程中，发现竹简保存情况比较复杂，而且数量多、分布范围大，且与其他文物相互混合，整体打包提取存在较大难度。若按原定设计的方法进行提取，势必影响竹简的安全。工作人员根据现场竹简分布的具体情况，最后确定以保存竹简的完整性为主要原则，将原整体提取方案改为分四个区域进行（图2-5-2），提取时将混有其他文物的竹简一并取出，在具有一定处理条件的室内再进行整理。

图2-5-2 竹简提取分区情况

海昏侯墓竹简的现场提取工作正式开始后，工作人员首先清理淤泥及竹简外围的器物，使竹简完全暴露出来，再进行提取。海昏侯墓为典型的淤泥墓，泥土遇水黏结度极高，对于海昏侯墓葬的淤泥清理，采用以椰子油、表面活性剂为主要成分的分离剂，以减少黏性土壤对文物的损坏，缩短操作时长，提高工作效率。由于堆积竹简的木椁底室底板并非完全平整，提取时需借助刮削得很薄的竹片，从木椁底室底板相对低的一端将简堆与相邻底板缓慢剥离，剥离的同时一边轻轻地插入软塑料托板，托板的插入深度，以不伤及竹简为原则。从底板相对低的一端开始，从不同方向分别插入托板，待塑料托板已将竹简整体托住后，再从塑料托板下面插入硬质托板，双手扶稳，将不同分区的竹简整体提取出来。

由于发掘工作的开展，原来深埋地下相对稳定的保存环境被打破，纤维素和木质素的降解大大加快，竹简长期暴露在空气中，失水现象不可避免地出现。工作人员将提取后的竹简进行了保湿、防霉、防光、防高温等临时性简单技术处理后运至文物保护工作站。

（三）包装运输

竹简现场提取完成后，包装与运输是将竹简安全运到文物保护工作站的关键之一。这个节点采取的措施主要是：

1. 保湿处理

先在竹简表面喷洒清水保湿，以防止水分丢失，从而造成干缩变形。

2. 表面防护

使用聚乙烯薄膜作为文物和外包装材料之间的阻隔物包裹竹简。

3. 容器包装

将竹简保湿后，从托板下部用聚乙烯塑料薄膜包好后放入底部垫有海绵的包装箱，再用海绵填实竹简箱内的所有空间。

4. 信息标识

容器包装箱外书写标号。

5. 运输装载

竹简运输时，为缓冲运输过程产生的冲力，保障文物安全。应在包装箱底部及四周增加5～10厘米的海绵作为衬垫进行防震，包装箱与包装箱之间也不能例外；对包装箱进行固定，避免在运输途中发生碰撞或上下颠簸。

6. 运输路线与车速

应选择路况较好的运输路线；途中车辆速度应匀速缓行，应尽量避免紧急转向或紧急制动。

三、竹简的室内清理保护

竹简长久埋藏于地下，原本成册收卷的面貌早已经解体、散落，有的还出现了严重的变形、残碎和腐朽等病害。一般须将厚度仅1～2毫米的竹片揭剥开来，并保持其现存状况的完整性，同时不损伤表面墨迹等信息，不扰乱层次和顺序，才能为册书的复原、文字内容的释读提供最大限度的保证。因此室内清理是竹简保护的关键环节。

2015年11月起，海昏侯墓文保组开始了针对海昏侯墓出土竹简的室内清理保护工作，至2016年5月顺利完成竹简的剥离工作，成功剥离竹简5200余枚。在清理竹简的同时，针对糟朽竹简开展了一系列保护工作。清理保护过程如下：

（一）实验室清理

1.清理工序

（1）资料收集

按考古与文物保护工作要求进行信息记录，经清理小组讨论确认后方可进行竹简的揭取。揭取人员要配合绘图人员和考古人员进行，绘图人员先编好号，记录人员做好记录，主要是记录竹简的尺寸、文字的方向、相互间的关系、竹简的放置情况等，根据保存现状自上而下逐层揭取。

（2）确定基线

由于出土竹简杂乱无章、错综复杂，一般做法是，在未清理的竹简上确定一条基线，以该基线为固定点定位绘制出竹简的平、剖面图，为后续的揭取工作提供依据。

（3）划分区域

将竹简表面清理干净后，依据竹简每卷的长短、宽窄、厚薄等表象进行划分并依次编号，经清理小组讨论确定后，即可开始竹简的揭取工作。

（4）揭取编号

将成册或成堆竹简的顶部及横断面上的淤泥清理干净，先仔细查看，找准竹简之间的层次再着手处理，并以多角度反复观察。

揭取是从上到下一组组揭取，竹简揭取前，揭取人员将竹木质地的刀片轻轻地插入两枚竹简之间的前端，对揭取的竹简进行松动，另一只手用毛笔在缝隙中滴入蒸馏水，借助水的渗透润滑作用将竹木质刀片缓慢向前推进，从中分理出单只竹简。带全部剥离后方可用薄竹片揭取，之后放入编好号的盘子中。揭取一层就要进行一次绘图、照相，依次操作直到结束。

（5）清理存放

竹简揭取后，放入事先预备好的编号整理盘，其编号与揭取时划分区域的编号相对应，以方便后期保护处理工作。盘中蒸馏水要时刻保持充足。

（6）绘图整理

此次清理竹简采用的是正射影像同步绘图技术，是今年研究的一种考古绘图与整理技术。具体方法是将发掘出土的竹简照相后导入电脑存档编号，然后对导入的图像进行纠偏、两点、三点或四点定位保存后，进行绘图整理。这种无纸化绘图方法可以有效解决现有手工绘图中存在的精度差、效率低、使用不便、不易保存、易损伤文物等问题，且集辨识、整理、排序为一体的考古竹简的整理方法。与现有传统的手工纸质绘图技术与整理技术相比，无须手工测量、无须接触竹简就能精确绘图，能提高效率、精度等，具有便于保存、易于编辑、使用方便、传输便捷、线条流畅等特点。

2. 竹简清理过程

出土竹简表面均覆盖着一层厚厚的淤泥，因此竹简室内清理时首先要做的是整体清淤。用塑料洗瓶向竹简表面缓慢喷射去离子水，用细竹签、牛角刀、纯净水等小心去除覆盖在竹简堆积上面的浮土及杂质，并配以软毛刷轻刷较大的泥块，用削制好的薄竹片剔除附着在竹简堆积上的杂物，以便更好地认识竹简的堆积情况。一层层地清除竹简表面的淤泥，越接近竹简时越小心。清理过程中产生的污水，考古人员均进行了浮选和筛选，同时保护人员也收集了部分水样进行分析测试。

整体清淤后分别对打包后各部分套叠在一起的漆箱进行分解。通过分解，共从五个漆箱内清理出竹简，分为五个部分，编号为M1：933、M1：933-11、M1：933-13、M1：934和M1：935-3。

将每个装有竹简的漆箱单独分离后，分别进行拍照、描述和三维扫描。然后用削好的边缘光滑的薄竹片沿着漆箱破损处或者边缘轻轻插入竹简的底部，将竹简略微向上抬起，再插入薄的PVC板，将漆箱内的竹简整体抬出。去离子蒸馏水和软毛笔将成册或成堆竹简的顶部及横断面上的淤泥清理干净，然后将竹简整体泡入丙二醇等加固液中进行整体加固。

将整体加固后的竹简放置于稳定的操作台面上，揭取前先仔细查看，找准竹简之间的层次再着手处理，并以多个角度反复观察。由于出土竹简杂乱无章、错综复杂，因此首先在未清理的竹简上确定一条基线，以该基线为固定点定位拍摄正投影照，并绘制出竹简的平、剖面图，为后续的揭取工作提供依据。

对于五个部分堆积竹简分别进行清理，剥离前首先对各部分堆积进行卷数与区域划分。从顶面和四个侧面反复观察竹简，依据竹简每卷的长短、宽窄、厚薄等表象进行划分并依次编号，确定整体分离卷数。首先从顶面观察能否整体分离，如M1：933-13可以分开为两卷，编号为M1：933-13剖面一和M1：933-13剖面二。对于从顶面不能整体分离的竹简从侧面观察其叠压堆积状况，根据叠压状况分层，然后再根据每层竹简排列方向、竹简长短等情况分卷。M1：933可以分为五卷，M1：933-11可以分为四卷，M1：934也可以分为八卷（图2-5-3），M1：935-3整体为一卷。

将竹简分卷之后，分别拍摄正投影照片，然后开始按分组情况依次分离竹简。以揭取竹简以之前确定好的基线为分界线，以每卷竹简两端的正投影照为剖面，从上到

图2-5-3　M1：934分区示意图

下一组组揭取，以每枚竹简剥离的顺序为编号绘制竹简剖面图（图2-5-4），按照揭取顺序在剖面图上绘制对应竹简编号（图2-5-5）。

图2-5-4　M1：933-11竹简剖面图　　　　图2-5-5　竹简剖面绘图编号示意图

　　绘图与文字记录工作贯穿竹简揭剥工作的始终。此次清理竹简采用的正射影像同步绘图技术，是近年研究的一种考古绘图与考古整理技术。具体方法是将发掘出土的竹简照相后导入电脑存档编号，然后对导入的图像进行纠偏、两点、三点或四点定位保存后，进行绘图整理。与现有传统的手工纸质绘图技术与整理技术相比，无须手工测量、无须接触竹简就能精确绘图；与传统纸质绘图相比，有效提高了工作效率与精准度。揭剥图与文字记录是后期整理的基础，因此在揭取竹简的过程中，工作人员详细记录每枚竹简的基本信息，包括竹简的位置、长短、残完程度、可辨字迹的方向、编绳信息以及特殊现象等，保证了竹简自身有价值的信息不被遗漏。

　　竹简揭取前，揭取人员将竹木质地刀片轻轻地插入两枚竹简之间的前端，对揭取的竹简进行松动，另一只手使用毛笔在缝隙中滴入蒸馏水，借助水的渗透润滑作用将竹木质刀片缓慢向前推进，从中分离出单支竹简。待全部剥离后方可用薄竹片揭取，竹简揭取后，按顺序15支一个单位放入事先准备好的盛放有蒸馏水的编号整理盘，其编号与揭取时划分区域的编号相对应，以便于后期保护处理工作。盘中蒸馏水要时刻保持充足。对于残断竹简，在现场如果能够判断出可以拼对的，编为一个号放在一起，不能拼对的则每支残简单独编号。揭取一层就要进行一次绘图、照相，依次操作直到结束。

通过清理与剥离，包括残简在内，共清理竹简5259枚（编号），下面按各部分堆积情况依次加以介绍。

1）M1：934堆积的清理。这一部分是所有竹简中保存状况最好的一部分，根据竹简叠压排列情况，共划分为八个区，清理出竹简791枚，其中Ⅳ区、Ⅴ区保存状况较好，剥离出的竹简保存相对完整，长度均在23厘米左右，其余区域的竹简均存在不同程度的干缩、残破、变形等现象。各区剥离竹简具体数据见表2-5-1。

表2-5-1 　M1：934堆积分区竹简数量

竹简分区	M1：934 Ⅰ区	M1：934 Ⅱ区	M1：934 Ⅲ区	M1：934 Ⅳ区	M1：934 Ⅴ区	M1：934 Ⅵ区	M1：934 Ⅶ区	M1：934 Ⅷ区
数量/枚	48	75	123	146	73	56	28	242

这部分竹简的宽度为5～8、厚0.5～1毫米，其中Ⅳ区、Ⅴ区出土的完整竹简尺寸比较规范，长约23厘米，相当于汉尺的一尺。其余大多残长4～27厘米。部分竹简残留一或二道编绳痕迹（图2-5-6），推测完整简应为二道编绳，Ⅳ区竹简清理中发现了编绳残断。除Ⅰ区中12号竹简为双面书写文字外，其余竹简文字皆书于一面，所有竹简未见明显契口。

2）M1：933堆积的清理。这一部分是所有竹简中数量最多的一部分，共分为五个

图2-5-6 　竹简编绳痕迹

区域进行剥离，剥离时连同周围散乱的残破竹简一起清理，共计2350枚，具体数据见表2-5-2。

表2-5-2　M1∶933堆积分区竹简数量

竹简分区	M1∶933Ⅰ区	M1∶933Ⅱ区	M1∶933Ⅲ区	M1∶933Ⅳ区	M1∶933Ⅴ区	残乱竹简
数量/枚	385	284	377	679	547	78

这部分竹简保存情况较差，除78枚相对完整外，其余均为残简，同时出现了不同程度的干缩、变形，宽度为6～8、厚0.5～1毫米，竹简长2.5～29.5厘米。部分竹简残留一或二道编绳痕迹，推测完整简应为二道编绳，竹简文字皆书于竹黄一面，所有竹简未见明显契口。清理过程中发现竹笥（图2-5-7）等残块。

图2-5-7　竹笥

3）M1∶933-13堆积的清理。该部分堆积从顶面观察分界线后划分为剖面一和剖面二两个区域，其中剖面一清理出500枚竹简，剖面二清理出390枚竹简，总计890枚。这部分竹简中只有45枚基本完整，其余均为残简。这部分竹简的宽度为7～8、厚约1毫米，其中保存基本完整的竹简长21～23厘米。部分竹简残留一或二道编绳，文字皆书于竹黄一面，所有竹简均未见明显契口。

4）M1∶933-11堆积的清理。这部分竹简堆积复杂且数量较多，保存状况较差。竹简大多出现干缩、变形、断裂现象。共分为四部分清理，共计1024枚，具体数据见表2-5-3。

表2-5-3　M1∶933-11堆积分区竹简数量

竹简分区	M1∶933-11Ⅰ区	M1∶933-11Ⅱ区	M1∶933-11Ⅲ区	M1∶933-11Ⅳ区	残乱竹简
数量/枚	75	702	85	138	24

这部分竹简中只有26枚基本完整，其余均为残简。这部分竹简的宽度为3～8、厚约1毫米，其中保存基本完整的竹简长19～23.5厘米。未见竹简编绳痕迹，文字皆书于竹黄一面，所有竹简均未见明显契口。清理过程中发现漆盒（图2-5-8）等残片。

5）M1∶935-3堆积的清理。这部分竹简在所有堆积中保存状况最差，所有竹简均为残段，并存在严重干缩现象。清理后共剥离竹简204枚。可辨认字迹的竹简文字书于竹黄一面。

图2-5-8 采用乙二醛溶液对海昏侯汉墓
出土糟朽竹简进行提前加固

（二）竹简室内保护

由于出土竹简保存状况异常糟朽，为了尽可能获取更丰富完整的文字信息，在竹简的室内清理过程中，工作人员对竹简同步开展了一系列保护工作。

1. 竹简预加固

针对海昏侯墓出土竹简异常糟朽的特点，项目组研究了提前加固的方法即将整体清淤后的竹简直接浸入加固溶液，加固一层揭取一层，直至清理完毕。该方法所需时间相对较短，使用的加固材料对后期清洗无影响或影响较小，且不影响后期脱水以及其他工作的开展。

2. 竹简红外扫描工作

为了更好地保存原始资料，剥离下来的竹简在清洗脱色前，用红外扫描仪进行正反面扫描。为了确保竹简不在空气中暴露时间过长以及保存温度发生变化而发生卷曲变形，此次红外扫描进行了适当的技术改良，将原有的平面玻璃扫描面改良为有机玻璃水槽，在装满纯净水的玻璃水槽中对竹简进行红外扫描，此举有效保证了在文物保护的前提下对文字信息进行提取。扫描后的竹简第一时间放入装满纯净水的塑料容器中进行保存，同时保证了室内环境的恒温恒湿，防止竹简因环境变化而发生状态改变。2016年11月，5000余枚竹简的红外扫描工作全部完成，扫描后的图片被及时分类存档。

3. 剥离后竹简的加固、润胀、复形

剥离后的竹简进行了第二轮加固处理，以保证最大限度提升竹简的强度、韧性，避免在清洗过程中造成二次损伤（图2-5-9）。

在红外扫描过程中，海昏侯墓出土竹简大部分存在干缩卷曲变形的情况，导致部分竹简无法

图2-5-9 二次加固

顺利获取文字信息，为接下来即将开展的文字释读带来了不便。为尽可能恢复竹简原有形状，工作人员对海昏侯墓干缩竹简开展了干缩润胀实验：将干缩变形的竹简浸泡在2%的烷基多苷溶液中完全浸润后用蒸馏水漂洗数次，清除残留烷基多苷，再次浸泡于0.5%的槐定碱溶液中，根据干缩变形程度调节溶液pH（不超过10），达到最大值稳定后采用蒸馏水浸泡漂洗至中性蒸馏水存放。实验结果表明，出土饱水竹简干缩变形后，可以采用表面活性剂和生物碱进行溶胀复形。经润胀后的竹简，外形尺寸基本达到干缩前的水平，微观形貌也未发生显著变化，字迹未发生脱落现象，而且从竹简上书写文字的笔画舒展性可以判断，复形效果良好（图2-5-10）。目前对于剥离后竹简的加固、润胀及复形工作正在进行中，工作组计划待竹简加固润胀工作完成后正式启动竹简的清洗、脱色及第二轮红外扫描和脱水工作。

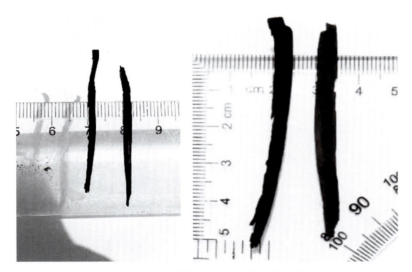

图2-5-10　竹简润胀实验前后对比图

四、结语

通过此次海昏侯墓出土竹简现场及室内清理工作实践，对于淤泥墓出土饱水竹简在现场提取以及室内清理保护等方面都进行了有益的探索，实现了在考古发掘现场对出土有机质文物的有效保护，在工作过程中也有很多心得体会。

1）文物保护与室内清理相结合，对南方淤泥墓出土糟朽竹简的清理保护进行了有益的探索与尝试。海昏侯墓属于典型的南方淤泥墓，由于受到光照、温度及鄱阳湖水位变化的影响，竹简保存状况极其糟朽。针对竹简保存现状，本次竹简室内清理过程中及时采取了相应的文物保护措施，如竹简保存现状评估、剥离前预加固、润胀复形、采用玻璃水槽进行文字信息提取等方法，均有效保证了在文物保护的前提下进行竹简信息提取，避免了竹简的二次损伤，形成了对南方淤泥墓出土脆弱质竹简"边发掘，边清理，边保护"的工作方式。

2）由于考古发掘现场的条件限制，在现场对竹简进行清理，难以准确判断竹简之间的相互关系，且不利于竹简的保护。因此，发现竹简后，保护人员采取整体提取的方式，将保留了原始堆积状况的竹简分区域搬迁至实验室，会同考古人员一同对竹简进行实验室考古清理。这是考古发掘在实验室的延续，同时也是考古发掘、文物保护、古文字研究等多学科协作的一次成功实践。

3）考古发掘现场信息量大，第一手资料多，对于文物保护人员，不能忽视任何资料信息的采集获取，很可能对今后文物保护技术的研究有着重要作用。同时现场提取及室内清理的过程也是一个不断发现问题解决问题的过程，在这个过程中不断激发灵感，勇于创新，开展更为深入细致的研究工作，努力提升文物保护的科技含量，对推进文物科技保护工作也具有重要意义。

第二节　刘贺墓出土简牍概述 [①]

2011年4月，江西省文物考古研究院发掘了南昌市西汉海昏侯墓园，2015年7月，在刘贺墓主椁室文书档案库发现5200余枚简牍（包含残断简牍），另在主椁室各处发现110枚签牌（以下简称海昏简牍）[②]。2015年10月，在荆州文物保护中心的指导下，清理保护工作正式展开。简牍原放置在四个漆笥中，漆笥大部分已腐朽，底部以织物承托，出土时仍可见部分织物与竹编织物的残片。竹简放置在三个漆笥内，最小的存简一组，200余枚，最大的存简三组，4000余枚，其余1000余枚放置于另一漆笥中。竹简各卷之间杂有部分木牍（图2-5-11）。

公文奏牍被单独放在一个漆笥内。简牍出土时保存情况较差。据目前统计，存字完整的简牍不足十一。2018年3月，北京大学出土文献研究所与江西省文物考古研究院启动简牍整理工作，经初步判断，竹简基本属于古代书籍，另有500余枚竹简与昌邑

---

① 江西省文物考古研究院、北京大学出土文献研究所、荆州文物保护中心：《江西南昌西汉海昏侯刘贺墓出土简牍》，《文物》2018年第11期。

② 江西省文物考古研究所、南昌市博物馆、南昌市新建区博物馆：《南昌市西汉海昏侯墓》，《考古》2016年第7期。

图 2-5-11　海昏侯墓出土奏牍　竹简出土情况

王国、海昏侯国的行政事务和礼仪等有关。木牍60余件，内容除书籍外，另有公文书。签牌标明随葬衣、物的内容与数量等。现分类简述如下。

一、典籍

（一）六艺类

《汉书·艺文志》著录的"六艺"类，主要是儒家经典及其训传。海昏简牍中的《诗经》、《礼记》类、祠祝礼仪类、《论语》、《春秋》经传及《孝经》类等文献与"六艺"有关。

1.《诗经》

《诗经》现存竹简1200余枚，三道编绳，容字20～25字，多已残断，几无完简。简文内容分为篇目与诗文。篇目简分栏书写，多为四栏，约20字。简文见"□诗三百五扁（篇）"，另有"颂卅扁（篇）""大雅卅一扁（篇）""国百六十扁（篇）"（图2-5-12）。据此推算《小雅》应为74篇，与今本《毛诗》篇数一致。唯简文言"凡千七十六章"，与今本1142章之间存在较大差距。

《雅》《颂》的分组为十篇一组，与今本一致，只是不

图 2-5-12　海昏侯墓出土奏牍《诗经》简

称之为"什"而径称"某某十篇",如"鸿雁十扁（篇）""清庙十扁（篇）"等。一"组"之内的篇序可能与今本存在差异。《国》的分组则称"卫十扁（篇）""秦十扁（篇）""陈十扁（篇）"等。

简本《诗经》篇题与今本多数取自首章首句不同，除取首章首句外，尚可见取二章一句、二章二句或三章二句等多种情形，如简"清人在彭""有女同行"分别对应今本《郑风》中《清人》的首章首句、《有女同车》的二章一句，似可推断简本分章与今本或有不同①。

简本诗文形式是正文附训诂。开篇在篇题后有类似诗小序的文字。正文随文训诂，并非每字、句均作训解。每章末尾以小圆点标记章序、句数，如"曰止曰时，筑室于兹。兹，此也。●其三，六句"。每篇末尾汇总章数、每章句数后，以小圆点标记总句数和归纳诗旨的文字，如"《匜风》三章，章四句。●凡十二句。刺正（政）"。

简本用字与今本《毛诗》或有不同，如简本"维叶崔崔"，今本《周南·葛覃》作"维叶萋萋"②。"崔""萋"二字音近可通假。

诗经学是汉代的显学，先后有齐、鲁、韩三家诗被立为官学，而毛诗则长期在民间传授。到东汉末年，郑玄为毛诗作笺，毛诗成为正宗，而三家诗则先后亡佚。安徽阜阳双古堆西汉汝阴侯墓出土西汉早期的《诗经》残简③，湖北荆州夏家台墓地出土战国楚简《诗经·邶风》④，安徽大学藏战国竹简亦有《诗经》，与《国风》《小雅》部分篇章有关⑤。《汉书·儒林传》记昌邑王师王式自称"以《诗》三百五篇朝夕授王"⑥。王式所学为传自申公一脉的鲁诗。海昏简牍《诗经》的发现，不仅提供了目前所见存字最多的西汉《诗经》文本，更有可能呈现出汉代鲁诗的面貌，为研究汉代诗经学增添了新资料。

2.《礼记》类

《礼记》类文献现存竹简约300枚，其中大部分为残简。简背多见斜向划痕。根据

---

① 此在简本篇章符号上亦有反映。

② （清）阮元校刻：《十三经注疏·毛诗正义》，中华书局，2009年，第580页。

③ 安徽省文物工作队、阜阳地区博物馆、阜阳县文化局：《阜阳双古堆西汉汝阴侯墓发掘简报》，《文物》1978年第8期；胡平生、韩自强：《阜阳汉简诗经研究》，上海古籍出版社，1988年。

④ 田勇、王明钦：《湖北荆州刘家台与夏家台墓地发现大批战国墓葬》，《中国文物报》2016年4月8日第8版。

⑤ 黄德宽：《安徽大学藏战国竹简概述》，《文物》2017年第9期。

⑥ 《汉书·儒林传》，中华书局，1962年，第3610页。

竹简的形制、容字、文字书体和内容的差异，大致可分为四组。

第一组，四道编绳，完简约容40字，文字间距较小。内容相当于今本《礼记》的《曲礼上》和《曲礼下》两篇，目前可识读的文字涉及其中近30章。简文连抄不分章，亦无章节符号，但从相邻两章的衔接处可以看出"章序"与今本《礼记》一致。其文句和用字大多与今本相同，但也有少量差异，如今本《曲礼上》"太上贵德，其次务施报"一句①，简本作"大上贵礼，其次务施报"（图2-5-13）。

第二组，三道编绳，完简容26字。其内容与今本《礼记》相合者有《祭义》《丧服四制》等篇，与今本《大戴礼记》相合者有《曾子疾病》《曾子事父母》等篇②，文字与今本差异较大。另外还有一些文句不见于传世文献，可能属于已亡佚的《礼记》类文献。

图2-5-13　海昏侯墓出土奏牍《礼记》简

第三组，因残断过甚，无法推知其形制，但文字书体和间距与第二组相近。内容相当于今本《大戴礼记·保傅》，文字大多与今本相同。

第四组，出土时与《论语》简混杂在一起，其形制、容字和书体亦与《论语》完全相同，三道编绳，完简容24字。每章另起一简抄写，但不见分章符号。其内容与今本《礼记》相合者首先是《中庸》篇，目前可识读的文字涉及今本的十余章，文句大多与今本相同。其次是见于今本《礼记·祭义》和《大戴礼记·曾子大孝》的"公明仪问曾子论孝"一段③。另外还有少量文句不见于今本大、小戴《礼记》和《论语》，究竟属于《礼记》佚篇抑或《论语》佚篇尚难确定。

众所周知，传世本《礼记》和《大戴礼记》是战国至西汉早期儒家著作的汇编，汉代多称为"记"。《汉书·艺文志》"六艺略"中"礼"类之下著录有"《记》百二十六篇"④，应是刘向、刘歆父子所见《礼记》类文献的汇总。海昏简牍中的《礼记》类文献包括形制、书体各异的多个简本，还有一些不见于传世文献的佚文，似说明

---

① （清）阮元校刻：《十三经注疏·礼记正义》，中华书局，2009年，第2664、2665页。

② 其中"乐正子春伤其足"一段内容见于今本《礼记·祭义》和《大戴礼记·曾子大孝》。

③ 此段内容今本《礼记》和《大戴礼记》文字略有不同，简本文字与今本大、小戴《礼记》皆略有差异。

④ 《汉书·艺文志》，中华书局，1962年，第1709页。

图 2-5-14　海昏侯墓
出土秦牍——祠祝简

《礼记》类文献直到宣帝时期仍处于"单篇别行"的状态。另外，上述第四组竹简中《礼记》类简与《论语》简形制和书体完全相同且混杂在一起，说明《礼记》中记录孔子及其弟子言论的内容与《论语》关系密切甚至存在"交集"。

3.祠祝礼仪类

海昏简牍中现存100余枚与祝祷、祭祀相关的竹简，可统称为祠祝简。两道编绳，每简容28～32字。这类简的核心内容是向神祝祷，以求福报。简文形式与目前已知的秦汉祠祝类文献相似，如先以发语词"皋"开始，再以"敢谒（某神）"点出求祷对象，继而是祝辞与许诺。具体祝祷对象有先农、五帝等，尤以五帝为多。祝辞常为四字韵文，祝祷目的有求雨、祈求丰收、延年益寿、子孙蕃昌等，其中以祝祷农事顺利者占多数（图2-5-14）。

这类竹简很可能是海昏侯或昌邑王国祝官实际使用的文本。首先，简文中多见"臣祝""祝再拜谢""祝赞曰"等语，"祝"应即祝官。其次，简文中的套语与此前所见的秦汉祠祝类实用文献十分相近。前文已提及的"皋""敢谒某神"及简文中多见的"（某神）下廷（庭）次席"等语，均见于睡虎地秦简《日书》甲种马禖祝篇、北大秦简《祠祝之道》等①。它们的使用方式、性质应大致相同，只是使用者不同而已。目前尚难确定这些文本是重复使用的文献，还是不同时期祝祷所用文本的集合。

值得一提的是，简文中提及的五帝，是与五方、五色等相配伍的"五色帝"。五色帝在先秦文献中就已出现，汉代国家祭祀中有五帝祭祀，但传世文献中并未详载祭祀细节。明确以五色帝为祷祠对象的文献，于此应为首见。海昏侯祝官所主持的五色帝祠祭，与汉代国家五帝祭祀的关系有待进一步考察。

海昏简牍中另有100余枚记录行礼仪式的文献，姑名之为"礼仪简"。这类竹简主要记录特定仪式中参与者站立的位置、进退仪节、主持者的号令等。其内容、措辞与《仪礼》等记载行礼仪节的文献十分相似。相关竹简记录的主体皆称"王"，应为刘贺

---

① "兕席"，郭永秉改释为"次席"。参见郭永秉：《睡虎地秦简字词考释两篇》，《古文字与古文献论集》，上海古籍出版社，2011年；田天：《北大藏秦简〈祠祝之道〉初探》，《北京大学学报（哲学社会科学版）》2015年第2期。

做昌邑王时行用的礼仪。

除《仪礼》外，记录实际行用礼仪的早期文献罕见。这批汉代诸侯王实际使用的礼仪尚属首次发现，意义重大。这既有助于了解汉代实际行用的礼仪内容，也可一窥这些礼仪与经典文本之间的关系。

4.《论语》

《论语》现存竹简500余枚，三道编绳，简背有斜向划痕。每简容24字，每章另起，未见分章符号。通篇抄写严整，不用重文、合文符号，也未见句读钩识。书风总体庄重典丽，但存在变化，似非出于同一书手。因保存状况不佳，完简极少，目前可释读的文字约为今本《论语》的三分之一。

各篇首简凡保存较为完整者，背面皆有篇题，目前可见"雍也""子路""尧"（对应今本《尧曰》）和"智道"，均是在背面靠近上端的位置刮去一段竹青后题写，由此推测，此简本

图2-5-15　海昏侯墓出土奏牍——《论语》简

《论语》原是每篇独立成卷（图2-5-15）。现存文字较多的篇有《公冶长》《雍也》《先进》《子路》《宪问》等，而对应今本《乡党》《微子》《子张》篇的内容则尚未发现，《颜渊》篇是否留存还未能确定。

简本《论语》与今本有较多差异，用字习惯亦不尽同，如今本的"知"字在此本中皆作"智"，"政"皆作"正"，"能"皆作"耐"，"室"皆作"窒"，"旧"皆作"臼"；今本中表示反问的"焉"，简本皆作"安"，读为"欤"的"与"皆作"耶"。此外，今本的"如"，简本多作"若"，"佞"或作"年"。这说明，此本的用字经过有意识的整理，似与今本《论语》及其源头"鲁论"属于不同的系统。

最引人注目的是，书中保存有"智（知）道"篇题和一些不见于今本的简文，表明此本应是《汉书·艺文志》所载的《齐论》[①]。西汉最重要的《齐论》学者王吉，在刘贺为昌邑王时任其国中尉，承当辅弼，时有谏诤。可以推想，此本应源出于王吉，是《齐论》系统的一个代表性传本。厘清此本的篇卷、分章结构和文字内容，不仅有助于增进对《论语》含义的了解，更将为《论语》学史的研究提供重要契机。

---

① 杨军、王楚宁、徐长青：《西汉海昏侯刘贺墓出土〈论语·知道〉简初探》，《文物》2016年第12期。

图2-5-16　海昏侯墓出土
奏牍——《春秋》简

5.《春秋》

《春秋》现存竹简200余枚，皆残断，无一完简。文字大多模糊不清，无法辨识。目前有文字且可辨识的简40余枚，其内容多是《春秋》僖公经传。

简文有部分内容见于今本《春秋》三传，但有些内容仅见于《公羊传》。如简文"而用师，危不得"，《公羊传》僖公三十三年夏四月辛巳"君在乎殡，而用师，危不得葬也……癸巳，葬晋文公"①。《左传》无此文。《谷梁传》僖公三十三年夏四月癸巳"葬晋文公。日葬，危不得葬也"②。无"而用师"之文。又如简文"取济西田。恶取之也？取诸曹"，《公羊传》僖公二十六年春"取济西田。恶乎取之？取之曹也"③。《谷梁传》《左传》只有"取济西田"四字。这说明简文似应出自《公羊传》。

另需留意的是，简文与今本《公羊传》存在较大差异。如简文"夏，公子遂如楚乞师。乞，卑辞也。曷为外内同之也？重师也"，今本《公羊传》僖公二十六年作"夏，齐人伐我北鄙。卫人伐齐。公子遂如楚乞师。乞师者何？卑辞也。曷为以外内同若辞？重师也"④，显然较简文为详。又如简文"使宰周公来聘。宰周公者何也？天子之"（图2-5-16），今本《公羊传》僖公三十年"冬，天王使宰周公来聘"⑤，僖公九年"夏，公会宰周公、齐侯、宋子、卫侯、郑伯、许男、曹伯于葵丘。宰周公者何？天子之为政者也"⑥，简文前、后两句，在今本《公羊传》中分别见于两处。

6.《孝经》类

《孝经》类文献现存竹简600余枚，均残损严重。目前看

①　（清）阮元校刻：《十三经注疏·春秋公羊传注疏》，中华书局，2009年，第4916页。
②　（清）阮元校刻：《十三经注疏·春秋谷梁传注疏》，中华书局，2009年，第5216页。
③　（清）阮元校刻：《十三经注疏·春秋公羊传注疏》，中华书局，2009年，第4913页。
④　（清）阮元校刻：《十三经注疏·春秋公羊传注疏》，中华书局，2009年，第4907页。
⑤　（清）阮元校刻：《十三经注疏·春秋公羊传注疏》，中华书局，2009年，第4913页。
⑥　（清）阮元校刻：《十三经注疏·春秋公羊传注疏》，中华书局，2009年，第4890、4891页。

来，其内容与"孝"的说解和阐释相关。从文字内容上看，"孝""亲""兄弟"是高频词；从行文结构上看，多处出现一问一答的形式，如"何若则可谓孝？曰：事……"说解阐释的特点颇为明显（图2-5-17）。

简文不止一处提到《孝经》，也有文句近同于《孝经》，如"服美而弗安，闻乐而……"句，应该是引用《孝经·丧亲》"服美不安，闻乐不乐"[1]；还有对《孝经》文句作解，如"思可道者，言也；行思可乐者，志也；德义可尊者，□也"，应是阐释《孝经·圣治》"君子则不然，言思可道，行思可乐，德义可尊"[2]的内容。但还不能说这些简文皆为对《孝经》的直接说解，即便有对《孝经》的说解，亦非训解文字而是阐释其意。

简文中的个别文句，与河北定州八角廊汉简《儒家者言》[3]以及甘肃肩水金关汉简中有关《孝经》的几条内容[4]有所关联或重合，可推测它们都属于西汉时期对"孝"的说解和阐释。海昏简牍《孝经》类简文是迄今出土的此类文献中最为丰富的，对研究汉代儒家学说有重要意义。

图2-5-17　海昏侯墓出土奏牍——《孝经》简

（二）诸子类

海昏简牍中有体裁近于"政论"的竹简50余枚，多数简保存完好，字迹清晰。两道编绳，每简约容32字。简文主张轻徭薄赋、偃武行文，以仁义治国，反对"毒刑骇法"，横征暴敛。简文以周、秦为例，指出周用义治天下，累世六七百岁，而秦以"毒刑骇法，二世而刑亡天下"。这与西汉时期政论文字旨趣相合，思想近于儒家。值得注意的是，简文中有几处言及"春秋曰"，但其所引文句并未见于今本《春秋》经传，尚有待进一步考察。

（三）诗赋类

海昏简牍中的诗赋类文献现存竹简200余枚，完简不多。经初步释读，知有《子

---

① （清）阮元校刻：《十三经注疏·孝经注疏》，中华书局，2009年，第5570页。

② （清）阮元校刻：《十三经注疏·孝经注疏》，中华书局，2009年，第5554页。

③ 国家文物局古文献研究室、河北省博物馆、河北省文物研究所等：《〈儒家者言〉释文》，《文物》1981年第8期。

④ 张英梅：《试探〈肩水金关汉简（叁）〉中所见典籍简及相关问题》，《敦煌研究》2015年第4期。

虚赋》及可暂定名为《葬赋》的汉赋。此外，还有一部分歌诗。木牍中亦有诗赋一篇，惜文字漫漶，具体内容有待进一步判断。

《子虚赋》现存竹简10余枚，残损严重，目前可释读者3枚。文句大多与《史记》《汉书》所引该赋相近，但也有部分词句不同。海昏简牍的发现为《子虚赋》的研究提供了新材料。

《葬赋》现存竹简20余枚，两道编绳。保存字数较多的简15枚，容30余字。简文中咏叹生病、下葬、吊唁、哭丧、祭祀等相关事宜，且多次出现"君侯""侯"及"夫人"字样，文句表述较为隐晦，其内容是否与"海昏侯"刘贺有关，尚待考察。

简本《葬赋》《子虚赋》等诗赋，结合银雀山汉简《唐勒》、尹湾汉简《神乌赋》与北大汉简《反淫》，为深入研究汉赋在西汉中期的发展、演变提供了新资料。简本歌诗是敦煌汉简《风雨诗》之后的又一重要发现，为汉乐府"采风""采诗"的进一步研究提供了契机。

（四）六博

海昏简牍中见有"六博"棋谱竹简1000余枚，简文亦多残断，完简甚少。目前可辨者有两道编绳，书写字体三种以上。棋谱除在大的漆笥内集中发现以外，另多见三五枚竹简散见于《诗经》《礼记》类、祠祝礼仪类、《春秋》《论语》《孝经》类及诗赋、数术、方技等简册之间。

《汉书·艺文志》中并未收录"棋谱口诀"一类文献。南朝齐、梁间，阮孝绪《七录》将《大小博法》《投壶经》《击壤经》等列入《术伎录·杂艺部》[1]。《隋书·经籍志》子部"兵家"类著录有《杂博戏》《太一博法》《双博法》《皇博法》《博塞经》《二仪十博经》等博戏类文献6种10卷[2]。姚振宗以为"博弈、击壤以谓寓意于兵势，髣髴其伦，遂取以充兵技巧之数"[3]。

简文有篇题，惜残泐。篇题之下记述形式以"青""白"指代双方棋子，依序落在相应行棋位置（棋道）之上，根据不同棋局走势，末尾圆点后均有"青不胜"或"白不胜"的判定（图2-5-18）。简文所记棋道名称，可与《西京杂记》所记许博昌所传"行棋口诀"、尹湾汉简《博局占》、北大汉简《六博》等以往所见"六博"类文献基本

①　任莉莉：《七录辑证》，上海古籍出版社，2011年，第392～394页。

②　（唐）魏徵、令狐德棻撰：《隋书·经籍志》，中华书局，1973年，第1016、1017页。

③　（清）姚振宗：《隋书经籍志考证》，《二十五史艺文经籍志考补萃编》（第15卷），清华大学出版社，2014年，第1353、1354页。

对应①。

　　据《西京杂记》言，六博"行棋口诀"在当时"三辅儿童皆诵之"②，可见"六博"在汉代盛行的情况，但其规则约在唐代以后失传。汉晋墓葬中常见六博棋具，包括六博（六根算筹）、博席、博镇、博局（棋盘）、博棋（棋子）及茕（骰子）等物。汉以降的墓葬还经常出土博局纹镜、博戏俑，此外画像石上也时有表现博戏的画面。过去发现的简牍文献，多用六博占卜。海昏简牍中的六博棋谱尚属首次发现，结合既往所见六博棋局实物与图像资料，定会促进汉代宇宙观念、六博游戏规则等思想文化与社会生活等方面的研究。

图2-5-18　海昏侯墓出土奏牍——六博简

（五）数术类

　　海昏简牍还包含几种前所未见的数术类文献，现存竹简300余枚。其中有60余枚简关于阴阳五行、五方五帝，明确提到"五行金木水火土""东方青龙西方白虎南方朱鸟北方玄武"等，惜简文残损严重，其性质需要进一步判断。

　　《易占》类竹简180余枚，简文多残断，两道编绳，约容35字。简文并不直接抄引《易经》卦爻辞，而是利用《易经》作日常吉凶杂占的数术书，似应题为《易占》，而非《易经》。阜阳双古堆西汉汝阴侯墓出土的所谓《易经》，虽然抄引《易经》，下附占断多与择日之术有关，其实也是用于同样的目的，同样不应称为《易经》，而应题为《易占》。

　　简文格式通常包括四部分：一是讲卦，说明某卦由某个下卦和某个上卦构成，然后用"某卦，某也"开头，简单解释卦义；二是讲象，通常作"某方多少饺，某方多少，干支"，用于裁断吉凶；三是注明此卦属于《易经》上经或下经第多少；四是讲择日，通常作四时孟中季吉凶或某月吉凶，往往还配演禽所属的动物。此外，另可见简文以卦象配姓氏。

　　《易占》之外，另有杂占书100余枚，尚不能确定其书种类。据残简识读，其内容有刑德端令罚与十二时相配占测吉凶，与尹湾汉简《刑德行时》相近。这些数术类古

　　①　连云港市博物馆、东海县博物馆、中国社会科学院简帛研究中心等：《尹湾汉墓简牍》，中华书局，1997年，第21、125、126页；北京大学出土文献研究所：《北京大学藏西汉竹书（伍）》，上海古籍出版社，2015年，第181～212页。

　　②　（晋）葛洪撰，周天游校注：《西京杂记》，三秦出版社，2006年，第204页。

书的发现与整理，对于深入了解汉代数术之学，以及相关的思想史、科技史、社会史研究具有重要意义。

（六）方技类

海昏简牍中的方技书，大致有"房中""养生""医方"等，现存竹简约200枚。"房中"在马王堆帛书《天下至道谈》中记述的"八道"之上增加"虚""实"而成为"十道"。"养生"借"容成氏"之口讲"贵人居处安乐饮食"，并可见"●黄帝一"的章题（图2-5-19）。"医方"可见部分方名，其中有与祛除蛊虫有关的方法。

海昏简牍的方技书，是继马王堆古医书、北京大学藏西汉医书、成都天回汉墓医简之后又一批重要的出土医学文献，将其与以上医书进行比较、综合研究，有助于促进我国早期医学文献和医学史的研究。

二、文书

海昏简牍中的木牍有近60件为公文书牍，因文字残甚，多已无法释读。其大致可分为两类：一类为海昏侯及夫人分别上书皇帝与皇太后的奏牍，其中可见元康三年至五年（前63～前61年）年号，推测与"朝献""秋请""酎金"诸事有关（图2-5-20）[①]。另一类初步判断似为朝中关于刘贺本人的议奏或者诏书，惜木牍残损，需要进一步辨明。文字依稀可辨有"今贺淫""天子少""列土封""乙巳死""葬谨议"等。

三、签牌

海昏侯墓中出土签牌约110枚，均为圆首长方形，多数顶部半圆形部分以墨色涂黑，少数画成

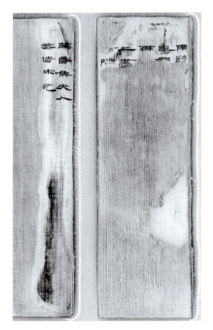

图2-5-20　海昏侯墓出土奏牍——木牍

---

①　王意乐、徐长青：《海昏侯刘贺墓出土的奏牍》，《南方文物》2017年第1期。

网格状或画一横线表示分隔，上钻有一孔。其下标识序号，如
"第一""第二""第十"等，目前所见最大编号为"第百一十"
（图2-5-21）。此种特殊形制，可称作"楬"。类似的木楬也见于西
汉时期的长沙望城坡渔阳墓与长沙马王堆一号墓等①。

图2-5-21　海昏侯墓
出土奏牍——签牌

约半数以上的签牌正反面皆有文字，多不分栏，每行记述一类
物品、数量，所载物品多者分上下两栏书写，但未见两栏以上的形
式。极少数签牌不分栏、不分行，天地顶格书写物品类别、数量。

所记内容大多为衣物布匹，如"紫丸上衣五""绢丸上衣
四""黄丸合袍一领""二幅细地宜子孙被""简布复绮一两""细练
中禅一""燕栗上衣一领"，也有少部分器物，如"铜刀一""长安
木小盘卅七"等。

四、价值

综上所述，仅就目前所知，海昏简牍的学术价值可以归纳为以下几个方面。

第一，墓中所出西汉简本《诗经》《礼记》类、《论语》《孝经》类等儒家经传，是
出土典籍类文献的一次重大发现，其中的《诗经》《论语》有较明确的师承来源，对于
研究儒家学说及其经典的传布、演变有极高的学术价值，历代学者争论不绝的一些疑
难问题由此可望解决或得到新的启示，从而促进有关学术研究的深入。

第二，墓葬时代、墓主身份明确，同墓所出儒家经典、诗赋、数术与方技文献并
重之情形，为了解昭宣时期的思想学术图景提供了资料，也为汉代诸侯王教育、文学
水平、修养以及思想信仰等方面的研究提供了契机。以往出土文献中有关西汉中期王、
侯一级文书较为缺乏，海昏简牍中涉及昌邑王、海昏侯的有关文献恰可弥补现有记载
的不足。首次发现了记载诸侯王、列侯所用具体仪节的资料，更可为西汉历史特别是
有关诸侯王、列侯制度的研究提供新的重要资料。

第三，海昏简牍数量庞大，为研究古代简牍书册的用材、修治、编联、篇题、标
点符号等问题提供了丰富的实物资料。可推动古代简牍书册制度的研究。简牍书法精
美，是研究西汉中期隶书的重要材料，补充了这一时期南方古书写本资料的不足，必

---

①　长沙市文物考古研究所、长沙简牍博物馆：《湖南长沙望城坡西汉渔阳墓发掘简报》，《文物》
2010年第4期；湖南省博物馆、中国科学院考古研究所：《长沙马王堆一号汉墓发掘报告》上集，文
物出版社，1973年，第112～118页。

将有助于深化对汉代隶书演变过程的认识。

　　以上仅是在现有工作基础上得出的初步认识，随着全部简牍的修复、整理工作的进一步开展与在此基础上的研究，对海昏简牍的内涵应会有新的发现，对其学术价值也将有更深入的认识。

第三节　奏牍所见汉代朝请制度 ①

　　海昏侯刘贺墓出土了一万余件（套）文物，其中受到世人瞩目的有江西地区首次发现的简牍等出土文献资料。在这批出土文献中包括数十版木牍，为海昏侯刘贺及其夫人向皇帝及太后的上书，涉及朝献、酎金、秋请等内容，对研究当时的朝请制度和刘贺被封为海昏侯前后的历史有重大意义。

一、奏牍出土情况

　　奏牍出土于海昏侯刘贺墓的墓室内西回廊北部，与其他简牍在一个区域。奏牍被单独放在一个漆箱内，漆箱大部已经腐朽。将奏牍和其他简牍打包到实验室清理时，发现这些奏牍外部可能有丝织物包裹，但丝织物已经完全腐朽只剩下痕迹。这些奏牍从漆箱取出后进行分离，编为58个号，其中49版外形基本完整，9版残碎。

　　这些奏牍的大小接近，一般长约23、厚约0.7厘米（图2-5-22）；宽度大多数为6.6厘米，少数几版宽度约为3厘米（图2-5-23），可能与奏牍书写内容多少有关。大部分奏

图2-5-22　海昏侯出土奏牍

---

　　①　王意乐、徐长青：《海昏侯刘贺墓出土的奏牍》，《南方文物》2017年第1期。

牍外形保持完整，但书写面都有木材组织剥落现象。

二、奏牍文字释读

虽然奏牍外形大都看起来较完整，但几乎每块奏牍牍面都有腐蚀剥落，奏牍上的墨书也多有涣散，所以奏牍的文字保存不是很完整。58版奏牍可以辨识出有文字的为34版，奏牍上的文字都是隶书，书写工整。现将释读的有文字奏牍内容公布如下，由于破损造成缺文或漫漶不清无法辨识的文字用□代替，残损文字用……表示，每列（栏）之间用/分隔。由于每个奏牍编号都是出土器物号M1∶499下的编号，下面释读编号都是省略M1∶499后的编号。

1）海昏侯夫人/妾待……/再拜/上书/太后陛下（图2-5-24）；文字不清楚，释读多是根据字形推测。

2）再拜/上书（图2-5-25）。

3）……贺正□……/太后陛下陪臣行□□事……妾待□□□□以闻/……/元康四年十月癸酉上（图2-5-26）。

图2-5-24　海昏侯出土　　图2-5-25　海昏侯出土　　图2-5-26　海昏侯出土
　　奏牍（1号）　　　　　奏牍（3号）　　　　　奏牍（4号）

图2-5-23　海昏侯出土奏牍

37号　　38号

4）……□□拜谨使陪臣行家□事仆□/……年酎黄金□□两/中庶子□□□臣饶□……/……/元康四年（图2-5-27）。

5）以诏书不上/元康五年二月臣贺□□……（图2-5-28）。

6）……书昧……臣贺昧死再□□……元康四年……（图2-5-29）。

7）……臣贺□/□拜/上书/帝陛下（图2-5-30）。

 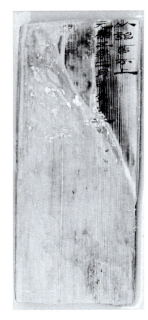  

图2-5-27　海昏侯出土　　图2-5-28　海昏侯出土　　图2-5-29　海昏侯出土　图2-5-30　海昏侯出土
　　奏牍（7号）　　　　　奏牍（9号）　　　　　奏牍（10号）　　　　奏牍（13号）

8）……

9）……再拜上书……/……行家丞事行人□忠□□臣贺书□□□□/……奉□臣贺□□幸再□□臣贺昧死……/……再拜□陪臣行行人……霸□/臣贺……（图2-5-31）。

10）海昏……

11）……以□（嘉？）其（末尾淡墨书章草，应该是对奏牍的回复）（图2-5-32、图2-5-33）。

12）□□海昏侯……陛下

13）南藩海昏侯……元康四年十月（图2-5-34）。

14）南藩海昏侯/臣贺昧死/再拜/上书……

15）南藩海昏侯/臣贺昧死/再拜/上书……

16）南藩海昏侯臣贺昧死□□书言/……帝陛下陛下使海昏侯……/臣贺昧死……/再拜上……/陛……/元康四年（图2-5-35）。

图2-5-31　海昏侯出土奏牍　　图2-5-32　海昏侯出土奏牍　　图2-5-33　海昏侯出土奏牍

17）南藩海昏侯/臣贺昧死/再拜/上书……

18）南藩海昏侯臣贺昧死/太后陛下臣贺昧死再拜……/……/太后陛下陪臣……/太后陛下/……（图2-5-36）。

19）……书言/……贺再拜谨使陪臣行家丞事仆臣饶居奉书……/……再拜□以请/皇……/皇……（图2-5-37）。

图2-5-34　海昏侯出土　　图2-5-35　海昏侯出土　　图2-5-36　海昏侯出土　　图2-5-37　海昏侯出土
　　奏牍（24号）　　　　　奏牍（27号）　　　　　奏牍（30号）　　　　　奏牍（32号）

20）南藩海昏侯／臣贺昧死／再拜／上书／皇帝陛下（图2-5-38）。

21）海昏侯夫……／太后……／奉……／太后陛下陪臣行……／太后陛下……（图2-5-39）。

22）……／帝陛下臣贺昧死再拜谨使陪臣行家丞事仆臣饶居奉元康／……／……陛下……／元康四年……（图2-5-40）。

图2-5-38　海昏侯
出土奏牍（35号）

图2-5-39　海昏侯
出土奏牍（38号）

图2-5-40　海昏侯
出土奏牍（39号）

23）海昏侯夫人／妾待昧死（图2-5-41）。

24）南藩……／臣贺／再……／上书／……帝陛……（图2-5-42）。

25）海昏侯夫人妾待昧死……／太后陛下……（图2-5-43）。

26）……／臣贺昧……／再拜／上书／皇帝陛下（图2-5-44）。

27）……／……居奉／……／太后陛下……昧死再拜以闻／太后陛下／……康三年十（或七）月庚辰上·元康四年二月丙子门大夫□□□□……（图2-5-45，最后一句为奏牍正文之后用淡墨书写内容）。

28）……／再拜／上书／皇帝陛下（图2-5-46）。

29）南藩海昏侯臣贺昧死再拜上书言／□□□臣贺昧死再拜谨使陪□□□事仆臣饶居奉书昧死／再拜为秋请／皇帝陛下陪臣行行人事中庶……臣贺昧死……／皇帝陛下／……康四年……（图2-5-47）。

30）谒者幸赐……（图2-5-48）。

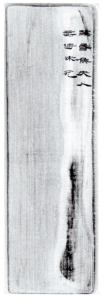

图2-5-41　海昏侯
出土奏牍（41号）　　　　图2-5-42　海昏侯
出土奏牍（42号）　　　　图2-5-43　海昏侯
出土奏牍（43号）　　　　图2-5-44　海昏侯
出土奏牍（45号）

图2-5-45　海昏侯
出土奏牍（46号）　　　　图2-5-46　海昏侯
出土奏牍（47号）　　　　图2-5-47　海昏侯
出土奏牍（48号）　　　　图2-5-48　海昏侯
出土奏牍（49号）

31）……臣贺昧死……仆臣饶居（图2-5-49）。

32）诏臣贺□躬卫（？）意于道□□贺谨再拜（图2-5-50）。

33）……/妾待昧死/再拜/上书/呈　太后陛下（图2-5-51）。

34）再拜谨使陪臣行家丞事……（图2-5-52）。

35）元康四年六月□未上　元康四年九月□□□□□□□（淡墨书写）（图2-5-53）。

图2-5-49　海昏侯
出土奏牍（50号）　　图2-5-50　海昏侯
出土奏牍（51号）　　图2-5-51　海昏侯
出土奏牍（52号）　　图2-5-52　海昏侯
出土奏牍（53号）

三、奏牍的行文格式与内容

图2-5-53　海昏侯
出土奏牍（54号）

　　海昏侯刘贺墓所出奏牍皆单面书写，分列（栏）直书，以列（栏）间空白为间隔，每个奏牍的书写列（栏）数不等。奏牍的正文用隶书书写；奏牍末尾如果有收录记录或回复文字则用淡墨章草书写。

　　奏牍大致分为两类：一类没有实际内容，只有上书者和上书对象；另一类则在奏牍中会有简短的内容。不管哪一类奏牍，其行文格式基本一致。篇首为上书人的头衔及名字即海昏侯刘贺或其夫人待；中间部分奏牍只有昧死再拜上书等套话，有的有上书陈述的事情；末尾为上书呈献的对象即皇帝陛下或太后陛下以及上书时间。部分奏牍在上书内容之后记录有对奏牍的回复或对奏牍收录处理的时间和进行处理的人物。

　　这些奏牍涉及的年份有元康三年、元康四年和元康五年，涉及的月份有元康三年十月、元康四年的六月和十月、元康五年的二月。奏牍内容虽然大都不全，但可以看到，除了元康五年二月的奏牍外，其余奏牍内容都是关于海昏侯或其夫人朝请的，其中的关键词有"酎黄金""秋请""请"等。

四、西汉的列侯朝请制度及海昏侯刘贺的朝请活动

诸侯的朝觐制度是汉代礼制中非常重要的组成部分，王侯等高级贵族在享受政治、经济等方面特权的同时必须承担一定的义务。诸侯王、列侯封于各地，但他们要定期朝拜天子、述职贡纳，这是表达对中央朝廷效忠的重要方式，也是天子对各地诸侯加强控制，巩固与加强中央集权，促进和增强统治和社会的稳定，同时通过诸侯朝献改善中央财政，分割诸侯的经济利益。"诸侯朝请是其履行政治、经济遗物的重要途径与方式，也是其臣服皇帝的象征，是分封制不可或缺的内容之一。"①

朝请制度是在汉高祖时期形成的，汉高祖于十一年二月下诏书："今献未有程，吏或多赋以为献，而诸侯王尤多，民疾之。令诸侯王、通侯常以十月朝献，及郡各以其口数率，人岁六十三钱，以给献费。"②汉高祖之后，诸侯朝觐的礼制开始规范，并改为正月朝觐。《史记·梁孝王世家》："又诸侯王朝见天子，汉法凡当四见耳。始到入小见；正月朔旦，奉皮荐璧贺正旦，法见；后三日，为王置酒，赐金钱财物；后二日，复入小见辞去。凡留长安不过二十日。"汉代历法最初以十月为岁首，所以，正月朝觐天子实际上就是十月朝觐；汉武帝以后采用"太初历"，年岁合一，以一月为正月，即朝觐改为一月。汉初到汉武帝，诸侯朝贺天子是五年一朝，武帝中期以后到西汉晚期大致为三年一朝③。诸侯在朝觐天子时，需要贡纳"献费"。献费的数量即汉高祖十一年诏书里提到的"以其口数率，人岁六十三钱"。献费的性质学术界有不同看法，有人认为是算赋或算赋的一部分，也有人认为是单独征收的一个税目④。不管献费是不是算赋的一部分，这对西汉中央政府都是一笔巨大的收入，对郡国的百姓而言却是一个沉重的负担。除了献费，正月朔旦的"奉皮荐璧"对列侯也是一个大负担。"奉皮荐璧"本是古礼，但汉武帝之后的皮荐却大有不同。"（元狩）四年冬，有司言……用度不足，请收银锡造白金及皮币以足用。"⑤皮币古已有之，但汉武帝"以白鹿皮方尺，缘以藻

---

① 李俊方：《汉代诸侯朝请考述》，《社会科学》2008年第2期。
② 《汉书·高帝纪》，中华书局，1962年，第70页。
③ 郭杰青：《西汉诸侯王的朝请制度》，吉林大学硕士学位论文，2007年。
④ 秦铁柱：《两汉列侯问题研究》，南开大学博士学位论文，2014年。
⑤ 《史记·武帝纪》，中华书局，1962年，第178页。

缋，为皮币，直四十万。王侯宗室朝觐聘享，必以皮币荐璧，然后得行"①。一块绘有纹饰的白鹿皮要价四十万钱，不仅远超献费，甚至可能是一个千户侯两年左右的租税收入，"千户之君则二十万，朝觐聘享出其中"②。当时的大司农颜异评价说："今王侯朝贺以苍璧，直数千，而其皮荐反四十万，本末不相称。"有的列侯因为负担不起竟然到上林苑去偷猎白鹿，自己制作皮币，安丘侯张拾，"元鼎四年，坐入上林谋盗鹿，又搏掩，完为城旦"③。皮币作为价值昂贵的货币不知何时废除，但皮币荐璧一直延续到曹魏年间④。

列侯除了五年或三年一次的亲自上京朝觐外，每年正月还要派使者入京助祭。"丞相臣嘉等奏曰：'……天子宜世世献祖宗之庙，郡国诸侯宜各为孝文皇帝立太宗之庙。诸侯王、列侯使者侍伺天子所献祖宗之庙。请宣布天下。'制曰：'可。'"⑤张晏曰："王及列侯岁时遣使者侍伺助祭。"

除了正月的朝会和祭祀，诸侯还必须"秋请"。《史记·窦婴列传》："不得入朝请。"《集解》："律，诸侯春朝天子曰朝，秋曰请。"《汉书·荆燕吴传》："以后使人为秋请。"注引孟康曰："律，春曰朝，秋曰请，如古诸侯朝聘也。"似乎朝与请的区别在于春秋季节上的差别。但实际上，前面提过列侯朝觐多冬十月，未必在春季。据学者研究，朝与请的区别还在于诸侯是否必须亲自前往，朝必须亲自去，而请可以使人代往⑥。与秋请联系在一起的还有饮酎。饮酎起初只是一种纯粹的祭祀活动，"元年冬十月，诏曰：'……高庙酎，奏《武德》《文始》《五行》之舞。孝惠庙酎，奏《文始》《五行》之舞……'"⑦张晏注曰："正月旦做酒，八月成，名曰酎。"列侯在每年秋请饮酎活动中，有献纳黄金的义务。《续汉书》注引丁孚《汉仪》：《酎金律》，文帝所加，以正月旦作酒，八月成，名酎酒。因令诸侯助祭贡金。"⑧因为在饮酎日贡金助祭，故称之为酎金。酎金在成色、数量上都有严格的规定，《汉仪注》："诸侯王岁以户口酎黄金于汉庙，皇帝临受献金，金少不如斤两，色恶，王削县，侯免国。"⑨具体的酎金数量，

① 《史记·平准书》，中华书局，1959年，第1426页。
② 《汉书·货殖传》，中华书局，1964年，第3686页。
③ 《汉书·高惠高后文功臣表》，中华书局，1964年，第592页。
④ 秦铁柱：《两汉列侯问题研究》，南开大学博士学位论文，2014年。
⑤ 《汉书·景帝纪》，中华书局，1964年，第138页。
⑥ 李俊方：《汉代诸侯朝请考述》，《社会科学》2008年第2期。
⑦ 《汉书·景帝纪》，中华书局，1964年，第137页。
⑧ 《后汉书·礼仪志上》，中华书局，1965年，第3103页。
⑨ 《史记·平准书》，中华书局，1959年，第1439页，《集解》引如淳曰。

《汉律·金布令》曰："率千口奉金四两，奇不满千口至五百口亦四两。"①

列侯参与朝请是强制性的，是必须完成的政治任务，否则会受到严厉的惩处。"东莞侯吉，城阳共王子，（元光二年）五月甲戌封，（元朔）五年，瘤病不任朝，免。"②元狩六年，建成侯拾"坐不朝，不敬，国除"③。"重侯儋，河间献王子，四月甲戌封，四年，元狩二年，坐不使人为秋请，免。"④酎金的成色重量不足，也会受到重罚。"（元鼎五年）九月，列侯坐献黄金酎祭宗庙不如法夺爵者百六人，丞相赵周下狱死。"⑤汉宣帝时，"朝节侯义，赵敬肃王子，（孙）侯固城嗣，五凤四年，坐酎金少四两免"⑥。

元康三年春，汉宣帝下诏："盖闻象有罪，舜封之，骨肉之亲，析而不殊。其封故昌邑王贺为海昏侯，食邑四千户。"⑦但侍中卫尉金安上上书言："贺，天之所弃，陛下至仁，复封为列侯。贺器顽放废之人，不宜得奉宗庙朝聘之礼。"奏可。贺就国豫章。刘贺虽被封为海昏侯，但不被允许入京朝贺及参加宗庙祭祀等活动。

是否禁止刘贺派人秋请及正月祭祀和纳贡，诏书没有提及，刘贺本人显然认为是可以的。首先刘贺是武帝子孙，虽然本人"不宜得奉宗庙朝聘之礼"，但他并没有被削去宗籍，派人参加祭祀是他的义务也是他的权利；其次，列侯未派人秋请或助祭而被免的事例让刘贺不敢不朝请。

据《资治通鉴》刘贺被封为海昏侯是元康三年三月，当年刘贺是否派人秋请，由于带有秋请字样的奏牍没有发现上奏时间，不能确定。第46号奏牍由于有残损，无法判断是元康三年十月还是七月呈给太后的，如果是当年十月的，则应是刘贺派遣参与元康四年正月朝祭的；如果是七月的，则说明刘贺到了海昏之后，立刻派人出发去参与八月的秋请。元康四年的奏牍，其内容既包括第7号奏牍的"酎黄金□□两"，以及第48号奏牍的"再拜为秋请"，也有时间为"元康四年十月"的，因此元康四年刘贺即派人"秋请"，也派人参与了祭祀。

在海昏侯刘贺墓的发掘过程中，在其墓中出土了478件金器，包括金饼、马蹄金、麟趾金和金板。其中马蹄金和麟趾金应该是皇帝赏赐，金板和金饼的用途应该用于秋请的"酎金。"其中一块金饼上有墨书"南藩海昏侯臣贺元康三年酎金一斤"，说明了

---

①　《后汉书·礼仪志上》注引，中华书局，1965年，第3103页。

②　《汉书·王子侯表上》，中华书局，1964年，第443页。

③　《史记·建元以来王子侯年表》，中华书局，1959年，第1096页。

④　《汉书·王子侯表上》，中华书局，1964年，第468页。

⑤　《汉书·武帝纪》，中华书局，1964年，第187页。

⑥　《汉书·王子侯表上》，中华书局，1964年，第445页。

⑦　《汉书·武五子传》，中华书局，1964年，第2769页。

这批金饼的作用和分量。《酎金律》规定列侯酎金按每千人四两，不足千人也按千人计；海昏侯刘贺食邑四千户，如果每户为五人，则总共两万人，每年需要酎金八十两，汉代一斤为十六两，也就是每年酎金五斤，合五块金饼。海昏侯刘贺墓出土金饼近400枚，每枚重量为汉制一斤，加上金板，足够刘贺五十年的酎金所用黄金，远远超出刘贺需要酎金的数量，可见刘贺准备得充分。刘贺墓中还出土了五铢钱近十吨，估算约为两百多万近三百万枚。这批五铢钱应该和刘贺墓中金饼一样，本来是为朝请准备的献费和助祭。刘贺食邑四千户，如果每户为五人，按规定献费"人岁六十三钱"，就是一百多万钱，加上助祭时皮币荐璧购买皮币的费用，按照《史记·孝武本纪》司马贞《索引》引《汉律》："鹿皮方尺，直金一斤。"时价黄金一斤值万钱，即汉武帝之后，皮币的价格减为万钱左右①，这笔五铢钱数量也超过一两次朝献的费用。

刘贺为了朝请准备了数量巨大的黄金和五铢钱，在于他朝献的对象不仅是皇帝，还包括太后，出土的奏牍中有至少七八份都是呈给太后的，如第4号奏牍是元康四年十月呈给太后的，第46号奏牍是元康三年呈给太后的。朝献者除了刘贺本人，还有海昏侯夫人。海昏侯夫人是否向皇帝进行朝献不得而知，但从第43号和第52号奏牍中可知，她向太后进行过上书。

虽然刘贺殷勤备至，但皇帝显然不领情。从刘贺墓出土金饼和五铢钱推测，皇帝并没有接受他助祭的钱物和秋请的酎金。第21号奏牍的最后有"以嘉其"类似对奏牍进行批复的文字，第49号奏牍上也有"谒者幸赐"的内容，但这类赞赏之类表态并不能改变皇帝对刘贺的实际态度。第9号奏牍是元康五年二月刘贺的上书，虽然具体内容由于奏牍保存不完整不得而知，但保留下来的"以诏书不上"这短短几个文字还是透露了一些信息。刘贺元康三年被封为海昏侯，当年未被批准参与"奉宗庙朝聘之礼"，到元康五年又到了三年一朝的期限，由于连续两年的朝献助祭的钱物和酎金甚至奏牍都被退回，刘贺可能在这个时候上书试探皇帝。不过最后的结果还是让刘贺失望的。奏牍中没有发现时间比元康五年二月更晚的，刘贺墓中出土器物也没有发现其他记录有晚于元康四年的。刘贺应该是接受了现实，在元康五年后不再有对朝廷的朝请。

五、奏牍所反映的其他信息

1）奏牍出土时曾被认为是海昏侯保留的副本，但从释读文字内容看应该至少有部

---

① 尤佳、吴照魁：《"本末不枉称"与"轻重之相得"：汉代皮币荐璧制度新论》，《中国社会经济史研究》2010年第4期。

分是正本。在部分奏牍的最后，可以看到有用较为潦草的文字书写的内容，如第21号奏牍的"以嘉其"、第46号奏牍最后的"元康四年二月门大夫……"、第56号奏牍最后的"元康四年九月□□□□□□□"等。这些内容似乎包括朝廷对奏牍的回复，或者海昏侯府接受退回来的奏牍的时间以及接受人员等信息，这些信息应该不会记录在副本上。

2）海昏侯夫人的奏牍上自称"妾待"，可知她名"待"。据《汉书·武五子传》，刘贺妻为严延年女，名叫严罗紨，此处自名"待"，不知道是否同一人。

3）刘贺于元康三年和元康四年派遣往朝廷上书的人有"饶居"和"□忠"，其职务分别是仆臣和行人。而据第46号奏牍后面的章草文字，接收处理送回来的奏牍的是"门大夫"。

《汉书·百官公卿表》记载："改所食国令长名相，又有家丞、门大夫、庶子。"[1] 据《后汉书·百官志》记载："其家臣，置家丞、庶子各一人。本注曰：主侍侯，使理家事。列侯旧有行人、洗马、门大夫，凡五官。中兴以来，食邑千户以上置家丞、庶子各一人，不满千户，不置家丞，又悉省行人、洗马、门大夫。"[2] 可见，西汉时列侯的家臣有家丞、庶子、行人、洗马、门大夫等。家丞为侯国家吏的最高长官，实际相当于列侯家的总管；庶子是仅次于家丞的家吏，但西汉中后期，庶子似乎取消了，而出现了中庶子；行人，《史记集解》服虔曰："举国宾客之礼籍，以待四方之使。"[3] 列侯府的行人应该是列侯家主礼仪的家吏；门大夫，为列侯侍从武官，原为太子东宫司门之官，职比郎将，又掌通笺表及宫门禁防，列侯的门大夫应该也有类似的职能；洗马，《后汉书·百官志》记载太子官属有洗马，其职责是"太子出，则当直者在前导威仪"，列侯家中的洗马职责应该同于太子洗马，也是在列侯出行时，在前面"导威仪"的。这几种列侯家臣，品秩在百石到三百石之间，在汉初由列侯自置，但西汉中后期后，由于中央对列侯控制加强，都由中央任免。除了这几种列侯家臣，列侯家臣可能还有仆、谒者、舍人、家监等，在西汉中后期，列侯家臣还出现了中庶子一职[4]。仆掌列侯的车马出行，地位在家丞之下，与行人、门大夫并列。中庶子地位比较低下，但由于是列侯的随身宿卫侍从，而且可以由列侯自行任免，故其与列侯的关系比较亲密。

按照列侯家臣的职责，代替列侯前往朝廷秋请献金的应该是掌礼仪的"行人"，如

① 《汉书·百官公卿表》，中华书局，1964年，第740页。
② 《后汉书·百官志五》，中华书局，1965年，第3631页。
③ 《史记·吴太伯世家》，中华书局，1959年，第1448页。
④ 秦铁柱：《两汉列侯问题研究》，南开大学博士学位论文，2014年。

《汉书》记载："元鼎二年，建成侯拾坐使行人奉璧皮荐，贺元年十月不会，免。"[1]作为海昏侯刘贺派往朝廷的使者似乎并不固定，既有"仆""饶居"，也有"行人""□忠"。他们出使到朝廷都挂一个"行家丞事"的头衔，可能海昏侯刘贺初封，其家丞还未任命，于是刘贺从其他地位较高的家臣中选择合适人选代理家丞替刘贺出使朝廷，以显示刘贺的重视。但在奏牍中也出现了"行行人事"和职位更低的"中庶子"，不知道是不是由于中庶子等人作为刘贺的亲信，更能向皇帝表达刘贺的意思。

从第46号奏牍可知，奏牍退回海昏侯府时是由海昏侯府门大夫接收和记录的。列侯的文书档案应由列侯家丞管理，但由于门大夫负有门禁保卫职责，因此物质与文书可能需要门大夫的检查和录入。

4）第46号奏牍和第56号奏牍最后都记录有奏牍回到海昏侯府的时间。第46号奏牍为元康三年十月庚辰上，第56号奏牍为元康四年六月□未上，而退回到海昏侯府的时间分别是元康四年二月和元康四年九月，可以据此推算除去公文处理的时间，当时从长安到海昏国的行程大约需要一个多月接近两个月的时间。

六、结语

汉宣帝继位后，出于政治考虑，"章中兴之德"[2]，对功臣之后"诏复家"，对霍光当政时被除国免爵的武帝子孙恢复爵位，但对于曾经当过皇帝的刘贺则始终心存忌惮。先是在封刘贺为海昏侯前，暗示山阳太守张敞对刘贺进行观察，以确定刘贺不会再对他造成威胁；在封刘贺为海昏侯后，依然对他进行严密监视，而且剥夺了刘贺朝觐天子和祭祀宗庙的资格，对刘贺派人贡纳助祭的钱物和酎金也拒不接受原样退回。刘贺仍然固执地连续两年派人上京朝请，可能他对自己还有所期待，原来被除国的燕王旦的太子建被封为广阳王，刘贺也和别人议论过封为豫章王的可能，最不济刘贺也希望皇帝能接受他的献物和酎金，使他能够有机会祭祀祖先。但结果让刘贺心灰意冷，他朝贡的物品未被接受，连奏牍都被退回，郁郁寡欢的刘贺只做了五年海昏侯就黯然离世。刘贺虽然十分无奈，但心中也有些许不甘。刘贺墓中出土了一枚玉印，印文为"大刘记印"，另外还出土了一套铜环权，其中最大的一枚上有铸造铭文"大刘一斤"。就像王仁湘先生在《围观海昏侯》中所说，刘贺通过自称"大刘"这样一个特殊称谓，表达自己仍是刘姓皇族的特殊一员。

---

① 《汉书·王子侯表上》，中华书局，1964年，第458页。
② 《汉书·宣帝纪》，中华书局，1964年，第254页。

第四节　出土奏牍选释 ①

海昏侯刘贺墓出土了多枚奏牍，皆为海昏侯国向朝廷上奏的官文书。现已公布全部奏牍资料，均为墨写隶书，文字端正工整。奏牍共编为58个号，其中49版外形基本完整、9版残碎。笔者试从其中选出几块信息较完整的奏牍，并做研究。

《五色炫曜——南昌汉代海昏侯国考古成果》一书于图片旁附有注解，图2-5-54旁的注解为"木牍。有'妾'、'昧死再拜上书太后陛下'等文字，属奏牍类，是墓主人上奏皇帝、皇太后的奏章副本"，图2-5-55旁的注解为"木牍。有'南海'②海昏侯臣贺昧死再拜皇帝陛下'等文字，属奏牍类，是墓主人上奏皇帝、皇太后的奏章副本"，图2-5-56旁的注解为"奏牍。'元康四年六月'等文字"。

图2-5-54　海昏侯出土简牍　　图2-5-55　海昏侯出土简牍　　图2-5-56　海昏侯出土简牍

图2-5-54、图2-5-55、图2-5-57虽有文字残损，但整体形制保存较好，应为较为完整的奏牍。图2-5-56保留了准确的时间信息，"元康四年"为公元前62年，笔者据

---

① 张予正、杨军、王楚宁等：《海昏侯墓出土奏牍选释》，《南方文物》2018年第2期。

② 据王仁湘先生考证，"南海"实为"南藩"，本文依王仁湘先生说，"南海"均作"南藩"。

《三千五百年历日天象》，查得六月辛未为当月15日，九月己丑为当月5日，这封奏牍上的时间共计79天。图2-5-58也保留了准确的时间信息，"元康三年"为公元前63年，十月庚辰为当月21日，次年的二月丙子为当月18日，这封奏牍上的时间共计117天。

图2-5-57　海昏侯出土简牍　　图2-5-58　海昏侯出土简牍

　　这些奏牍是海昏侯刘贺本人、海昏侯夫人或仆臣代海昏侯向皇帝、太后进奏的上行官文书。奏牍上的文字仅书写了进奏者（海昏侯臣贺、海昏侯夫人妾待）、代奏者（仆臣饶居）与览奏者（主大后、帝）的名号，极少涉及具体事件，这值得我们深入探究。

一、奏牍的性质

（一）分类依据

　　现代学者依据不同标准对古代公文有多种分类方法。李均明先生的《简牍文书学》对出土的历代简牍文书进行了详细的分类与研究，将"书"分为20个小类，海昏侯墓出土奏牍属于"书"下的"官府上行书"；而李均明先生在《秦汉简牍文书分类辑解》中，则将"书"下的"章奏文书"分为"上奏书"与"变事书"，海昏侯墓出土奏牍属于"上奏书"。

　　汉代已有对公文进行分类的意识，并且制定了相应的规定，在东汉蔡邕记述汉代官府制度的《独断》与南朝刘勰的文学理论著作《文心雕龙》中均有记述。因此不能将海昏侯墓出土奏牍笼统称为"奏牍"或"上书"，有对其进行更为准确分类识别的必要。

关于汉代的上行官文书分类，《独断》载："凡群臣上书于天子者，有四名：一曰章、二曰奏、三曰表、四曰驳议。"《文心雕龙·章表》有云："秦初定制，改书曰奏。汉定礼仪，则有四品：一曰章、二曰奏、三曰表、四曰议。"李均明主编、汪桂海著的《汉代官文书制度》也依据《独断》的分类方法，将"章奏文书"分为章、奏、表、议。由此来看，汉代上行官文书明确可分为"章、奏、表、议"四大类，海昏侯墓出土奏牍必属其一。

"章、奏、表、议"四类上行官文书均有明确的格式与内容要求，《独断》与《文心雕龙》言之甚详，并附有范例名目，这为判定海昏侯墓出土奏牍的类别与性质提供了最为权威与准确的依据。

（二）议、表

议（驳议），"议以执异""若台阁有所正处而独执异议者曰驳议"，是对别人意见进行反驳的公文文体，格式规范为"驳议曰某官某甲议以为如是，下言臣愚戆议异"。海昏侯墓出土奏牍篇幅较短，有涉及具体事件，行文格式也与"议"的规范不同，故不是"议"。

表，"表以陈请"，是用于陈述事由以为请求的公文文体，格式规范为"表者不需头，上言臣某言，下言臣某诚惶诚恐、稽首顿首、死罪死罪，左方下附曰某官臣某甲上"。海昏侯墓出土奏牍的开头为"南藩海昏侯臣贺昧死"或"（海昏侯夫人）妾待昧死"，不仅有"头"，而且与王莽"去昧死，曰稽首"改制以前的"群臣上书皆言昧死言"相符，因此不属于"不需头"的"表"。

（三）奏

海昏侯墓出土奏牍不属于表、议，应为章或奏，但奏与章格式相近、内容相通，值得细致辨析。

奏，"奏以按劾"，《文心雕龙·奏启》："陈政事，献典仪，上急变，劾愆谬，总谓之奏。"《独断》："奏者……所请若罪法劾案，公府送御史台，公卿校尉送谒者台也。"

"奏"的主要功能是"按劾"，即对错误的事情进行分析、劝阻或谏言。《文心雕龙·奏启》明确提及的"奏"有"贾谊之务农，晁错之兵事，匡衡之定郊，王吉之劝礼，温舒之缓狱，谷永之谏仙"。

《汉书·王贡两龚鲍传》载有王吉劝礼于宣帝的《上宣帝疏言得失》："吉上疏言得

失，曰：'陛下躬圣质，总万方，帝王图籍日陈于前，惟思世务，将兴太平……王者未制礼之时，引先王礼宜于今者而用之。臣愿陛下承天心，发大业，与公卿大臣延及儒生，述旧礼，明王制……民见俭则归本，本立而末成。'"

王吉的这封"奏"，《汉书》中称为"疏"，劝谏宣帝"述旧礼，明王制"，体现了奏"陈政事，献典仪"的内容要求。但是《汉书》在编撰的过程中，仅保留了《上宣帝疏言得失》的主体内容，删掉了格式用语。

《汉书·霍光金碑传》还记载了另一份"奏"——《奏废昌邑王》："光与群臣连名奏王，尚书令读奏曰：'丞相臣敞、大司马大将军臣光、车骑将军臣安世……昧死言皇太后陛下：臣敞等顿首死罪……陛下未见命高庙，不可以承天序，奉祖宗庙，子万姓，当废。……臣敞等昧死以闻。'"

《奏废昌邑王》是极其重要的政治奏疏，其格式用语、具体内容，《汉书》记载完整，无任何改动，为海昏侯墓出土奏牍提供了对照依据。

《奏废昌邑王》的起首格式为："丞相臣敞、大司马大将军臣光、车骑将军臣安世……昧死言皇太后陛下。"符合《独断》记载"奏""但言稽首（昧死）""皆言昧死言""朝臣曰稽首（昧死）顿首"的格式要求。

而海昏侯奏牍的起首格式为："［南藩海］昏侯臣贺昧死再拜上书言""海昏侯夫人妾待昧死再拜上书主太后陛下"，这与《奏废昌邑王》的格式不同，多了"再拜""上书"，却符合《独断》中对"章"的格式记述："非朝臣曰稽首（昧死）再拜""章者，需头称稽首（昧死）上书。"

另外，《上宣帝疏言得失》与《奏废昌邑王》还体现了"奏"的功能——"按劾"，对错误的事情进行分析、劝阻或谏言。而海昏侯奏牍未见任何具体事件，更没有分析、劝阻或谏言，所以不是"奏"。

（四）章

海昏侯墓出土奏牍不属于"表、议、奏"，或为"章"。

章，"章者……谢恩陈事""章以谢恩"。《独断》记述章的格式为"章者，需头称稽首上书""汉承秦法，群臣上书皆言昧死言。王莽盗位，慕古法，去昧死，曰稽首。光武因而不改，朝臣曰稽首顿首，非朝臣曰稽首再拜"。

海昏侯为一方诸侯，"非朝臣"，奏牍后文的"再拜上书"，符合"非朝臣曰稽首（昧死）再拜""章者，需头称稽首（昧死）上书"的格式规定，因而海昏侯墓出土上行官文书木牍的性质很可能是"章"。

《汉书·南粤列传》载有南粤王赵佗上文帝章，起首言"蛮夷大长老夫臣佗昧死再拜上书皇帝陛下"，海昏侯墓出土奏牍起首为"南藩海昏侯臣贺［昧死］……帝陛下""（海昏侯夫人）妾待昧死再拜上书主大后陛下"，与史料中"章"的行文格式相符。

《独断》将"章"的内容归纳为"谢恩、陈事"，《后汉书·郑弘传》载："（郑弘）上书陈谢……帝省章。"郑弘的上书无疑是一篇谢恩章；《后汉书·蔡邕传》载有蔡邕的《对诏问灾异八事》，其第八事后，本传载"章奏，帝览而叹息"，这无疑是一篇陈事章。但现已公布的五块海昏侯墓出土奏牍均未涉及具体事件，只有"昧死""再拜""陛下"等反复出现的格式用语，根据内容来看，虽然没有"谢恩、陈事"，但出现了"秋请"等文字信息，也可以说是"请安"。

总之，依据《独断》与《文心雕龙》记载的汉代公文制度，海昏侯墓出土文书的性质，应是汉代上行官文书分类中的"章"。

二、奏牍所见问题

（一）"妾待"身份问题

海昏侯墓出土奏牍的进奏者，除海昏侯刘贺（臣贺）本人外，还有"妾待"（图2-5-54、图2-5-59）。弄清"妾待"的身份，有助于我们对奏牍的理解。

"妾待"是图2-5-54、图2-5-59中进奏者的名号，其姓氏不详，"待"应是此人的名字。"待"自称为"妾"，是因为览奏者为太后，而谦称为"妾"。汉代贵族女性在尊者面前自称为"妾"，如《汉书·高帝纪》"（高帝）欲遣长公主。吕后泣曰：'妾唯以一太子、一女……'"据图2-5-59上的文字表明，"待"是海昏侯夫人。

"诸侯之妃曰夫人，夫人之言扶也"[1]，"待"既是海昏侯夫人，那其身份就是海昏侯刘贺的正妻，应该是海昏侯墓园M2侯夫人墓的墓主人。史载地节四年（前66年）九月山阳太守张敞探视刘贺，刘贺有"妻十六人"，留有姓名的仅有执金吾严延年的女儿罗紨一人[2]，但罗紨是"前为故王妻"，于地节四年张敞探视时很可能已经去世或改

图2-5-59　海昏侯出土简牍

---

① （汉）蔡邕：《独断》，《四部丛刊　初编集部　147　嵇中散集　曹子建集　蔡中郎集》，中央编译出版社，2015年。

② "执金吾严延年字长孙，女罗紨，前为故王妻。"《汉书·武五子传》，中华书局，1962年，第2768页。

嫁,"妾待"应非严女罗紨。元康三年（前63年）三月,刘贺受封为海昏侯,"妾待"作为刘贺的正妻,在元康四年（前62年）能直接上书太后,可见其身份之尊贵,与一般姬妾不同。"妾待"很可能是刘贺在严女罗紨之后,新娶或扶正的正妻。

（二）"仆臣饶居"身份问题

奏牍（图2-5-58）是由"仆臣饶居"代替海昏侯刘贺（臣贺）上书朝廷的。"饶居"是代奏者的名字,其姓氏不详,其身份为海昏侯刘贺的"陪（臣）",其官职为"仆","臣饶居"之"臣"如"臣贺"之"臣",为下级对上级的自称。陪臣即诸侯之家臣,《左传》杜预注:"诸侯之臣称于天子曰陪臣。"①《文选》注引《独断》曰:"诸侯境内,自相以下,皆为诸侯称臣,于朝皆称陪臣。"②《后汉书·百官志》中有"仆",颜师古注:"仆主车及驭,如太仆。本曰太仆,比二千石,武帝改,但曰仆,又皆减其秩。"因为"仆"是正式官员,有一定的地位,所以才能将"仆臣饶居"的官职与名字写于正式官文书之上;又因其主管车马,故而让他作为使者,向朝廷代呈文书。

但是《后汉书·百官志》载:"皇子封王,其郡为国,每置……仆一人,皆千石。"《汉官仪》载:"乡公主……仆一人,六百石。"③"仆"当是诸侯王或乡公主的属官,史书所载的诸侯属官中并没有"仆"。

颜师古在《后汉书·百官志》"诸公主"条目下注"其余属吏增减无常",也就是在官方规定的属官以外,诸公主有自行增设官职的权力。诸侯应当同诸公主一样,可以根据自身需求,自置"仆"等官员,如尹湾汉墓所出简牍《东海郡下辖长吏名籍》中就有"开阳丞山阳郡栗乡侯国家圣故侯仆以功迁"等文字,是侯国自设的"仆"因功升迁为家丞的实例,其余如表2-5-4所示④。

表2-5-4　侯国故侯仆升迁家丞实例

现任官职	籍贯	姓名	原任官职	任现职原因
开阳丞	山阳郡栗乡侯国	家圣	故侯仆	以功迁
建阳侯家丞	泰山郡宁阳侯国	夏侯登	故侯仆	以功迁
都平侯家丞	山阳郡黄侯国	柏世	故侯仆	以功迁
东安侯家丞	济南营平侯国	□谭	故侯仆	以功迁

① 杨伯峻:《春秋左传注》,中华书局,1981年,第1061页。
② 陆机:《谢平原内史表》,《文选》,中华书局,1977年,第524页。
③ （汉）应劭:《汉官仪》,《汉官六种》,中华书局,1990年,第134页。
④ 连云港市博物馆、东海县博物馆、中国社会科学院简帛研究中心等:《尹湾汉墓简牍》,中华书局,1997年,第15页。

刘贺在被废黜后，朝廷除昌邑王国，将其软禁在昌邑王故宫中，"赐汤沐邑二千户，故王家财物皆与贺"。"故王家财物"中就应包括昌邑王所属车马，这些车马很可能在刘贺受封为海昏侯后被他带到了海昏侯国。考古也证明了海昏侯刘贺墓有一座车马坑、两处车马库，有错金银、包金、鎏金的车马器，是我国长江以南发现的唯一一座有真车马陪葬坑的墓葬[①]，其车马等级与规模均为诸侯王级别，需要有专职的管理官员。海昏侯的食邑为四千户，侯国有一定规模，有负担"仆"千石（或六百石）俸禄的物质条件。因而，刘贺以"饶居"为"仆"，管理车马，担当使者，代呈文书，有足够的必要性与较大的可行性。

（三）元康四年秋请问题

奏牍图2-5-57上出现了"秋请"字样，这块奏牍的写作时间为"元康四年"。"元康四年"为公元前62年，图2-5-57"元康四年"的书法风格与"南藩海昏侯臣贺"等文字相同，笔画细腻，字迹秀美，当书写于同一时间，而非收到奏章时补充的时间信息。

奏牍上提到的"秋请"就是朝聘，为诸侯定期朝天子的制度，《礼记·王制》："诸侯之于天子也，比年一小聘，三年一大聘，五年一朝。"汉代的朝聘可细分为"春朝""秋请"两种，"春曰朝，秋曰请，如古诸侯朝聘也"[②]。《独断》："汉制皇子封为王者，其实古诸侯也……子弟封为侯者，谓之诸侯……皆平冕文衣，侍祠郊庙，称侍祠侯。"[③] 无论是昌邑王还是海昏侯，作为皇室子弟，刘贺都有"春朝秋请""侍祠郊庙"的义务。

但汉宣帝于元康三年三月下诏册封刘贺为海昏侯时，"侍中卫尉金安上上书言：'贺，天之所弃，陛下至仁，复封为列侯。贺嚣顽放废之人，不宜得奉宗庙朝聘之礼。'奏可"。明确禁止刘贺"朝聘"。

设置朝聘之礼的目的是使诸侯"有尊尊敬上之心，为制朝觐之礼"[④]。作为"嚣顽放废之人"的刘贺，虽已被明令禁止朝聘，但海昏侯墓出土的奏牍却表明其确实参与了"朝聘（秋请）"。

一般情况下，朝聘时需要诸侯亲至长安，"旧列侯奉朝请在长安者，位次三公"。

① 江西省文物考古研究所、南昌市博物馆、南昌市新建区博物馆：《南昌市西汉海昏侯墓》，《考古》2016年第7期。

② 《汉书·荆燕吴列传》注引孟康语，中华书局，1962年，第1905页。

③ （汉）蔡邕：《独断》，《四部丛刊 初编集部 147 嵇中散集 曹子建集 蔡中郎集》，中央编译出版社，2015年。

④ 《汉书·礼乐志》，中华书局，1962年，第1028页。

刘贺作为废帝，身份敏感，汉宣帝肯定不会允许他进入长安；况且"诸侯朝聘，考文章，正法度，非礼不言"①，刘贺"清狂不惠"②的性格与"疾痿，行步不便"③的身体状况也做不到朝聘的礼仪要求。因此，令其"不宜得奉宗庙朝聘之礼"，对宣帝、对刘贺，都是最好的选择。

但"礼为诸侯制相朝聘之义，盖以考礼壹德，尊事天子也"④。汉宣帝需要废帝刘贺"尊事天子"，承认宣帝皇位的合法性，否则"君臣之位失，而侵陵之渐起"⑤。因此，很可能汉宣帝只是不同意刘贺本人像其他诸侯一样亲自到长安朝觐，但允许其派遣使者，代表海昏侯国向朝廷春朝秋请。

如《汉书·荆燕吴传》载："吴王（刘濞）……稍失藩臣礼，称疾不朝……及后使人为秋请。"如淳注："濞不自行也，使人代己致请礼。"可见朝聘并不一定要诸侯本人亲行。朝廷令刘贺"不宜得奉宗庙朝聘之礼"很可能也是让他"不自行也，使人代己致请礼"，不允许他本人直接进行朝聘，而允许他作为间接参与者，派遣"仆臣饶居"或其他使者，向朝廷上书，代为朝聘。刘贺家族的奏牍写于元康四年六月辛未（十五日），很可能就是为了保证使者能于是年秋天到达长安，代为秋请。

（四）"主大后"称号问题

图2-5-54览奏者的名号为"主大后陛下"。"帝母曰皇太后"太后的正式称号应为"皇太后"⑥，而非"主大后"，这一称号鲜见于史料与出土文献之中。"大"字通"太"字，"大后"就是"太后"。两汉时太后亦可称"陛下"，如废黜刘贺时朝臣上书上官太后"丞相臣敞、大司马大将军臣光……昧死言皇太后陛下"、东汉安帝时班昭上书邓太后"伏惟皇太后陛下"⑦。"主"字位于整块木牍的左上角，其上侧与左侧均为木牍边沿，且未见残损痕迹，故"主"字并非"皇"字或"呈"字的残字，而是完整、准确的"主"字。

《说文解字》"主……镫中火主也"，段玉裁注："镫（灯）中火主也。……即膏镫

---

① 《汉书·宣元六王传》，中华书局，1962年，第3324页。

② 《汉书·武五子传》，中华书局，1962年，第2768页。

③ 《汉书·武五子传》，中华书局，1962年，第2767页。

④ 《汉书·宣元六王传》，中华书局，1962年，第3317页。

⑤ 《汉书·礼乐志》，中华书局，1962年，第1028页。

⑥ （汉）蔡邕：《独断》，《四部丛刊　初编集部　147　嵇中散集　曹子建集　蔡中郎集》，中央编译出版社，2015年。

⑦ 《后汉书·列女传》，中华书局，1965年，第2785页。

（灯）也。膏镫（灯）……今之镫（灯）盏是也……其形甚微而明照一室，引伸假借为臣主、宾主之主。"

秦汉时的"主"字多取君主之意，与"臣"相对。《韩非子·孤愤》："主上卑而大臣重，故主失势而臣得国。"李陵《答苏武书》："报恩于国主耳。"贾谊《新书·礼》："主臣，礼之正也。"

海昏侯墓出土奏牍上的"主"字，可能为"君主"之意。刘贺被废黜后，继任的汉宣帝一直对他心怀忌惮，《汉书·张敞传》"宣帝初即位，废王贺在昌邑，上心惮之"，刘贺对此也应有所察觉。刘贺家族在上书时，自称为"臣""妾"，尊奉长安皇室为"主"，将"昧死""再拜""陛下"等敬语反复提及，体现了他们为求自保，恪尽人臣之礼，承认政治上的失败，尊奉长安皇室"陛下践至尊之祚为天下主"[①]的臣服态度。

另外，在宗法体制下，"主"字还是对宗祧继承人（祭主）的称呼。《礼记·王制》："天子、诸侯祭因国之在其地而无主后者。"郑玄注："谓所因之国，先王先公有功德，宜享世祀，今绝无后为之祭主者。"《易·震》："出可以守宗庙社稷，以为祭主也。"孔颖达疏："出谓君主出巡狩等事也。君出则长子留守宗庙社稷，摄祭主之礼事也。"

海昏侯墓出土奏牍上的"主"字，也可能为"祭主"之意。"妾待"上书的"主太后"就是将刘贺从皇位上废黜的上官太后，即大将军霍光的外孙女。昭宣之际，皇位空缺，上官太后立两帝、废一帝，代行皇室家长的权力，主持废立祭祀等礼仪活动，因此有资格被称为主（祭主）。且海昏侯墓出土奏牍或用于朝请等与皇室祭祀相关的礼仪活动，因此有理由将上官太后与长安皇室称为主（祭主）。

（五）奏牍版本问题

《五色炫曜——南昌汉代海昏侯国考古成果》认为，这几封奏牍"是墓主人上奏皇帝、皇太后的奏章副本"，笔者想就这一问题略作探讨。

《汉书》明确记载了汉代上行官文书的副本制度"又故事诸上书者皆为二封，署其一曰副，领尚书者先发副封，所言不善，屏去不奏"。《五色炫曜——南昌汉代海昏侯国考古成果》所说"奏章副本"，指的当是"署其一曰副"的"副封（本）"。依据《汉书》记载的汉代副本制度，副本当与正本一起，上奏朝廷，只是功能有所区别：副本是复制本，供尚书先行开阅，以确定内容是否得当；正本是原本，仅供皇帝开阅，是正式的版本。

---

①　《汉书·谷永杜邺传》，中华书局，1962年，第3445页。

但副本制度在汉宣帝时即已废止。《汉书·魏相传》载，汉宣帝时霍氏家族"领尚书事"，主管文书的上传下达，因而得以蒙蔽皇帝，魏相建议汉宣帝"去副封以防雍蔽"，取消副本制度，"宣帝善之……皆从其议"。

史书虽未明载宣帝取消副本制度的时间，但不会晚于霍家败亡的地节四年（前66年）。刘贺家族在元康四年（前62年）的上书应该"去副封"，仅书写正本，不抄录副本，只有正本一个孤本。因此，海昏侯墓中出土写有"元康四年""元康四年六月辛未"的奏牍，或为官文书的正本，而非《五色炫曜——南昌汉代海昏侯国考古成果》一书所言的"副本"。

李均明先生在《简牍文书学》中提到："正本的特点是体制与内容完备、字体工整。"海昏侯墓出土奏牍有明确的抬头格式（"主太后"之"主"字抬头）与严谨的格式用语（《独断》"章者，需头称稽首上书""汉承秦法，群臣上书皆言昧死言""非朝臣曰稽首再拜"），体制较为完备。

武威地区曾出土《王杖诏书令》①，载有平民上成帝书，简文起首格式为：

> 长安敬上里公乘臣广昧死上书（第十二简）
> 皇帝陛下……（第十三简）

《王杖诏书令》中的几篇官文书均有明确的抬头格式，"凡'制诏'、'制曰'及'皇帝'称谓字样……均顶格书写，其余（简牍）均低2—2.5厘米，留出天头，相当于三个字的空间"②。海昏侯墓出土奏牍中，也将"主太后"之"主"字抬头书写，体现了汉代上行官文书的格式要求。

《王杖诏书令》书写于木简上，"据简文内容及编次，原册当有二十七简。现存之简，长23.2～23.7厘米，宽0.9～1.1厘米，绳编两道，绳虽不存，但尚留痕迹"。海昏侯墓出土官文书则书写于木牍上，未见编绳痕迹，或为单块木牍成册，尤其第二块木牍（图2-5-55），以"南藩海昏侯臣贺"起首，以"元康四年"结尾，表明此块木牍上所书原为完整的文书内容，体现了内容上的完备。

现已出土的汉代官文书副本，如《甘露二年丞相御史律令》，在甘肃省肩水金关遗址③

---

① 武威县博物馆：《武威新出土王杖诏令册》，《汉简研究论文集》，甘肃人民出版社，1984年，第36、37页。

② 武威县博物馆：《武威新出土王杖诏令册》，《汉简研究论文集》，甘肃人民出版社，1984年，第35页。

③ 马建华：《河西简牍》，重庆出版社，2003年，第17页。

与内蒙古自治区甲渠候官遗址①皆有发现，应是同一份官文书的两份抄本。《甘露二年丞相御史律令》通篇未见公文格式，书写潦草、笔画凌乱、字迹模糊、释读不易，而海昏侯墓出土奏牍的公文格式明确，符合传世文献的记载，用笔沉稳、隶写规范、文字秀美、庄重典雅，这正体现了副本与正本在书法风格与行文格式上的区别。

另外，副本在行文过程中，有时也需要写明版本状况。如《居延新简》EPT59・578"候尉上书副"②，就清楚写明了此"上书"为"副（本）"，这也是海昏侯墓出土奏牍上所未见到的。

由此，笔者认为，海昏侯墓出土奏牍应是海昏侯家族向朝廷上奏的官文书正本（原本）。

那么，海昏侯家族向朝廷上奏的官文书正本为何会出现在海昏侯墓中？关于此问题，笔者认为，海昏侯墓中的奏牍，应是朝廷官员放置的。《汉书・景帝纪》载"列侯薨，遣太中大夫吊祠，视丧事，因立嗣"，海昏侯刘贺薨逝后，朝廷也当派太中大夫等官员参与葬礼。这几块奏牍，就应该是太中大夫等官员将海昏侯家族历年上书的正本带到海昏侯国，陪葬到刘贺墓中的，如定州八角廊汉墓就出土有"写有确切时间的萧望之等人的奏议"③。这也就能解释，为何进奏者为海昏侯夫人"妾待"的奏牍不在"妾待"本人的墓中，而出现在了海昏侯刘贺的墓中。

三、小结

海昏侯墓出土奏牍或是迄今所见等级最高的汉代公文原本，为废帝海昏侯刘贺家族进奏给汉宣帝与上官太后的上行官文书正本。目前所见汉代官文书，如武威出土的《王杖诏书令》、玉门关出土的《武帝遗诏》等，多系转抄，而非官文书的正本（原本）。笔者所知等级较高的汉代官文书正本为定州八角廊汉墓出土的"写有确切时间的萧望之等人的奏议"，但该资料一直未见公布。海昏侯墓出土奏牍是仅见的汉代高等级公文原本，对古代公文研究具有重大价值。

---

① 甘肃省文物考古研究所、甘肃省博物馆、中国文物研究所等：《居延新简》，中华书局，1994年，第44页。

② 甘肃省文物考古研究所、甘肃省博物馆、中国文物研究所等：《居延新简》，中华书局，1994年，第173页。

③ 河北省文物研究所定州汉墓竹简整理小组：《定州汉墓出土竹书〈论语〉》前言，文物出版社，1997年。

"萧望之等人的奏议"陪葬于墓主疑为中山怀王刘修的定州八角廊汉墓中，海昏侯家族的奏牍原本（正本）陪葬于海昏侯刘贺墓中，均以上行官文书进行陪葬，也体现了一种较为独特的汉代公文销毁制度。

海昏侯墓出土奏牍体现了汉代公文写作的格式规范与内容要求。明确的抬头制度、规范的格式用语，不仅能与其他出土文献进行对比，还能与传世文献进行互证。《王杖诏书令》等官文书多以简的形制为主，而海昏侯墓出土奏牍以单块木牍独立成册，多行书写，这一形制较为鲜见，丰富了我们对汉代公文书写载体的认识。

海昏侯墓出土奏牍体现了刘贺本人的状态。"秦以为人臣上书当言昧犯死罪而言，汉遂遵之。"五块出土奏牍中少见具体事件，只有"昧死""再拜""陛下"等格式用语反复出现，可见刘贺家族在上书时的巨大心理压力。

海昏侯墓出土奏牍还体现了海昏侯国的部分面貌。如自置"仆"管理车马、派遣使者代为朝聘等，都是海昏侯国有别于其他侯国的独特之处。尤其是进奏者为"妾待"的奏牍，体现了海昏侯夫人的个人情况，为M2侯夫人墓的考古工作提供了宝贵的参考资料。

另外，海昏侯墓出土奏牍上的文字应为专业刀笔吏代写，用笔沉稳、隶写规范、文字秀美、庄重典雅，是这一时期不可多得的书法珍品。

第五节 《论语·知道》简初探①

海昏侯刘贺墓出土竹简约5000支，从初步清理和保护情况看，竹简的内容包括《悼亡赋》《论语》《易经》《礼记》《孝经》《医书》《六博棋谱》等文献，其中，《论语·知道》篇，很可能属于《论语》的《齐论》版本②。简报公布的图片为同一支简的正、反面（图2-5-60）。一般情况下，竹简上的文字多书于一面，此简正、反两面均书文字，当为此篇竹书的篇首简。

西汉时期，《论语》分为《鲁论》《齐论》《古论》三个版本。关于《齐论语》与《论语》其他版本的区别，《汉书·艺文志》记载："《齐（论语）》二十二篇。多《问

---

① 杨军、王楚宁、徐长青：《西汉海昏侯刘贺墓出土〈论语·知道〉简初探》，《文物》2016年第12期。

② 江西省文物考古研究所、南昌市博物馆、南昌市新建区博物馆：《南昌市西汉海昏侯墓》，《考古》2016年第7期。

王》《知道》。"①

"智道"即"知道",当为此卷竹书的篇题。汉代"知""智"互通,《说文解字》:"知,词也。"②段玉裁注:"知、智义同。"③稍早公布的海昏侯墓出土竹简也将今本《论语》中"知者乐水"一句写为"智者乐水"。据此推知,该简反面所书"智道",就是《汉书·艺文志》所载《齐论语》第二十二篇的篇题"知道"。

"智道"背面书写有"孔子智道"等24字。篇题"智道"即取自本句开头"孔子"之后的两个字,符合《论语》各篇的命名规则,如《乡党》篇的篇题即取自首章"孔子于乡党"中的"乡党"二字。据此,此句当为《知道》篇的首章。

综上所述,虽然海昏侯刘贺墓出土的竹简尚未进行释读,但在竹简的初步清理和保护过程中,发现《论语》中有《知道》篇,因此,笔者推测海昏侯刘贺墓出土竹书《论语》应为《齐论语》。

图2-5-60　《论语·知道》简

一、首章考释

该简正面为《论语·知道》篇首章,简文共24字。为方便讨论,兹列简文并标点如下:

〔孔〕子智(知)道之昜(易)也。昜(易)昜(易)云者三日。子曰:"此道之美也,莫之御也。"

此简保存较好,字迹清晰。简头平整,文前留白;简尾处略有残损,但未见文字痕迹。此简为墨写隶书,文字端正工整,叠字重复书写,不使用重文符号。文义较为完整。

此简的简文未完整见于传世文献,相同简文在肩水金关汉简中曾有发现。肩水金关简73EJT22:6"孔子知道之昜(易)也。昜(易)昜(易)云者三日。子曰:'此

① 《汉书·艺文志》,中华书局,1962年。

② (汉)许慎:《说文解字》,中华书局,2005年。

③ (汉)许慎撰,(清)段玉裁注:《说文解字注》,上海古籍出版社,1983年。

道之美也'"①。此简将"智道"写作"知道"，与《汉书·艺文志》的记载一致；"易易"写作"易＝"，使用重文符号；"者"字原书释文为"省"，笔者据简影以"者"为是；"此道之美也"后的简牍残损，不见"莫之御也"等语。金关简为"戍边吏卒习字简"，且"西北边塞有数量不少的来自齐地的戍边吏卒"，有学者就曾认为"此简文或即《论语·知道》佚文"②。

关于《齐论语》存佚的推测，陈东在《历代学者关于〈齐论语〉的探讨》③一文中言之甚详，此不赘述。历代学者关于《论语·知道》篇的推测多为臆测，唯刘恭冕《论语正义补》"知道"条所引汪宗沂之语，较有参考价值，"至《知道》佚文，全无可考。窃谓《戴记·乡饮酒义》云：'孔子曰：吾观于乡，而知王道之易易也。'此即《知道》"④。关于《乡饮酒义》中"吾观于乡，而知王道之易易也"一句的释义，《礼记正义》引郑玄注："乡，乡饮酒也。易易，谓教化之本，尊贤尚齿而已。"孔颖达疏："谓孔子先观乡饮酒之礼，而称'知王道之易易'，故记者引之，结成乡饮酒之义。'吾观于乡'者，乡，谓乡饮酒。言我观看乡饮酒之礼，有尊贤尚齿之法，则知王者教化之道，其事甚易，以尊贤、尚齿为教化之本故也。不直云'易'，而云'易易'者，取其简易之义，故重言'易易'，犹若《尚书》'王道荡荡'、'王道平平'，皆重言，取其语顺故也。"⑤

《论语·知道》篇首章的前半部分"孔子智道之易也，易易云者三日"基本等同于《礼记·乡饮酒义》中的"孔子曰：'吾观于乡，而知王道之易易也'"。"智"即"知"，意为知晓。"道"即"王道"，意为"王者教化之道"。"易"即"易"，"'易'字肩水金关汉简多作'易'形，如肩水金关汉简T23：161、T23：1058等记载的'赵国易阳'即《汉书·地理志》所载赵国的'易阳'"；"易易"即《乡饮酒义》中的"易易"，为"简易之义"，"重言'易易'……取其语顺故也"。"三日"为约数，修饰前文的"易易（易易）"，《礼记·檀弓》有"水浆不入于口者三日"，当与此相类。

《论语·知道》篇首章的后半部分"此道之美也，莫之御也"，见于《孔子家语·颜回》篇："孔子谓颜回曰：'人莫不知此道之美，而莫之御也，莫之为也。何居

① 甘肃简牍保护研究中心、甘肃省文物考古研究所、甘肃省博物馆等：《肩水金关汉简（贰）》上册，中西书局，2012年。
② 肖从礼、赵兰香：《金关汉简"孔子知道之易"为〈齐论·知道〉佚文蠡测》，《简帛研究二〇一三》，广西师范大学出版社，2014年。
③ 陈东：《历代学者关于〈齐论语〉的探讨》，《齐鲁学刊》2003年第2期。
④ （清）刘恭冕：《论语正义补》，（台北）艺文印书馆，1966年。
⑤ 李学勤主编：《礼记正义》，北京大学出版社，1999年。

为闻者，盍曰思也夫'。"①

　　《论语·知道》篇首章的后半部分"此道之美也，莫之御也"，基本等同于《孔子家语·颜回》篇中的"人莫不知此道之美，而莫之御也"。"此道"即上文所"智（知）"之"道"，意即"王道"。《论语》中有"莫之知也"，朱熹注为"人不知也"②，故"莫之御也"可理解为"人不御也"。《孔子家语》中将"莫之御也"与"莫之为也"相并列，"御""为"二字当有所联系。王肃注"御"字为"御，犹待也"③，"待""为"二字在《孔子家语》中曾并列出现，如"爱其死以有待也，养其身以有为也"。笔者据此认为，"御"当释为"待"，为等待之意。

　　综合《礼记·乡饮酒义》与《孔子家语·颜回》中的有关文字，笔者认为，《论语·知道》篇首章记录的是孔子观看乡饮酒礼之后对颜回发表的感慨。孔子所"智（知）"之"道"为王道，其之所以认为王道"易（易）"，是因为乡饮酒礼中就有王道教化的基本内涵，即"尊贤尚齿"。王道之所以"美"，不仅因为实现王道本身的美好与宝贵，更因为推行王道之"易易（易易）"。实现王道虽美，推行王道虽易，没有人想再等待（莫之御也），但是也没有人有所作为（莫之为也），所以孔子发出"何居为闻者，盍曰思也夫"的慨叹。

二、作者与年代

　　海昏侯墓竹书《论语》为《齐论语》。《齐论语》在汉代的传人于《汉书·艺文志》中有载："汉兴，有齐、鲁之说。传《齐论》者，昌邑中尉王吉、少府宋畸、御史大夫贡禹、尚书令五鹿充宗、胶东庸生，唯王阳（王吉字子阳，故谓之王阳）名家。"

　　《齐论语》的传人有王吉、贡禹、庸生等，唯有昌邑中尉王吉与刘贺的关系最为紧密，刘贺居昌邑王位时，王吉正是昌邑中尉。王吉其人《汉书》有传④，在《齐论语》的诸多传人中，王吉的事迹最清、时代最早、影响最广、名声最大，也只有王吉与刘贺有着长久、稳定、密切的联系。

　　王吉因"贤良"被任命为昌邑中尉，曾数次劝谏刘贺。他长期任职昌邑中尉，经历了刘贺从进京嗣位到被废黜的全过程，有充足的时间与足够的地位将《齐论语》传

---

① （三国）王肃注：《孔子家语·颜回》，上海古籍出版社，1990年。

② （宋）朱熹：《论语集注·宪问》，中华书局，1983年。

③ （三国）王肃注：《孔子家语·儒行解》卷一，上海古籍出版社，1990年。

④ 《汉书·王吉传》，中华书局，1964年。

授给刘贺。因此笔者认为，海昏侯墓竹书《论语》当传承自昌邑中尉王吉。海昏侯墓竹书《论语》既然传承自昌邑中尉王吉，那么这部《论语》抄写的年代最有可能为王吉担任昌邑中尉时期。史书虽未明载王吉履任昌邑中尉的年份，但不会早于刘贺嗣位昌邑王的年份。刘贺于汉昭帝始元元年（前86年）嗣昌邑王位[①]，故海昏侯墓竹书《论语》的抄写年代最有可能为是年之后。

但是，我们也不能排除王吉将自己早年抄录的《齐论语》抄本，甚至其传承的《齐论语》传本献给刘贺，另外抄录副本自留，如河间献王刘德就曾"从民得善书，必为好写与之，留其真"[②]。"兴，有齐、鲁之说"，海昏侯墓竹书《论语》的抄写年代肯定在汉朝建立（前202年）之后，至于准确的年代上限尚需对竹简进行进一步修复、整理、释读后，通过讳字等信息予以确定。

海昏侯墓的墓主人刘贺薨于汉宣帝神爵三年（前59年），墓中出土竹书《论语》为其随葬书籍，抄写年代必不晚于是年。

综上所述，海昏侯墓竹书《论语》的抄写年代上限最多不超过汉朝建立，下限能够确定为神爵三年。据现有资料推算，最有可能抄写于始元元年至神爵三年之间。

三、学术价值

海昏侯墓竹书《论语》为《齐论语》。关于《齐论语》的流传与佚失经过，《隋书·经籍志》中有详述，"《论语》者，孔子弟子所录……仲尼既没，遂缉而论之，谓之《论语》。汉初，有齐、鲁之说。其齐人传者二十二篇；鲁人传者二十篇。齐则昌邑中尉王吉、少府宗畸、御史大夫贡禹、尚书令五鹿充宗、胶东庸生……张禹本授《鲁论》，晚讲《齐论》，后遂合而考之，删其烦惑。除去《齐论》'《问王》'、'《知道》'二

---

①　《汉书》中关于刘贺嗣位昌邑王的年份有所出入，《诸侯王表》记作"始元元年（前86年），王贺嗣，十二年，征为昭帝后"；据《武五子传》"昌邑哀王髆，天汉四年（前97年）立，十一年薨，子贺嗣，立十三年，昭帝崩"推算，刘贺或嗣位于后元二年（前87年）；《武帝纪》记"后元元年（前88年）春正月……昌邑王髆薨"，刘贺抑或嗣位于是年。稍早公布有一张"瑟禁"的图片（江西省文物考古研究所、首都博物馆：《五色炫曜———南昌汉代海昏侯国考古成果》，江西人民出版社，2016年，第183页），"瑟禁"上朱漆自书此器作于"昌邑七年六月甲子"。笔者据陈垣《二十史朔闰表》、张培瑜《三千五百年历日天象》推算，相关年份中唯元凤元年（前80年）六月有甲子日（当月24日），但其父昌邑哀王刘髆七年（前91年）六月亦有甲子日（当月20日），"瑟禁"或为刘髆遗物。若暂视此器为刘贺所制，则刘贺嗣位昌邑王的年份当为始元元年。

②　《汉书·景十三王传》，中华书局，1964年。

篇，从《鲁论》二十篇为定，号《张侯论》，当世重之……汉末，郑玄以《张侯论》为本，参考《齐论》、古《论》而为之注。魏司空陈群、太常王肃、博士周生烈，皆为义说。吏部尚书何晏，又为集解。是后诸儒多为之注，《齐论》遂亡"①。

《齐论语》失传于汉末魏晋，其时距今约1800年。海昏侯墓竹书《论语》使我们得以一观《齐论语》原貌，在经学研究方面具有重大价值。海昏侯墓竹书《论语》是权威版本的《齐论语》。其传承自《齐论语》的重要传人昌邑中尉王吉，内容真实可靠；又是经过科学发掘得到的文物标本，来源清晰明白，故具有很高的权威性。这对于我们审视其他似为《齐论语》的竹书简牍有着重要的参考价值。

海昏侯墓是迄今所见随葬《论语》抄本最早的墓葬。业已公布的距今最早的《论语》抄本出土于定州八角廊西汉中山怀王刘修墓。海昏侯刘贺薨于汉宣帝神爵三年②，中山怀王刘修薨于汉宣帝五凤三年（前55年）③，海昏侯刘贺的卒年较中山怀王刘修早四年。

海昏侯墓竹书《论语》代表了《论语》的早期面貌，具有重要的版本学价值。如《论语·雍也》篇的首章在今本《论语》中作"子曰：雍也可使南面"，而在稍早公布的海昏侯墓出土竹简与定州汉墓竹简《论语》④中，此章均作"子曰：雍也可使南面也"。

海昏侯墓竹书《论语》体现了汉代儒学的整体发展。出土于江西南昌，传承于汉武帝"罢黜百家"之后，体现了汉代"独尊儒术"后儒学的传播与发展情况。《知道》篇首章的前半部分隐含于《礼记·乡饮酒义》，后半部分隐含于《孔子家语·颜回》，这值得我们重新审视汉代儒学作品与先秦儒家典籍的关系。

海昏侯墓竹书《论语》体现了海昏侯刘贺个人的文学修养与兴趣爱好。刘贺居昌邑王位时的属官郎中令龚遂、昌邑王师王式、昌邑中尉王吉等人俱为儒生。龚遂"以明经为官"；王式名列《儒林传》；王吉不仅是《齐论语》的传人，更"兼通五经，能为《驺氏春秋》，以《诗》、《论语》教授，好梁丘贺说《易》"⑤，地位能与贾谊、董仲舒等儒宗同列⑥，这些人必定会对刘贺产生深远的影响。他被废黜时脱口而出的辩词"天子有诤臣七人，虽无道不失天下"⑦，即语出《孝经》。以《齐论语》和其他儒家经典以

　①　《隋书·经籍志》，中华书局，1982年。

　②　"海昏侯贺……神爵三年薨"，《汉书·王子侯表》，中华书局，1964年。

　③　"地节元年，怀王修嗣，十五年薨"，《汉书·诸侯王表》，中华书局，1964年。

　④　河北省文物研究所定州汉墓竹简整理小组：《定州汉墓竹简〈论语〉》，文物出版社，1997年。

　⑤　《汉书》，中华书局，1964年，第3637、3610、3066页。

　⑥　"今大汉继周，久旷大仪，未有立礼成乐，此贾谊、仲舒、王吉、刘向之徒所为发愤而增叹也"，《汉书·礼乐志》，中华书局，1964年，第1075页。

　⑦　《汉书·霍光传》，中华书局，1964年，第2946页。

及"孔子衣镜"进行随葬，体现了他对儒家思想的尊重与喜爱。

海昏侯墓竹书《论语》中包含有通假字，如以"智"为"知"等，是值得重视的文字学信息。竹书以汉隶书写，规范工整、十分优美，堪称这一时期的书法精品。

第六节　竹书"六博棋谱"小考①

图2-5-61　《五色食胜》简摹本

江西南昌海昏侯刘贺墓出土竹书《五色食胜》。《考古》杂志2016年第7期发表《南昌市西汉海昏侯墓》发掘简报，报告说："《五色食胜》记述的是以五种颜色代表相应食物，类比于'五行'柜生相克的方术类内容。"②江西省文物考古研究所于《五色炫曜——南昌汉代海昏侯国考古成果》一书中公布有"'方术'类竹简文字"，并附有竹简图片，此即《五色食胜》③。为便于探讨，兹附《五色食胜》简牍的摹本、释文如下（图2-5-61）：

白詘内道青高下尃白食青白

"五色食胜"一词来源于《史记·孝武本纪》中的"乃命祠官进牺牢具，五色食所胜"④。《史记集解》在解释"五色食所胜"时引孟康语："若火胜金，则祠赤帝以白牡。"意指祭祀时要依照五行相克的原则来安排牺牲的毛色。由于这批"方术"类竹简中大量出现了"青""白"等颜色词，出现了"食""胜"等字，故在初期的整理过程中暂名之为"五色食胜"，仅为权宜之计，对其准确的内容与性质尚需进行研究与探讨。

此简的内容未见于传世文献，当为失传古籍。简文中"白"字出现三次，"青"字

① 王楚宁、杨军：《海昏侯墓竹书〈五色食胜〉为"六博棋谱"小考》，《文化遗产与公众考古（第三辑）》，内部刊物，2016年。

② 江西省文物考古研究所、南昌市博物馆、南昌市新建区博物馆：《南昌市西汉海昏侯墓》，《考古》2016年第7期。

③ 江西省文物考古研究所、首都博物馆：《五色炫曜——南昌汉代海昏侯国考古成果》，江西人民出版社，2016年，第187页。

④ 《史记·孝武本纪》，中华书局，1963年，第484页。

出现两次，这两种颜色词共出现五次，当为此简最重要的信息。

白，"启也，如冰启时色也"①，《五色食胜》中的"白"当释为"白色"，如"白"字本意。

青，"生也，象物生时色也"②，本义虽为绿色或蓝色，但"青"亦有黑色之意。《尚书·禹贡》有"厥土青黎"一句，孔颖达解释此句时引王肃注："青，黑色。"③当"青"与"白"相对时，多取黑色之意，如"籍又能为青白眼，见礼俗之士，以白眼对之……籍大悦，乃见青眼"④。《五色食胜》简牍中仅见"青""白"二色，而未见其他颜色词，故"青"当释意为"黑色"，而非"青色"。

据此，《五色食胜》中的"青""白"指黑、白二色，并不是指祭祀所用青、白毛色的牛，故《五色食胜》或并非"方术类"书籍。

海昏侯墓出土"（漆木竹器）约3000件。有……围棋盘"⑤，围棋的棋子就是黑、白二色，《弈旨》言："棋有白黑，阴阳分也。"⑥《五色食胜》中仅见黑（青）、白二色，与棋子颜色相同，可能与棋类游戏有关。

现已知最早棋类专著为考古发现的敦煌写本《棋经》，据成恩元先生考证"应当是北周时人的手写卷子"⑦。敦煌写本《棋经》中有"乌子征白子"⑧等语句，其中将围棋的"黑子"写作"乌子"，是"为回避北周文帝宇文泰的小字'黑獭'的讳而改称的"⑨。《五色食胜》中有"白食青（黑）"等文字，这与敦煌写本《棋经》中的"乌（黑）子征白子"相类似，故"食"字或非"饮食"之意，而是棋类术语"吃子"，"白食青"一句可释为"白子吃掉黑子"。"白食青"后仅有一"白"字，当为白子接下来的行棋步骤，但由于竹简长度所限，之后的文字当另书于他简。据此，简文可以断句为：

白诎内道，青高下専，白食青，白……

───────────────

① （汉）刘熙：《释名·释彩帛》，中华书局，1985年，第67页。

② （汉）刘熙：《释名·释彩帛》，中华书局，1985年，第67页。

③ 李学勤主编：《尚书正义·禹贡》，北京大学出版社，1999年，第153页。

④ 《晋书·阮籍传》，中华书局，1974年，第1361页。

⑤ 江西省文物考古研究所、南昌市博物馆、南昌市新建区博物馆：《南昌市西汉海昏侯墓》，《考古》2016年第7期。

⑥ （清）严可均辑：《全后汉文·班固·弈旨》，商务印书馆，1999年，第258页。

⑦ 成恩元：《敦煌棋经笺证》，蜀蓉棋艺出版社，1990年，第23页。

⑧ 成恩元：《敦煌棋经笺证》，蜀蓉棋艺出版社，1990年，第94页。

⑨ 成恩元：《敦煌棋经笺证》，蜀蓉棋艺出版社，1990年，第95页。

简文前半部分的"白訹内道，青高下専"不见于任何围棋资料，但"訹""道""高"三字见于另一种棋类游戏"六博"之中。

古者"博弈"并称，"六博"是与"围棋"并行于世的棋类游戏。六博也使用黑、白二色的棋子，李贤注释《梁统传》时引鲍宏《博经》曰："用十二棋，六棋白，六棋黑。"①

"六博又称陆博，是汉代十分流行的一种棋局游戏。博戏中棋子行走的路线称为博道，共有九种位置"②，《西京杂记》许博昌条记录了西汉时期较为完整的六博资料，如下：

> 许博昌，安陵人也，善陆博，窦婴好之，常与居处。其术曰："方畔揭道张，张峰揭道方，张究屈玄高，高元屈究张。"又曰："张道揭畔方，方畔揭道张，张究屈玄高，高玄屈究张。"三辅儿童皆诵之。法用六箸或谓之究，以竹为之，长六分。或用二箸。博昌又作《大博经》一篇，今世传③。

许博昌为汉武帝时人，与海昏侯刘贺时代较近。文中的"方畔揭道张，张畔揭道方，张究屈玄高，高元屈究张"与"张道揭畔方，方畔揭道张，张究屈玄高，高玄屈究张"是已知最为完整的六博棋术语。据此得知，六博有"方、畔、揭、道、张、究、屈、玄、高"，共九个行棋位置。

考古也出土了大量两汉时期的六博实物。东海尹湾汉墓出土木牍《博局占》，木牍上不仅有"规矩纹（六博棋盘纹）"还在旁边写有"方、廉、杨、道、张、曲、避（屈）、长、高"九字，尹湾汉简的整理者指出："（《博局占》）与《西京杂记》卷四所引许博昌六博口诀基本一致。"④

据李学勤先生考证："（许博昌）口诀顺序为方、畔、揭、道、张、究、屈、玄、高，很可能就是《博局占》九个位置的另外说法。"⑤

《北京大学藏西汉竹书伍》中有《六博》一篇，其中亦见六博的九个行棋位置，北大竹书的整理者介绍说"本篇（《六博》）所述六十干支在博道上的布列次序，为"高

①《后汉书·梁统传》，中华书局，1965年，第1178页。
② 北京大学出土文献研究所：《北京大学藏西汉竹书（伍）》，上海古籍出版社，2014年，第207页。
③（晋）葛洪撰：《西京杂记》，中华书局，1985年，第30、31页。
④ 连云港市博物馆、东海县博物馆、中国社会科学院简帛研究中心等：《尹湾汉墓简牍初探》，《文物》1996年第10期。
⑤ 李学勤：《〈博局占〉与规矩纹》，《文物》1997年第1期。

长油曲张、张道揭兼（廉）方，方兼（廉）揭道张，张油曲长高"[1]。

《五色食胜》简牍中出现有"訟（屈）""道""高""専（专）"四字。"記""道""高"三字出现在了许博昌的口诀之中；"訟"字与尹湾汉简的写法一致，通"屈"；"専"，可释为"圜也"[2]，七为团（團）之省文，意与训为界的"畔"相近，据唐作藩先生的《上古音手册》，"畔"古音"元·并·去"[3]气"专"古音"元·章·平"[4]，韵部相同，暂视"专"为"畔"之通字。

《西京杂记》、尹湾汉简《博局占》、《北京大学藏西汉竹书伍》、海昏侯墓竹书《五色食胜》中关于六博行棋位置用语。

西京杂记	方	畔	揭	道	张	宄	屈	玄	高
博局占	方	廉	揭	道	张	曲		长	高
北大竹书	方	兼	楊	道	张	曲		长	高
五色食胜		専?		道					高

因此，海昏侯墓竹书《五色食胜》当为六博棋的行棋资料（棋谱）。曾蓝莹先生通过对尹湾汉简《博局占》的解读与考证，在六博棋局上复原了九个棋位[5]，笔者据曾蓝莹先生的研究成果，制作六博局面图，之后或可据此对《五色食胜》进行复原（图2-5-62）。

综本文之所述，海昏侯墓竹书《五色食胜》应是首次发现的六博棋行棋资料，这一部竹书或当更名为《六博棋谱》。

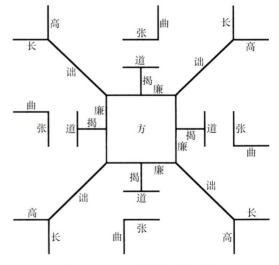

图2-5-62　六博局九位示意图

① 北京大学出土文献研究所：《北京大学藏西汉竹书（伍）》，上海古籍出版社，2014年，第207页。
② 李学勤主编：《十三经注疏·周礼注疏·地官司徒·大司徒》，北京大学出版社，1999年，第244页。
③ 唐作藩：《上古音手册》，江苏人民出版社，1982年，第94页。
④ 唐作藩：《上古音手册》，江苏人民出版社，1982年，第177页。
⑤ 曾蓝莹：《尹湾汉墓〈博局占〉木牍试解》，《文物》1999年第8期。

第六章　陶　　瓷

据统计，在已发掘江西南昌西汉海昏侯墓园 M1、M3、M4、M5 与水井 J1、J2、J3 出土的饮食器、酒器、贮藏器、礼器等容器性质陶瓷器共 300 余件，因部分已残破或有待修复等相关问题，完整陶瓷器及已复原的可辨器形统计共 241 件。M1 出土可辨陶瓷器共 25 件（包括罐 14 件、壶 9 件、盆 1 件、瓿 1 件）；M3 出土可辨陶瓷器共 9 件（包括罐 5 件、壶 3 件、盏 1 件）；M4 出土可辨陶瓷器共 17 件（包括罐 10 件、壶 3 件、鼎 2 件、盒 2 件）；M5 出土可辨陶瓷器共 25 件（包括罐 22 件、壶 3 件）；J1 出土可辨陶瓷器共 57 件（包括罐 30 件、壶 26 件、盆 1 件）；J2 出土可辨陶瓷器共 97 件（包括罐 62 件、壶 35 件）；J3 出土可辨陶瓷器共 11 件（包括罐 3 件、壶 8 件）。

统计可知，江西南昌地区的西汉海昏侯墓园出土的陶瓷器主要包括罐、壶、鼎、盒、盆、瓿、盏七类，其中罐占总可辨形陶瓷器的 61%；壶占总可辨形陶瓷器的 36%；鼎、合、盆、瓿、盏占总可辨形陶瓷器的不到 10%。

采用考古类型学方法对其出土的可辨饮食器、酒器、贮藏器、礼器等容器性质陶瓷器总数 241 件进行分类探析。

一、罐

146 件。分为双系罐与无系罐。

（一）双系罐

按照陶罐的底部特征划分为平底与圜底两类。

1. 平底罐

标本 M5：612-24，印纹硬陶。敞口，平沿，双耳，鼓腹，平底。肩部饰五组弦纹，腹部以下网格纹装饰，器底一组弦纹装饰。泥条盘筑成型。口径 14、底径 17.5、高 29.5 厘米。

标本J2：27，印纹硬陶。小陶罐。敞口、平沿、鼓腹、双耳、平底。肩部饰二道刻划弦纹，器身网格纹装饰。泥条盘筑成型。口径10.4、底径9.3、高14.1厘米（图2-6-1）。

标本J2：17，印纹硬陶。撇口、腹部略扁、平底，双耳在肩部以下。肩部两组弦纹装饰，肩部有落款。轮制成型。口径11、底径11、高22厘米。

标本J2：45，印纹硬陶。敞口、圆腹、平底，底径较宽。肩部弦纹装饰，肩部以下网格纹装饰，腹部以上、器底内部施青釉，但大多已经脱落。泥条盘筑成型。口径12.4、底径11.7、高18.3厘米（图2-6-2）。

图2-6-1　硬陶平底罐（J2：27）

图2-6-2　硬陶平底罐（J2：45）

标本M1：759，漆皮陶，外髹漆。已残破。双耳，陶胎为印纹硬陶，肩部弦纹与腹部以下网格纹装饰。敞口、平沿、鼓腹、平底。泥条盘筑成型。口径15、底径16.5、高33.2厘米。

2. 圜底罐

标本J2：111，灰软陶。腹部以下微收、撇口、双耳、鼓腹、圜底。器身弦纹装饰，器底饰网格纹。轮制成型。口径11、底径10、高23厘米（图2-6-3）。

图2-6-3　陶圜底罐（J2：111）

（二）无系罐

按照陶罐的底部特征也可划分为平底与圜底二类。

1. 平底罐

标本J2：49，印纹硬陶。敞口，平沿，鼓腹，罐身最大直径靠近腹部，平底。网格纹装饰。泥条盘筑成型。口径13、底径15、高32厘米（图2-6-4）。

标本J2：11，印纹硬陶。敞口，口部微陷，平沿，鼓腹，罐身最大直径靠近肩部，平底。网格纹装饰。泥条盘筑成型，口径15、底径16、高38厘米（图2-6-5）。

图2-6-4　硬陶平底罐（J2：49）　　　　图2-6-5　硬陶平底罐（J2：11）

标本J2：8，印纹硬陶。腹部较圆，腹部直径较大。敞口，平沿，鼓腹，平底。网格纹装饰。泥条盘筑成型。口径11.2、底径13.6、高27厘米（图2-6-6）。

2. 圜底罐

标本J2：26，灰软陶。撇口，圆腹，圜底。器身弦纹装饰，器底饰网格纹。轮制成型。口径12、底径10、高24厘米（图2-6-7）。

标本J2：105，灰软陶。撇口，鼓腹，腹部呈球形，圜底。器身弦纹装饰，器底饰网格纹。轮制成型。口径13.2、底径7.2、高23厘米（图2-6-8）。

标本M5：612-30，灰软陶。平沿，折肩。腹下部饰网格纹。口径15、底径8、高29.3厘米（图2-6-9）。

图2-6-6　陶圜底罐（J2：8）

图2-6-7　陶圜底罐（J2：26）

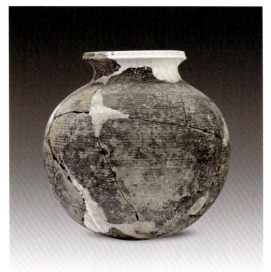

图2-6-8　陶圜底罐（J2：105）

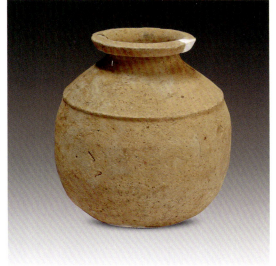

图2-6-9　陶圜底罐（M5：612-30）

二、壶

87件。壶形制较复杂，其中可进行排列比较的主要有平底壶和圈足壶两类。

1. 平底壶

标本J2：64，原始青瓷。敞口，平沿，双耳，鼓腹，平底。颈部饰一道凸弦纹，肩部饰三组弦纹，腹部以下网格纹装饰。腹部以上施青釉，大多已脱落。泥条盘筑成型。口径13、底径17、高29.5厘米（图2-6-10）。

标本M3：4，印纹硬陶。敞口，平沿，鼓腹，腹部浑圆饱满，双耳，平底。肩部饰波浪纹与弦纹，腹部以下网格纹装饰。泥条盘筑成型。口径11、底径16、高25厘米（图2-6-11）。

图2-6-10　青瓷平底壶（J2：64）　　　　　图2-6-11　硬陶平底壶（M3：4）

标本M1：1141，撇口，长直颈稍外撇，双耳，鼓腹，平底。肩部饰三道刻划弦纹，腹部以上施青釉。泥条盘筑成型。口径11、底径14、高43厘米（图2-6-12）。

2. 圈足壶

标本M1：1144，原始青瓷，青绿色釉，红褐色胎质。带盖，撇口，卷唇，鼓腹，双耳，圈足底。轮制成型。口与颈部饰波浪纹，腹部两组复式凹弦纹装饰。盖顶、颈腹、双耳、口沿与壶内底刷青釉。口径12.2、底径13.4、高27.8厘米（图2-6-13）。

标本M1：1015，原始青瓷，褐绿色釉，红褐色胎质。不带盖，撇口，卷唇，鼓腹，双耳辅首，圈足底。轮制成型。口与颈部饰波浪纹与弦纹，腹部三组凸弦纹、锯齿纹装饰。颈腹、双耳、口沿与壶内底刷青釉。口径16、底径19.1、高41.9厘米（图2-6-14）。

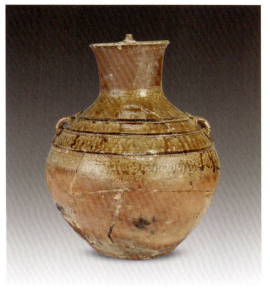

图 2-6-12　平底壶（M1：1141）

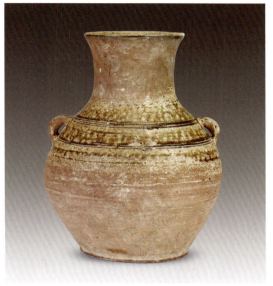

图 2-6-13　青瓷圈足壶（M1：1144）

三、瓿

1件。M1：931，原始青瓷。黄褐色釉，红褐色胎质。带盖，束口，平沿，鼓腹，双耳辅首。肩部三组凸弦纹、锯齿纹装饰。颈肩、罐盖口沿与罐内底刷青釉。轮制成型。口径12.1、底径19.1、高37.3厘米。

四、鼎

2件。原始青瓷，附耳，短蹄形足，深腹。两侧附长方形耳、三矮蹄足，圜底。

图 2-6-14　青瓷圈足壶（M1：1015）

器身和鼎面都饰有弦纹，器身网格纹装饰。有盖，敛口，覆钵式盖，盖顶有一方形纽，周边有三个小纽，饰五圈弦纹，灰青黄色釉，大都已剥落。标本M4：7，口径8.7、底径17、高21.8厘米（图2-6-15）。

五、盒

2件。原始青瓷，直腹，圈足。有盖，盒盖为覆碗形盖，器身和盖面都饰有弦纹，腹部方格纹。盖上有圆形捉手，饰四圈弦纹。下腹部微收，矮圈足。施灰黄色釉，釉大都已剥落。标本 M4：20，口径9、底径13、高22.2厘米（图2-6-16）。

图2-6-15　青瓷鼎（M4：7）　　　　图2-6-16　青瓷盒（M4：20）

六、盆

2件。灰软陶，撇口，折沿，弧腹，平底，盆身弦纹装饰，轮制成型。标本J1：42，口径49.5、底径28.5、高20厘米。

七、盏

1件。M3：1，黄釉瓷。撇口，卷唇，平底。器身施黄釉，底足无釉。轮制成型。口径9.7、底径4.9、高3.5厘米。

海昏侯墓园出土的陶瓷器因器物胎质软硬、装饰方法、烧成温度的不同，可将海昏侯墓园内墓葬M1、M3、M4、M5 与水井J1、J2、J3出土的陶瓷器分为灰软陶、印纹硬陶、原始青瓷与漆皮陶四类。

据分析可知：江西省南昌市西汉海昏侯墓出土陶器中，可辨灰软陶共33件、可辨印纹硬陶共127件、可辨原始青瓷共77件、漆皮陶共53件，其中，印纹硬陶约占随葬陶瓷器的53%，数量最多；其次是原始青瓷，约占随葬陶瓷器的32%；再次是漆皮陶，约占随葬陶瓷器的22%；灰软陶的数量最少，约占随葬陶瓷器的14%。以下根据海昏侯墓园内灰软陶、印纹硬陶、原始青瓷与漆皮陶出土数量的差异来简要概括海昏侯墓园墓葬 M1、M3、M4、M5 与水井 J1、J2、J3 随葬陶瓷器的概括与特征：

M1：出土漆皮陶的数量约占随葬总陶瓷器的54%，其他墓葬M3~M5与水井 J1~J3 并无漆皮陶出土。印纹硬陶与原始青瓷出土数量大致一致，灰软陶数量较少。

M3：出土印纹硬陶的数量约占随葬陶瓷器的75%，灰软陶与原始青瓷出土数量大致一致，并无漆皮陶种类出土。

M4：出土印纹硬陶的数量约占随葬陶瓷器的 52%，其次是原始青瓷与灰软陶，并无漆皮陶种类出土。

M5：出土印纹硬陶的数量约占随葬陶瓷器的 96%，灰软陶随葬1件，并无漆皮陶种类出土。

J1：出土印纹硬陶的数量约占随葬陶瓷器的 47%，其次是原始青瓷与灰软陶，并无漆皮陶种类出土。

J2：出土印纹硬陶的数量约占随葬陶瓷器的 49%，其次是原始青瓷与灰软陶，并无漆皮陶种类出土。

J3：出土原始青瓷的数量约占随葬陶瓷器的 63%，其次是印纹硬陶与灰软陶，并无漆皮陶种类出土。

下篇——科技考古篇

科技考古是利用现代科技分析古代遗存，取得丰富的"潜"信息，再结合考古学方法，探索人类历史的科学，属于考古学研究范畴，科技是手段，考古是目的，其最终目的是复原古代人类生活方式，探讨古代文化的发展与过程。

学科之间的交叉融合是当前科学发展的大趋势。在所有交叉学科中，科技考古学颇为独特，它既是考古学与自然科学交叉融合的产物，更是社会科学与自然科学交叉融合的产物。如今，科技考古学的发展，已体现在考古学的所有领域。追寻科技考古学的发展轨迹，既能帮助公众了解这一学科本身，又能为考古学的发展开阔思路。

科技手段的全程介入是海昏侯墓考古工作的一大特色和亮点。海昏侯墓自发掘之初，便引入了国内领先的高科技手段，科技手段便与考古工作紧密结合，为考古工作提供了强大助力。总体来说，海昏侯墓科技考古工作包括三个方面：一是考古发掘现场的科技手段运用；二是文物科技保护工作；三是出土文物科技分析检测工作。

海昏侯墓考古发掘现场使用前沿的科技手段，对陵园及主墓进行航拍、三维扫描，建立三维数据档案；主墓发掘数字化采集和记录工作，保证了发掘现场全程数字化、影像化、科学化。实验室考古有效控制了文物的保存环境，对文物的防霉、防虫等方面起到了积极的调控效果，最大限度地保存和提取了文物信息。"边发掘，边保护"的理念，贯穿考古发掘的全过程。

海昏侯墓文物研究工作汇集了国内多家顶级科研机构及院所的研究力量，包括北京大学、中国社会科学院、中国国家博物馆、中国中医科学院、中国科学技术大学、中国科学院大学等十余家单位在内的科研院所与海昏侯考古团队精诚合作，采用国内最新科研技术及手段，对海昏侯墓出土的不同材质文物开展了系列研究，研究内容涵盖出土文物内的残留物分析、主墓棺椁及椁室木材种属鉴定、不同材质文物工艺研究、植物考古研究、竹木漆器彩绘颜料研究、文物埋藏环境及元素变化研究等，相关研究成果陆续发表在国内外顶级学术期刊并取得较大的影响力。科技手段的介入，为海昏侯出土文物的研究提供了全新的视角，也发掘了更加丰富的潜信息，为全方位、多角度、多学科、交叉综合研究海昏侯墓提供了有效的技术支撑。

本篇章选用了目前已经在国内外核心期刊正式发表并具有较为代表性的文物科技考古研究成果，展示海昏侯墓文物科技考古工作内容。相信随着科技手段的不断介入与融合，未来还会有更多更新的学术研究成果陆续问世。

第一章　主椁室粮库植物遗存检测与分析[①]

　　中国的农耕文化源远流长，先民对植物的利用由来已久。先秦与两汉文献较多记录了我国先民对植物的认识和利用。例如，《史记·大宛列传》中记载了张骞凿空西域后汉代使者引进葡萄、苜蓿等植物；综合《西京杂记》《三黄辅图》《史记》等典籍，后人已考证出汉代长安的上林苑中至少种植了100多种植物[②]。《后汉书·礼仪下》记载了大丧时谷物陪葬品的相关制度；东汉时整理而成的《神农本草经》中记载了250多种植物药材，更是一部我国药用植物集大成的研究典籍[③]。

　　考古发掘所获植物遗存可与古文献记载交叉印证，为研究汉代先民的植物利用和农业活动情况提供了直接证据。研究发现，不同地区的墓葬制度虽有地域特色，但植物陪葬品中均有五谷；有些墓葬中还有果蔬、调味品或药材。例如，长沙马王堆汉墓出土的粮食作物有粟、黍、稻、大麻、大麦、小麦、大豆、赤豆等，果蔬类有甜瓜、梅、枣、梨、杨梅等，另有冬葵、芥菜、藕、姜等蔬菜和调味品[④]；广西贵县罗泊湾一号汉墓中发现了金银花、花椒、姜等药用植物[⑤]；河北满城汉墓中还发现了可能用作饲料的朴树果核[⑥]。因此，植物陪葬品是墓主生前饮食与生活情况的反映，是"事死如事生"观念以及西汉早、中期厚葬传统的体现[⑦]。

---

①　本节内容曾发表于蒋洪恩、杨军、祁学楷：《南昌海昏侯刘贺墓粮库内出土植物遗存的初步研究》，《南方文物》2020年第6期。

②　冯广平、包琰、赵建成等：《秦汉上林苑植物图考》，科学出版社，2012年，第vii页。

③　罗桂环、汪子春：《中国科学技术史·生物学卷》，科学出版社，2005年，第104页。

④　湖南农学院、中国科学院植物研究所：《长沙马王堆一号汉墓出土动植物标本的研究》，文物出版社，1978年，第1~20页。

⑤　广西壮族自治区文物工作队：《广西贵县罗泊湾一号墓发掘简报》，《文物》1978年第9期。

⑥　中国社会科学院考古研究所、河北省文物管理处：《满城汉墓发掘报告》，文物出版社1980年。

⑦　刘尊志：《汉代诸侯王墓动植物陪葬内容及相关问题浅析》，《南方文物》2015年第3期。

汉代诸侯王和列侯墓发现众多。南昌海昏侯墓是中国江南地区大型汉代列侯墓葬，具备汉代高等级墓葬所包含的许多重要因素，是西汉诸侯国"制同京师"的体现。该墓葬出土了数量丰富的珍贵文物，包括金银器、青铜器、玉器、漆木器、简牍等，对研究西汉时期的政治、经济、文化等方面的研究具有重要价值①。海昏侯墓地下水位较高，植物遗存处于浸水环境（waterlogged condition），避免了与空气进一步接触而完好地保存下来，为我们追溯先民的农业活动与植物利用，反演当时的丧葬制度，以及墓主人的饮食偏好等提供了丰富的素材。

1）南昌海昏侯墓位于南昌市新建县（现新建区）大塘坪乡观西村老裘村民小组东北约500米的墎墩山上，东临赣江，北依鄱阳湖②。海昏侯墓地处《太平寰宇记》、雷次宗《豫章记》、《明一统志》、《广舆记》、《清一统志》、清道光二十七年《新建县志》等文献记载的海昏侯刘贺的封地处。墓葬发掘后出土了数量丰富的金饼、麟趾金、马蹄金以及首次发现的金板等，表明墓主身份极为尊贵。出土的很多漆器上有"昌邑九年""昌邑十一年"等字样，显示漆器的制作时间恰好是刘贺为昌邑王的时期。主棺内出土了一枚证明墓主身份的印章，上面清晰地刻有"刘贺"二字，证明海昏侯墓的墓主即为汉废帝刘贺。

海昏侯刘贺墓系一大型的土坑木椁墓，坐北朝南，平面呈"甲"字形。椁室由主椁室、过道、回廊形藏椁、甬道和车马库组成。椁室中央为主椁室，北、东、西三面按功能区分环绕有回廊形藏椁。根据功能分析，北藏椁自西向东被区分为钱库、粮库、

图3-1-1　水稻呈结块状

乐器库和酒具库。本研究所取植物遗存材料为北藏椁粮库内的储藏物，发现时处于水浸环境，保存较为新鲜，经现场提取后被带回中国科学院大学考古学与人类学实验室进行照相、鉴定和分类。

2）经形态对比与鉴定，在主墓粮库内发现水稻、粟、大麻、甜瓜、梅等五种可食用植物遗存。

稻（Oryza sativa）——水稻小花（带稃颖果），结成块状（图3-1-1）。棕褐色，

①　江西省文物考古研究所、南昌市博物馆、南昌市新建区博物馆：《南昌市西汉海昏侯墓》，《考古》2016年第7期。

②　杨军、徐长青：《南昌市西汉海昏侯墓》，《考古》2016年第7期。

内外稃长 7.3～8.6、宽 1.5～3.9 毫米。小穗下端有两片退化外稃，形状较小。内稃顶端尖，具 3 脉，外稃具 5 脉，其中两条位于边缘（图 3-1-2）。颖果已降解，未见。

粟（Setaria italica）——棕褐色，保存为内外稃，近椭圆形（图 3-1-3）。长 1.6～2.2、宽 0.8～1.3 毫米，深褐色，背面微隆起，腹面较平，有明显的乳突；顶端平钝，基部外突。颖果已降解，未见。

图 3-1-2　水稻　　　　　　　　　　　图 3-1-3　粟

左为背面，右为腹面

麻（Cannabis sativa）——棕褐色，果实为瘦果，长 3.3～5、宽 2.6～3.7 毫米，呈椭圆形，两侧各有一条明显的脊（图 3-1-4）。表面光滑，具有不规则网纹。果实基部圆钝，顶端具小尖头。果脐位于基部，圆形，通常内陷；种子已降解，未见。

甜瓜（Cucumis melo）——土黄色，种子长 5.4～7.4、宽 2.7～3.5 毫米，长椭圆形，顶端具小尖头，基部钝圆，表面光滑，边缘平滑（图 3-1-5）。

图 3-1-4　大麻果实　　　　　　　　　图 3-1-5　甜瓜种子

梅（Armeniaca mume）——棕褐色，果核（内果皮）椭圆形，长 10.3～17.6、宽 8.3～13.8、厚 6.1～9.6 毫米。两端钝或顶端小突尖状，基部楔形；背缝有纵沟，腹缝锐；表面粗糙，均匀布满圆形小孔穴，近基端有 3～5 条纵棱（图 3-1-6）。

图 3-1-6　梅核

1. 讨论

此次在海昏侯刘贺墓（M1）北藏椁的"粮库"部分发现了三种属于"五谷"的农作物，即稻、粟、大麻。"五谷"之说早在《周礼》已有记载，另有"六谷""九谷""百谷"之说[①]。先秦时期上述说法是对谷物的统称，而"五谷""六谷"则更倾向描述几种最为重要的农作物。西汉时期的学者开始对"五谷"做出解释，但"五谷"的具体种类仍然存在争议。有关"五谷"的说法主要有三：一是黍、稷、麦、豆、麻[②]，二是黍、稷、麦、豆、稻，三是稻、稷、麦、豆、麻。从考古发现来看，汉代中原地区常出陶困或陶仓，部分为五组一件，应与五谷相对应，其上书文字组合也有所不同[③]。河南新安铁门镇汉墓 M15 的陶器上所书文字为"鞠（曲）、麻、粟、黍、麦"，而洛阳西郊汉墓 M3009 所书文字为"大麦、黍、粟、麻、大豆"[④]。西安三兆西汉墓 M3 出土 5 个陶仓上分别书有"粟一京，黍粟一京，大豆一京，大麦一京，麻一京"[⑤]。此外，故宫博物院收藏一件王莽始建国元年铜方斗，上刻五谷图记载的五谷分别为"禾、麻、黍、麦、豆"，其中的"禾"即"稷（粟）"[⑥]。考虑到北方地区当时仍不以稻为主要作物，因此汉代黄河流域的"五谷"更倾向为"黍、粟、麦、豆、麻"，而北方墓葬中用较为珍贵的稻谷做随葬品很可能是一种身份的象征。长沙马王堆一号汉墓出土的谷物为稻、麦、黍、粟、豆、麻六种，广西贵县罗泊湾一号墓和南昌海昏侯墓的出土作物均为稻、粟、麻三种。因此，西汉时期南北方所陪葬的"五谷"有所出入。不难看出，"五谷"的具

---

① 沈志忠：《汉代五谷考略》，《中国农史》1998 年第 1 期。
② 沈志忠：《汉代五谷考略》，《中国农史》1998 年第 1 期。
③ 陈昱文：《汉墓谷物随葬及相关问题的探究》，南京大学硕士学位论文，2015 年，第 5～15 页。
④ 中国科学院考古研究所洛阳发掘队：《洛阳西郊汉墓发掘报告》，《考古学报》1963 年第 2 期。
⑤ 赵志军：《植物考古学：理论、方法和实践》，科学出版社，2010 年，第 231 页。
⑥ 罗福颐、唐兰：《新莽始建国元年铜方斗》，《故宫博物院院刊》1958 年第 1 期。

体组合深受墓区农业的影响，而稻则是江南地区"五谷"的重要成员。大麻作为谷物和油料作物，一物两用，其栽培和利用深受先民重视[①]。综上所述，稻、粟、麻是汉代重要的栽培作物，也是江南地区传统"五谷"中不可或缺的三种农作物。海昏侯墓中发现了甜瓜的种子和梅的果核。同时代的马王堆汉墓发现的植物陪葬品种类多且数量大，其中的果品为甜瓜、枣、梨、梅、杨梅等五种。广西贵县罗泊湾一号墓出土的果品为梅、青杨梅、李、橄榄、乌榄、橘子、木瓜、仁面等。南昌、长沙相距较近，因此马王堆墓与海昏侯墓中的水果有所重叠；广西贵县与上述二者相对较远，因此罗泊湾墓出土的仁面、橄榄、乌榄等体现了当地特色。南昌海昏侯墓、长沙马王堆汉墓和广西贵县罗泊湾墓等西汉墓葬所发现的陪葬谷物和果品是当时"事死如事生"观念的体现。因此，海昏侯墓陪葬的甜瓜和梅很可能是刘贺生前所喜食的果品。同时，刘贺体内发现的大量甜瓜子进一步证实了上述推测。除海昏侯墓外，马王堆一号汉墓辛追夫人的食道、胃部、肠道中发现 138 粒半甜瓜籽，表明其死亡前不久曾食用过甜瓜，可见西汉时期江南地区贵族对甜瓜食用的普遍。海昏侯墓中发现的大量梅核也反映了梅在南方的种植和利用，但梅的果实是否加工过尚不明确。从马王堆汉墓许多陶罐中发现的保存完好的梅核和梅干，以及竹简上对梅、脯梅和元梅等加工制品的记载来看，当时梅的食用在长江流域非常普遍并有成熟的加工技术。

2. 结论

基于海昏侯墓主墓椁室粮库内植物遗存的鉴定和分析，可以推断出海昏侯刘贺墓内用于陪葬的谷物和墓主生前喜食的果品种类，同时也让我们了解到西汉早、中期"五谷"和果品作为陪葬品选用的异同。海昏侯墓与马王堆汉墓的粮食作物以稻为主，和北方汉墓无（或少）稻而多粟/黍或麦的情况形成了鲜明的对比。从海昏侯墓出土的大量甜瓜种子和梅核来看，这两种广布于南方的水果在当时的南昌地区已经得到了一定程度的栽培和利用。综合分析，当时的农业生产已达到较高的发展水平，农业已成为西汉时期社会经济的支柱，这与西汉早、中期稳定的政治环境和重农政策的实施是息息相关的。

---

① 蒋洪恩：《大麻（Cannabissativa L.）的认识及利用历史》，《植物科学进展》（第七卷），高等教育出版社，2007年，第125页。

第二章　北藏椁内青铜器及其埋藏环境[①]

为更好地提取与保护海昏侯墓中的青铜器，2015年1月，北京大学考古文博学院与中国社会科学院考古研究所、江西省文物考古研究院合作，配合考古清理在北藏椁内进行取样，以期了解海昏侯墓北藏椁内青铜器的制作工艺、腐蚀状况和保存环境。取样时遵循最小干扰原则，共采集4件铜器样品、4件土壤样品（表3-2-1）。

表3-2-1　海昏侯墓北藏椁内所取样品

样品类别	样品名称	样品编号	样品状态	取样位置
铜器	五铢钱	B-1	完整，外表红褐色	钱库
	盆	B-2	近口沿残破处	酒具库
	编钟虡	B-3	立柱残片	乐器库
	五铢钱	B-4	完整，外表灰绿色	钱库
土样	带锈土样	X-1	黏附一薄层黑色锈蚀	酒具库扣合两盆口沿附近
	带锈土样	X-2	黏附一薄层黑色锈蚀	酒具库三足炉边
	灰色填土	T-1	深层所取，膏泥状	酒具库
	黄色填土	T-2	表层所取，较粗糙	酒具库

（一）青铜器的成分及金相分析

对采集的器物样品进行镶嵌、打磨、抛光至无划痕后，采用北京大学考古文博学院科技考古实验室的 Hitachi-TM 3030 超景深电子显微镜对样品微观形貌进行观察，扫描电压15kV。选取洁净无锈区域，利用SEM-EDS（扫描电镜–能谱模式）进行成分分析（表3-2-2），测定时间不低于90s，筛选元素的含量下限为0.2%。

对已测成分的样品进行浸蚀处理，并采用北京大学考古文博学院冶金考古实验室的 Leica -DM4000M 金相显微镜进行显微金相组织观察，浸蚀试液为3% $FeCl_3$-HCl-乙醇溶液。

---

① 本部分内容曾发表于张吉、刘晟宇、胡东波：《新建海昏侯墓北藏椁内青铜器及其埋藏环境的初步分析》，《南方文物》2018年第2期，第125～130页。

显微金相组织显示（图3-2-1～图3-2-4），盆基体组织均匀化，浸蚀后可见等轴晶、孪晶和少量滑移线，应为铸后热锻成型；钟虡基体为 α 固溶体晶粒，浸蚀后可见清晰的偏析枝晶骸像，说明铸后显著受热。五铢钱基体为 α 固溶体枝晶，晶内偏析显著，晶间有大量铅颗粒及硫化物夹杂，为铸造成型。合金成分显示，这几件器物材质均为青铜，且Cu含量都高于85%。铜盆含锡11%，含铅仅1%，与广州南越王墓所出铜盆的合金成分相似[1]，降低器物含铅量能够获得较好的铸后加工性能，防止热锻时开裂。钟虡的铅、锡含量均较低，与满城汉墓所出伞柄箍等器物的成分接近[2]，五铢

图3-2-1　五铢钱显微金相组织（500×）

图3-2-2　铜盆近口沿处显微金相组织（200×）

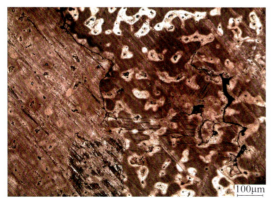

图3-2-3　编钟虡显微金相组织（100×）

图3-2-4　编钟虡显微金相组织（200×）

①　孙淑云：《西汉南越王墓出土铜器、银器及铅器鉴定报告》，《西汉南越王墓》，文物出版社，1991年，第398、399页。

②　中国社会科学院考古研究所实验室：《满城汉墓部分铜、银器的化学成分》，《满城汉墓发掘报告（上）》，文物出版社，1980年，第376～383页。

钱的成分也与河北满城汉墓及江苏徐州狮子山楚王陵的部分五铢钱大致相同[1]。西汉时期青铜器的成分分析数据相对缺乏，本次分析了海昏侯墓出土的三件青铜器，合金成分与同时期高等级贵族墓中的同类器物基本相似，为西汉时期青铜器的工艺研究提供了新的材料。

表3-2-2　　海昏侯墓青铜器合金成分（质量分数/%）

器物名称	样品编号	区域	Cu	Sn	Pb	O	S	Fe
五铢钱	B-1	1	86.5	5.6	5.5	0.6	1	0.8
		2	87.8	5.1	4.6	0.9	1	0.6
盆	B-2	1	86	10.9	1.3	0.7		
		2	87.1	10.7	1	1	0.2	
编钟虡	B-3		93.2	6.4	0.2	0.2		

（二）青铜器锈层结构观察与主要腐蚀产物的物相分析

海昏侯墓北藏椁所见铜器外观可以大致分为两类，乐器库与酒具库中的铜器埋藏于填土中，表面为褐色；钱库中的五铢钱，表面多呈暗红色。五铢钱在埋藏时串联成贯，大部分钱紧密贴合，表面并不接触土壤。采用金相显微镜在明场下观察五铢钱样品B-1，可见基体表面存在大量的红色颗粒，成分为Cu（单质铜）；此外可见很多蓝灰色颗粒，换用暗场观察则显红色，示为Cu_2O（赤铜矿）。五铢钱表面暗红色的赤铜矿与单质铜，反映埋藏环境的还原性较强。

表面显褐色的铜器，多与填土接触，表面状态与五铢钱稍有差异。通过显微金相观察铜盆样品B-2，可见表面有少量的赤铜矿及单质铜，此外器表还有一层易于粘脱的灰黑色薄层。以酒具库中的三足炉为例，腹部灰黑色薄层附着在填土表面，清理时可以轻易地随土块剥离器表。取灰黑色薄层的X-2填土样品，稍干燥后切成小块，以GCC-Z01环氧树脂渗透并镶嵌成型。在扫描电镜下观察土样断面，该层呈均匀带状，1200倍下测量该层的平均厚度约为50μm（图3-2-5、图3-2-6），灰黑色薄层又可根据成分差异，分为清晰的两部分。靠近铜器基体的一侧富含Sn，主要物相应为无定形SnO_2，厚度为20~30μm；靠近土壤的一侧富含Cu，同时具有较高S含量，据SEM-EDS结果推测物相为CuS及部分Cu_2S（斑铜矿）[2]。XRD谱图中未检出含Cu、Sn物相，

① 迟鹏、李秀辉、陈建立等：《徐州狮子山楚王陵出土青铜器的科学分析》，《中国文物科学研究》2016年第4期。

② Tran T T M, et al. The atmospheric corrosion of copper by hydrogen sulphide in underground conditions. Corrosion Science, 2003, 45 (12): 2787-2802.

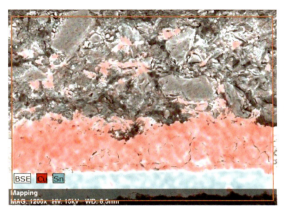
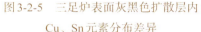

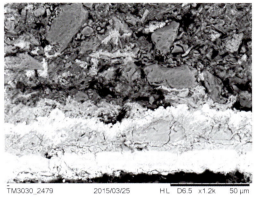

图3-2-5　三足炉表面灰黑色扩散层内
Cu、Sn元素分布差异

图3-2-6　SEM 观察三足炉表面灰黑色
扩散层（1200×）

说明腐蚀产物晶态较差。

这层灰黑色薄层结构均匀，不具备枝晶骸像等显微形貌，实际上是铜器基体中的金属元素向外迁移并发生次生沉积形成的扩散层，所以灰黑色的薄层与金属基体的结合不甚紧密，而倾向黏附在土壤表面。此层总体厚度约为50μm，由于土壤孔隙率很低，渗透性不良，故而金属离子向土壤迁移扩散的距离相当有限。扩散层又可分为内外两层，内层主要由SnO_2组成，外层主要为CuS及少量含Pb物相，说明铜器基体的各组分迁移能力差异很大。Sn（Ⅳ）难溶，几乎没有迁移能力；Cu（Ⅰ/Ⅱ）迁移能力稍强，但由于强还原性土壤环境能够产生S^{2-}，导致Cu（Ⅰ/Ⅱ）迁移到土壤接触面时形成难溶的铜硫化物。Cu、Sn 等金属元素最终各自以溶解度最低的物相形态沉积在土壤界面上，从而形成了有序的带状薄层。

此外，露置于潮湿环境中较久的五铢钱样品B-4，表面略显灰绿色。XRD 分析显示样品B-4 表面锈蚀中含有少量孔雀石（Malachite），说明在潮湿的空气中，青铜器表面的还原性锈蚀产物开始逐渐氧化（表3-2-3）。

表3-2-3　扩散层腐蚀产物成分（质量分数/%）

测量位置	Cu	S	Sn	O	Fe	Pb	Si	Al
富铜相	68.3	24.5	—	5.6	—	—	1	0.6
富锡相	13.2	1.4	54.7	19.6	5.2	2.7	2.2	0.9

（三）青铜器埋藏环境的初步分析研究

海昏侯墓藏椁内青铜器普遍被填土包裹，刚揭露的填土呈灰白色膏状，在空气中久置后，最外层2～3mm氧化变黄（图3-2-7）。为研究膏泥状填土对青铜器腐蚀过程

图 3-2-7　膏泥状填土样品新鲜切面，表层为黄褐色，厚 2～3mm，
内部仍然保持灰白色

的影响，笔者对填土样品进行了物相成分、含水率、可溶盐含量、土壤 pH 及还原电势（Eh）理化性质的初步分析。

1. 物相成分

采用北京大学化学与分子工程学院无机化学实验室 Rigaku（理学）-DMAX 2400 粉末 X 射线衍射仪测定土壤晶态物相。X 射线管工作电压 40kV，工作电流 10mA。测量范围 5°～70°，扫描速度 8°/min。将灰白色填土样品 T-1 干燥后磨细进行 XRD（X 射线衍射）分析，测得晶态物相主要是石英（Quartz）和伊利石（Illite），另有少量蒙脱石（Montmorillonite）（图 3-2-8）；三足炉边填土样品 X-2 的晶态物相主要为石英和蒙

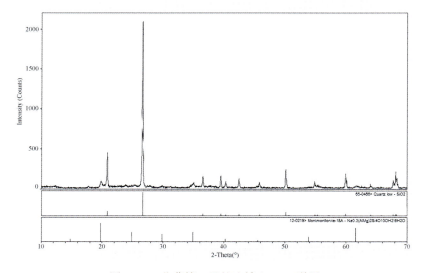

图 3-2-8　北藏椁三足炉边填土 XRD 谱图

脱石。据此判断填土样品主要由黏土矿物蒙脱石、伊利石等构成。其中蒙脱石具有明显的润胀性，导致黏粒遇水显著膨胀，使土壤渗透性大大降低[①]。此外富含有机质的土壤，也具有很低的渗透性。

2. 含水率

自东周至汉代，许多木椁墓中都发现有防渗性能良好的膏泥状填土，然而对这类填土的科学系统分析却并不多。从成分上看，西汉大葆台广阳王墓的椁室白膏泥中，主要黏土矿物为蒙脱石[②]；马王堆一号汉墓椁室膏泥中，主要黏土矿物为伊利石[③]；春秋晚期浙江绍兴印山越王陵的白膏泥，主要由伊利石和高岭石矿物构成[④]。从粒径上看，马王堆汉墓的黏土颗粒最细，印山越王陵次之，大葆台的黏土矿物粒径最粗。

一般认为墓葬内填充的膏泥是特意选择用于防渗的，在积水环境下，能够有效防止表层的氧气及水分进入椁室。然而也有部分学者认为，膏泥是自然的粉砂质黏土在饱水的强还原性环境中受腐败有机质浸染所致[⑤]。无论如何，都说明黏土的含水率同填土渗透性的密切关系，这一指标同黏土矿物成分及粒径分布一样，都是影响渗透性能的重要因素。

海昏侯墓北藏椁的地下水位高，填土普遍呈黏稠的膏状。为了准确反映填土的含水率，从灰色土样 T-1 中称取三份样品，分别称量新鲜质量。室温干燥，内部仍然保持灰白色。后研磨至 1000 目，50℃下烘干至恒重，称量干燥质量。三份含水率平均值为 22.7%（表 3-2-4）。对膨润土而言，不同的干湿状态下物理化学性质差别显著。北藏椁填土的含水率普遍较高，可以认为其中的黏土矿物充分润胀，降低了土壤渗透性故而青铜器能够长期稳定地埋藏在强还原性环境之中。

---

①　刘红军主编：《土质学与土力学》，北京大学出版社，2013 年，第 36 页。

②　中国科学院地质研究所：《大葆台汉墓白膏泥中的粘土矿物分析》，《北京大葆台汉墓》，文物出版社，1989 年。

③　黄伯龄、赵惠敏、姬素荣等：《关于长沙马王堆汉墓白膏泥中的粘土矿物》，《地质科学》1975 年第 1 期。

④　许峰林等：《印山越王陵青膏泥中的黏土矿物分析》，《印山越王陵：1998 全国十大考古新发现之一》，文物出版社，2002 年。

⑤　张志军：《秦始皇兵马俑二号坑"青膏泥"来源的研究》，《科技考古论丛（第 3 辑）》，中国科学技术大学出版社，2003 年；湖北省荆州博物馆：《枣林岗与堆金台》，科学出版社，1999 年，第 55 页。

表3-2-4　海昏侯墓北藏椁土壤样品含水率

样品	新鲜重/g	干重/g	含水率/%
1	13.4	10.8	24.1
2	9.5	7.8	21.8
3	11.6	9.5	22.1
平均含水率：22.7			

3. 可溶盐含量

取约5g 土壤样品，以IC（离子色谱）法测定其中的可溶盐含量。阳离子洗脱液为 0.02mM 甲磺酸，阴离子洗脱液为 0.02mM $NaHCO_3$。

通常自来水中 Cl^- 浓度不超过4mg/kg，土壤的 Cl^- 含量在30～300mg/kg 范围内，而由表3-2-5可知，新建海昏侯墓椁室内土壤的各类可溶盐总量均较低。X-1 样品 Cl^- 浓度仅有 15mg/kg，说明填土中 Cl^- 可溶盐含量非常低，对青铜器日后的长期保藏有利。

表3-2-5　海昏侯墓北藏椁土壤样品可溶盐含量（mg/kg）

样品名称	Na^+	NH_4^+	K^+	Mg^{2+}	Ca^{2+}	Cl^-	MO_3^-	SO_4^{2-}
T-1	41.74	13.76	16.57	0.95	3.02	59.99	44.21	33.55
T-2	17.21	2.22	5.41	0.78	2.37	22.94	16.75	43.27
X-1	10.46	3.17	2.94	0.59	3.63	14.51	14.11	40.26

本次实验未检测土壤洗液中 HCO_3^- 的浓度，然而长江流域土壤的检测结果显示碳酸盐的浓度常常较高，可达250mg/kg，如湖北九连墩楚墓土壤样品的碳酸盐浓度约是氯离子的十倍[1]。当氯离子、硫酸根等可溶盐浓度均较低时，会倾向生成氧化物和碳酸盐类的腐蚀产物。这与锈蚀产物的分析结果相一致。

4. 土壤pH及还原电势（Eh）

北藏椁所取膏泥状土壤样品在空气中露置后，表面即缓慢变黄，说明膏泥对氧化氛围十分敏感。将土壤表面变黄硬结层切除干净，称取灰白色膏泥的新鲜质量，加去离子水配成1∶5土壤溶液A；收集土壤表面较纯净的黄色层，也称取新鲜质量，配成1∶5溶液B。两份溶液分别测定pH和土壤还原电势Eh。

采用Mettler-Toledo 公司的S20-SevenEasy 台式pH 计测定土壤浸出液的pH，校准后进行测量，校准溶液pH＝4.01及6.86。灰白色膏泥样品pH 测值为5.85～5.96；表

---

① 金普军、秦颖、胡雅丽等：《九连墩墓地1、2号墓出土青铜器上锈蚀产物分析》，《江汉考古》2009年第1期。

面黄色氧化土层pH测值为5.35～5.42。采用北京大学考古文博学院文物保护实验室的CS300电化学测试系统测定土壤氧化还原电势。利用铂黑电极作为工作电极，饱和甘汞电极作为参比电极。采用电化学测试系统测定A、B两份1∶5土壤溶液及纯水的开路电压E值，5min内E分别稳定为0.22V、0.44V、0.36V。$\Delta EAB=0.22V$，EA甚至低于纯水测值，表明灰色与黄色两种土壤的氧化程度有显著差异。

灰色土样暴露于空气中后，其中的有机物不断氧化，导致土样的还原电势升高，Fe^{2+}、Mn^{2+}等强还原性，物质迅速被氧化，氧化产物Fe^{3+}的水解又造成土壤体系pH下降，故而土壤颜色由灰白变为黄褐。

$$4Fe^{2+}+O_2+10H_2O \rightarrow 4Fe(OH)_3+8H^+$$
$$2Mn^{2+}+O_2+2H_2O \rightarrow 2MnO_2+4H^+$$

Pourbaix认为，当确定可溶盐种类、浓度及pH时，还原电势Eh的变动范围能够决定体系的稳定物相。在还原性土壤条件下，pH为6～7，只要Eh低于0.3V，稳定的物相便由Cu（Ⅱ）转变为Cu（Ⅰ）甚至Cu（0），而灰白色膏泥的Eh常常能达到负值，这也正解释了Cu_2O与沉积Cu这类腐蚀产物在北藏椁青铜器表面的广泛存在[①]。

（四）总结

1. 海昏侯墓北藏椁内青铜器的工艺及腐蚀情况

本次对新建海昏侯墓北藏椁内三件青铜器进行了成分及金相分析。铜盆经过热锻处理，钟虡铸后明显受热。三件器物的合金成分分别与广州象岗南越王墓及满城陵山汉墓的同类器物相似，铅含量多较低，具有西汉中晚期的工艺特征。

这批铜器长期处于还原性的环境中，腐蚀过程相对简单，腐蚀产物主要为Cu_2O与沉积Cu，接触填土的器表还可见从基体迁移到土壤界面沉积的无定形SnO_2和CuS。本次检测的青铜器样品中，未发现危害铜器长期保存的含氯矿物。

2. 青铜器的保存环境

北藏椁内埋藏了丰富的有机物，在饱水的密封状态下很快消耗完椁内氧气。灰白色膏泥质填土细腻致密，含有大量易于润胀的蒙脱石类黏土矿物，在饱水的环境下保证了土壤的低渗透性，抑制了氧气和各种重金属离子的自由迁移，从而将青铜器维持

————————

① Pourbaix M. Some applications of potential-pH diagrams to the study of localized corrosion. Journal of the Electrochemical Society, 1976, 123 (2): 25C-36C.

在强还原性环境之中。本次检测的填土样品具有很低的可溶盐含量，有利于铜器的长期保存。

在这种还原性的填土环境中，青铜器基体成分的迁移受到抑制。Cu与土壤中的还原态硫作用沉积出溶解度很低的铜硫化物，两千余年间仅从基体迁移了50μm，尽管锈层结构不太致密，仍然可以认为青铜器在这种土壤环境内达到了稳定状态。

海昏侯墓北藏椁开始清理后，膏泥土壤被逐渐除去，揭露出的青铜器开始处于富氧、高湿的新环境中。新鲜的膏泥土壤呈灰白色，但露置于空气中很快变为黄色。氧化后的填土板结变硬，土壤溶液转为显著的酸性，在这种酸性与氧化性较强的环境中青铜器很容易发生锈蚀。北藏椁揭露出的少量青铜器，如部分五铢钱，在湿热的环境中便形成了灰绿色的腐蚀产物，与原本的暗红色状态差别显著。故而在北藏椁的发掘过程中，当青铜器完全揭露后，即应尽快提取并转移到干燥的环境中清理保存，以期保持文物出土时的状态。

第三章　主椁室青铜器制作工艺初步分析①

一、引言

　　青铜器在汉代社会生活中仍然广泛使用，并完成了从礼器到生活用器的转变②，但目前汉代铜器无论是传统考古还是科技考古的相关研究数量均不及先秦。汉代青铜器的研究对当时社会、技术文化变迁等相关研究具有重要意义。

　　海昏侯墓位于南昌市新建区大塘坪乡观西村老裘村民小组东北约500米的墎墩山上。2011年起，江西省文物考古研究院对被盗墓葬周围5平方千米区域进行全面系统的考古调查，发现了紫金城遗址、历代海昏侯墓园、贵族和平民墓等遗存，并对海昏侯墓进行重点钻探。2012～2013年开始发掘，至2014年完成主墓（M1）封土和墓室内填土的发掘，2015年对主椁室进行发掘并对遗物开始提取与保护，2016年完成了主墓的一期发掘工程，取得了许多令人瞩目的考古发现，确认墓主为第一代海昏侯刘贺③。海昏侯墓共出土青铜器3000余件（套），其中主墓内共出土铜器500余件（套），器类包括食器、酒器、水器、乐器、生活用器、度量衡器、兵器、车马器、工具、杂器配件，大致依功用相应放置于主椁室、车马库及回廊形藏椁的厨具库、酒具库、乐器库、武库、娱乐用器库等位置④。海昏侯墓的发掘为研究汉代历史及相关考古研究提供了重要的依据。

　　目前，西汉帝陵及丛葬坑出土铜器的科技分析包括阳陵丛葬坑出土的一件铜铁复

①　胡毅捷、李文欢、胡东波：《江西海昏侯墓主椁室出土青铜器制作工艺初步分析》，《南方文物》2021年第3期。

②　中国社会科学院考古研究所：《中国考古学·秦汉卷》，中国社会科学出版社，2010年，第640页。

③　江西省文物考古研究所、南昌市博物馆、南昌市新建区博物馆：《南昌市西汉海昏侯墓》，《考古》2016年第7期。

④　江西省文物考古研究院、中国人民大学历史学院考古文博系：《江西南昌西汉海昏侯刘贺墓出土铜器》，《文物》2018年第11期。

合器^①与茂陵陪葬坑出土的少量车马器^②；北京大葆台汉墓^③、河北满城汉墓^④、江苏徐州
狮子山楚王陵^⑤与北洞山楚王墓^⑥、山东青州香山汉墓^⑦、河南永城梁王墓^⑧等诸侯王级大
墓出土的部分铜器已经过合金成分分析；列侯级别墓葬出土铜器经过检测分析的较少，
其中海昏侯墓椁室外回廊^⑨及车马坑^⑩出土的部分青铜器有部分数据发表；安徽巢湖汉
墓^⑪、天长三角圩汉墓^⑫、陕西西安龙首原汉墓^⑬等高级官吏及中小贵族地主墓葬出土的

---

① 刘薇、赵西晨、马清林：《陕西咸阳汉阳陵出土铜铁复合器分析研究》，《中国文物科学研究》2018 年第 4 期。

② 杨忙忙：《汉武帝茂陵陪葬坑出土车马器的金相分析和光谱分析》，《考古与文物》2003 年第 1 期。

③ 冶金工业部有色金属研究院：《大葆台汉墓部分铜器化学成分分析报告》，《北京大葆台汉墓》，文物出版社，1989 年，第 124 页。

④ 中国社会科学院考古研究所：《满城汉墓部分铜、银器的化学成分》，《满城汉墓发掘报告》，文物出版社，1980 年，第 376～383 页；戴志强、周卫荣、樊祥禧：《满城汉墓出土五铢钱的成分检测及有关问题的思索》，《中国钱币》1991 年第 2 期。

⑤ 迟鹏、李秀辉、陈建立等：《徐州狮子山楚王陵出土青铜器的科学分析》，《中国文物科学研究》2016 年第 4 期。

⑥ 周卫荣：《北洞山西汉楚王墓出土钱币等器物分析》，《徐州北洞山西汉楚王墓》，文物出版社，2003 年，第 208～214 页。

⑦ 李延祥、崔春鹏、张然等：《山东青州香山汉墓出土青铜镈的成分与金相分析》，《有色金属工程》2016 年第 3 期。

⑧ 李秀辉、韩汝玢：《永城梁孝王寝园及保安山二号墓出土金属器物的鉴定》，《永城西汉梁国王陵与寝园》，中州古籍出版社，1996 年，第 276～285 页。

⑨ 张吉、刘晟宇、胡东波等：《新建海昏侯墓北藏椁内青铜器及其埋藏环境的初步分析》，《南方文物》2018 年第 2 期；汪淼：《海昏侯墓出土鎏金青铜器工艺与腐蚀相关性研究》，北京大学硕士学位论文，2018 年。

⑩ 杨小林、王浩天：《西汉废帝海昏侯刘贺墓外藏椁出土部分当卢制作工艺研究》，《南方文物》2017 年第 1 期；蔡毓真、胡东波、管理等：《海昏侯外藏椁鎏金银青铜车马器装饰工艺研究》，《南方文物》2019 年第 6 期；蔡毓真：《海昏侯墓车马坑青铜器的腐蚀研究》，北京大学博士学位论文，2019 年。

⑪ 毛振伟、左健、王世忠等：《巢湖市汉墓出土文物部分残片的 X 射线荧光光谱分析》，《巢湖汉墓》，文物出版社，2007 年，第 172～176 页。

⑫ 晏德付、秦颖、陈茜等：《天长西汉墓出土部分金属器的研究》，《有色金属（冶炼部分）》2011 年第 9 期。

⑬ 刘成：《龙首原西汉早期墓出土金属器件的能谱及金相显微组织分析》，《西安龙首原汉墓》，西北大学出版社，1999 年，第 262～270 页。

部分铜器亦有相关分析报道；河南淅川葛家沟墓地[①]、湖北宜城跑马堤墓地[②]出土战国至西汉时期铜器的科技分析检测也已报道，但这些墓群墓主人社会等级较低，可能为平民阶层。在边疆地区，如广东广州南越王墓[③]、广西贵县罗泊湾汉墓[④]、合浦汉墓[⑤]以及非汉王朝势力控制范围内的诸如贵州赫章可乐[⑥]、云南晋宁石寨山、江川李家山[⑦]等墓地出土铜器也已开展相应的工作，旨在讨论中原与边疆、汉室与西南夷之间的关系。

以往研究中虽已积累了部分汉代铜器的科技分析数据，但仍存在一定的问题，如部分遗址和墓葬数据样本量较少不能代表整体面貌；或是部分遗址分析样品以青铜货币或铜镜为主，对其余器类重视不够；或是样品锈蚀严重导致数据不能进行定量讨论；抑或是历时性的分析较为欠缺等。本章拟通过对海昏侯墓主椁室内出土青铜器的制作工艺、合金配比等问题进行探讨，以丰富汉代青铜器科技考古的相关研究。

二、样品制备及测试条件

本章对主椁室内38件铜器所取44件样品进行检测分析，取样时遵循最小干预原则，尽量从器物残缺处取样（图3-3-1）。

对采集的样品进行镶嵌、打磨、抛光至无划痕后，利用北京大学考古文博学院科

---

①　曾庆硕、陈典、崔本信等：《南阳淅川葛家沟出土青铜器的初步科学分析研究》，《博物院》2020年第2期；Chen D, Luo W, Zeng Q, et al. The lead ores circulation in Central China during the early Western Han Dynasty: A case study with bronze vessels from the Gejiagou site. PLOS ONE, 2018, 13 (11): 1-12.

②　刘建宇、肖梦娅、王璐等：《湖北宜城跑马堤墓地出土铜器的科学分析研究》，《文物保护与考古科学》2018年第3期。

③　北京科技大学冶金史研究室：《西汉南越王墓出土铜器、银器及铅器鉴定报告》，《西汉南越王墓》，文物出版社，1996年，第276～285页。

④　北京钢铁学院冶金史研究室：《贵县罗泊湾一号墓出土的五件铜器鉴定报告》，《广西贵县罗泊湾汉墓》，文物出版社，1988年，第142页。

⑤　赵春燕：《合浦县风门岭汉墓出土铜器的化学组成分析报告》，《合浦风门岭汉墓——2003～2005年发掘报告》，科学出版社，2006年，第179～181页；闵晨、李永春、陈坤龙等：《广西合浦地区出土汉代铜器的初步科学分析研究》，《文化遗产研究（第3辑）》，科学出版社，2017年，第337～347页。

⑥　刘煜、贾莹：《赫章可乐墓地出土青铜器检测分析》，《赫章可乐二〇〇〇年发掘报告》，文物出版社，2008年，第195～206页。

⑦　李晓岑、韩汝玢：《古滇国金属技术研究》，科学出版社，2011年。

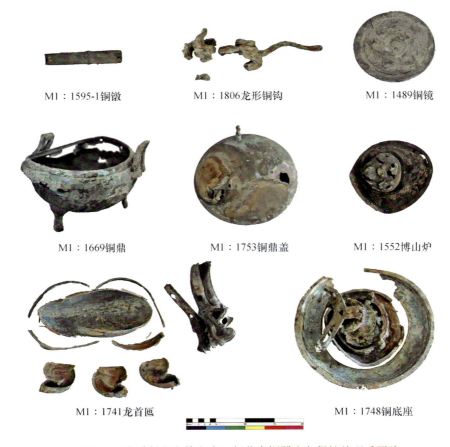

图3-3-1　海昏侯墓主椁室出土部分青铜器应急保护处理后照片

技考古实验室的Hitachi-TM3030超景深台式电子显微镜及EDS能谱仪进行背散射成像观察及化学成分测试。SEM测试模式选择低真空条件，扫描电压为15kV，测试时间以能谱成分显示稳定为依据，通常控制在90～120秒。考虑到样品组织结构的差异，部分样品选择不同区域进行多次扫描，扫描时应避开锈蚀区域，并尽量增大测试面积以使结果反映样品的平均成分。随后使用3%氯化铁-盐酸-酒精溶液对已抛光的金属样品进行浸蚀，并使用北京大学冶金考古实验室LEICA DM4500M金相显微镜进行金相观察，照相。

三、结果分析

1. 海昏侯墓主椁室出土青铜器的合金成分

海昏侯墓主椁室中出土青铜器的合金成分见表3-3-1。

表3-3-1　海昏侯墓主椁室出土青铜器的合金成分（wt%）

器物号	器物	实验室编号	取样位置	O	S	Fe	Cu	Sn	Pb
M1：1471	铜壶	1471-1	口沿处	1.2	0.5	0.2	83.2	11.6	3.3
		1476-1	口沿垫片	0.7	0.4	0.2	83.1	9.1	6.5
M1：1476	铜壶	1476-3	口沿	1.4	0.4	0.1	84.3	9.3	4.5
M1：1489	铜镜	1489-1	中心断裂残片	0.8	0.1	n.d.	70.1	27.7	1.3
		1548-1	上腹部垫片	1.3	0.5	0.1	78.0	12.5	7.6
M1：1548	铜壶	1548-2	近口沿	1.0	0.8	0.1	81.3	11.4	5.4
		1552-1	炉身下半部残片	1.7	0.5	0.2	90.7	2.4	4.5
M1：1552	博山炉	1552-2	托盘靠边沿处	2.8	0.5	0.1	93.2	2.6	0.8
M1：1586	铜泡	1586-1	铜泡基体	1.4	0.3	0.1	85.3	9.4	3.4
M1：1595-1	铜镦	1595-1-2	残缺处	2.6	0.4	n.d.	88.5	5.9	2.6
M1：1596-1	铜镦	1596-1-3	底部残缺处	1.8	0.7	0.1	92.5	3.8	1.0
M1：1597-1	铜镦	1597-1-3	底部	1.4	0.5	0.5	87.1	8.5	2.2
M1：1640	铜灯	1640-1	灯底座残缺处	2.4	0.5	0.5	85.7	9.7	1.3
M1：1641	釭灯	1641-1	靠近足	0.7	0.3	0.1	87.7	7.2	4.0
M1：1642	博山炉	1642-5	炉身内部	1.2	0.7	0.3	96.3	1.6	n.d.
M1：1643	铜洗	1643-1	腹部	1.3	0.5	0.2	86.8	10.2	1.1
M1：1668	铜鼎	1668-3	底部	1.5	0.5	0.3	84.3	11.9	1.5
M1：1669	铜鼎	1669-3	上腹部	1.6	0.5	0.3	85.2	6.6	5.8
M1：1670	铜鼎	1670-4	靠近底部	1.6	1.2	0.4	82.6	9.5	4.6
M1：1681	雁足灯	1681-1	边沿疑似垫片	1.1	0.3	n.d.	85.1	10.7	2.7
M1：1712	雁足灯	1712-1	底座断裂处	1.6	0.7	0.2	80.3	9.6	7.6
M1：1714	铜洗	1714-4	靠近底部	1.1	0.3	n.d.	88.1	7.2	3.4
M1：1716	铜挂钩	1716-2	断碴处	1.3	0.1	0.1	90.4	7.6	0.5
M1：1737	柲帽	1737-1	管部	1.6	0.3	0.1	84.3	13.1	0.5
M1：1741	龙首匜	1741-4	匜身靠近边缘	1.8	0.5	0.2	80.0	13.1	4.5
M1：1747	铜熏炉	1747-4	顶部内层	1.5	0.7	0.4	82.7	9.8	4.7
M1：1748	铜底座	1748-3	中心座下层残片	0.9	0.2	0.1	87.3	8.9	2.6
M1：1750	铜洗	1750-1	底部残缺处	2.0	0.6	0.1	83.8	8.5	5.1

　　根据EDS的结果，剔除垫片以及氧含量高于2%的数据后，青铜器基体的锡含量测量值在1.6%～27.6%，平均值为9.3%，铅含量测量平均值为2.9%，最高值为7.6%。根据海昏侯墓器物分类情况，食器（主要为铜鼎及其配套鼎盖）锡含量大多高于10%且用器类（主要为灯、博山炉）、杂器（如铜镦、挂钩等）锡含量大多低于10%，酒器

（铜壶）与水器（铜匜、铜洗）的锡含量均在10%左右，而铜镜的含锡量则接近28%（图3-3-2）。铜器中含有一定量的夹杂物，经EDS分析，夹杂物成分中以铜、硫为主，为硫化亚铜夹杂，系冶炼时使用的矿石带入。

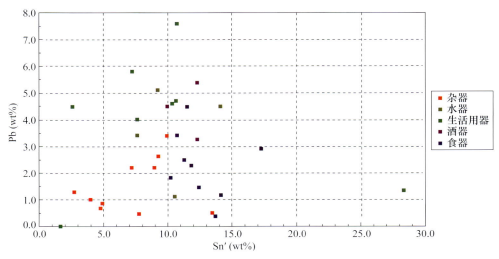

图3-3-2　海昏侯墓主椁室出土铜器铅锡含量关系图

2. 金相分析

本次共对海昏侯主椁室内19件器物的19个样品进行了金相分析，器类涵盖食器、酒器、水器、生活用器及杂器五类。各样品金相组织描述见表3-3-2。

表3-3-2　海昏侯墓主椁室出土青铜器的金相组织

实验室编号	器物	取样位置	金相组织	铸造工艺
1471-1	铜壶	口沿处	基体为α固溶体再结晶的等轴晶，有少量铅颗粒及夹杂物分布（图3-3-3）	铸后受热
1489-1	铜镜	残缺处	基体为α+δ共析体，α相较少，呈针状和两端尖锐的条状分布在成片的α+δ共析体基体之中，在器物内另存在黑色的铅颗粒及红色的纯铜颗粒（图3-3-4）	铸造
1548-2	铜壶	近口沿	基体为α树枝晶组织，偏析不明显，有铅颗粒及大量硫化物夹杂	铸造
1552-2	博山炉	托盘靠近边沿处	基体为α树枝晶组织，枝晶间存在偏析，有少量铅颗粒分布（图3-3-5）	铸造
1595-1-2	铜镦	残缺处	基体为α固溶体再结晶的等轴晶，有少量铅颗粒及夹杂物分布	铸后受热

续表

实验室编号	器物	取样位置	金相组织	铸造工艺
1642-1	博山炉	盖	基体为α树枝晶组织，枝晶间存在偏析，有少量铅颗粒分布	铸造
1643-1	铜洗	腹部	基体为α树枝晶组织，枝晶间存在偏析，有少量铅颗粒分布（图3-3-6）	铸造
1669-3	铜鼎	上腹部	基体为α固溶体再结晶的等轴晶，有少量铅颗粒及夹杂物	铸后受热
1716-2	铜挂钩	断碴处	基体为α树枝晶组织，枝晶间存在偏析，有少量α+δ共析体，另有零星铅颗粒分布	铸造
1737-1	柲帽	管部	基体为α树枝晶组织，枝晶间分布有α+δ共析体，有少量铅颗粒分布	铸造
1741-4	龙首匜	靠近边缘	基体为α固溶体再结晶的等轴晶及孪晶，晶界有黑色铅颗粒与少量硫化物的夹杂（图3-3-7）	铸后热加工
1748-3	铜底座	下层残片	基体为α树枝晶组织，枝晶间分布有α+δ共析体，有少量铅颗粒及夹杂物分布（图3-3-8）	铸造
1753-2	鼎盖	残片	基体为α固溶体再结晶的等轴晶，部分区域分布有α+δ共析体，有少量夹杂物及铅颗粒分布。基体内有部分腐蚀产物（图3-3-9）	铸后受热
1755-1	鼎盖	纽附近断裂处	基体为α固溶体再结晶的等轴晶，有少量夹杂物分布及铅颗粒分布	铸后受热
1756-1	铜鼎	靠近口沿	基体为α固溶体再结晶的等轴晶，并有少量共析体分布。另有少量夹杂物及铅颗粒分布，部分区域可见自由铜沉积	铸后受热
1760-5	铜鼎	鼎足残缺	基体为α固溶体再结晶的等轴晶，有少量夹杂物（图3-3-10）	铸后受热
1761-2	鼎盖	靠近纽残缺处	基体为α固溶体再结晶的等轴晶，并有一定量共析体分布，另有少量夹杂物及铅颗粒分布	铸后受热
1787-4	器盖	靠近边缘垫片	基体为α固溶体再结晶的等轴晶，有少量晶粒为孪晶结构，晶界有黑色铅颗粒与少量硫化物的夹杂	铸后热加工
1806-3	龙形铜钩	断裂处	基体为α树枝晶组织，枝晶间存在偏析，有少量铅颗粒分布	铸造

海昏侯墓主椁室出土的青铜器制作工艺多样，包括铸造、铸后受热退火、铸后

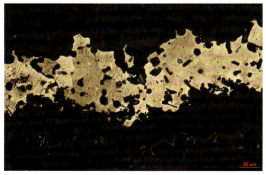

图3-3-3　铜壶1471-1口沿处金相照片

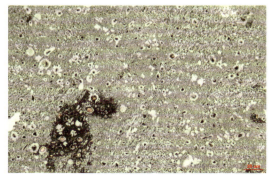

图3-3-4　铜镜1489-1残缺处金相照片

图3-3-5　博山炉1552-2托盘靠近边沿处金相照片

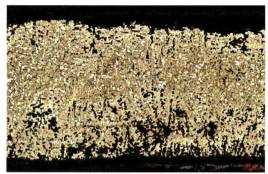

图3-3-6　铜洗1643-1腹部金相照片

图3-3-7　龙首匜1741-4器身靠近边缘金相照片

图3-3-8　铜底座1748-3下层残片金相照片

热加工（热锻）等多种。不同器类有不同的制作方式，其中食器（鼎及鼎盖）多经过受热，可能均为实用器；日用器具，如博山炉、铜灯，则多为直接铸造成型，制作工艺较为简单；水器（如匜、洗）则使用直接铸造以及铸后热加工的不同制作工艺。

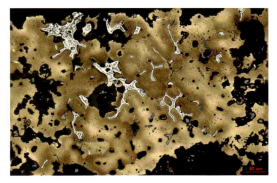
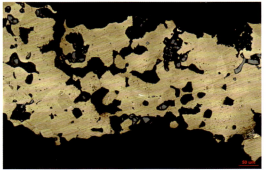

图 3-3-9　鼎盖 1753-2 残片金相照片　　　　　图 3-3-10　铜鼎 1760-5 鼎足金相照片

四、讨论

1）海昏侯墓主椁室出土青铜容器的合金配比、青铜器的合金成分与其物理性能有一定的关联：对于有力学性能需求的兵器或需要保证加工性能的饰片，制作时往往加入足量的锡以保证器物的机械性能；而对力学性能要求不高的青铜容器，合金配比可一定程度上反映墓主人生活时代以及身份等级特征。海昏侯墓主椁室出土的青铜容器锡含量测量平均值为 10.5%，铅含量测量平均值为 3.2%，总体偏低。对比西汉中期其余高等级贵族墓出土青铜器的情况，如满城汉墓出土青铜容器锡含量测量平均值为 9.6%，南越王墓出土青铜容器锡含量测量平均值为 9.4%，与海昏侯墓主椁室出土青铜容器的锡含量配比基本一致，均在 10% 左右，一定程度上反映了西汉中期铜器的生产面貌。

与锡含量不同，青铜器中铅含量的测量值数据波动较大，无明显的规律。这可能是由于铅本身不溶于铜锡固溶体，以铅颗粒的形式存在于基体中，且铅存在比重偏析，同一件器物不同区域铅含量也会存在差异，均一性不如锡。西汉中期，由于生产管控方式的转变，诸侯王的势力被压制，私人工商业的根基亦被削弱，铜矿的开采及铜器的生产均由中央政府及郡县工官控制[1]。在这一时代背景下，铜器生产技术体系在西汉早期各地区独立生产的基础上得到了进一步的规范，使得这一时期青铜容器合金配比情况基本趋同。

2）海昏侯墓主椁室出土的红铜器与高锡青铜器。

战国以来，青铜器的合金配比趋于标准稳定化，西汉时期青铜容器锡含量已基本稳定在 10% 左右的区间。不过，海昏侯墓主椁室中出土了多件博山炉（M1：1552、

———

[1]　吴小平：《汉代青铜容器的考古学研究》，岳麓书社，2005 年，第 295 页。

M1：1642），铅、锡含量均较低，接近红铜材质，此外还有两件铜镦（M1：1791、M1：1792）也为红铜材质。与青铜相比，红铜熔点高、硬度低、质软，实用性能相对较差。因此，制作者在青铜生产已稳定成熟的时代，选择以红铜材质作器应有其他方面的考量。青铜器锡含量高低，除了与力学性能相关外，还会影响铜器基体的颜色：锡含量越低，青铜基体越接近红铜的红色，随着锡含量的上升，青铜基体的颜色逐渐变为金黄色，锡含量至20%时金属基体呈银白色。铜器表面的装饰工艺，诸如铸镶红铜、错金银、鎏金等至战国时已趋于成熟，从设计角度考虑，由于装饰工艺中所使用的金、银、铜、锡以及矿石均有一定的特征颜色，若铜合金基体的颜色与表面装饰材料一致，从视觉效果上两者便没有明显的差异，无法凸显出装饰材料。因此，类似铜器主纹与地纹，铜合金基体需要衬托出装饰材料的颜色，在锡资源充足的情况下，选用低锡青铜，可能是基于选择了低锡青铜颜色接近红铜，能与金、银等贵金属进行区分，以起到衬色功能（表3-3-3）。

表3-3-3　常见表面装饰铜器基体合理衬色情况表

装饰工艺	装饰色彩	合理衬托色	锡含量合理区间
铸镶红铜、嵌红铜	铜红	金黄、银白	Sn＞6%
错金、局部鎏金	金黄	铜红、银白	Sn＜6%或Sn＞18%
错银、镀锡	银白	铜红、金黄	Sn＜16%
错金银	金黄、银白	铜红	Sn＜6%
嵌绿松石	绿	铜红、金黄、银白	—

　　海昏侯墓主椁室内出土部分博山炉与铜镦在应急处理后发现表面部分区域有鎏金现象[1]，而在车马坑内出土青铜器表面鎏金、鎏金银、错金银等装饰工艺更为普遍。表面装饰工艺又可分为两类：第一类为对表面局部区域进行装饰，包括局部区域鎏金、错金银等，如在主墓北回廊乐器库内出土的鎏金编钟（M1：164-1A等）、车马坑中出土的鎏金马镳（K1：167）、错金银当卢（K1：286）等[2]。汪淼分析了海昏侯墓出土的3件鎏金甬钟的制作工艺，结果表明其锡含量在17.2%～20.6%区间内[3]。叶学贤先生等通

① 江西省文物考古研究所、首都博物馆：《五色炫曜——南昌汉代海昏侯国考古成果》，江西人民出版社，2016年，第82、83页；李伯谦主编：《中国出土青铜器全集（19）江西·浙江·福建·广东·广西卷》，科学出版社，龙门书局，2018年，第131页。

② 江西省文物考古研究所、南昌市博物馆、南昌市新建区博物馆：《南昌市西汉海昏侯墓》，《考古》2016年第7期；李伯谦主编：《中国出土青铜器全集（19）江西·浙江·福建·广东·广西卷》，科学出版社，龙门书局，2018年，第131页。

③ 汪淼：《海昏侯墓出土鎏金青铜器工艺与腐蚀相关性研究》，北京大学硕士学位论文，2018年，第37～40页。

过研究认为编钟理想的含锡量在 14% 左右，铅含量应低于 3%[①]，此时金属基体多呈金黄色，而海昏侯墓出土甬钟基体选择较高的锡含量，可能是为了与器表局部鎏金区域颜色产生反差而特意提高了锡含量有关。杨小林等在研究错金银当卢时发现基体已完全矿化，仅可确认其为铜锡铅三元合金[②]，蔡毓真等在分析海昏侯墓部分当卢时确认当卢大多为锡含量 7% 左右的低锡青铜[③]，此时青铜基体颜色偏橙色，仍与金层存在一定的颜色差异形成视觉反差。因此，表面局部装饰器物选择高锡或低锡青铜（甚至红铜）、基体可能与通过鎏金、错金银等纹饰区域与器物基体颜色形成反差相关。第二类为通体鎏金，如车马坑出土当卢（K1：400）、轭饰（K1：401）等[④]，在主墓中部分器物亦存在部分器物通体鎏金，如铜鋞（M1：397、M1：425）[⑤]。此时，鎏金层下的青铜基体虽可调控合金配比以选择一定的基体底色，但鎏金层的金黄色将大面积掩盖基体颜色，底色是否合理可能并不重要，此时鎏金青铜器更多是墓主人生前身份等级的象征。

海昏侯墓主椁室出土铜镜的锡含量为 27.7%，属于高锡青铜。从春秋晚期至汉唐时期的铜镜含锡量在 20%～26%[⑥]，海昏侯墓出土铜镜合金配比与大量统计值基本一致。早年对铜镜制作中是否经过淬火过程存在争议，但根据海昏侯墓出土铜镜及其他战国秦汉时期出土的铜镜[⑦]的金相组织来看，铜镜应为直接铸造成型。铜镜通常使用高锡青铜制作，何堂坤先生认为高锡青铜颜色白亮，比较美观，且高锡青铜强度和硬度都比较高，易于磨拭[⑧]。

---

① 叶学贤、贾云福、周孙录等：《化学成分、组织、热处理对编钟声学特性的影响》，《江汉考古》1981 年第 S1 期。

② 杨小林、王浩天：《西汉废帝海昏侯刘贺墓外藏椁出土部分当卢制作工艺研究》，《南方文物》2017 年第 1 期。

③ 蔡毓真：《海昏侯墓车马坑青铜器的腐蚀研究》，北京大学博士学位论文，2019 年。

④ 李伯谦主编：《中国出土青铜器全集（19）江西·浙江·福建·广东·广西卷》，科学出版社、龙门书局，2018 年，第 115、117 页。

⑤ 简报中将 M1：425 定名为提梁樽，铜器整理简报中则将 M1：397 定名为鋞，两者系同一类器物。见江西省文物考古研究所、南昌市博物馆、南昌市新建区博物馆：《南昌市西汉海昏侯墓》，《考古》2016 年第 7 期；江西省文物考古研究院、中国人民大学历史学院考古文博系：《江西南昌西汉海昏侯刘贺墓出土铜器》，《文物》2018 年第 11 期；曹斌：《西汉海昏侯刘贺墓铜器定名和器用问题初论》，《文物》2018 年第 11 期。

⑥ 何堂坤：《中国古代铜镜的技术研究》，紫禁城出版社，1999 年，第 46 页。

⑦ 刘亚雄、陈坤龙、梅建军等：《陕西临潼新丰秦墓出土铜镜的科学分析》，《中原文物》2015 年第 4 期；卢轩、长孙樱子、韩建武：《一批长安汉镜的金属技术研究》，《有色金属（冶炼部分）》2018 年第 12 期。

⑧ 何堂坤：《中国古代铜镜的技术研究》，紫禁城出版社，1999 年，第 51 页。

3）薄壁青铜器的制作工艺。

海昏侯墓主椁室中出土的青铜器壁厚不一：厚壁的铜器，如铜壶、铜灯、铜熏炉、铜镜等，器壁厚 1～2 毫米（图 3-3-11），而薄壁的铜器，如铜鼎及其鼎盖、铜镦、铜钩、铜洗、铜环等，厚度在 0.5 毫米左右（图 3-3-12）。

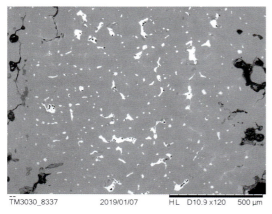

图 3-3-11　海昏侯墓主椁室出土厚壁器物背散射电子像（铜灯 M1∶1712）

图 3-3-12　海昏侯墓主椁室出土薄壁器物背散射电子像（铜鼎 M1∶1764）

金属器物减薄处理除了可以在铸形设计时减少铜液流动的空间外，也可以利用金属具有的延展性，通过锻打的方式将器壁厚度减薄，以获得薄壁的金属器。通过金相分析，可以发现海昏侯墓主椁室出土的薄壁青铜器有不同的制作工艺。铜鼎及其鼎盖（如 M1∶1756、M1∶1760 等）等大部分薄壁青铜器，金相组织中多以 α 固溶体再结晶等轴晶组织为主，反映其经过热处理，但几乎未见铸后热加工所形成的孪晶组织或是冷加工后形成的滑移线及晶粒变形现象，据此可判断这批铜鼎及鼎盖未经过锻打加工处理，为直接铸造成型，体现了较为高超的设计理念与制作工艺；而龙首匜（M1∶1741）[①] 的金相组织中出现了 α 再结晶等轴晶及孪晶，反映了其制作过程中使用了铸后热锻的工艺。李洋统计了先秦两汉时期的热锻薄壁青铜器，总结了热锻薄壁青铜器包括低锡热锻（锡含量低于 17%，热锻温度在 200～300℃）与高锡热锻（锡含量高

――――――――――

① 海昏侯墓出土的这件"龙首匜"有断裂、残缺等病害，其器形与西汉中期的匜（包括已发表的海昏侯 M1∶406 匜）并不相似，标签中后改为"龙首合"。但在发表的铜器整理的文章中，仅见铜匜而未见合，故暂时按原。见江西省文物考古研究院、中国人民大学历史学院考古文博系：《江西南昌西汉海昏侯刘贺墓出土铜器》，《文物》2018 年第 11 期。

于17%，热锻温度在500～700℃）两大类，其中绝大多数器物均为低锡热锻成型[1]。张吉通过模拟实验发现易于加工的锡青铜锡含量不超过15%，含15%～18%的锡青铜较高温度下仍可进行一定程度的加工，而锡含量高于18%以上的锡青铜基本没有锻打价值[2]。海昏侯墓主椁室龙首匜的锡含量为13.1%，介于9%～15.8%（固溶上限），坯材软硬适中，铅含量为4.1%，脆性适宜，这一合金配比符合可锻性条件。

锻造技术自晚商时就已应用于各类薄壁饰物的制作，如殷墟花园庄东地M54所出圆形器[3]、崇信于家湾出土的铜钖等[4]。自春秋中晚期以来，锻制容器开始流行，多个墓地出土了锻制而成的青铜容器，其中以盘、匜居多，如蚌埠双墩钟离君柏墓[5]、郧县乔家院M5、M6[6]等。锻制铜容器在春秋中晚期的流行与范铸工艺的简化、铸后装饰的流行，以及锡资源的充裕密切相关[7]。至战国时期，锻制匜分布范围已从汉淮及至全国各地，如定襄中霍[8]、建昌东大杖子[9]、淮阴高庄[10]、荆门左冢[11]等墓地均有出土；西汉时期，

① 李洋：《炉锤之间先秦两汉时期热锻薄壁青铜器研究》，上海古籍出版社，2017年，第155～160页。

② 张吉：《随州文峰塔墓地青铜器工艺与腐蚀性研究》，北京大学硕士学位论文，2015年，第37～39页；张吉、梁超、王志刚等：《襄阳余岗墓地出土青铜容器的金相及成分分析》，《江汉考古》2019年第3期。

③ 刘煜、贾莹、成小林等：《M54出土青铜器的金相分析》，《安阳殷墟花园庄东地商代墓葬》，科学出版社，2007年，第297～301页。

④ 张治国、马清林：《甘肃崇信于家湾西周墓出土青铜器的金相与成分分析》，《文物保护与考古科学》2008年第1期。

⑤ 胡飞、秦颖：《蚌埠双墩春秋一号墓部分青铜器成分及金相分析》，《有色金属》2011年第1期。

⑥ 罗武干：《古麋地出土青铜器初步研究》，中国科学技术大学博士学位论文，2008年，第58页。

⑦ 张吉、梁超、王志刚等：《襄阳余岗墓地出土青铜容器的金相及成分分析》，《江汉考古》2019年第3期。

⑧ 张登毅、李延祥、郭银堂：《山西定襄中霍墓地出土铜器的初步科学分析》，《文物保护与考古科学》2016年第1期。

⑨ 王贺、柏艺萌、肖俊涛：《辽宁建昌东大杖子墓地出土薄壁铜容器的检测与分析》，《边疆考古研究（第18辑）》，科学出版社，2015年，第381～387页。

⑩ 孙淑云、王金潮、田建花等：《淮阴高庄战国墓出土铜器的分析研究》，《考古》2009年第2期。

⑪ 罗武干、秦颖、黄凤春等：《湖北荆门左塚楚墓群出土金属器研究》，《江汉考古》2006年第4期。

天长三角圩汉墓中出土的洗、釜以及匜仍为锻制品[①]，延庆西屯墓地出土的盆、洗亦经过锻制加工[②]，可见西汉时期锻制工艺在制作洗、匜等薄壁水器时仍为主流的技术选择。

五、结论

　　海昏侯墓主椁室出土青铜器的合金成分不一，锡含量测量值在1.6%～27.6%，平均值为9.3%，铅含量测量值在0.4%～7.6%，平均值为2.9%，其中青铜容器锡含量测量平均值为10.5%，铅含量测量平均值为3.2%。锡含量与西汉中期早年发掘的高等级墓出土青铜容器相接近。部分器物有不同的合金配比，反映工匠在制作器物时会根据器物的使用功能及颜色等性质配制合金原料。铜器的加工制作工艺包括铸造、铸后受热退火以及铸后热加工（热锻）。海昏侯墓出土青铜器壁厚不同，其中薄壁青铜器有着不同的制作工艺，铜鼎及鼎盖多为直接铸成，而部分水器则使用了铸后热锻技术制成。

　　海昏侯墓出土青铜器的科技分析，丰富了西汉时期铜器科技检测的分析，在研究西汉铜器生产规模、技术特征等方面具有重要的意义。

---

①　秦颖、李世彩、晏德付等：《湖北及安徽出土东周至秦汉时期热锻青铜容器的科学分析》，《文物》2015年第7期。

②　杨菊、李延祥：《北京延庆西屯墓地出土汉代铜器的科学分析》，《中国文物科学研究》2012年第3期。

第四章 木质文物材质分析[①]

海昏侯墓出土的木质文物提供了汉代墓葬用材及江西地区木材利用的重要实物资料。本研究通过对出土木质文物木材材种的显微观察和鉴定，分析海昏侯墓椁室用材和随葬漆木器用材特点。

一、材料与方法

1. 实验材料

海昏侯墓出土木质文物种类繁多，挑拣重要的木质文物和具有代表性的木质文物进行采样分析，主要包括椁底板、木门、榻、案板、马俑、鼓、漆器残件等，具体信息见表3-4-1。

表3-4-1 木材样品基本信息

样品编号	文物编号	样品基本信息
1	北门543	主椁室门；木材颜色不均，水位线下为棕黄、以上棕黑，木质较硬；气干状态、较轻，沿轮界方向开裂或易裂
2	主梁底675	主椁室底板；木材颜色为棕黑色至灰绿色，顺纹方向略有光泽，仍具有楠木香气；木质较为坚硬
3	D616	外藏椁椁板；木材颜色为棕黑色至灰绿色，顺纹方向略有光泽，仍具有楠木香气；木质较为坚硬
4	M1：162	案板，位于东回廊；木材颜色为棕黑色，木质软，饱水状态
5	M1：1735	榻，位于主椁室北部；棕黄色，木质软，两面有漆膜；饱水状态，糟朽严重
6	M1：1285	马俑，位于南回廊；木材颜色为棕黑色，质地较软，处于饱水状态，已严重皱缩
7	M1：1392	鼓；木材颜色为棕黑色，质地较软；处于饱水状态；单面有黑色漆膜
8	漆器残件	木材颜色为棕黑色，质地较软；饱水状态，已严重皱缩

[①] 周逸航、王恺、管理等：《海昏侯墓部分木质文物材种鉴定及用材分析》,《文物保护与考古科学》2019年第5期。

2. 方法

根据木质的软硬和降解程度，采用徒手切片或石蜡切片法，经乙醇－正丁醇梯度脱水、石蜡置换、包埋切片、脱蜡封片等步骤。由于制样方法属常规方法[①]，因此不再详细介绍。对于严重皱缩样品，直接制样无法观察其树种的显微特征，可通过碱液加热处理使得纤维润胀，大致复原原先的解剖结构[②]，本研究采用1%氢氧化锂加热浸泡直至完全润胀复原，再利用石蜡切片法制样。

利用Laica DM4500P偏光显微镜在50、100、200倍下对木材样品三个切面的解剖特征进行观察并拍摄。利用权威木材数据库Inside Wood[③]和木材图谱[④]，鉴定本研究涉及的木材种属；参照《中国木材志》[⑤]和《中国在线植物志》[⑥]，确定海昏侯墓出土木质文物的木材地理分布区域，主要木材性质及利用情况。

二、鉴定特征

1）1号样品（主椁室门）。早材至晚材缓变，具柏木香气，未见大量轴向薄壁组织，射线细胞卵圆形，水平壁薄、光滑、单列，多数高4～10个细胞；轴向管胞聚缘纹孔一列；交叉场纹孔柏木型，多两列。据此判断为柏科（Cupressaceae）柏木属（Cupressus）柏木（C.funebris），如图3-4-1所示。

2）2、3号样品（主椁室底板、外藏椁椁板）。材色棕灰至绿，具楠木香气；生长轮明显；早材至晚材缓变；散孔材；轴向薄壁组织环管状；单管孔及2～3个径列复管孔，单管孔近圆，导管单穿孔，管间纹孔式互列；薄壁细胞内含油细胞；具有分隔木纤维；木射线非叠生，含树胶，宽1～3个细胞，多为两列，高10～20个细胞，含树胶丰富；射线异形Ⅱ型及Ⅲ型；射线导管间纹孔式肾形。据此判断为樟科（Lauraceae）桢楠属（*Phoebe*）桢楠（P. zhennan），如图3-4-2所示。

---

① 徐峰主编：《木材鉴定图谱》，化学工业出版社，2008年。

② 陈家昌、柴东朗、周敬恩等：《"活性碱"对出土干缩变形木质文物的润胀复原研究》，《功能材料》2010年第8期。

③ Inside Wood. 2004-Onwards [DB/OL]. (2004-12-01) [2017-10-05]. http://insidewood.lib.ncsu.edu/search.

④ 徐峰：《木材鉴定图谱》，化学工业出版社，2008年。

⑤ 成俊卿、杨家驹、刘鹏：《中国木材志》，中国林业出版社，1992年。

⑥ 中国科学院植物研究所：《在线中国植物志》，2016年。

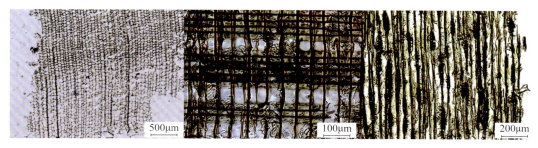

图3-4-1　1号样品显微构造

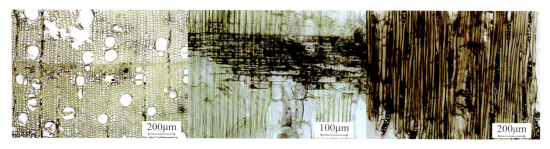

图3-4-2　2号样品显微构造

3）4号样品（案板）。早材至晚材缓变；轴向薄壁组织环管状及带状，带状薄壁组织宽5～6个细胞；导管卵圆形，单管孔及2～3个径列复管孔，管间纹孔式互列；含丰富油细胞；具分隔木纤维；木射线非叠生，部分内含树胶，宽1～3列，多为2列，高3～25个细胞，单列高不超过5个细胞，射线异形Ⅱ型及Ⅲ型。据此判断为樟科（Lauraceae）琼楠属（*Beilschmiedia*），如图3-4-3所示。

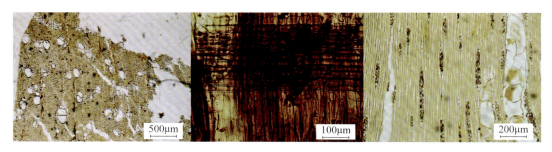

图3-4-3　4号样品显微结构

4）5号样品（榻）。生长轮明显，环孔材；早材至晚材急变；晚材管孔呈斜列短波浪形；管间纹孔式互列；轴向薄壁组织环管束状及环管状；薄壁组织内含油细胞；具分隔木纤维；木射线高10～20细胞，宽1～4列，单列较少；射线组织异形Ⅲ型及Ⅱ型。据此判断为樟科（Lauraceae）檫木属（*Sassafras*）檫木（S.tzumu），如图3-4-4所示。

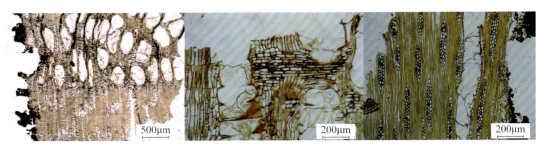

图 3-4-4　5 号样品显微结构

5）6 号样品（马俑）。散孔材，1～2 径列管孔，多单管孔，木射线内含油细胞，木射线高 5～20 个细胞，多 2～3 列，单列较少，木射线异形 Ⅱ 型及 Ⅲ 型。因皱缩、次生壁降解严重，因而无法观察轴向薄壁组织等特征，故仅能确定至樟科（Lauraceae）某属种，如图 3-4-5 所示。

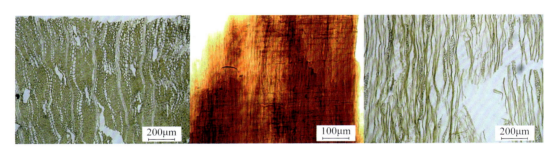

图 3-4-5　6 号样品显微结构

6）7 号样品（鼓）。散孔材；轴向薄壁组织环管状，薄壁组织较少，轴向薄壁组织内含油细胞；单管孔及 2～3 个径列复管孔，导管孔径较大；轴向薄壁组织及木射线内含油细胞；具分隔木纤维；木射线非叠生，部分内含树胶，宽 1～3 列，多为 2～3列，高 5～15，射线异形 Ⅲ 型及同型单列。据此判断为樟科（Lauraceae）黄肉楠属（*Actinodaphne*），如图 3-4-6 所示。

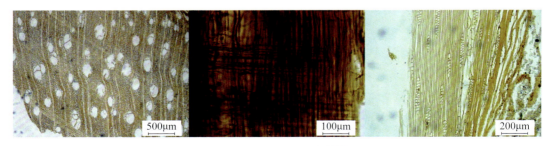

图 3-4-6　7 号样品显微结构

7）8 号样品（漆器残件）。散孔材，1～3 径列管孔，多单管孔，由于降解导致次生壁完全丧失，无法分辨薄壁细胞，木射线内含油细胞，木射线高10～25个细胞，多2～3列，单列较少，木射线异形Ⅱ型及Ⅲ型。仅能定至樟科（Lauraceae）某属种，如图3-4-7所示。

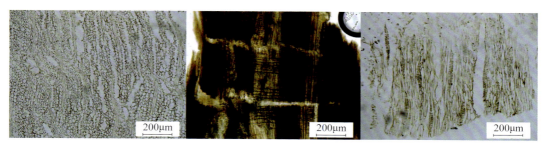

图3-4-7　8号样品润胀后显微结构

三、分析与讨论

经鉴定，研究样品分别属于2科5属（不含不确定属的样品），包括柏科（Cupressaceae）柏木属（*Cupressus*）、樟科（Lauraceae）桢楠属（*Phoebe*）、琼楠属（*Beilschmiedia*）、檫木属（*Sassafras*）、黄肉楠属（*Actinodaphne*），两件样品由于糟朽皱缩无法确定至属，但均为樟科树种。具体树种及材性与地理分布简介可见表3-4-2。

表3-4-2　木材种属鉴定结果

科	属（种）	材性与地理分布	器物类型	样品编号
樟科（Lauraceae）	桢楠属（*Phoebe*）桢楠（P. zhennan）	大乔木，高达40m，胸径达1m，分布于湖北西部、贵州西北部及四川；干燥情况颇佳，纹理斜或交错，结构甚细，硬度中，性耐腐	樟底梁	2
			樟板	3
	檫木属（*Sassafras*）檫木（S. tzumu）	大乔木，高达35m，胸径达2m，树干端直，分布于西南及长江流域以南，在江西通称梓木或梓树；耐纹理直，硬度较软，耐腐性强	榻	5
	黄肉楠属（*Actinodaphne*）	乔木，分布于我国西南、南部及东部，纹理直，结构细，质较硬	鼓	7
	琼楠属（*Beilschmiedia*）	乔木，分布自西南至台湾，其中以广东、广西、云南较多。天然耐腐力较弱，切削容易，切面光滑，强度中等	案板	4

续表

科	属（种）	材性与地理分布	器物类型	样品编号
樟科 （Lauraceae）	/		马俑	6
	/		漆器残件	8
柏科 （Cupressaceae）	柏木属（*Cupressus*） 柏木（*C. funebris*）	大乔木，高达30m，胸径2m，产长江流域及以南温暖地区，江西有分布；具柏木香气；耐腐性及抗蚁性均强；木材细致，纹理较直，强度较大	椁室北门	1

（一）海昏侯墓椁木用材分析

桢楠俗称楠木，由于润楠属及桢楠属外观及材性相近，古时或不分润楠与桢楠，统称楠木（亦作柟、枏）。经鉴定，海昏侯墓外藏椁板D616及主底梁675的木材均为樟科桢楠属桢楠。桢楠今产于四川、贵州西北和湖南西部而不产于江西，如果古今桢楠的地域分布差异不大，那么为海昏侯墓的营建可能专门自西南筹备桢楠作为椁室木材。为进一步分析海昏侯墓以桢楠作为椁木的考古学背景，不完全整理了文献报道的先秦时期至西汉棺椁用材，列于表3-4-3。通过对比表中的结果可知，先秦时期贵族墓葬用材种类多样，包含各类针叶材和阔叶材。然而西汉时期主要以楠作椁木而梓作棺木，具有专门化的特点，但亦有个别柏或杉的例子。先秦至汉，墓葬棺椁用材发生了明显的转变，西汉时期的棺椁用材分别使用梓和楠可能已经形成了定制。楠木不仅加工性质极佳，强度适中，耐腐性强，而且板面、纹理美观，具有特殊香气，自古是建筑、家具等各类用具之良材。《史记·货殖列传》："江南出柟梓。"[1]《墨子·公输》："荆有长松、文梓、楩柟、豫章。"[2] 其中"楩柟"分别指黄楩木和楠木。《淮南子·齐俗训》中载："伐楩柟豫章而剖梨之，或为棺椁，或为柱梁。"[3]《史记·滑稽列传》亦有"臣请以雕玉为棺，文梓为椁。"[4] 上述文献表明西汉时期人们已经认识到楠木和梓木的优良材性，并用作棺椁之主要木材，此次海昏侯墓椁板鉴定结果亦为桢楠，与相关汉代木椁的鉴定结果一致，为研究西汉丧葬用具补充了材料。此外，海昏侯墓椁室北门为柏木，不同于椁板用材，但柏木亦是先秦至汉代墓葬重要用材。《汉书·东方朔传》：

---

① 《史记》，线装书局，2006年。

② 朱越利校点：《墨子》，辽宁教育出版社，1997年。

③ （西汉）刘安等：《淮南子》，岳麓书社，2015年。

④ 《史记》，线装书局，2006年。

"柏者，鬼之廷也。"颜师古注曰："言鬼神尚幽暗，故以松柏之树为廷府。"由此可见，柏木与汉代丧葬制度亦密不可分，椁室木门采用柏木而不同于椁板可能有着特殊的用意。

表3-4-3　先秦时期至西汉不同墓葬棺椁用材种类的比较

墓葬	时代	棺木	椁木	文献来源
黄君孟夫妇墓	春秋早期	梓属	栎属	①
曾侯乙墓	战国早期	梓属（外棺）	梓属	②
绍兴凤凰山木椁墓	战国	楠木（桢楠属或润楠属）	楠木（桢楠属或润楠属）	③
山东栖霞县占疃乡杏家庄战国墓	战国	柏木（柏木属或侧柏属等，棺盖板） 松木（松属，棺底板）	柞木（柞木属）	④
四川新都战国墓	战国早中期	楠木（桢楠属或润楠属）	楠木（桢楠属或润楠属）	⑤
江西高安县师范学校战国古墓	战国	油丹属油丹	梓属滇楸	⑥
陕西关中神禾塬战国墓	战国	未鉴定	冷杉属、云杉属、铁杉属和松属	⑦
湖北包山楚墓	一号墓，战国中期	桢楠属桢楠（外棺底板）	榉属	⑧
	二号墓，战国中期	梓属（棺底板） 桢楠属桢楠（外棺南侧板）	榉属	
	四号墓，战国晚期	梓属（内棺盖板） 榉属（外棺盖板）	榉属	
河南新蔡葛陵楚墓	战国中晚期至西汉早期	梓属（外棺壁板）	/	⑨

① 河南信阳地区文管会、光山县文管会：《春秋早期黄君孟夫妇墓发掘报告》，《考古》1984年第4期。

② 湖北省博物馆：《曾侯乙墓（上）》，文物出版社，1989年。

③ 绍兴县文物管理委员会：《绍兴凤凰山木椁墓》，《考古》1976年第6期。

④ 烟台市文物管理委员会、栖霞县文物事业管理处：《山东栖霞县占疃乡杏家庄战国墓清理简报》，《考古》1992年第1期。

⑤ 四川省博物馆、新都县文物管理所：《四川新都战国木椁墓》，《文物》1981年第6期。

⑥ 林贻绵：《对战国古墓棺椁木材的鉴定》，《江西农业大学学报》1985年第3期。

⑦ 王青：《陕西关中出土木材的研究》，中国科学院研究生院，2009年。

⑧ 湖北省荆沙铁路考古队：《包山楚墓》，文物出版社，1991年。

⑨ 河南省文物考古研究所：《新蔡葛陵楚墓》，大象出版社，2003年。

续表

墓葬	时代	棺木	椁木	文献来源
湖北九连墩1号楚墓	战国中晚期	梓属	榆属 糙叶树属	①
陕西凤栖原西汉墓	西汉	/	松属	②
成都洪家包西汉木椁墓	西汉中期	/	楠木（桢楠属或润楠属）	③
湖南望城风蓬岭汉墓	西汉武帝至东汉光武帝	梓木（梓属）	楠木（桢楠属或润楠属）	④
阜阳双古堆西汉汝阴侯墓	西汉	楸树（梓属）	楠木（桢楠属或润楠属）	⑤
长沙马王堆汉墓	西汉早期	梓属	杉木属杉木	⑥
北京大葆台汉墓	西汉	桢楠属桢楠 梓木（梓属）	桢楠属桢楠	⑦
江苏大云山汉墓一号墓	西汉	梓属梓及桢楠属桢楠	桢楠属桢楠	⑧
江苏金马高速汉墓群	西汉	润楠属润楠，个别为梓木或杉木	润楠属润楠	⑨
高邮神居山二号汉墓	西汉	梓属	梓属（内椁） 柏木属（中椁） 桢楠属（外椁	⑩

---

① 王树芝：《湖北枣阳九连墩1号楚墓棺椁木材研究》，《文物》2012年第10期。

② 王青：《陕西关中出土木材的研究》，中国科学院研究生院，2009年。

③ 四川省文物管理委员会：《成都洪家包西汉木椁墓清理简报》，《考古通讯》1957年第3期。

④ 何旭红、黄朴华、马代忠等：《湖南望城风篷岭汉墓发掘简报》，《文物》2007年第12期，第21～41页。

⑤ 王襄天、韩自强：《阜阳双古堆西汉汝阴侯墓发掘简报》，《文物》1978年第8期，第12～31页。

⑥ 江西木材工业研究所：《长沙马王堆一号汉墓棺椁木材的鉴定》，《考古》1973年第2期，第128～129页。

⑦ 大葆台汉墓发掘组：《北京大葆台汉墓》，文物出版社，1989年，第111～114页。

⑧ 何林：《江苏地区考古木材鉴定分析》，南京林业大学，2015年。

⑨ 何林：《江苏地区考古木材鉴定分析》，南京林业大学，2015年。

⑩ 吴达期、徐永吉、邹厚本：《高邮神居山二号汉墓的木材鉴定》，《南京林业大学学报（自然科学版）》1985年第3期，第91～96页。

续表

墓葬	时代	棺木	椁木	文献来源
安徽天长县汉墓	西汉	桢楠属（棺身） 梓属（棺头木及棺垫木）	桢楠属	①
山东定陶圣灵湖 西汉墓M2	西汉	梓属	桢楠属	②

注：部分结果在原文献中只有俗名而无学名，则在其后括号内标注其通常对应的学名

（二）随葬漆木器用材分析

有别于专门为墓葬而准备的椁室木材，随葬品漆木器未必为专门随葬而准备，亦可能为墓主人生前用品。本研究分析的5件漆木器用材均为樟科木材，但属别不同，含檫木属、黄肉楠属、琼楠属等，种类较为丰富。樟科树种多分布于长江流域以南气候温暖的地区，尤以西南和华南最为丰富，檫木属、黄肉楠属、琼楠属等均在江西地区有所分布。因此，樟科各属种木材作为江西当地的优势树种之一，并且具有优良的物理性质和耐腐防虫性，被广泛地开采利用不足为奇，由此亦反映了随葬漆木器木材具有地域性特点，可能为就地取材、本地生产。不同类别的器物所用木材不同，大都合理地利用了木材的天然材性。例如，5号样品榻以檫木为材，利用檫木胸径大的特点，同时质地较软、舒适性较好；另外樟科树种大多具有特殊香气，如黄肉楠属、琼楠属的加工性能良好、纹理细腻，适合制作小件器物。表明西汉人们对木材材性有良好的认识，因材制宜。此外，随葬器中未见桢楠属，两件皱缩样品只能鉴定至樟科，但从其特征判断亦不属桢楠属。尽管桢楠具有优异的材性、大量用作椁木，但目前却未见用于制作墓内小件器物。一方面可能是因材制宜的体现，另一方面可能反映的是桢楠的特殊，具有专一化的墓葬用途。

四、结论

通过对海昏侯墓出土木质文物用材进行取样、鉴定、分析，可知椁室木板为樟科（Lauraceae）桢楠属（*Phoebe*）桢楠（P. zhennan），将材性优良的桢楠作为棺椁反

① 唐汝明、卫广扬、徐全章：《安徽天长县汉墓棺椁木材构造及材性的研究》，《考古》1979年第4期，第375～381页。
② 王树芝、崔圣宽、王世宾：《山东定陶灵圣湖西汉墓M2出土木材分析与研究》，《东方考古》，科学出版社，2014年，第407～418页。

映了当时人们对木材材性的了解，结合文献资料可知西汉时期普遍使用了楠木作为椁木之木材；椁室门板为柏科（Cupressaceae）柏木属（*Cupressus*）柏木（C. funebris），亦为汉代墓葬常用木材；随葬漆木器用材均为樟科树种，除降解严重发生皱缩的样品无法判断属别外，其余样品分属檫木属（*Sassafras*）的檫木（S. tzumu）、琼楠属（*Beilschmiedia*）和黄肉楠属（*Actinodaphne*），樟科各属木材均有较良好的材性，反映了当时人们对木材性能的良好认识。这些亦是江西当地优势树种，随葬漆木器具有地域性的特点，可能为当地生产、因材制宜。

第五章 古墨检测研究^①

墨是我国传统的文房四宝之一，在中国文化发展史上有着重要的贡献。中国墨通常以固体形态存在，用前加水研磨成为墨汁。固体形态便于保存，而且图案纹饰可以模印或镌刻在墨锭上，使其发展成为一项独特的艺术品。烟炱为墨的主要原料，有"松烟"和"油烟"两大类，松烟是由富含松脂的松枝经不完全燃烧获得；油烟则是来自桐油、麻油等动、植、矿物油脂的不完全燃烧[2]。松烟墨在我国出现较早，其技术发展奠定了我国制墨工艺的基本框架，进入宋代以后，油烟墨则取代松烟墨，占据主流地位[3]。

早期的墨多为不规则的小墨块或丸粒状，无固定形制，出土时一般都伴随石砚和研磨石，这是由于其体积过小，研磨时需要用研石辅助。目前最早的人造墨出土于湖北云梦睡虎地一座战国晚期至秦代墓葬中[4]。松烟墨的形制到东汉至魏晋时期有所改变，无规则的小墨块逐渐被墨锭所取代，可以直接用手握住研磨[5]。如江西省考古研究院发掘的雷鋹墓（317-420AD）中发现了东晋时期的墨锭，其整体呈豆荚形，长约17厘米，便于使用；通过PY-GC/MS等分析，判断其为松烟墨，并以动物胶作为胶合材料，同时添加了冰片和香柏油等物质[6]。

---

① 本节内容曾发表于管理、任萌、徐长青：《南昌西汉海昏侯墓出土古墨的科技分析》，《南方文物》2018年第2期。

② Wei SY, Fang XY, Cao XJ, et al. Characterization of the materials used in Chinese ink sticks by pyrolysis-gas chromatography-mass spectrometry. Journal of Analytical and Applied Pyrolysis 2011 (91): 147-153.

③ 王伟：《中国传统制墨工艺研究——以松烟墨、油烟墨工艺发展研究为例》，中国科学技术大学博士学位论文，2010年。

④ 湖北孝感地区第二期亦工亦农文物考古训练班：《湖北云梦睡虎地十一座秦墓发掘简报》，《文物》1976年第9期。

⑤ 孙机：《汉代物质文化资料图说》，上海古籍出版社，2011年。

⑥ Wei SY, Fang XY, Yang J, et al. Identification of the materials used in an Eastern Jin Chinese ink stick. Journal of Cultural Heritage 2012, 13 (4): 448-452.

有学者推测松烟墨形制的变化与当时制墨工艺的改进，尤其是胶的加入有很大的关系。"合墨法"是现存中国最早的制墨配方，记载墨是由烟炱、动物胶、添加剂混合后，经揉捏、捶打、模制和干燥等工艺制成。"合墨法"据说是东汉韦诞所作，载录于北魏贾思勰所撰《齐民要术》卷九，其中就提到了胶的重要作用，但相关研究较少。汉代是松烟墨发展的关键时期，其形制开始发生变化，但这一时期的样品普遍体积小且质地较松散，能够长期保存下来的实物并不多，且尚未予以详细分析。此次海昏侯墓主墓出土的西汉中晚期小墨块样品为探究汉代松烟墨的制作原料与工艺发展提供了不可多得的材料。

图3-5-1　海昏侯墓出土古墨样品
（M1∶1561）

一、样品及实验方法

（一）样品概述

小墨块样品（M1∶1561）出土于墓M1主椁室西侧（图3-5-1）。为了更全面地了解西汉海昏侯墓出土的古墨所用原料，本研究还选取了胡开文墨厂提供的现代松烟墨粉及墨锭样品，用于对比研究，其中墨锭的主要成分为松烟与动物胶。

（二）红外光谱分析（FT-IR）

测试所用设备为Thermo公司Nicolet Nexus-6700型傅里叶红外光谱仪，ATR附件。样品和背景扫描次数32次；分辨率4cm^{-1}；波数范围4000～400cm^{-1}。

（三）气相色谱–质谱联用分析（GC-MS）

取约20mg样品置于5mL Eppendorf管中，加入3mL丙酮，超声振荡20min，之后在2000r/min下离心10min，取上清液于反应瓶中，在N2下吹干，之后加入50μl N, O-bis（trimethylsilyl）fluoroacetamide（BSTFA）＋1% trimethylchlorosilane（TMCS）衍生化试剂，少量无水硫酸钠，于70℃反应1h；冷却至室温后用N2吹干，重溶于1mL正己烷，过滤后进行GC-MS测试。

气–质联用分析所用设备为Agilent 7890A/5975C型气相色谱–质谱联用仪，色谱条件：HP-5MS弹性石英毛细管柱（30m×0.25mm×0.25μm）；载气为高纯氮气；分流比5∶1，进样量1μL；进样口温度250℃；接口温度280℃；升温程序：60℃保持2min，以10℃/min升温至150℃，保持2min，再以3℃/min升温至290℃，保持10min。质谱条件：离子源为EI源，电子能量为70eV，离子源温度230℃，四极杆检测器，m/z范围为40~600。

二、结果与讨论

海昏侯墓出土古墨样品的总离子流图见图3-5-2，相应的检测结果总结于表3-5-1。气-质联用的分析结果显示，样品中检测到了一系列的多环芳烃（PAHs）及少量脂肪酸，并且检测到了松科植物的生物标记物，包括惹烯及脱氢松香酸。脱氢松香酸是一种常见的松香烷二萜类化合物的氧化降解产物[1]；惹烯则是来自松香烷二萜结构的多环芳香烃，常作为松科植物燃烧的标记化合物[2]。因此，初步推断该古墨样品为松烟墨。

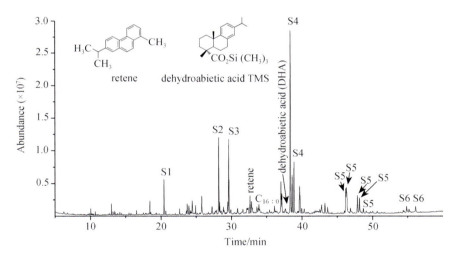

图3-5-2　M1：1561小墨条样品TIC图

表3-5-1　样品主要成分分析结果

色谱峰	保留时间/min	化学式	化合物
S1	20.414	$C_{14}H_{10}$	Anthracene（S1）
S2	28.178	$C_{16}H_{10}$	Fluoranthene（S2）
S3	29.604	$C_{16}H_{10}$	Pyrene（S3）

① Simoneit B R T. Biomass burning?— a review of organic tracers for smoke from incomplete combustion. Applied Geochemistry, 2002, 17 (3): 129-162.

② Ramdahl T. Retene—a molecular marker of wood combustion in ambient air. Nature, 1983, 306: 580-582.

续表

色谱峰	保留时间/min	化学式	化合物
Retene	32.646	$C_{18}H_{18}$	Retene 惹烯
C16：0	33.911	$C_{18}H_{36}O_2$	Octadecanoic acid TMS
DHA	37.571	$C_{20}H_{28}O_2$	Dehydroabietic acid TMS脱氢松香酸
S4	38.593	$C_{18}H_{12}$	Benz［a］anthracene（S4）
S4	38.862	$C_{18}H_{12}$	Triphenylene（S4）
S5	46.196	$C_{20}H_{12}$	Benzo［k］fluoranthene（S5）
S5	46.301	$C_{20}H_{12}$	Benzo［k］fluoranthene（S5）
S5	46.882	$C_{20}H_{12}$	Benzo［k］fluoranthene（S5）
S5	47.851	$C_{20}H_{12}$	Benzo［k］fluoranthene（S5）
S5	48.147	$C_{20}H_{12}$	Benzo［k］fluoranthene（S5）
S5	48.147	$C_{20}H_{12}$	Benzo［k］fluoranthene（S5）
S6	54.378	$C_{22}H_{12}$	Indeno［1.2.3-cd］pyrene
S6	54.849	$C_{22}H_{12}$	Indeno［1.2.3-cd］pyrene

样品中检测到的多环芳烃主要有菲（phenanthrene，$C_{14}H_{10}$）、荧蒽（fluoranthene，$C_{16}H_{10}$）、芘（pyrene，$C_{16}H_{10}$）、三亚苯（triphenylene，$C_{18}H_{12}$）及其同分异构体、苯并［k］荧蒽（benzo［k］fluoranthene，C_2OH_{12}），为便于表示，分别标记为S1～S5。根据前人研究可知，多环芳香烃的相对含量可用于区分松烟墨和油烟墨，其中最具代表性的为S5组分的相对含量：S5在松烟中的相对含量大于20%，而在油烟中的含量则低于17%。为此，我们采用选择离子模式对该样品中多环芳香烃的相对含量进行测试，用于GC-SIM-MS分析的离子包括S1（m/z 178），S2（m/z 202），S3（m/z 202），S4（m/z 228）和S5（m/z 252）。选择离子模式的色谱图（图3-5-3），经计算和

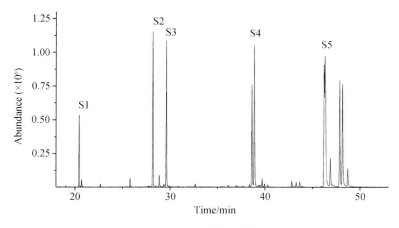

图3-5-3　M1：1561 小墨条样品SIM图

归一化，样品中主要多环芳烃的相对含量总结于表3-5-2，可以看出本实验中样品S5相对含量为53.158%，进一步表明其为松烟墨。

表3-5-2 样品中主要多环芳烃的相对含量

多环芳烃	相对含量（面积百分比）/%	多环芳烃	相对含量（面积百分比）/%
S1（m/z178）	4.363	S4（m/z228）	20.599
S2（m/z202）	11.070	S5（m/z252）	53.158
S3（m/z202）	10.810		

红外光谱的分析结果显示，松烟墨粉的主要吸收峰在1580cm⁻¹附近（图3-5-4，a），为芳香环的伸缩振动峰[1]。现代墨锭样品的红外谱图（图3-5-4，c）则表现出明显的蛋白质酰胺基（—N（H）—C＝O—）的特征谱带：1640cm⁻¹左右是C＝O的伸缩振动，1540cm⁻¹附近是N-H的弯曲振动，1440cm⁻¹附近为C-N的伸缩振动区域[2]，这是由于现代墨锭样品中含有动物胶类黏合剂。而海昏侯墓出土的古墨样品在1640cm⁻¹附近同样表现出明显的吸收峰（图3-5-4，b），暗示该样品中可能也添加了动物胶作为黏合剂。

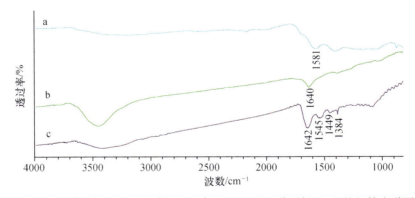

图3-5-4 现代墨粉（a）、海昏侯出土古墨（b）及现代墨锭（c）的红外光谱图

胶在制墨中的作用非常重要，而且从文献记载来看，古人也认为胶是制墨中十分重要的因素，《墨经》中就有"凡墨，胶为大"的说法。胶的加入是墨屑得以凝结并担

① Oudemans T F M, Boon J J, Botto R E. FTIR and solid-state 13C CP/MAS NMR spectroscopy of charred and non-charred solid organic residues preserved in Roman iron age vessels from the Netherlands. Archaeometry, 2007, 49: 571-594.

② Derrick M R, Stulik D, Landry J M. Infrared Spectroscopy in Conservation Science. Getty Publications, 1999.

制成型的必要条件，这无疑是胶在制墨中的首要作用。古人制墨用胶多为动物胶，以牛皮胶、鹿胶和鱼胶使用最多。动物胶是蛋白质和多肽的混合物，由动物皮、骨骼和结缔组织中胶原蛋白部分水解产生[1]。胶的加入不仅有助于制墨成型，还能够使其加水研磨时，形成较稳定的悬浮液，短期内不易沉淀，便于使用；此外还能保证墨长期、稳固地黏附在纸上[2]。

从考古发掘出土墨的实物来看，西汉以前尚未制成墨锭，这一时期的墨虽为固体，但大都是形制简单的丸粒状，没有固定的形制，而且体积较小，无法手执研磨。因为墨锭的制作需有较成熟的和胶技术，汉代是松烟墨的发展时期，这一时期的制墨工艺尚处于探索阶段[3]。从本研究可以看出，西汉中晚期海昏侯墓出土的松烟墨中可能已开始添加动物胶，可提高墨的硬度和强度，但此时墨的体积仍然较小。《合墨法》也指出墨应该"宁小不大"，之所以如此，可能是由于当时胶的质量不高，或烟与胶的比例不当等因素，无法保证墨能够持久胶结，更不易制作成较大的墨块。东汉至魏晋时期，和胶技术成熟，再加之墨模的使用，制墨工艺趋于完善，墨的基本形制得以奠定[4]。

松烟墨形制的转变是工艺发展与社会进步的产物，东汉时期造纸技术得到了极大的改进，真正意义上的纸张在东汉时期得到了普及，取代了缣帛、简牍成为重要的书写材料，改变了东汉之前书写存在的"缣贵而简重"的难题。同时也对其他文房器具提出了新的要求，促进了制墨工艺的进步。魏晋时期开始墨的制作则更加精致，并逐渐发展成为集中展示书法、绘画、雕刻等传统文化的载体。

墨也是一种比较特殊的随葬品，在墓葬中并非普遍出现，江西南昌海昏侯大墓是"中国迄今发现保存最好、结构最完整、拥有最完备祭祀体系的西汉列侯墓园，生动地再现了西汉时期高级贵族的生活"。迄今出土了2万余件文物，除松烟墨外还有大量的编钟、琴瑟、棋盘及数以千计的竹简和近百版木牍，可见墓主的风雅及其社会地位。

---

① 徐润、梁庆华：《明胶的生产及应用技术》，中国食品出版社，1988年。

② 曹雪筠：《中国传统松烟墨和油烟墨的初步分析》，中国科学院研究生院硕士学位论文，2011年。

③ 王伟：《中国传统制墨工艺研究——以松烟墨、油烟墨工艺发展研究为例》，中国科学技术大学博士学位论文，2010年。

④ 沈晓筱、张居中、方晓阳：《从"研"到"砚"——论砚台形制的最初演变》，《东南文化》2011年第3期。

三、结论

　　利用红外光谱分析及气相色谱-质谱联用的方法对江西南昌海昏侯墓出土的古墨样品进行综合分析，证明其为早期人工制作的松烟墨块；并且通过与现代松烟墨粉及墨锭的对比研究，推断其中可能添加了动物胶。西汉时期是松烟墨工艺发展初期，这一时期墨锭虽未普遍出现，但为我国制墨工艺的发展奠定了基础，对研究中国古代制墨历史与工艺尤为重要。

第六章　中药炮制品"地黄"研究①

中药必须经过炮制之后才能入药，这是中医用药的特点之一。作为国家级非物质文化遗产之一，中药炮制是指根据中医药理论，依据临床施药的需要和药物自身性质，选择适当的工艺，将原生药材加工便于临床应用的一项传统制药技术。炮制，古称"炮炙"，"炮"和"炙"在中国古代都与烹饪有关，可见古代中药炮制与烹制食物密不可分②。有关炮制药物的文字记载最早可追溯到《黄帝内经》。《五十二病方》中也记载了应用辅料进行药物炮制，包括酒渍、醋渍、药汁渍、酒煮、醋煮等方法③。张仲景在《伤寒论》④和《金匮要略》⑤中所用方剂中多数药物标注了需要炮制，说明汉代对药物炮制已非常重视。但有关对古代炮制技术的记载，文字过于简略，使得复原传统技艺、实现"遵古炮制"存在一定困难。

因此，古代炮制药物的考古发现，可为中药炮制的起源研究提供有力的实证。本文利用多种手段对江西省南昌市新建区大塘坪乡观西村的海昏侯墓园主墓（M1）中出土的木质漆盒内的样品进行分析，认为其是一种汉代中药辅料炮制品，并对其原料和辅料进行鉴定，推测其炮制工艺，为深入了解我国古代药物炮制与应用历史提供依据。

一、材料与方法

（一）样品收集

本文研究的样品遗存出土于M1椁室的娱乐用具库，与琴、棋等共处一室。样品盛

---

① 本节内容曾发表于彭华胜、徐长青、袁媛等：《最早的中药辅料炮制品：西汉海昏侯墓出土的木质漆盒内样品鉴定与分析》，《科学通报》2019年第9期。

② 杨明、张定堃、钟凌云等：《对传统中药炮制文化与哲学的思考》，《中国中药杂志》2013年第13期，第2223～2226页。

③ 尚志钧注释：《〈五十二病方〉药物注释》，皖南医学院科研科，1985年。

④ 朱佑武校注：《宋本伤寒论校注》，湖南科学技术出版社，1982年。

⑤ 何任主编：《金匮要略校注》，人民卫生出版社，1990年。

于精美的木质漆盒，呈多层叠加。

（二）核磁及三维重建

采用直径15mm的表面线圈射频谐振器，7.0 T Bruker AVANCE微成像系统，测定温度为常温。将浸泡在水中的样品装在1.5mL EP管中，置于样品槽，使用 Flash模式收集样品图像信号。图像像素256×128×128。成像时间为1s，成像间隔6s。图片亮度经对照（纯水）校正。

（三）冰冻切片与显微观察

横切面特征观察：用锋利刀片切取长度为0.5cm的样品，置于冰冻切片机（Leica CM1850 UV，德国）的托物台上，用冷冻包埋剂（SAKURA Tissue-Tek O. C. T. Compound 4583，美国）逐渐浸润后包埋，−20℃环境下冷凝至包埋剂完全凝固，切片厚度为20μm，用洁净载玻片吸贴，封片后置于荧光显微镜（Leica DM6000B，德国）下观察，LAS软件（Leica Application Suite V4.1）拍摄。

粉末特征观察：用解剖针挑取少量样品于载玻片上，水装片和水合氯醛制片，稀甘油封片。观察方法同上。

（四）出土植物样品的 ESI-MS 分析

1）仪器与材料。线性离子阱静电场轨道阱质谱仪，配有 Xcalibur 数据处理系统（LTQ Orbitrap XL，Thermo Fisher Scientific，美国）；ESI离子源（江西省质谱科学与仪器重点实验室自制，中国）；超纯水处理系统（Thermo Fisher Scientific，美国）。对照样品：天目地黄（采于安徽黄山，由安徽中医药大学彭华胜教授鉴定为玄参科植物天目地黄 Rehmannia chingii H. L. Li的块根）；甲醇（色谱纯，Tedia，美国）。

2）样品处理。将出土样品和天目地黄块根粉碎成较小的不规则颗粒，分别取适量置于0.22μm的微孔滤头中备用。

3）质谱条件。 ESI-MS设置为负离子检测模式，质谱扫描范围m/z：50～1000；喷雾电压为−3.5kV；离子传输管温度为200℃；毛细管电压为−40V；透镜电压为−100V；萃取剂甲醇−水混合溶液（体积比1∶1）通过注射泵进样，流速4.0μL/min喷雾气（N2）压力为0.8MPa（氮气钢瓶表头压力）。在进行串联质谱分析时，母离子的选择窗口为1.0Da，碰撞时间为30～5ms，碰撞能量为10%～30%，Act. Q 为0.25。其他参数由 LTQ-Orbitrap-MS系统自动优化产生。

（五）扫描电子显微镜（SEM）能谱分析

采集样品外围辅料层中的晶体进行扫描电子显微镜能谱分析，使用仪器为FEI Sirion200场发射扫描电子显微镜（FEI，美国）观察晶体形貌，用X射线能谱仪（INCA，Oxford，英国）对样品进行微区元素分析。检测器为Si（Li）探测器。实验条件为：SEM加速电压为20kV，工作距离是15mm。样品的测试在中国科学技术大学理化实验中心完成。

（六）辅料层中糖类成分的 UPLC-Q-TOF-MS 鉴定

1）仪器与材料。Acquity UPLC-I-Class串联XevoG2-S Q-TOF质谱联用仪，配有 Masslynx 4.1质谱工作站（Waters，美国），UNIFY1.7数据库（Waters，美国），离心机（Eppendorf，德国），KQ-100DE超声清洗器（昆山市超声仪器有限公司），0.2μm注射器式滤器（Pall，美国）。试剂：乙腈，甲醇，氨水（色谱纯，Merck，德国）；超纯水由 Milli-Q纯水制备系统（电阻≥18.2MΩ cm，Millipore，美国）。对照品：无水葡萄糖（批号：110833- 201707），D-果糖（批号：111504-201703），蔗糖（批号：111507-201704），麦芽糖（批号：100287-201604），均购自中国食品药品检定研究院，含量99.9%以上。

2）供试品及对照品溶液制备。刮取样品临时制片的外侧辅料层作为供试品。用灭菌枪头挑取小块供试品置于2.0mL无菌EP管中，加入200μL超纯水，室温超声提取40min，12000×g离心10min，取上清液经 0.22μm微孔滤膜过滤，即得供试品溶液，备用。另取 2.0mL无菌EP管，加入200μL超纯水，同等条件处理，即得空白对照溶液。分别取无水葡萄糖、D-果糖、蔗糖和麦芽糖对照品适量，精密称定，置5mL容量瓶中，加超纯水溶解，并稀释到刻度，分别制得浓度为0.98、0.54、0.78、0.54mg/mL单一对照品储备液，混合对照品储备液由各对照品储备液混合并稀释得到，均置于4℃保存。

3）色谱条件。色谱柱为Acquity UPLC BEH Amide C18（2.1mm×100mm，1.7μm）；流动相A：0.1%氨水-乙腈溶液，流动相B：0.1%氨水-水溶液；梯度洗脱（0～0.5min，98% A；0.5～2.0min，98%～90% A；2.0～5.5min，70%～64.1% A；5.5～7.0min 64.1%～62.5% A；7.0～7.2min 62.5%～98% A；7.2～10.0min 98% A）；柱温40℃；流速0.2mL/min，进样量2μL。

4）质谱条件。数据采集模式：负离子（ESI）条件下采用continuum模式，用碘化钠校正液校正质量范围m/z 50～2500；毛细管电压-2.5kV，锥孔电压-50V，电离源温度100℃，脱溶剂温度450℃；脱溶剂气流速 900L/h，低能量通道碰撞能量为10eV，高能量扫描碰撞能量为50～80eV。

二、结果

（一）出土样品的结构特征

单根样品长5～7、直径约1cm，多弯曲，有的具短小分支（图3-6-1、图3-6-2）。

图3-6-1　海昏侯墓园主墓（M1）以及本文研究样品（单个样品的正面观）

图3-6-2　海昏侯墓园主墓（M1）以及本文研究样品（单个样品的反面观）

由核磁拍摄的三维图像可见，出土的样品为中空不规则棒状结构，外层是信号强度较弱的物质，且未见细胞结构；内层具类似植物的纤维结构，含水量高，信号强（图3-6-3）。

对样品进行冰冻切片，并观察横切面特征，发现该样品中部具周皮、细胞、导管等植物组织结构；外围为辅料层，有2～3层状结构。辅料层呈不均匀分布，即具上方厚、下方薄特征（图3-6-4、图3-6-5）。

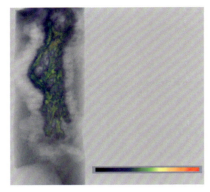

图3-6-3 西汉海昏侯墓墓园主墓出土的木质漆盒内样品的micro-CT图

（二）植物遗存基原推测

1. 植物遗存的显微特征

植物遗存的横切面显微观察可见在外方具有周皮（图3-6-6），且导管呈纵向排列（图3-6-7），具次生木质部及宽广的木射线（图3-6-7、图3-6-8）。可推断其来自双子叶草本植物的根、根状茎或茎。另外，在植物遗存的横切面和粉末中均可见导管，导管类型多为梯纹和网纹（图3-6-9），红棕色细胞单个或2～3个呈团，未观察到淀粉粒、草酸钙晶体与石细胞等。

图3-6-4 海昏侯墓园主墓出土的木质漆盒内样品的显微结构（冰冻切片机下的样品断面，显示辅料层和植物两部分，白色为冰冻状态下的胶水）

图3-6-5 海昏侯墓园主墓出土的木质漆盒内样品的显微结构（显微镜下的样品断面，显示辅料层和植物两部分）

图3-6-6 海昏侯墓园主墓出土的木质漆盒内样品的显微结构（植物的周皮）

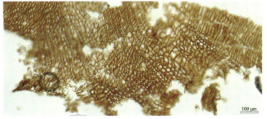

图3-6-7 海昏侯墓园主墓出土的木质漆盒内样品的显微结构（次生木质部，含有导管和薄壁组织）

在中国中医科学院中药资源中心建立的药材显微数据库中提取双子叶草本植物的根、根状茎、茎或全草等显微数据，再根据具有红棕色细胞或红棕色细胞团这一特征，对显微数据进行第2次筛选；根据出土样品中植物层的直径与长度，排除数据库中粗大

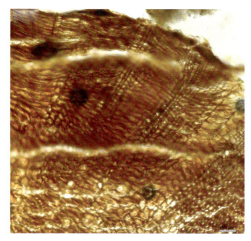

图3-6-8　海昏侯墓园主墓出土的木质
漆盒内样品的显微结构（次生木质部、
含有导管和宽广的木射线）

图3-6-9　海昏侯墓园主墓出土的木质漆盒内样品
的显微结构（植物的导管）

的块根、短小的块根或块茎等植物种类；根据出土样品具有次生结构特征，排除具有初生构造的植物种类。再结合全国第四次中药资源普查所收集的样品[①]开展显微比较研究，根据出土样品中植物具有宽广的木射线这一典型特征，推测出土样品来源于玄参科地黄属Rehmannia植物的根。

由于地黄属植物的栽培始见于南北朝时期的《齐民要术》[②]，因此推测西汉时期使用的地黄属植物可能取自野生资源。根据《中国植物志》记载[③]，中国有6种地黄属植物，其中在江西及其周边省份分布的有地黄Rehmannia glutinosa（Gaertner）Liboschitz ex Fischer & C. A. Meyer，天目地黄Rehmannia chingii H. L. Li，湖北地黄Rehmannia henryi N. E. Brown，裂叶地黄Rehmannia piasezkii Maximowicz，高地黄Rehmannia elata N. E. Brown ex Prain等。

为进一步确认地黄属Rehmannia植物的显微特征与出土样品是否一致，本文收集了天目地黄Rehmannia chingii H. L. Li的根做比较研究。天目地黄的根系由数条根组成，外表黄红色、肉质（图3-6-10），其特征与宋代《本草图经》[④]记载地黄"根如手指，通

---

① 黄璐琦、孙丽英、张小波等：《全国中药资源普查（试点）工作进展情况简介》，《中国中药杂志》2017年第22期，第4256～4261页。

② 蒋廷锡：《草木典（影印版）》，上海文艺出版社，1999年。

③ 中国科学院中国植物志编辑委员会：《中国植物志》，科学出版社，1990年，第67页。

④ （宋）唐慎微著，（宋）艾晟刊订，尚志钧点校：《大观本草》，安徽科学技术出版社，2002年，第180、181页。

黄色，粗细长短不常"一致。

显微特征比较结果表明，天目地黄与出土样品均具有周皮、宽广的次生韧皮部和木射线（图3-6-8、图3-6-11），导管形态也基本一致（图3-6-9、图3-6-12），且均有红棕色细胞（图3-6-13～图3-6-15）。但天目地黄根中红棕色细胞内散有红色颗粒状物质（图3-6-14、图3-6-15），出土样品中的红棕色细胞未见红色颗粒状物质（图3-6-13）。这可能与地黄块根的红棕色细胞中存在橘黄色油滴所含有的地黄黄素B、D等物质在空气中易褪色有关[1]。

图3-6-10　天目地黄的根及其显微结构　　　　图3-6-11　天目地黄的根及其显微结构
（根外观形状）　　　　　　　　　　（根的横切面）

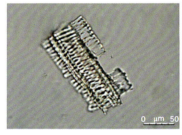  

图3-6-12　天目地黄的根及其显微结构（导管）

2. 植物遗存的化学特征

对出土样品及天目地黄进行ESI-MS分析，得到化学指纹图谱（图3-6-16、图3-6-17）。

---

① 刘孟奇、王小巧、陈随清等：《地黄的组织化学研究》，《中药材》2013年第11期，第1771～1773页；吴子超、罗干明、霍永昌：《地黄分泌细胞分泌物的提取、分离和薄层扫描定量》，《药物分析杂志（增刊）》1998年增刊，第248～250页。

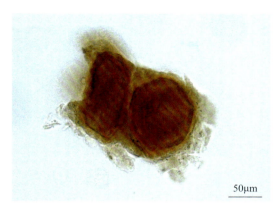

图3-6-13　海昏侯墓园主墓出土的木质漆盒内
样品的显微结构（红棕色细胞）

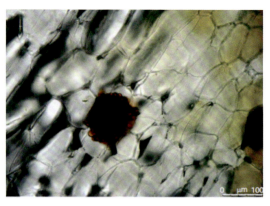

图3-6-14　天目地黄的根及其显微结构
（分泌细胞）

出土样品和天目地黄均具有丰富的质谱信息，且存在明显差异。为验证出土样品是否为天目地黄，以天目地黄为对照，收集了其特征化合物在高分辨负离子模式下的质谱数据，并与出土样品进行比对。分别选择了［M-H］－m/z 361，m/z 363，m/z 523，m/z 685，m/z 509，m/z 347，m/z 785，m/z 345，m/z 623，m/z 651进行高分辨质谱分析，发现出土样品的高分辨质谱信息与天目地黄的高分辨质谱信息存在一定的差异。其中，两者m/z 623的高

图3-6-15　天目地黄的根及其显微结构
（分泌细胞）

分辨质谱信息吻合，但出土样品中m/z 623的离子信号强度较低（图3-6-18、图3-6-19）。在二级质谱中，两者质谱图相似（图3-6-20、图3-6-21），相对丰度为100%的二级质谱碎片离子m/z 461为母离子m/z 623丢失咖啡酰基后形成，推测可能为毛蕊花糖苷或连翘酯苷。两者均为天目地黄的特征性成分[1]。

　　由于出土样品经历了长时间的地下保存，推测其特征成分可能发生降解，样品中可能会出现毛蕊花糖苷或连翘酯苷的水解产物。由于毛蕊花糖苷或连翘酯苷水解后生成

---

　　①　张波泳、江振作、王跃飞等：《UPLC/ESI-Q-TOF MS法分析鲜地黄、生地黄、熟地黄的化学成分》，《中成药》2016年第5期，第1104～1108页。

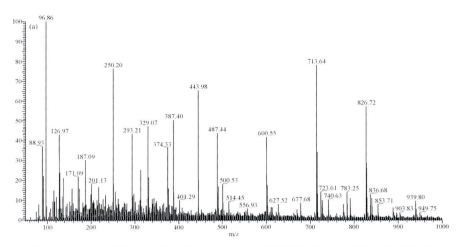

图3-6-16　出土样品和天目地黄的ESI-MS化学指纹谱图 出土样品一级质谱图

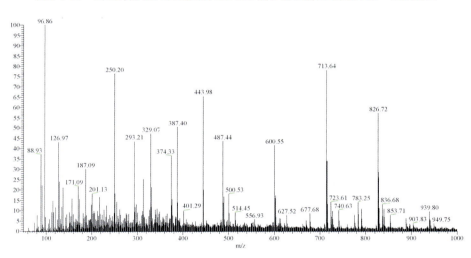

图3-6-17　出土样品和天目地黄的ESI-MS化学指纹谱图 天目地黄一级质谱图

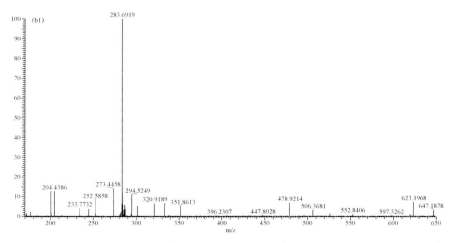

图3-6-18　出土样品和天目地黄的ESI-MS化学指纹谱图 出土样品m/z 623一级质谱图

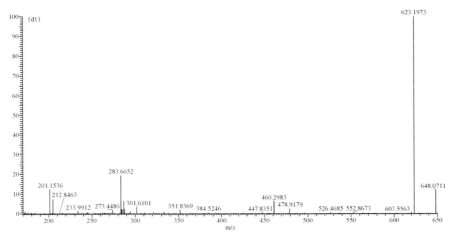

图3-6-19 出土样品和天目地黄的ESI-MS化学指纹谱图 天目地黄 m/z 623 一级质谱图

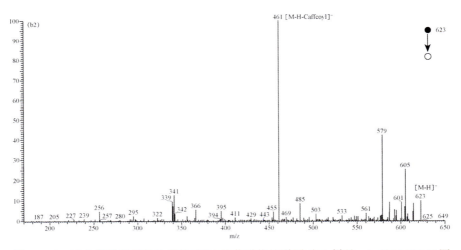

图3-6-20 出土样品和天目地黄的ESI-MS化学指纹谱图 出土样品 m/z 623 MS/MS图

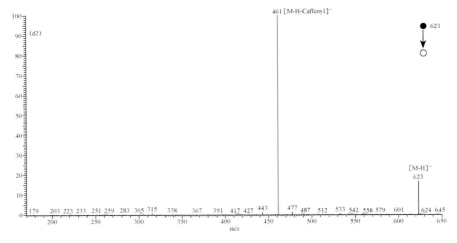

图3-6-21 出土样品和天目地黄的ESI-MS化学指纹谱图 天目地黄 m/z 623 MS/MS图

的主要产物有咖啡酸和羟基酪醇①，因此选择［M-H］－m/z 179和m/z 153进行高分辨分析，其中m/z 179在高分辨质谱中检测的质荷比为179.0349（图3-6-22），推测其分子式为$C_9H_7O_4$，与理论值偏差为5.7ppm。二级质谱中，相对丰度为100%的二级质谱碎片离子m/z 135为母离子m/z 179丢失CO_2后形成（图3-6-23），与文献记载咖啡酸的裂

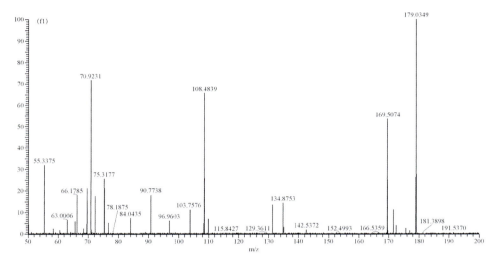

图3-6-22　出土样品和天目地黄的ESI-MS化学指纹谱图（出土样品m/z 179一级质谱图）

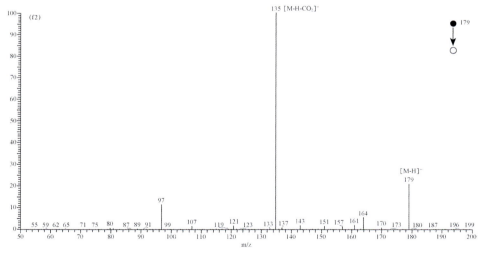

图3-6-23　出土样品和天目地黄的ESI-MS化学指纹谱图（出土样品m/z 179 MS/MS图）

---

① Meng Qi, Xiong A Z, Li P F, et al. Identification of acteoside and its major metabolites in rat urine by ultra-performance liquid chromatography combined with electrospray ionization quadrupole time-of-flight tandem mass spectrometry. J Chromatogr B, 2013, 940: 77-85.

解方式一致[①]，故推测该化合物为咖啡酸。

（三）植物遗存炮制技艺的推测

1. 热水处理后加辅料层

出土样品由内部的植物层及其外围的辅料层构成。分别对植物层、辅料层进行水装片观察，在辅料层横切面和粉末制片中均发现存在淀粉粒（图3-6-24、图3-6-25），表明出土样品中的淀粉粒没有因为长期埋藏在地下而遭受破坏。出土样品植物层的横切面制片与粉末制片中均未发现淀粉粒（图3-6-6～图3-6-8）。但对植物横切面或粉末滴加碘-碘化钾试液，则呈特殊的蓝色（图3-6-26）。对天目地黄 Rehmannia chingii H. L. Li 的根进行新鲜切片，未见淀粉粒。同属植物地黄 Rehmannia glutinosa（Gaertner）Liboschitz ex Fischer & C. A. Meyer 的根中没有淀粉粒[②]，地黄块根的不同发育阶段也未见有淀粉粒报道[③]。出土样品的植物外面裹有厚厚的辅料层，辅料层横切面和粉末的水装片可以观察到清晰的淀粉粒，据此推测出土样品辅料层中的淀粉粒来源于外源添加物，不是植物材料自身的淀粉粒。

图3-6-24　海昏侯墓园主墓出土的木质漆盒内样品的显微结构［辅料层中淀粉粒（明场）］

图3-6-25　海昏侯墓园主墓出土的木质漆盒内样品的显微结构［辅料层中淀粉粒（偏光）］

---

① Zeng G F, Xiao H B, Liu J X, et al. Identification of phenolic constituents in RadixSalvia miltiorrhizae by liquid chromatography/electrospray ionization mass spectrometry. Rapid Communications in Mass Spectrometry, 2006, 20 (3): 499-506.

② 国家药典委员会：《中华人民共和国药典》一部，中国医药科技出版社，2015年，第124页。

③ 胡正海主编：《药用植物的结构、发育与药用成分的关系》，上海科学技术出版社，2014年，第352～354页。

图3-6-26　海昏侯墓园主墓出土的木质漆盒内样品的显微结构（植物组织与碘–碘化钾试液显特异蓝色）

尽管出土样品的植物层未发现淀粉粒，但是对其横切面或粉末水装片中滴加碘–碘化钾试液，则呈特殊的蓝色（图3-6-26）。由此可以推断出土样品中的植物层中有糊化的淀粉粒，使其与碘–碘化钾试液反应呈现特殊蓝色。淀粉粒糊化是指当淀粉分散到水中并加热到一定温度后，淀粉粒原具有的半结晶结构中的有序分子变为无序状态[①]。推测原植物材料或与部分含淀粉类辅料经过了水及加热等加工过程，从而使淀粉粒发生糊化现象。出土样品的辅料层中可观察到大量清晰的淀粉粒，说明植物材料有可能在经过水及加热后再裹上淀粉类辅料层进行使用或储存。

2. 辅料层含有蔗糖

出土样品辅料层中散有大量的晶体，在偏光显微镜下可显示偏光特性（图3-6-27、图3-6-28）。将少许辅料层放置于盐酸或NaOH试液中，发现该晶体不溶于盐酸或NaOH试液。应用扫描电子显微镜–能谱分析，发现该晶体主要由C和O元素组成。对

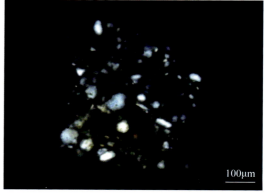

图3-6-27　海昏侯墓园主墓出土的木质漆盒内样品的显微结构［辅料层中含晶体的团块物（明场）］

图3-6-28　海昏侯墓园主墓出土的木质漆盒内样品的显微结构［辅料层中含晶体的团块物（偏光）］

---

① Cheng Y L, Mei L T, Kuo H T. Effect of amylose content on the rheological property of rice starch. Cereal Chemistry, 1996, 73 (4): 415-420.

样品辅料层的水提物进行UPLC-Q-TOF-MS分析，检测到m/z 341.11的特征离子碎片峰（图3-6-6，a）；将离子流图中m/z 341.11的碎片离子峰分别与葡萄糖、蔗糖、果糖、麦芽糖4种糖对照品进行比较，发现其与蔗糖的保留时间一致，且质谱图与蔗糖对照品质谱图基本一致（图3-6-29～图3-6-32）。对辅料层水提物进行梯度进样，结果表明m/z 341.11碎片离子峰的峰面积与浓度成正比，从而推测外侧辅料层中含有蔗糖。同

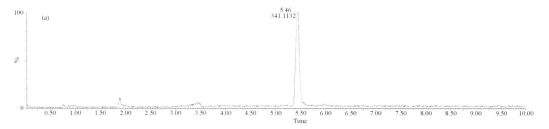

图3-6-29　UPLC-Q-TOF-MS提取离子流色谱图及其质谱图 样品辅料层水提物提取离子流色谱图

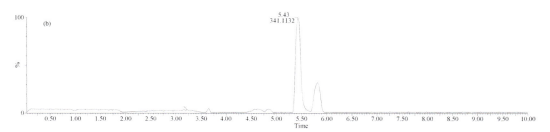

图3-6-30　UPLC-Q-TOF-MS提取离子流色谱图及其质谱图 4种糖对照品总离子流色谱图

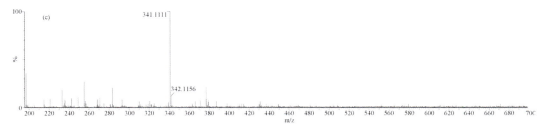

图3-6-31　UPLC-Q-TOF-MS提取离子流色谱图及其质谱图 样品辅料层水提物中m/z 341.11峰的质谱图

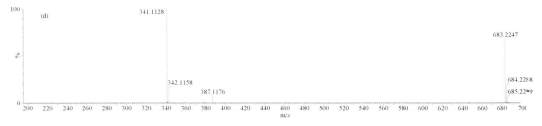

图3-6-32　UPLC-Q-TOF-MS提取离子流色谱图及其质谱图 4种糖对照品中蔗糖的质谱图

时对出土样品的植物层进行剥离，并对其水提物进行UPLC-Q-TOF-MS分析，发现m/z 341.11碎片离子峰的峰面积很小，表明植物中蔗糖含量明显低于辅料层。推测辅料层中的蔗糖为外源性添加物，而非植物内源性蔗糖。

三、讨论

（一）遗存样品的作用推测

海昏侯墓墓主的身份得到确认，是第一代海昏侯汉废帝刘贺。刘贺是西汉第9位皇帝，在位27天，是西汉历史上在位时间最短的皇帝。刘贺被废黜后，汉宣帝继位。《汉书·武五子传》记载昌邑所在地的山阳太守张敞地节四年（前66年）曾亲自入刘贺居处查看，并向宣帝报告了刘贺的身体状况："故王年二十六七为人青黑色，小目，鼻末锐卑，少须眉，身体长大，疾痿，步行不便。衣短衣大绔……簪笔持牍趋谒……察故王衣服言语跪起，清狂不惠。""痿"，《说文解字》解释为："痹疾。"[1]《汉书·艺文志》[2]著录有《五藏六府痹十二病方》30卷，颜师古注曰："痹，风湿之病。"《素问·痹论》："风寒湿三气杂至，合而为痹也。"[3]据此，古代中医认为，"痹"症多由风寒湿引发。海昏侯墓的主椁室西堂、东寝的棺椁旁边各发现了一张床榻，均有2m多长。不论是堂还是寝，汉墓基本上都是按照逝者生前生活、工作等习惯设置，即"事死如事生"。按照礼制，堂是海昏侯接待宾客和办公的地方，应放置坐榻而不是床榻。由此可以推断墓主海昏侯生前在接待宾客或办公时需要床榻。这与张敞描述刘贺曾患有比较重的风湿病、行动不便相吻合。《神农本草经》[4]收录干地黄，列为上品："味甘，寒。主折跌，绝筋，伤中。逐血痹，填骨髓，长肌肉。作汤除寒热积聚，除痹。生者尤良。久服轻身不老。"地黄"主折跌，绝筋，伤中。逐血痹，填骨髓，长肌肉"，与墓主刘贺"疾痿，步行不便"等病证相对应。《神农本草经》收载365味药中，记载"生者尤良"仅地黄一味药。"生者"，与干地黄相对而言，指未经干燥的地黄，即新鲜的地黄根。南北朝时期《雷公炮炙论》[5]详细记载了地黄的炮制方法："采生地黄去白皮瓷锅上柳木甑

---

① （汉）许慎撰：《说文解字》，中华书局，1985年。

② 《汉书》，中华书局，2016年。

③ 《黄帝内经·素问》，中国医药科技出版社，2018年。

④ （魏）吴普等述，（清）孙星衍、孙冯翼辑：《神农本草经》，人民卫生出版社，1963年，13页。

⑤ （刘宋）雷敩著，尚志钧辑校：《雷公炮炙论》，安徽科学技术出版社，1991年，第24页。

蒸之，摊令气歇，拌酒再蒸又令出干。勿令犯铜铁器令人肾消并白髭发，男损荣，女损卫也。"该炮制方法提及了用蒸、拌酒再蒸等水火共制的炮制方法，与出土样品中植物经过了水、加热等加工方法相一致。另外，海昏侯墓中出土了大量金器、青铜器、铁器、玉器等。其中青铜器3000余件（套），包括蒸馏器、蒸煮器、鼎等。金器478件，约115kg。但是本章所研究的M1中出土样品盛于漆木盒，而不是盛于金属器皿，可能与《雷公炮炙论》记载地黄"勿令犯铜铁器"有关。

（二）样品辅料中蔗糖的来源推断

分别利用显微和UPLC-Q-TOF-MS对出土样品的辅料层与植物层进行分析，发现其含有淀粉和蔗糖，均被推测属于外源添加物。我国学者季羡林先生著《蔗糖史》[①]，该书对我国乃至世界蔗糖的发现、加工与交流等做了系统论述。我国先秦古籍中有"飴"，汉代有"餳""餹"等字，据季羡林研究应为糯米或小麦、大麦制成的甜品。糯米或小麦、大麦制成的糖制品以含麦芽糖为主要成分。天然的蜂蜜含有丰富的糖类，占总成分的70%～80%，但以果糖、葡萄糖等单糖为主要成分，约占总成分的65%以上，其次才是双糖。M1中出土的木质漆盒内样品辅料层含有的蔗糖为双糖，因此可以排除来自天然蜂蜜、糯米或麦类制成的糖制品。据季羡林先生《蔗糖史》，中国蔗糖的制造始于三国魏晋南北朝到唐代之间的某一个时代，海昏侯刘贺生活的时代可能还没有蔗糖的制造。又据《蔗糖史》研究：先秦至六朝的典籍中已经记载甘蔗，当时甘蔗尚属名贵，还没有走入寻常百姓家；甘蔗产地基本都在南方，如吴、蜀、江南等地；甘蔗的用法包括生吃、饮蔗浆。刘贺居住地为江西省南昌市，为汉代甘蔗产区范围，虽然甘蔗没有走入寻常百姓家，但对于身为海昏侯的刘贺而言应不足为奇。因此，推测出土样品辅料层中的蔗糖可能来自甘蔗。

（三）中药炮制中辅料制法的起源可能与矫味矫臭、利于服用有关

中药炮制技艺是中医用药的特点之一，富有中医药文化特色。中药炮制最早的记载是"咀"。《说文解字》作"哺咀"。本义为咀嚼、嚼碎，后来引申为捣碎、切细、修药诸义。目前出土的西汉经方文献中，多已用其引申义，作为对药物粗加工的一道工序。《五十二病方》有3处出现"咀"[②]。

炮制，古代又称为"炮炙"。"炮"和"炙"在中国古代均与烹饪有关。随着食物

---

①　季羡林：《蔗糖史》，中国海关出版社，2009年。

②　张雷：《马王堆汉墓帛书五十二病方集注》，中医古籍出版社，2017年。

烹饪和药物加工经验的积累，中药炮制从简单的挑选、剥离、清洗、切削演变到炒、蒸、煮、煅、发酵等复杂方法，初步形成了火制、水制、水火共制等炮制方法；另外，随着酒、蜂蜜、醋、盐等在食物、药物中的应用，炮制中产生了辅料制法。辅料的使用是古代药物炮制发展的重要阶段，《伤寒杂病论》[①]中已记载少数药物用辅料进行炮制，如大黄酒洗、猪肤加白粉白蜜熬至有香气等。

地黄属 Rehmannia 植物的根，味甜带苦，未见生食记载。宋代罗愿《尔雅翼》[②]记载："芐者，今之地黄。古以为菜，铏羹用之。"由此可以看出，食用新鲜地黄需要进行适当的加工炮制。通过对出土样品进行分析，推断其植物的根可能经过热水处理后，外裹上一层含有蔗糖的辅料，这与当前炮制具有"矫味矫臭、利于服用"的作用一致。

（四）最早中药炮制品的工艺复原

木质漆盒内样品由植物根与其外的辅料层组成，是迄今发现最早的中药炮制品。依据上述分析结果，可推测其炮制加工工艺，即取地黄属 Rehmannia 植物的根或与其他淀粉类辅料进行蒸或煮制，再裹以甘蔗汁和淀粉类等辅料。

明朱权在《臞仙神隐》[③]中记载了地黄粥："大能利血生精。地黄切二合，与米同入罐中煮之，候熟，以酥二合，蜜一合，同炒香入内，再煮熟食。"朱权为明太祖第十七子，封地也在南昌，说明在南昌有将地黄与米共煮后再与酥、蜜共制的炮制历史。出土样品与《臞仙神隐》中地黄粥在功效和工艺方面可谓异曲同工。复原最早的中药炮制品加工工艺，将为了解中药炮制技艺的起源奠定基础。

---

① （东汉）张仲景著，刘理想、潘秋平整理：《伤寒杂病论》（桂林古本），中国中医药出版社，2014年。

② 蒋廷锡：《草木典（影印版）》上册，上海文艺出版社，1999年。

③ （明）朱权编：《臞仙神隐》，中医古籍出版社，2018年。

第七章 "医工五禁汤"命名考辨^①

近年来，海昏侯汉墓的发掘工作一直受到社会各界的高度关注，而海昏侯汉墓中出土的带有"医工五禁汤"5字的漆器，更是将中医药与2000多年前西汉贵族的日常生活紧密地联系在一起。对"医工五禁汤"内涵的明确阐析，不仅能够揭示墓主刘贺生前的健康状态以还原史实，更有助于了解2000年前西汉时期的医药面貌。

《荀子·礼论》有言："丧礼者，以生者事死者也，大象其生，以送其死，事死如事生，事亡如存。"^②据此习俗，汉代贵族的丧葬礼俗多体现为"事死如事生"的特点。由此可以得出，带有"医工五禁汤"5字的漆器是墓主刘贺生前常用的生活用具，并曾受到刘贺和其医师的高度重视。以此为基础，有助于推测"医工五禁汤"5字的真实内涵。

秦汉时期，为皇帝、宫廷提供医疗保健服务的医师，多以"工"称谓，如"医工""上工""中工""下工"等。《灵枢》曰："问其病，知其处，命曰工。""善调脉者，不待于色；能参合而行之者，可以为上工。上工十全九。"，"中工十全七"，"下工十全六"^③。对于"医工"，史书也有记载。《后汉书·百官志》曰："王国官有礼乐长，主乐……医工长，主医药……皆比四百石。"^④《通典》亦云："汉有医丞，有医工长。"医工长是汉代皇宫里主管宫廷医药的官职，之下设有太医、侍医、太医监、本草待诏、医待诏以及女侍医、乳医、女医等官职^⑤，分别为皇室、宫廷人员服务，由此可以看出汉代宫廷对医疗服务的重视。在此体制下，诸王列侯们的医疗保健工作均有专门的医工负责。1968年，河北中山靖王刘胜墓出土了刻有"医工"字样的铜盆，为中山靖王

① 本节内容曾发表于王烨燃、袁媛、徐长青等：《海昏侯汉墓"医工五禁汤"命名考辨》，《中华医史杂志》2017年第3期。

② （战国）荀子著，贾太宏译注：《荀子》，西苑出版社，2016年，第284页。

③ 田代华、刘更生整理：《灵枢经》，人民卫生出版社，2005年，第12、13页。

④ （南朝·宋）范晔撰，（唐）李贤注：《后汉书》，国家图书馆出版社，2014年，第1580页。

⑤ 李经纬：《中医史》，海南出版社，2015年，第92页。

府侍医洗涤所用[1]。海昏侯刘贺在生前同样有专门的医工提供医疗服务，汉墓中出土的带有"医工"字样的漆器即是证明。

那么"五禁"是什么呢？对古代文字的训诂，需要深入其所在的历史时期和语言环境。"禁"字，许慎《说文解字》解释为："吉凶之忌也。"[2]说明在秦汉时释为"禁止、避忌"之意。在此基础上，当前学术界对"五禁"的含义主要有两种推测，具体如下。

1）忌过食辛、甘、酸、苦、咸五味。

该推测源于《黄帝内经》的相关论述。《灵枢·五味》曰："肝病禁辛，心病禁咸，脾病禁酸，肾病禁甘，肺病禁苦。"[3]《素问·宣明五气篇》亦云："五味所入：酸入肝，辛入肺，苦入心，咸入肾，甘入脾，是谓五入。"[4]《素问·宣明五气篇》明确提出"五禁"之说："辛走气，气病无多食辛；咸走血，血病无多食咸；苦走骨，骨病无多食苦；甘走肉，肉病无多食甘；酸走筋，筋病无多食酸。是谓五禁，无令多食。"

根据以上论述，基于"五味"与"五脏"的五行配属，过食辛、甘、酸、苦、咸五味的药物或食物，会对人体的心、肝、脾、肺、肾五脏造成一定刺激和伤害，进而对人体的气、血、筋、骨、肉之病带来不利的影响。

《内经》虽有"五禁"之说，但该说法并不符合"五禁汤"之内涵。原因有二。

其一，《内经》提出的"五禁"在现实生活中难以操作。众所周知，辛、甘、酸、苦、咸为药物自身所具有的药味属性，也代表了药物自身的偏性。在治疗过程中，药物针对机体阴阳失调而导致的疾病，通过自身的性味和功效，"以偏治偏"，从而达到治疗效果。因此，世间很难找到属性完全"平和"的药物，即使是日常食物也多少有些偏性。即便真能找到属性完全"平和"的药物或者是诸药经配伍之后成为属性完全"平和"的方剂，也无法针对人体因阴阳失调所导致的疾病产生相应的治疗作用。

其二，以"禁忌"命名方剂的方法不符合秦汉时期的方剂命名特点。历代方剂命名多有以下特点：一为以"主治"命名，如五积汤；二为以"组成"命名，如五皮汤；三为以"效果"命名，如五神汤。以"禁忌"命名方剂的方法颇为少见。综观秦汉时期《五十二病方》《杂疗方》《养生方》《黄帝内经》等医籍中的方剂，多直接以"主治"或"组成"来命名，而尚未发现有以"禁忌"命名的方剂。由此可以推断，这种

---

① 陈邦贤：《中国医学史》，团结出版社，2005年，第104页。

② （汉）许慎，班吉庆、王剑、王华宝点校：《说文解字（校订本）》，凤凰出版社，2004年，第4页。

③ 田代华、刘更生整理：《灵枢经》，人民卫生出版社，2005年，第113页。

④ 王洪图：《黄帝内经素问白话解》，人民卫生出版社，2004年，第1712页。

基于《内经》"五禁"之说命名方剂的方法不符合秦汉时期方剂命名的特点。

2）忌用5种疗法。

该推测源于元代医家王好古的论述。王好古在《此事难知》中针对小柴胡汤有言："忌发汗，忌利小便，忌利大便，故名三禁汤，乃和解之剂。"他在《医垒元戎》中又云："小柴胡汤，不汗、不下、不利小便，故洁古名三禁汤也。"①

王好古认为张仲景所创制的小柴胡汤的立方之旨在于采用"和解"之法来治疗相应疾病，因其禁忌发汗、泻下、利小便三种治疗方法，故可以命名为"三禁汤"。

王好古虽然提出"三禁"之说，但该说法同样不符合"五禁汤"之内涵。原因有三。

其一，王好古提出的方剂命名方法并不符合张仲景的原意，张仲景创制此方并非刻意突出小柴胡汤的禁忌治法。

其二，禁用发汗、泻下、利小便三种治法的方剂有很多，并非只适用于小柴胡汤一方。"三禁汤"的提法虽然在王好古的著作《此事难知》中有所记载，但未能得到后世医家的普遍认可。

其三，依王好古之意，即使确有忌用5种治法的方剂而可以被命名为"五禁汤"，但如前文所述，这种方剂命名方法同样不符合秦汉时期方剂命名的特点。

东汉许慎所著《说文解字》对"禁"的解释并没有涵盖其全部内涵。根据《辞海》的解释，"禁"字自古以来还有"指方士、术士作幻术"之意②。据此，推测"五禁"应当与秦汉时期盛行的咒禁疗法有关。

咒禁疗法，是一种在古代社会长期盛行的试图通过念诵咒语等方式阻止疾病的进一步发展，并使病情转危为安的治疗方法。尽管现代西方医学与中医学均已将咒禁疗法剔除至科学医疗体系之外，但在从原始社会至明代的漫长历史时期里，咒禁疗法始终是医学体系的组成部分并被广泛运用③。

巫医在使用咒禁疗法的同时，并不排除使用药物疗法，而且经常将二者配合运用，诸多先秦时期的典籍对此均有明确的记载。如《山海经·大荒西经》所载："有灵山，巫咸、巫即、巫盼、巫彭、巫姑、巫真、巫礼、巫抵、巫谢、巫罗十巫，从此升降，百药爰在。"《山海经·海内西经》里还有六巫的记载："开明东有巫彭、巫抵、巫阳、巫履、巫凡、巫相，夹窫窳之尸，皆操不死之药以距之。"④又如《逸周书·大聚》

---

① 王好古：《王好古医学全书》，山西科学技术出版社，2013年，第167、283页。

② 辞海编辑委员会：《辞海》，上海辞书出版社，1980年，第3706页。

③ 李经纬：《中医史》，海南出版社，2015年，第44页。

④ 方韬译注：《山海经》，中华书局，2011年，第267、315页。

所载："乡立巫医，具百药以备疾灾。"①

早在原始社会末期，巫便凭借其较高的社会地位从事医疗活动。在先秦时期，巫、医已形成了密不可分的关系。自隋代开始，太医署中设有"祝禁博士"②。唐代医生分为4类，分别为医师、针师、按摩师和咒禁师③。宋代太医局将医学分为9科，其中包括"金镞兼书禁科"④。元、明两代的太医院均设有"祝由科"⑤。

虽然历代不乏对咒禁疗法的反对人士，如汉代司马迁即提出包括"信巫不信医"在内的"病有六不治"之说⑥，宋徽宗亦曾"诏禁巫觋"⑦，但均无法将咒禁疗法完全剔除在医学体系之外。咒禁疗法始终作为医学体系的组成部分在当时的社会中发挥着一定的作用。值得注意的是，巫医在运用咒禁疗法的同时，也通过药物、按摩、针灸等手段以实现治疗目的。在咒禁一类的科目里，药物和医疗技术、心理疗法等同样得到了一定程度的发展⑧。

通过查阅史书和马王堆汉墓出土医籍、武威汉代医简等相关资料可知，西汉时期正是咒禁疗法盛行的时期。在该时期，咒禁疗法是一种比较重要的治疗手段。在马王堆汉墓出土的医籍中，《杂禁方》即是专门介绍咒禁术的方技之书。作为中国现存最古老的方书《五十二病方》更是记载了大量咒禁疗法的相关内容，计有咒禁疗法38方，涉及14种疾病，可见咒禁疗法使用之广⑨。

此外，在《五十二病方》中，还有将咒禁之术与药物治疗配合应用以治疗疾病的记载："一方；癫，以奎蠡盖其肾，即取桃枝东向者，以为弧；取上□，晦，壹射以三矢，□□饮药。其药曰阴干黄牛胆。干即稍□饮之。"⑩可见，汉代医工在对病人使用咒禁疗法的同时，并不排除药物治疗的方式。

对于海昏侯刘贺生前所患的疾病，从《汉书》《资治通鉴》等史书的记载中可以得到一定的线索。刘贺"在国素狂纵，动作无节""淫戏无度""受玺以来二十七日，

---

① 姚蓉撰：《〈逸周书〉文系年注析》，广西师范大学出版社，2015年，第62页。

② 陈邦贤：《中国医学史》，团结出版社，2005年，第108页。

③ 陈邦贤：《中国医学史》，团结出版社，2005年，第109页。

④ 陈邦贤：《中国医学史》，团结出版社，2005年，第117页。

⑤ 陈邦贤：《中国医学史》，团结出版社，2005年，第123、194页。

⑥ 《史记》，中华书局，1963年，第2794页。

⑦ 《宋史》，中华书局，1963年，第398页。

⑧ 李经纬：《中医史》，海南出版社，2015年，第44页。

⑨ 李丛：《〈五十二病方〉禁咒内容研究》，《江西中医学院学报》2008年第2期，第30页。

⑩ 马继兴：《中国出土古医书考释与研究：下卷》，上海科学技术出版社，2015年，第249页。

使者旁午，持节诏诸官署徵发凡一千一百二十七事。荒淫迷惑，失帝王礼谊，乱汉制度"。长期的荒淫无度，导致五脏虚损，经常"血污王坐席"。除身体疾病之外，刘贺本人也存在一定的精神疾病，如"尝见大白犬，颈以下似人，冠方山冠而无尾""视而见大熊，左右莫见""梦青蝇之矢积西阶东，可五六石"等，刘贺自己也仰天长叹曰："不祥何为数来！"刘贺在遭废黜后又经历了地位的起落，长期心情不遂，更是进一步加重了原有的病情。山阳太守张敞描述了遭废黜之后的刘贺的形象："故昌邑王为人，青黑色，小目，鼻末锐卑，少须眉，身体长大，疾瘘，行步不便。"①张敞还观察到刘贺"衣服、言语、跪起，清狂不惠"。如史书记载属实，可知刘贺生前长期患有严重且难以治愈的身心疾病，否则也不会在34岁的年纪去世。

由于长期受到身心疾患的困扰，加之政治斗争的打击，刘贺一直将"得道成仙""长生不老"等神仙方士思想作为精神寄托。刘贺墓内棺棺盖上的纹饰"朱鸟"和"云纹"，以及出土的"博山炉"和"连枝灯"等文物都是汉代盛行的"升仙"思想的集中体现。当时所盛行的神仙方士思想与咒禁疗法在内涵与仪轨等方面具有密切的联系，且二者后来均成为东汉时期正式创立的道教宗教体系的重要组成部分。受神仙方士思想的影响，刘贺在身心疾病长期难以治愈的情况下会很自然地接受咒禁疗法的治疗。

在咒禁疗法之中，"五禁"代表"五禁法"，即咒禁疗法在实施过程中的五种仪式和方法。两汉时期，咒禁术是一种常见的巫术形式。据《风俗通义·怪神篇》记载："武帝时迷于鬼神，尤信越巫。董仲舒数以为言，武帝欲验其迫，令丛诅仲舒，仲舒朝服南面，诵咏经论，不能伤害，而巫者忽死。"②东汉时期的文献中开始出现用于"控制自然与禁治疾病"的咒禁术。《论衡言毒篇》记载"南越之人，祝禁则效"，又载"南郡极热之地，其人祝树，树枯；唾鸟，鸟坠"③。东晋葛洪在《抱朴子·内篇》中记载了多种汉晋时期盛行的咒禁仪式和方法。《登涉篇》提到"入山禁法"及"禁蛇法"，是以存思、闭气、捻目相结合；《杂应篇》提到的"仙人入瘟疫秘禁法"，其方法则为存思、禹步、闭气的配合。《登涉篇》更是明确提出了"五禁法"："三五禁法，当须口传，笔不能委曲矣。一法，直思吾身为朱鸟令长三丈。而立来虎头上，因即闭气，虎即去。……又法，以左手持刀闭气，画地作方，祝曰，恒山之阴，太山之阳，盗贼不

①　（宋）司马光：《资治通鉴》卷一，当代中国出版社，2001年，第114页。

②　（汉）应劭撰，王利器校注：《风俗通义校注》，中华书局，1981年，第423页。

③　（汉）王充撰，张宗祥校注：《论衡校注》，上海古籍出版社，2010年，第456、457页。

起，虎狼不行……亦无所畏也。"① 由此可见，"五禁"在此代表了禹步、闭气、存思、咒祝等咒禁仪式和方法。对于"五禁"记载未尽之处，葛洪在其本人的另一部著作《肘后备急方》"禁虎兽毒虫"项下进行了补充说明，即存思、闭气、捻目、禹步、咒祝相结合②。

在两汉时期，"五禁法"由于咒禁术的特殊性质，"当须口传，笔不能委曲"，在当时的文献中少有记载，但在当时的咒禁仪式中已经有所体现，直到东晋葛洪在著作中才对其有了较为明确的记述。《唐六典》"咒禁博士"条李林甫注称："有道禁，出于山居方术之士；有禁咒，出于释氏。以五法神之：一曰存思，二曰禹步，三曰营目，四曰掌诀，五曰手印。"③ 在唐代，受佛教的影响"五禁"被进一步总结为以上五法，但除"手印"为佛教禁术之外，其余"四禁"皆属两汉时期流传而来的咒禁法术。

"五禁"需要通过一定的媒介作用于病人以达到治病救人的目的，而这种媒介就是"汤"。《说文解字》将"汤"解释为："热水也。"在咒禁疗法中，"汤"既可以是治病的"药汤"，也可以是被施加了某些咒语后的"符水"。东汉时期太平道创始人和黄巾起义首领张角即以"符水咒说"为人治病，而且愈者甚众。由此推测，刘贺在病重时接受了以"五禁汤"为代表的咒禁疗法的治疗。

对于刘贺与"五禁汤"之间的关系，有以下几点值得注意。

第一，刘贺在接受咒禁疗法和"五禁汤"治疗的同时，并没有放弃药物治疗。刘贺墓中所发现的类似"虫草"等药物即是证明。

第二，受历史因素的影响，咒禁疗法在汉代是一种常规治疗方式。刘贺生前长期患有严重的身心疾病，加之本人受"得道成仙"的神仙方士思想影响，使其在药物疗法难以起效之时，很自然地接受了咒禁疗法的治疗。

第三，也许是因为在某种程度上起到了心理安慰的作用，咒禁疗法深受刘贺的重视。为便于经常接受治疗，刘贺生前准备了专门盛放"五禁汤"的漆器。当然，该疗法最终仍然无法挽救刘贺的生命。

第四，"五禁汤"是在咒禁疗法范畴内，巫医以祛病除灾为目的在进行以存思、禹步、营目、掌诀、咒祝为代表的咒禁仪式和方法时，用以作用于病人的以"药汤"或

① （晋）葛洪著，赵玉玲注译：《抱朴子内篇》，中州古籍出版社，2016年，第378页。

② 葛洪：《肘后备急方》，中国中医药出版社，2016年，第153页。

③ （唐）李隆基撰，（唐）李林甫注，〔日〕广池千九郎校注，〔日〕内田智雄补订：《大唐六典》，三秦出版社，1991年，第302页。

"符水"为表现形式的媒介。该咒禁疗法和理论自《内经》时代之后在一定程度上受到主流医学的排斥，因而未见于后世医家的医著之内，只是散见于咒禁科书目之中。

　　以上是笔者在对海昏侯汉墓现有资料进行深入研究，并对汉代出土医籍梳理和分析的基础上，对"医工五禁汤"内涵进行的辨析和考证。相信随着后续研究的开展和相关史料的发现，"医工五禁汤"的相关内容一定会得到进一步的揭示。

第八章　海昏侯墓出土马蹄金、麟趾金内嵌物的分析研究^①

　　海昏侯墓位于南昌市新建区大塘坪乡观西村老裘村民小组东北约500m的墩墩山上，东临赣江，北依鄱阳湖，南距南昌市区约60km，江西省文物考古研究所2011~2016年对墓园、祔葬墓、车马坑和主墓等进行了勘探和发掘，取得了丰硕成果^{②③}，对复原西汉的列侯埋葬制度、西汉的园寝制度研究价值巨大，于2015年入选中国十大考古新发现。海昏侯主墓中共出土金器478件，包括金饼、马蹄金、麟趾金、金版等，其中马蹄金、麟趾金内均存在内嵌物，严重腐蚀成泥状，出土后从马蹄金内部取出置于培养皿中保存。

　　通过对马蹄金、麟趾金内嵌物以最小干预原则进行取样，对其进行科学分析以了解内嵌物成分及其腐蚀状况，可为后续的保护处理与马蹄金、麟趾金的复制工作提供理论支持，对文物的保护修复及博物馆展陈有重要意义。

一、样品描述

　　分析样品取自海昏侯 M1 主墓主棺头箱中马蹄金、麟趾金的内嵌物，15件样品来自大马蹄金（6件）、小马蹄金（6件）及麟趾金（3件），其中通过观察发现，内嵌物大致有四种典型状态。除M1：1814-1、M1：1814-6大马蹄金内嵌物硬质外形尚存，其

---

　　① 黄希、王恺、管理等：《海昏侯墓出土马蹄金、麟趾金内嵌物的分析研究》,《文物保护与考古科学》2018年第4期。

　　② 江西省文物考古研究所、南昌市博物馆、南昌市新建区博物馆：《南昌市西汉海昏侯墓》,《考古》2016年第7期。

　　③ 信立祥：《西汉废帝、海昏侯刘贺墓考古发掘的价值及意义略论》,《南方文物》2016年第3期。

余内嵌物均腐蚀严重，酥粉糟朽，整体结构崩塌，难以辨别原貌。据此选取具有典型状态的四个样品，如表3-8-1所示。

表3-8-1　马蹄金内嵌物样品描述

样品号	文物号	样品状态	显微照片
A		内嵌物整体破碎崩裂，残片呈墨蓝色，透光性极好，边缘锐利，质地较硬	
B		白色半透明，质地较坚硬，表面可见玻璃质虹彩，表面偏白色处酥松多孔，易呈细小片状脱落	
C		样品表面有较为致密的白色壳层，内部酥粉严重，一触即溃	
D		表面有疏松的浅色壳层，内部完全酥粉，一触即溃	

二、实验

（一）分析方法

1. 体视显微镜\偏光显微镜

显微观察利用北京大学考古文博学院文物保护实验室的LEICA M80体式显微镜和LEICA DM4500P 光学偏光显微镜。对样品进行多角度的显微观察，并对部分样品利用环氧树脂包埋固化后，打磨观察截面形态。利用偏光显微镜观察透明样品光性，并用油浸法测量玻璃质折射率。

2. 扫描电子显微镜

观察样品的微观形貌采用北京大学考古文博学院科技考古实验室的Hitachi-TM3030超景深背散射电子显微镜，低真空模式下采用扫描电压15kV，利用BSE-EDS进行成分分析测定时间不低于90s，筛选元素的含量下限为0.2%。由于部分样本酥粉严重，无明显玻璃外形，机械强度极差，除了直接黏附在导电胶上进行表面形貌观察之外，还采用环氧树脂渗透加固并镶嵌后，对金刚砂板按特定方向打磨出平整截面的方法进行观察。

3. 显微红外光谱测试

利用北京大学分析测试中心的Spectrum Spotlight 200 傅里叶变换显微红外光谱仪对样品进行采样测试，测试范围为$4000 \sim 650 cm^{-1}$。

4. X射线衍射分析

利用北京宗正分析测试公司的奥龙大功率X射线衍射仪（AL－Y3700），实验室采用管电压40kV，管电流30mA，分析范围$10° \sim 70°$，采用CuKα1X射线。

（二）分析结果

1. 样品A

单偏光下观察，样品为典型的贝壳状断口，在正交偏光下完全消光，为光性均质体，可排除石英岩玉、单晶质宝石或多晶玉质的可能性。扫描电镜背散射图像（BSE）

中可见，样本A成分均一，无明显杂质、偏析，表面光滑致密，断口沿线不见结晶，边缘走向圆滑，表现出典型的非晶态物质性质。BSE-EDS结果显示成分Si：O原子比为32.76：65.67。对样本在垂直表面方向上轻压使之产生裂隙，在扫描电镜下观察，裂隙走向连续圆滑，未表现出沿晶间蔓延或受晶体阻隔而终止的现象，证明样本A为成分、结构均一的非晶质二氧化硅（图3-8-1）。

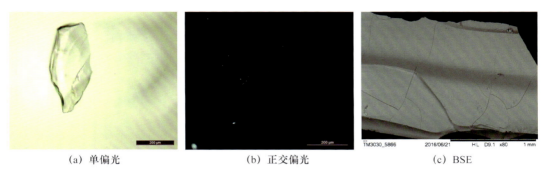

| (a) 单偏光 | (b) 正交偏光 | (c) BSE |

图3-8-1　样品A偏光显微镜观察与BSE形貌观察

根据成分可以基本排除黑曜石（含有大量Ca、Si、Al，SiO_2 60%～75%）、玄武玻璃（$n=1.58～1.65$，SiO_2 40%～50%）等天然玻璃的可能性（图3-8-2）。

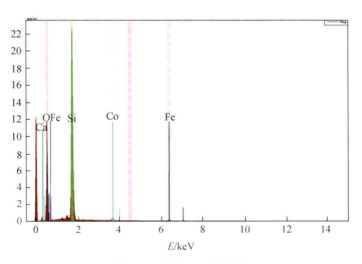

图3-8-2　样本A元素成分

根据油浸法，在单偏光下利用对二甲苯－乙醇配置浸油，测定样本A的折射率为1.4378（均质体）。这一折射率值低于目前大部分常见宝石、玉石、石英质类及非均质硅氧化物，可以排除包括玛瑙（1.54～1.55）、水晶（1.54）玻璃陨石（1.49，常有气泡空腔）等的可能性，而符合蛋白石（1.37～1.47）的特征[①]。

取产自澳大利亚的蛋白石样品对照进行红外分析（图3-8-3），可见二者的红外光谱特征峰峰位几乎完全一致，只是峰强略有不同。其中，3660cm⁻¹附近为O—H吸收峰，1229～1107cm⁻¹的宽峰为Si—Ob—Si的非对称伸缩振动峰，950cm⁻¹处的峰属于Si—OH的弯曲振动吸收峰，798cm⁻¹处的峰为O—Si—O键对称伸缩振动峰，与文献中蛋白石的红外谱峰较为接近[②]。

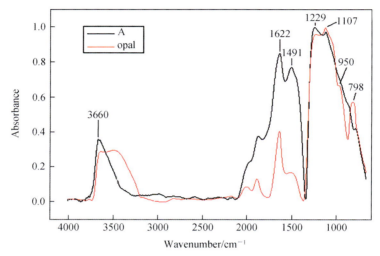

图3-8-3 样本A与蛋白石原石的红外分析

2. 样品B

样品B外层为玻璃腐蚀层，图3-8-4为样品B未经清洁的表面在BSE下的显微形貌，可观察到表面疏松粗糙，堆垒有大量不同形态的富Pb斑片。经X射线衍射分析（XRD）可知样品B表面除非晶态物质外，主要物相为$PbCO_3$和少量$Pb_5(PO_4)_3OH$（图3-8-5）。

取样品B局部用环氧树脂包埋后打磨出平整剖面，可见内部为无色透明的玻璃态，结构致密，有少量气泡（图3-8-6）；为防止环氧树脂包埋可能导致的成分污染，另取未经包埋的新鲜断面进行BSE分析，结果显示样本B内部玻璃质成分均匀致密，未

---

① 张蓓莉：《系统宝石学》，地质出版社，1997年，第242～244页。

② Adamo I, Ghisoli C, Caucia F. A contribution to the study of FTIR spectra of opals. Neues Jahrbuch Für Mineralogia-Abhandluxgen Journal of Mineralogy and Geochemistry, 2010, 187 (1): 63-68.

图3-8-4 样本B的BSE形貌与XRD谱图
（BSE）

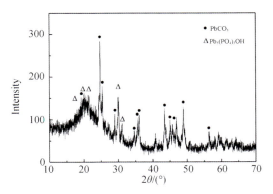

图3-8-5 样本B的BSE形貌与XRD谱图
（XRD图谱）

见明显腐蚀，保存状态较好（图3-8-7），为铅钡玻璃组分，含Pb35.11%，Ba17.52%，Si19.11%，成分详见表3-8-2。

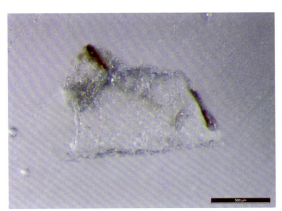

图3-8-6 样本B剖面光学显微与BSE形貌
（B剖面光学显微）

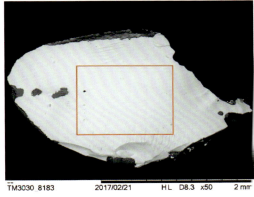

图3-8-7 样本B剖面光学显微与BSE形貌
（B新鲜断面玻璃基质的BSE）

表3-8-2 样本B的BSE—EDS分析

		Pb	Ba	Si	Na	CO	P	Cl	其他
B图5b	at. %	6.61	5.10	27.05	6.68	38.97	/	/	4.75
（玻璃基质）	wt. %	35.11	17.94	19.46	3.93	15.97			4.24
B图6a	at. %	0.52	0.14	37.78	/	61.56	/	/	/
（风化层）	wt. %	4.94	0.90	48.83		45.33			
B图6c	at. %	7.73	0.37	23.43		63.68	3.12	1.67	/
（风化层）	wt. %	45.96	1.45	18.88		29.23	2.78	1.70	

从样品B表面揭取风化层，经超声波清洗后用BSE分别观察其正反面（以样品原表面为正面，与玻璃基质相连者为反面）形貌，并用BSE-EDS分析成分，结果见图3-8-8～图3-8-10。图3-8-8中可见风化层反面成分均匀，形貌均一，能谱显示主要成分为Si、O，Pb含量极少；图3-8-9可见经超声清洗后风化层原表面堆垒的富Pb斑片疏松层已经脱落，基底富硅，成分与反面相近，其上分布浅色的含磷铅化合物，其成分分布呈现扩散状，结合XRD结果可知为$Pb_5(PO_4)_3OH$；图3-8-10可见在扩散状分布的$Pb_5(PO_4)_3OH$中，出现次生的结晶性较好，边缘锐利的$PbCO_3$晶体，新形成的$PbCO_3$晶体与$Pb_5(PO_4)_3OH$之间有一条明显变暗的边界，说明边界处原子序数平均值相对较低，存在从$Pb_5(PO_4)_3OH$向$PbCO_3$转变的Pb元素交代。

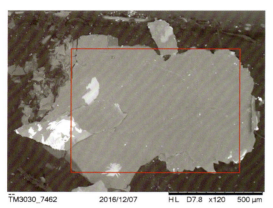

图3-8-8　超声清洗后样本B表面风化层BSE形貌　　　图3-8-9　超声清洗后样本B表面风化层BSE
（风化层反面）　　　　　　　　　　　　　　　形貌（风化层正面）

利用BSE-EDS对玻璃断面外侧风化层进行分析，风化层总体厚度约50μm，按成分可分为富硅层和富铅层（图3-8-11），深色富硅层中间纵向分布白色富铅层，各层分界明显，能谱显示Pb、Si、P、Ba四种元素分布存在一定规律：Pb主要分布在图3-8-11中白色区域，以玻璃基质与富硅层之间的块状物中Pb浓度最高，而富硅层内部分立的层状富铅层中Pb浓度与玻璃基质中类似；风化层中Si在玻璃基质中与Pb分布情况一致，而在风化层中与Pb交错分布；P主要富集于富硅层内部的富铅层内，而块状富铅物中几乎未见P；Ba主要分布于玻璃基质中，风化层中含量极少。进一步放大可见富硅层内部也表现出层状分立特征（图3-8-12、图3-8-13），c处富硅层内部出现较大空腔，d处富硅层外表面出现层状剥离现象。

3. 样品C、D

对C、D样本做红外光谱分析剖面与外表面特征峰峰位几乎完全一致而峰强明显

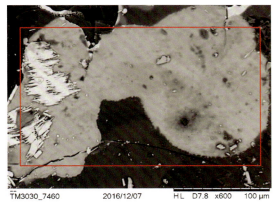

图 3-8-10 超声清洗后样本 B 表面风化层 BSE
形貌（B 风化层正面局部）

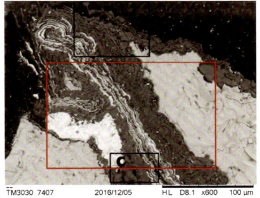

图 3-8-11 样本 B 风化层 BSE-EDS 分析
（B 剖面风化层）

图 3-8-12 样本 B 风化层 BSE-EDS 分析
（风化层局部放大）

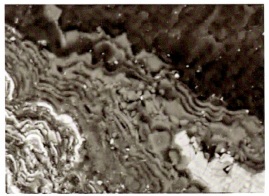

图 3-8-13 样本 B 风化层 BSE-EDS 分析
（风化层局部放大）

不同（图 3-8-14）。其中，3371cm^{-1} 附近的宽峰为 O—H 伸缩峰，1730、1380、1050、841、676cm^{-1} 为 CO— 的特征峰，符合 $PbCO_3$ 的特征[1]；1060～1020cm^{-1} 为 Si—Ob—Si 的非对称伸缩振动，967～955cm^{-1} 处为 Si—OH 的弯曲振动吸收峰，950cm^{-1} 为 Si—Onb 的弯曲振动吸收峰，是玻璃体中硅酸盐网络结构的信号峰。值得注意的是，C 外表面中硅酸盐网络结构信号峰的相对强度明显高于 C、D 剖面中对应峰位，说明外表面 Si—O 成分比内部更高。与元素分析中表面硅质成分含量更高相符，硅质成分在表面形成一层较致密的壳层，维持了腐蚀产物的整体形态。

结合扫描电镜形貌及能谱（图 3-8-15～图 3-8-18；表 3-8-3）结果可知，样本 C 与

---

① 彭文世、刘高魁：《矿物红外光谱图集》，科学出版社，1982 年，第 151 页。

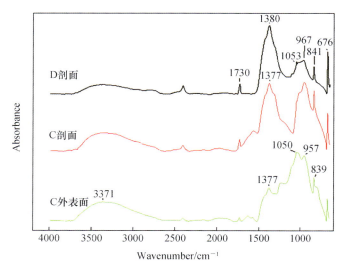

图3-8-14 样本C、D红外分析

图3-8-15 样本C、D背散射形貌C外表面　　　图3-8-16 样本C、D背散射形貌（D外表面）

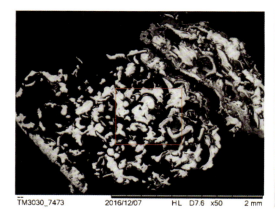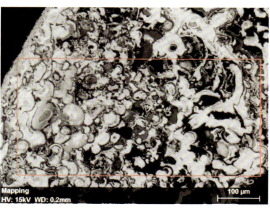

图3-8-17 样本C、D背散射形貌（C内部剖面）　　图3-8-18 样本C、D背散射形貌（D内部剖面）

样本D表现出类似的腐蚀特点。样本外表面（图3-8-15、图3-8-16）可见大量富Pb、C的葡萄状物和层垒交错的富Si相，结合红外结果可确定葡萄状物是$PbCO_3$，Si质结构填充了疏松的$PbCO_3$之间的空隙，形成了一层较为致密的壳层，能谱结果可知C外表面Si的相对含量高于D的外表面。纵剖面（图3-8-17、图3-8-18）显示内层为疏松的葡萄状$PbCO_3$晶体，硅质含量较低；内外层结合较差，存在一定空隙。这一形貌特征解释了C、D样本宏观上表现出的外实内松、壳层易片状脱落的特点。

表3-8-3　样本C、D的BSE-EDS分析

	Pb	Si	C	O	P	S	Cl	其他
C外表面								
at.%	7.36	19.63	18.80	51.52	1.92	/	0.46	0.31
wt.%	47.49	17.18	7.04	25.68	1.85	/	0.50	0.26
C内部								
at.%	10.77	4.11	54.56	27.18	0.37	/	3.02	/
wt.%	62.75	3.25	18.44	12.23	0.32	/	3.01	/
D外表面								
at.%	10.29	16.04	21.33	48.69	/	/	/	3.67
wt.%	56.77	12.00	6.82	20.75	/	/	/	3.65
D内部								
at.%	15.70	5.65	41.74	28.62	5.45	2.84	/	/
wt.%	70.25	3.43	10.82	9.89	3.64	1.97	/	/

注：at.%表示原子比，wt.%表示质量比

三、讨论

（一）蛋白石

不具有变彩特性的蛋白石在化学成分上与水晶、玛瑙等相同，均为二氧化硅，表现出的坚硬透明的物理特征与玻璃、水晶类似，区别仅在折射率、光性层面上，若只考虑成分与表观特征，极易与水晶等相混淆。样品A出土时已完全碎裂，表面可见大量贝壳状裂隙，红外光谱显示样品A中O—H吸收峰为3660cm^{-1}处为尖峰，表现为游离水的O—H非对称伸缩振动峰，而澳大利亚蛋白石样品中为以3500cm^{-1}为中心的氢键缔合的结合水的O—H宽峰，1622cm^{-1}处为O—H的弯曲振动峰，为体系内自由水峰。总体而言，A样本与蛋白石样本在O—H峰的红外光谱特征存在一定差异，目前尚不能明确是产源因素导致还是埋藏过程中样本A的次生变化导致。蛋白石在保存时需要保

证一定的湿度，可以保存在沾水的海绵内，或直接浸泡在水中观赏。蛋白石一旦失去水分，就会产生裂隙，严重者会变成白骨色，最终整体结构崩解。在对海昏侯墓出土的蛋白石类内嵌物的保存中应注意湿度要求，防止脱水。

关于蛋白石的记载最早出现在古罗马时期[①]，中国早期对蛋白石的使用并不多见，多作为佩饰、坠饰。目前文献中可见东周时期宁夏固原杨郎青铜文化墓地[②]所出的小型蛋白石坠饰（IM3：30、Ⅲ M5：15等），以及宁夏彭阳县张街村春秋战国墓地[③]出土的2组含蛋白石珠饰的串饰（ZK：8～ZK：203等），简报中并未给出具体鉴定方法。

（二）玻璃的腐蚀

结合样品B风化层正反两面与剖面的形貌成分信息，在腐蚀过程中，铅钡玻璃中的Pb元素向外迁移并发生次生沉积形成富铅层，而在玻璃基质与富Pb层中间残余迁移速度较慢、化学性质更稳定的富硅层，富Pb层结构疏松，结晶度较差，下层玻璃质中的Pb可通过富Pb层继续向外迁移，由此而产生如图3-8-11中多层叠加的形貌。根据能谱结果可知，玻璃质中迁移出的Pb首先与环境中较少的含P离子发生反应产生以$Pb_5(PO_4)_3OH$为代表的含磷铅化合物，其分布范围主要受体系中磷元素分布的控制而呈现出扩散状，晶型较差，且未形成完整的保护膜层。下层的玻璃基质继续腐蚀产生新的富铅层与富硅层，随着玻璃基质腐蚀反应的不断进行，体系中的P不断消耗。而由地下水源源不断带来的大量CO^-将富硅层间的含磷铅化合物层局部溶解并发生沉淀转化，造成富硅层间出现层状空隙而产生分层现象。其中，靠近玻璃基质部位富硅层内含磷铅化合物溶解，与玻璃基质中不断溶出的Pb使局部Pb浓度维持在较高值，在空腔内形成大块纯度较高的$PbCO_3$他形晶，而靠近风化层外表面的含磷铅化合物从富硅层间溶出，导致外表面富硅层的层状剥落，溶出的Pb在风化层外表面与环境中的CO^-反应生成为白色板状$PbCO_3$晶体，与周围结构结合不甚紧密而极易脱落，造成样本B表面疏松粗糙的外观，继续发展在宏观上表现为玻璃的酥粉病害。

---

① Caucia F, Ghisoli C, Marinoni L, et al. Opal, a beautiful gem between myth and reality. Neues Jahrbuchfür Mineralogie——Abhandlungen, 2013, 190 (1): 1-9.

② 宁夏文物考古研究所、宁夏固夏博物馆：《宁夏固原杨郎青铜文化墓地》，《考古学报》1993年第1期。

③ 宁夏回族自治区文物考古研究所、彭阳县文物站：《宁夏彭阳县张街村春秋战国墓地》，《考古》2002年第8期。

考虑到样本B的出土背景，其腐蚀过程已大致清晰：埋藏初期，主棺内有机质的尸体、纺织品快速腐蚀产生了大量酸性可溶的N、P、S、Cl系化合物（其中磷酸存在分步水解，酸性条件下主要以磷酸氢根的形式存在），离子浓度大于地下水中的CO从内棺中缓慢扩散至头箱中的马蹄金处，使玻璃腐蚀产生成分复杂的富铅层（主要成分为Pb、P、O、S、Cl），　如$PbHPO_4$、$PbHPO_3$、$PbSO_4$、$Pb_3(PO)_4$、$Pb_5(PO_4)_3OH$等。随着反应的进行，体系pH逐渐与地下水pH平衡，主棺内有机物腐蚀产生的P、S等离子被地下水带走或与其他埋藏物反应而逐渐消耗，浓度逐渐降低，地下水则可以源源不断带入新的CO从动力学的角度考虑，当CO$^-$浓度达到足以破坏早期生成的Pb系化合物溶解平衡时，在腐蚀层间空隙内发生沉淀转化产生$PbCO_3$。而根据表3-8-4[1][2][3]可知，$PbCO_3$溶度积小于$PbHPO_4$、$PbHPO_3$、$PbSO_4$，从热力学角度也能够发生式1中复分解反应而得到二次腐蚀产物$PbCO_3$，而难溶的$Pb_5(PO_4)_3OH$则保留下来：

$$PbHPO_4 + CO^- \rightarrow PbCO_3 + HPO^- \tag{1}$$

表3-8-4　Pb系化合物溶度积表

$PbCO_3$	$Pb(OH)_2$	$PbHPO_4$	$PbHPO_3$	$PbSO_4$	$Pb_3(PO)_4$	$Pb_5(PO_4)_3OH$
7.4×10^{-14}	1.2×10^{-15}	1.3×10^{-10}	5.8×10^{-7}	1.6×10^{-8}	8.0×10^{-43}	3.2×10^{-78}

值得注意的是，同在主棺头箱中出土的劣化组C、D样本的腐蚀产状与样本B完全不同，内部几乎没有硅质成分残余，碳酸铅以葡萄状填充在少量的硅质成分形成的类似气孔的空腔中，腐蚀产物外层硅氧网络结构比内部更佳，由于内部也均匀存在少量硅质成分，可以排除使用铅块镶嵌的可能性，而符合高铅玻璃的特征。《西京杂记》中曾有记载："赵飞燕女弟居昭阳殿。中庭彤朱，而殿上丹漆……窗扉多是绿琉璃，亦皆达照，毛发不得藏焉。"与当时常见的铅钡玻璃仿玉特性不同，只有铅玻璃能达到"毛发不得藏"的透明度。

在玻璃烧制过程中，由于石英熔点较高（1750℃），而古代窑炉式的加热方法较难稳定维持在这一高温，在硅酸盐玻璃的烧制过程中通常会加入大量的助熔剂来降低体系的熔点。PbO具有强烈助熔作用，目前已经可以制造出含90%PbO的玻璃[4]。铅离子失去两个外层电子，为稳定的18＋2电子层结构（非惰性气体型阳离子），存在最外

①　J. A. 迪安：《兰氏化学手册》，科学出版社，2003年，第5～8页。

②　周艳艳、张希艳：《玻璃化学》，化学工业出版社，2014年，第20、25～38、45～50页。

③　Zhu Y N, Zhu Z Q, Zhao X, et al. Characterization, dissolution and solubility of lead hydroxypyromorphite [$Pb_5(PO_4)_3OH$] at 25～45℃. Journal of Chemistry, 2015 (1): 1-10.

④　周艳艳、张希艳：《玻璃化学》，化学工业出版社，2014年。

层的两个电子，电子云易变形，极化率大，配位状态不稳定。Pb—O键具有共价特性，可以进入结构网络，高铅玻璃中的Si以硅氧四面体形式分立地沉浸在金属离子的电子云中。高极化的Pb^{2+}电子云强烈变形，高铅玻璃的网络结构不由硅氧四面体决定，而是受Pb离子的无序性来决定玻璃态结构。这一特点正好可以解释C、D样本玻璃体内部几乎未见玻璃硅质成分，而仅余少量的硅质成分分立存在于大量的碳酸铅腐蚀产物中。

通过马蹄金内嵌玻璃的腐蚀过程可知，水分参与玻璃的腐蚀并对进一步腐蚀起到了推动作用，所以在保存玻璃质文物时要注意控制环境湿度，一般要求在40%以下。

（三）内嵌方式及成分规律

内嵌物通过包镶法方式嵌于上口，并在马蹄金、麟趾金金质基座长轴方向设置对称的四爪以增强镶嵌的稳定性（图3-8-19），同一时期类似的平板玻璃镶嵌形式还见于广州南越王墓出土的22件外嵌铜框的平板玻璃牌饰，为铅钡玻璃[1]。

(a)　长轴方向四爪　　　　　　(b)　完整马蹄金M1：1423-8　　　　　(c)　M1：1814-10内嵌物外形

图3-8-19　马蹄金内嵌物镶嵌工艺

由于玻璃质内嵌物腐蚀严重，原始外形基本不存在。通过保存较好的M1：1814-10马蹄金（大）的内嵌物外形可大致观察到上表面略弧凸、下表面平直的外形，正面为长轴6、短轴4cm的椭圆形。由于酥粉严重椭圆的原始弧边已不清晰，推测成型工艺有两种可能，一是平板玻璃再加工出弧形表面和椭圆外形，二是类似后期博山玻璃的"滴法"，取较多玻璃液滴落在平面上或模具中，利用玻璃液的表面张力得到上表面弧凸的椭圆产品。

由实验部分可知，在对海昏侯墓主棺出土的部分马蹄金内嵌物已有蛋白石（1件大马蹄金）、铅钡玻璃（1件大马蹄金）及与铅钡玻璃腐蚀产状完全不同的疑似高铅玻璃（其余所有样品），同时结合"五色炫耀——南昌汉代海昏侯国考古成果展"期间首都

---

① 干福熹等：《中国古代玻璃技术发展史》，上海科学技术出版社，2016年，第240页。

博物馆"基于无损检测技术的中国古玉鉴定研究"课题组的ＸＲＦ分析（未发表）及内嵌物保存状态可知，主椁室西室漆盒内出土的M1∶1423-8小马蹄金内嵌物有很大可能是透闪石质软玉。总的来说，马蹄金、麟趾金金质部分的纹饰、底部铸字帖字工艺细节明显不同[①]，内嵌物选择多样化及镶嵌方式也有不同，初步认为海昏侯出土的这批马蹄金、麟趾金并不是同批次加工制作。如果能进一步对比刘修墓中出土的类似形制的马蹄金[②]进行分析，或可得到更为肯定的答案。

四、结论

1）马蹄金内嵌物种类复杂，其中保存较好者为蛋白石与铅钡玻璃，使用大块蛋白石作为镶嵌物为国内首见；铅钡玻璃成分为含Pb28.24%、Ba17.52%、Si19.11%。其余内嵌物腐蚀严重，腐蚀产物主要为$PbCO_3$和少量硅质，硅质成分在内外层分布情况可以排除使用铅锭的可能性，而符合高铅玻璃的特征。

2）马蹄金内嵌铅钡玻璃的腐蚀过程存在沉淀转化现象。埋藏初期，主棺内的有机质（尸体、纺织品）快速腐蚀产生了大量酸性可溶的N、P、S、Cl系化合物，从内棺中缓慢扩散至头箱中的马蹄金处，使玻璃腐蚀产生成分复杂的富铅层。随着反应的消耗，P浓度逐渐降低，当地下水中CO—浓度达到足以破坏早期生成的Pb系化合物溶解平衡时，富铅层局部溶解在腐蚀层间空隙内重新结晶产生$PbCO_3$。

---

① 刘慧中、田庄、管群等：《海昏侯刘贺墓出土马蹄金、麟趾金意义探析》，《南方文物》2017年。
② 河北省文物研究所：《河北定县40号汉墓发掘简报》，《文物》1981年第8期。

第九章 车马坑鎏金青铜当卢铜、锡元素迁移变化研究[①]

一、引言

青铜腐蚀过程中，铜、锡、铅受到环境腐蚀影响而有不同的腐蚀速率与移动变化，如在王菊琳等研究中以模拟闭塞电池法（O.C.）研究青铜在模拟环境介质含有 Cl^-、SO_4^{2-} 和 HCO_3^- 等阴离子（ASTMD1384）的溶液中的腐蚀情况，研究铜、锡、铅三者的腐蚀状况，研究结果显示合金元素选择性腐蚀顺序为铅＞铜＞锡，溶解速度为铅＞铜＞锡[②]；汤琪等则对高锡青铜的腐蚀进行实验，通过电化学模拟土壤腐蚀实验，利用土壤加入模拟介质作为腐蚀环境，研究高锡青铜元素的迁移能力，研究结果显示腐蚀沿着 α 相和 δ 相界面发生，且 α 相优先腐蚀，样品周围土壤中只检测到铜元素，并至少向外迁移4厘米[③]；魏珍等则研究土壤pH对青铜器腐蚀中离子迁移的影响，以pH计、扫描电镜、等离子体质谱仪分析陕西榆林、定边、咸阳汉阳陵及甘肃礼县、四川三星堆等地区出土青铜腐蚀产物与土样，结果认为pH确实影响青铜腐蚀离子迁移，偏酸与偏碱的土壤环境促使离子迁移更加频繁[④]。

除了以电化学方法实验铜、锡、铅的腐蚀顺序与腐蚀速度外，亦有研究实际对墓

[①] 本节内容曾发表于蔡毓真、朔东波、管理等：《海昏侯墓车马坑出土鎏金青铜当卢铜、锡元素迁移变化研究》，《南方文物》2020年第6期。

[②] 王菊琳、许淳淳、吕国诚：《三元青铜/环境界面上物质转移的化学行为》，《材料研究学报》2004年第3期。

[③] 汤琪、王菊琳、马菁毓：《土壤腐蚀过程中高锡青铜的形貌变化和元素迁移》，《中国有色金属学报》2011年第12期。

[④] 魏珍、刘成、翟群涛等：《土壤pH对青铜器锈蚀中离子迁移的影响》，《全国考古与文物保护化学学术研讨会》，2008年；魏珍：《不同地区埋藏环境土壤特征与出土青铜器锈蚀之间的关系》，西北大学硕士学位论文，2008年。

葬中青铜器周围土壤中的铜、铁、铅、锌、锡、砷、汞等金属元素含量变化进行检测，研究结果显示青铜器水平面腐蚀物迁移范围在7厘米左右，纵深则在2厘米内，越靠近青铜器，铜、铅浓度越高，反之下降[1]。

除上述几篇对青铜中元素迁移的报道外，大部分研究较多集中于腐蚀产物的物相分析[2]，反而较少关注青铜本体元素变化，本研究以海昏侯鎏金当卢为研究对象，通过扫描电镜-能谱对其截面进行分层扫描，借由计算铜的流失比率，说明鎏金青铜器在酸性土壤中基体的铜锡变化，结合其他车马器腐蚀产物分析以及埋藏环境条件，试图以文物样品论证铜、锡元素在埋藏环境中的变化，并探究变化原因。本章讨论元素以铜、锡为主，在金相组织中铅不溶于铜锡之中，为独立相存在，其腐蚀过程变化不在本章说明。

海昏侯墓所在区域为南昌新建区，地处亚热带季风气候区，夏季炎热多雨、冬季低温少雨，年平均降雨量为1450～1650毫米，降水集中在4～6月[3]，7月为最热月份，平均气温在26.9～29.8℃，5月中至9月下旬日平均温度在20℃，冬季气温低、降水少，大部分时间温度在0℃以上，一月为最冷月份，平均气温在3.6～8.5℃，整体年平均温度范围16.3～19.5℃[4]；土壤为铁铝土红壤，质地黏，取车马坑底土进行分析，pH检测结果大约为5.23，阴离子中SO_4^{2-}最高，NO_3^-含量次之，Cl^-含量少，PO_4^{3-}未检出（表3-9-1）。

表3-9-1 土壤阴离子检测结果（mg/kg）

样品编号	样品来源	Cl^-	NO_3^-	SO_4^{2-}	PO_4^{3-}
KS-1	车马坑内底土	0.3	2.98	2.45	未检出
KS-2	车马坑内底土靠近车轮痕迹	0.27	2.06	1.9	未检出
—	四号车	7.09	26.12	220.8	—

注：KS-1、KS-2为2016年采样分析，四号车土样为2014年采样分析

---

[1] 陈港泉、于宗仁、李娜等：《陕西凤栖原西汉墓M25耳室土壤中金属元素空间分布规律研究》，《敦煌研究》2013年第1期。

[2] 王中驰、江旭东、夏建建等：《武汉博物馆馆藏出土青铜器腐蚀概况研究》，《材料保护》2016年第12期；杨曾欣、刘成、周鹏程等：《哈密天山北路墓地出土铜器的病害调查和科学分析》，《西部考古（第15辑）》，科学出版社，2018年；张红燕、吕淑贤、胡东波等：《高青陈庄遗址M17、M18出土青铜器腐蚀现象及产物分析》，《南方文物》2018年第1期。

[3] 江西省新建县志编纂委员会编纂：《新建县志》，江西人民出版社，1991年，第81页。

[4] 何纪力、徐光炎、朱惠民等：《江西省土壤环境背景值研究》，中国环境科学出版社，2006年，第3页。

二、实验样品与方法

（一）取样说明

1. 截面成分分析样品

由于文物腐蚀程度不一、器物数量与类型庞大，分析样品取得需考虑到以下几点因素：第一，是本研究采取的实验分析方法为破坏性分析，对于保存状态较好的青铜器来说通常状态稳定、无缺损，因此就此类文物则不进行破坏性取样；第二，矿化严重、呈现酥粉状态的文物基体已经矿化殆尽，无法进行基体取样；第三，对于残缺状态且可取样的器物类型仍有一定比例是靠近断面处腐蚀相对严重，亦影响取样；第四，部分器物表面带有纹样装饰，因此在取样时也必须注意避免破坏纹饰。在考虑到上述因素后，取样对象范围落在保存状况相对较好、带有铜芯且又断裂数块之器物类型，这些器物以当卢、马镳等为主，当卢在车马饰件中为重要的装饰物，因此本研究选择以当卢作为主要分析对象，样品记录详见表3-9-2。取样方法为使用尖嘴钳从文物断裂处取样，在保证能进行后续分析的条件下，取样体积尽可能的小以减少对文物的破坏。

表3-9-2　基体样品列表

编号	文物号	文物名称	编号	文物号	文物名称	编号	文物号	文物名称
1	1976	圭形当卢	4	1550	圭形当卢	7	574	圭形当卢
2	2052	圭形当卢	5	2169	圭形当卢	8	57	葫芦形当卢
3	2665	圭形当卢	6	1438	当卢残片	9	2318	当卢残片

2. 腐蚀产物样品

除了了解青铜器基体受腐蚀后元素变化，腐蚀后生成的腐蚀产物成分也能作为青铜器元素腐蚀变化之参考，其反映埋藏环境的腐蚀体系。分析样品取自车马饰件表面、断面等处，依据腐蚀物颜色、粉状或坚硬等相关特征进行分类，采样方法系利用手术刀以刮、挑等方式采样，采样前先将表面土壤附着清除，减少土壤等附着物干扰，以获取成分较纯的腐蚀产物。

（二）样品制作与仪器分析条件

样品以环氧树脂水晶胶（型号：ZT-S301）冷镶，固化后打磨、抛光，使用扫描电镜-能谱分析，获得合金配比成分与铜锡元素逐层或不同衬度的元素含量变化情况。扫描电镜-能谱为北京大学考古文博学院科技考古实验室的 TM3030 超景深台式电子显微镜以及能谱仪。使用背散射电子成像及能谱仪进行观察与分析，SEM 测试为低真空，扫描电压 15kV，扫描时间为 90～120 秒。

腐蚀产物分析仪器有 Thermo Fisher（美国热电）ARL QUANT'X EDXRF Analyzer 能量色散 X 射线荧光分析（ED-XRF）、扫描电镜-能谱（SEM-EDS）、雷尼绍共焦显微拉曼光谱仪（激光波长 532/785nm、放大倍率 50X/100X）、奥龙大功率 X 射线衍射仪（AL-Y3700）X 射线衍射（XRD）和分析其成分与物相。

（三）铜含量变化计算

每件截面样品都进行逐层面扫，计算其铜锡比，透过公式（1）了解青铜器在腐蚀后铜元素的存留含量，于最后归纳出元素的变化情形。

$$f_{Cu} = 1 - \frac{逐层分析的铜锡比}{基体成分的铜锡比} \quad （1）$$

三、分析结果

（一）截面逐层分析结果

这 9 件当卢均属于低锡铅青铜，铜含量落在 82.32%～90.60%、锡含量在 6.58%～12.99%、铅含量在 1.97%～5.42%，金相组织形貌均为铸造组织、单面鎏金装饰，大体来说合金配比范围一定、质量稳定。通过扫描电子显微镜-能谱逐层分析后，以下挑选出 5 件具有代表性的样品说明元素逐层变化。

1）1976 圭形当卢：取样位置为边缘（表 3-9-3）。

取样的当卢合金配比为低锡青铜。从逐层扫描元素变化来看，样品中心的元素含量与靠近边缘处以及腐蚀处有明显变化，1、3、4 号框铜锡比低于 2 号框，再加上氧含量都偏高，说明基体受到腐蚀；深灰色靠近外侧的 5 号框为文物内部的腐蚀层，从元素含量可见铜元素流失，相对锡元素显得增加，铜锡比降低；6 号框则显示外层腐蚀物与土壤的元素成分，可以看到有许多的铁与氧并有微量的铜元素分布，推测外层物质为氧化铁成分。计算基体与逐层腐蚀成分铜锡差异可知 5 号框衬度深处的铜元素流失最为严重，f_{Cu} 为 0.84，相对的锡含量变多（图 3-9-1）。

表3-9-3　1976 圭形当卢扫描电镜-能谱分析逐层结果表

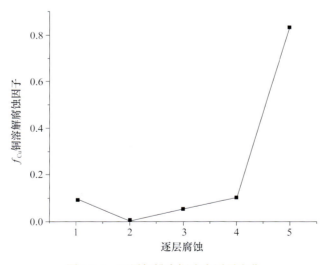

	Cu	Sn	Pb	O	S	Fe	Si	Al	Cu/Sn
1	850	6.77	4.09	3.35	0.19	0.61			12.56
2	88.84	6.37	3.37	1.23	0.23				13.94
3	88.64	6.74	2.84	1.63	0.15				13.15
4	87.39	6.98	3.46	2.17					12.52
5	46.82	20.02		25.45		6.42	0.89	0.41	2.33
6	61.41	4.99	2.99	16.48	0.22	13.48	0.34	0.08	

300X 逐层扫描；合金比例 88.84%、6.37%、3.37%、1.23%（Cu、Sn、Pb、O）；Cu/Sn：13.94

图3-9-1　逐层扫描中铜流失因子变化

2）2052圭形当卢：取样位置为中央偏右断裂处（表3-9-4）。

分析样品为低锡铅青铜，逐层分析中5、6号框为腐蚀相较轻微处，接近未腐蚀处合金配比，铜溶解因子为0.11，越往外层衬度越深、腐蚀越严重、铜流失得也越多，

表3-9-4　2052圭形当卢扫描电镜-能谱分析逐层结果表

	Cu	Sn	Pb	O	S	Fe	Si	Al	其他	Cu/Sn
1	38.50	0.96	11.53	34.13		2.64	7.38	3.68	Mg0.78	
2	60.23	15.18	6.66	16.5	0.38		0.37		Mg0.68	3.96
3	70.2	15.64		13.77			0.40			4.48
4	66.75	13.02	6.36	12.58		0.27			Mo1.04	5.10
5	81.04	8.84	6.83	2.84	0.46					9.10
6	83.80	8.34	5.16	2.40	0.29					10.04

300X 逐层扫描；合金比例 86.37%、7.17%、5.33%、0.88%（Cu、Sn、Pb、O）；Cu/Sn：12.04

如2、3、4号框即是衬度深的地方，为腐蚀严重处，越靠近外层，铜锡比越低，像2号框氧含量高、铜溶解因子为0.65，说明铜流失情况严重（图3-9-2）。1号框为外层腐蚀分析，分析结果显示以铜、铅的氧化物为主，说明铜受腐蚀后迁移到外层后形成腐蚀产物留于器物表面。

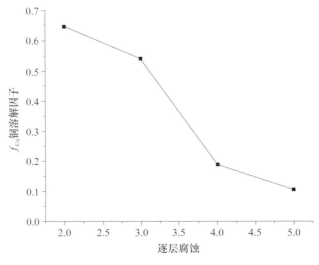

图3-9-2　逐层扫描中铜流失因子变化

3）1550圭形当卢：取样位置为左上端边缘（表3-9-5）。

表3-9-5　1550圭形当卢扫描电镜-能谱分析逐层结果表

	Cu	Sn	Pb	O	S	Fe	Si	Al	其他	Cu/Sn
1	33.63	20.10	10.50	25.38		5.86	1.06	1.75	P0.99，As0.73	1.67
2	42.01	17.19	9.30	23.26		4.83	0.90	1.16	As0.70，P0.65	2.44
3	86.88	7.47	2.62	3.03						11.63
4	89.00	6.93	2.83	1.68						12.84
5	85.96	7.39	2.58	3.74					Mo0.32	11.63
6	25.08	26.74	15.65	22.45		6.42	1.05	1.01	P0.82，As0.79	0.93
7	14.27	0.95	9.68	28.00	0.90	18.10	10.93	13.25	P1.59，Mg0.77，Ca0.69，K0.57，Cl0.30	

180X；合金比例90.60%、7.44%、1.97%、0%（Cu、Sn、Pb、O）；Cu/Sn：12.17

此件样品含铜量偏高，含铅量低。样品中心位置的3～5号框与组成分（？）比例接近，腐蚀较为轻微，而越接近外层铜元素含量越低，锡、铅含量相对增加，如1、2与6号框等，铜元素明显降低，并含有Fe、Si、P、As、Mg、Ca等来自土壤的元素，其中7号框还含有微量Cl元素。元素变化基本趋势为越向外层（如1号框）铜流失越严重（图3-9-3）。

4）574圭形当卢：取样位置为断裂残片（表3-9-6）。

浅灰色衬度的1号框，腐蚀较明显，分析结果显示铜元素降低，锡相对稍微提高，铜溶解因子为0.3，2号框腐蚀处相对少，而3号框衬度为深灰色，腐蚀更明显，分析结果为铜元素大幅度降低，相对锡、铅元素增加，铜溶解因子为0.83。整体铜溶解因子变化见图3-9-4。

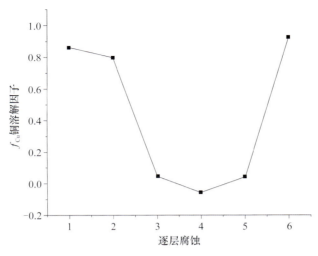

图 3-9-3　逐层扫描中铜流失因子变化

表3-9-6　574 圭形当卢扫描电镜−能谱分析逐层结果表

	Cu	Sn	Pb	O	S	Fe	Si	Al	其他	Cu/Sn
1	76.3	9.69	2.35	11.4			0.26			7.87
2	85.77	7.03	3.76	3.02	0.42					12.2
3	44.87	23.1	6.45	24.21			1.37			1.94

120X；合金比例 85.95%、7.64%、3.79%、2.23%（Cu、Sn、Pb、O）；Cu/Sn：11.25

5）2318当卢残片：取样位置为上方断裂处边缘（表3-9-7）。

此件样品金层剥落，仅留下一小部分（图3-9-5）。整体从边缘开始腐蚀。1号框铜溶解因子为0.82，由3号框往外分析，可知铜元素逐渐减少、锡元素相对增加，尤其是靠近外侧边缘深灰色处，铜元素流失明显，而锡、铅则保留较多。B框腐蚀处内部带有许多向内延伸的细裂纹（图3-9-6），铜流失严重（图3-9-7）。整体铜溶解因子变化见图3-9-8。

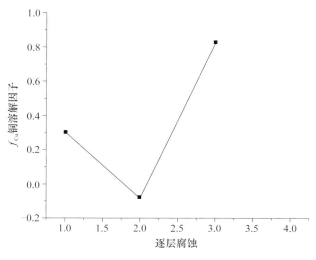

图 3-9-4　逐层扫描中铜流失因子变化

表3-9-7　2318 当卢残片扫描电镜-能谱分析逐层结果表

	Cu	Sn	Pb	O	S	Si	Cu/Sn
1	47.14	23.14	9.59	18.99		1.14	2.03
2	85.93	9.30	3.17	1.42	0.19		9.23
3	85.77	7.88	6.01		0.33		10.88
4	85.78	8.11	5.01	0.80	0.31		10.57
5	57.36	20.59	7.29	14.77			2.78

250X 放大；合金比例 86.68%、7.60%、5.42%、0（Cu、Sn、Pb、O）；Cu/Sn：11.40

　　综合上述逐层分析结果，这些样品的铜溶解因子变化具有一致性规律，即未腐蚀处含铜量向外层腐蚀逐渐递减，锡含量反之，可见在这样的腐蚀环境中铜元素明显流失，部分样品表面可检测到铜元素，说明受腐蚀而流失的铜元素形成氧化物沉积在表面，锡元素在受到腐蚀后以氧化物形式留在原位，因此在带有外层土壤与腐蚀物的混

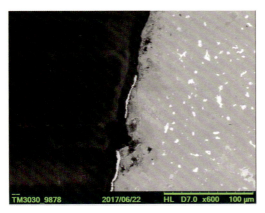

图 3-9-5　金层残留处

图 3-9-6　边缘细裂纹

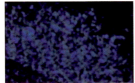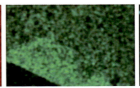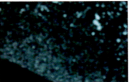

图 3-9-7　氧、铜、锡、铅分布情况

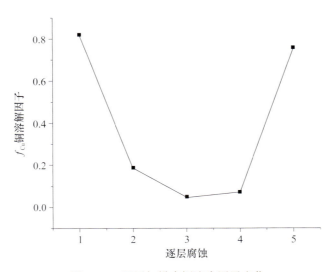

图 3-9-8　逐层扫描中铜流失因子变化

合层中，锡元素几乎检测不到，如 2050 当卢外层土腐蚀物锡含量为 0.96%、1665 当卢为 0.56%、1550 当卢为 0.95%。

（二）腐蚀产物分析结果

腐蚀产物先根据颜色进行分类，区分成绿色、蓝色、紫色与白色等腐蚀物，接着依据腐蚀产物质地特征以及取样手感分成坚硬、粉状两种，分析结果如下。

坚硬绿锈（图3-9-9）多分布在器物表面、层次薄，腐蚀物主要物相为孔雀石，其次是锡石，而来自矿化严重器物样品多从基体矿化处取得，主要外观为粉状浅绿锈（图3-9-10），物相分析为孔雀石与锡蚀、二氧化硅等组成，其中越呈现粉状、浅色，其铜含量越低、并以锡石为主要物相（表3-9-8）。

C155（C″-5管饰）

C114（K1：426辖）

图3-9-9　坚硬绿锈样品范例

C148（262橛）

C104（K1：464轭足饰）

图3-9-10　粉状绿锈样品范例

表3-9-8　绿锈样品物相分析结果

编号	实验室编号（文物号文物名称）	物相组成
1	C155（C″-5管饰）	孔雀石$Cu_2(OH)_2CO_3$、氧化铜、碳酸钙
2	C114（K1：426辖）	孔雀石、二氧化硅
3	C148（262橛）	孔雀石、锡石、石英、砷铅矿
4	C104（K1：464轭足饰）	孔雀石、锡石

坚硬蓝锈、深蓝色锈蚀（图3-9-11）有的分布在基底内层，有的在文物表层，主要物相为蓝铜矿、孔雀石与锡石。粉状浅蓝锈蚀（图3-9-12）则来自矿化严重文

C53（1926当卢）　　　　　　　　　　　C108（K1：223当卢）

图3-9-11　坚硬蓝锈

C2（L-19泡饰）　　　　　　　　　　　C39（K1：314环）

图3-9-12　粉状蓝锈

物基体，物相以锡石为主，同样越呈现粉状、浅色，其铜含量越低并以锡石为主要物相（表3-9-9）。

表3-9-9　蓝锈样品物相分析结果

编号	实验室编号（文物号文物名称）	物相组成
1	C53（1926当卢）	蓝铜矿$Cu_3(CO_3)_2(OH)_2$，锡石SnO_2，$Pb_5(CO_3)_3O(OH)_2$
2	C108（K1：223当卢）	锡石、孔雀石、砷铅矿、蓝铜矿
3	C2（L-19泡饰）	孔雀石、锡石、硫锡矿SnS
4	C39（K1：314环）	锡石SnO_2

　　紫色坚硬腐蚀（图3-9-13）来自基底中心，主要物相为蓝铜矿、孔雀石、氧化亚铜等，而粉状浅紫色腐蚀产物则以锡石为主；白色腐蚀物不多见，分析结果为白铅矿（表3-9-10）。

C43（574当卢）　　　　C99（K1：520辖）　　　　C61（517当卢）

C100（K1：520辖）　　　　　　　C91（1407马镳）

图3-9-13　紫色与白色腐蚀物

表3-9-10　紫色与白色腐蚀物物相分析结果

编号	实验室编号（文物号文物名称）	物相组成
1	C43（574当卢）	块状样品，断面为紫色成分：铜73.98%、锡10.81%、铅2.49%、氧12.71%
2	C99（K1：520辖）	赤铜矿、石英
3	C61（517当卢）	蓝铜矿 $Cu_3(CO_3)_2(OH)_2$，白铅矿 $PbCO_3$，赤铜矿 Cu_2O，铅丹 Pb_3O_4
4	C100（K1：520辖）	孔雀石、锡石、云母、大理石
5	C91（1407马镳）	白铅矿 $PbCO_3$

　　整体来说，分析中的腐蚀产物分成两大类：一为来自保存状况相对良好的青铜器表面，基体保有铜质，腐蚀物多为孔雀石、蓝铜矿等致密、质地坚硬腐蚀物，锈蚀层薄且附着在金层表面；另一类为来自通体矿化严重、保存状况不佳的青铜器基体，腐蚀物以结构酥松但性质稳定的锡石为主。另外有少部分腐蚀物带有氯元素，或检测出氯铜矿、副氯铜矿腐蚀物，但这些不是这批青铜器主要的腐蚀物。

　　根据腐蚀物相分析，浅绿、浅蓝、浅紫等粉状腐蚀物多由锡石与其他铜腐蚀物混合而成，如C126（K1：389管形饰件）粉状浅绿色锈蚀主要物相成分为孔雀石与锡石，C72（172马镳）的浅蓝绿色粉状腐蚀物相分析结果为孔雀石、锡石、石英等；C99（K1：520辖）紫色腐蚀则为氧化亚铜。

四、讨论

海昏侯墓车马坑出土当卢腐蚀情况呈现出铜元素不断流失、锡元素保留的特征，从当卢的逐层分析结果可知铜元素含量由内向外层渐减，靠近外层的基体受到的腐蚀情况严重，铜元素流失明显，器物表面腐蚀物也能测得少量铜元素，锡元素含量变化与铜相反，随着铜的流失锡元素相对增加，但在外层腐蚀物中不含锡元素，而腐蚀产物也反映这样的趋势，外层腐蚀物以孔雀石为主，而基体矿化严重，为粉状、浅绿、浅蓝与浅紫色等状态的腐蚀产物则以锡石为主。

要探究腐蚀原因可从以下几个方面讨论：首先是埋藏环境因素，墓地车马坑底土土壤为红壤、pH检测结果大约为5.23，阴离子中SO_4^{2-}与NO_3^-含量接近，Cl^-含量极少，PO_4^{3-}未检出。一般来说青铜器腐蚀后首先生成氧化亚铜，氧化亚铜性质稳定、质地致密，能有效减缓腐蚀速度[1]，不过在pH3~5的酸性环境中，氧化亚铜无法产生保护作用，FengY等研究结果显示当pH为3时，氧化亚铜层为多孔隙状态，铜离子仍不断扩散，而在pH4~5时，氧化亚铜层开始取代铜基体溶解而向腐蚀环境提供铜离子，当环境酸碱值提高，氧化亚铜层就能起到保护作用，而氧化亚铜层向环境提供离子的速度也成为金属腐蚀速率的控制[2]。海昏侯墓土壤pH为5.23的酸性环境，因此表面无法生成具有保护效果的氧化亚铜膜，造成腐蚀不断发生，铜离子由外向内逐步流失。

成分分析结果显示样品基体受到腐蚀，铜元素转变为Cu^+与Cu^{2+}，其中Cu^{2+}状态下能被土壤中的有机质、铁铝氧化物等吸附[3]，此墓葬中的腐殖质含量为1.4%（取自文物上样品土壤分析），土壤属于酸性铁铝红壤，因此铜腐蚀后的铜离子受到土壤中的有机质与铁铝氧化物吸附，邵玉佩等研究铁铝氧化物对铜的腐蚀行为，研究结果显示铁铝氧化物腐蚀初期具有促进铜腐蚀作用[4]。

从腐蚀产物的生成与性质来看，铜腐蚀后二价铜离子可与水中碳酸盐、氢氧化物等络合，络合形成的二价铜盐种类取决于环境酸根相对含量，如铜的硫酸盐类与高

① 〔美〕大卫·斯考特著，马清林、潘路等译：《艺术品中的铜和青铜：腐蚀产物，颜料，保护》，科学出版社，2009年，第62页。

② Feng Y, Siow K.-S, Teo W-K, et al. Corrosion Mechanisms and Products of Copper in Aqueous Solutions at Various pH Values, Corrosion, 1997, 53.5.

③ 孙向阳主编：《土壤学》，中国林业出版社，2011年，第267页。

④ 邵玉佩、闫爱军、金雨等：《红壤中铁铝氧化物对铜接地极材料的腐蚀行为》，《腐蚀科学与防护技术》2015年第5期。

浓度硫酸根离子有关，含氯铜盐则与高含量的氯离子有关，碳酸盐类则之于碳酸根离子[①]，腐蚀产物分析结果显示外层腐蚀物以孔雀石为主，然而土壤环境中以硫酸根离子含量为最高，理应生成铜的硫酸盐类，造成这样的情况有两种可能：第一，当文物在稳定埋藏环境中生成铜的硫酸盐类，但由于器物挖掘后暴露在空气中，导致器物表面腐蚀产物发生变化；第二，腐蚀产生的铜硫酸盐类易溶于水（如硫酸铜），腐蚀物生成后受到土壤水影响而流失。相对于铜腐蚀产物的多样性，锡在受到氧化后通常成为水合锡（Ⅳ），即四价锡酸，其性质相当稳定，基本不溶于水也难溶于酸、碱之中[②]。

从合金配比对腐蚀影响来看，高锡青铜相较低锡青铜耐腐蚀，原因在于锡受到腐蚀后会生成稳定的保护层，而含16%锡以下的低锡青铜合金中，共析体分布相较分散，固溶体相较多，因此在锡被腐蚀形成氧化锡的过程较缓慢，比较之下二氧化锡形成保护层的功能较弱，因此在土壤埋藏环境中容易受到腐蚀，而本次分析样品为低锡铅青铜，故耐腐蚀性能差。此外车马饰件表面多以鎏金装饰，金为贵金属，性质稳定不易腐蚀，电位为+1.83E°（V），远高于铜+0.34E°（V），电偶腐蚀的影响下使得青铜腐蚀加剧。

由上述可推论酸性环境条件、铁铝红壤、合金配比、电偶腐蚀是海昏侯车马坑青铜器腐蚀主要因素，基体最外侧的铜元素通常流失最严重，显示整个腐蚀过程中铜元素持续与外在环境作用而向外迁移，部分样品表面测得铜元素存在，或者在表面分析到碱式碳酸铜；基体中的锡含量则随着铜元素的流失相对增加，外层腐蚀物也未分析到锡元素，说明锡受到腐蚀后所形成的氧化物相当稳定，过程中并没有离子迁移情况发生。腐蚀产物分析结果显示有部分样品表面铜含量高，主要物相为孔雀石，但更多的是锡含量偏高、主要物相为锡石的情况，这表明青铜受到腐蚀后，铜元素持续流失且未能久留于表面形成保护层，器物最终严重矿化。

五、结论

通过上述分析研究，对于鎏金青铜在酸性土壤中元素迁移现象可得出以下结论。

1）分层扫描能够发现铜含量由内层向外层愈趋减少，样品保存状况佳的器物分层

---

① Selwyn Lyndsie. Metals and Corrosion: A Handbook for the Conservation Professional. Canadian Conservation Institute, 2004: 53-54.

② 〔美〕大卫·斯考特著，马清林、潘路等译：《艺术品中的铜和青铜：腐蚀产物，颜料，保护》，科学出版社，2009年，第25页。

腐蚀分析显示靠近外侧铜元素流失明显，部分样品可观察到铜元素部分在器物表面形成孔雀石、蓝铜矿等腐蚀物，从腐蚀产物分析可观察到这样的情况。

2）矿化越严重者铜流失越厉害，仅留下性质稳定但结构脆弱的氧化锡，因此在矿化严重的文物中，腐蚀产物含锡量高且物相以锡石为主。

3）造成原因推测土壤为酸性铁铝土、器物合金比例为低锡铅青铜、表面施以鎏金装饰等种种原因，使得腐蚀过程中无法形成保护层，铜元素流失殆尽，器物通体矿化，仅剩锡的腐蚀产物留下。

后 记

　　2011年3月，江西南昌新建县（现新建区）墩墩山上的盗洞，揭开了汉代海昏侯国考古的序幕。2015年11月4日，海昏侯墓阶段性考古成果正式向社会发布。在江西省委、省政府和国家文物局的精心部署和大力推动下，媒体、学界和社会不断把海昏侯宣传、研究推向高潮，海昏侯逐渐成为家喻户晓、街谈巷议、轰动世界的头号文物新闻事件。2016年，江西师范大学联合江西省文物考古研究院、南昌汉代海昏侯国遗址管理局、北京大学、西北大学等单位以"海昏侯墓考古发掘与历史文化资料整理研究"为题获得国家哲学社会科学基金重大委托项目课题立项，一大批考古、历史和遗产保护学者加入课题研究之中，海昏侯考古快速转化到田野考古、文物保护和科学研究齐头并进的系统研究模式，有效地推动了海昏侯遗址公园建设和遗产利用的进程。

　　"海昏侯墓出土文物研究"为该重大委托项目的子课题。子课题研究团队为主持海昏侯墓发掘的核心成员，全程主持、参与了发掘和研究。作为江西省文物考古研究院考古项目，团队完成了考古发掘原始材料的整理和简报的撰写；作为国家哲学社会科学基金项目课题组成员，团队以发掘报告为基础，广泛吸纳相关领域专家学者合作，开展了诸多具有原创意义的综合研究，短期内取得了众多科研成果，为深化海昏侯及海昏侯国历史的研究贡献了力量。

　　自"海昏侯墓出土文物研究"项目启动以来，团队成员在核心刊物发布学术报告和论文40余篇，本次结集出版的阶段性成果为其中主要内容。编撰时，为保持写作体例的统一，在充分尊重原作学术观点前提下，对文章的名称和形式进行了部分改动；随着文物保护和科学研究的不断加深，部分内容进行了修订和完善，并增加了一些新图片，丰富了文章的内容和可读性。

　　本书分为上、中、下三篇。上篇海昏侯史迹和考古发掘由徐长青、杨军负责。中篇漆木器和简牍由管理负责，青铜器、金器、陶瓷由王意乐负责，玉器由蔡保全负责。下篇科技考古由管理负责。器物拍摄刘新宇。江西省博物馆郭心参与了后期图文校对。徐长青进行统稿、审定。

　　本书既是国家社科基金项目阶段性成果的展示，也是作为考古发掘和文物保护团队多年来辛勤努力的结晶。

　　江西省文物考古研究院全体同人为海昏侯考古、保护与研究奉献了力量，是海昏侯考古获得重大成果的决定性因素。在考古与文物保护阶段，信立祥、张仲立、焦南峰、吴顺清、王亚蓉、杜金鹏等专家组成员登高望远，运筹帷幄，贡献重大；在科研和本项目推进阶段，项目秘书处吴永明、赵明教授以及许多专家同人出谋划策，倾囊相助，成果斐然。由于篇幅限制，无法一一署名，特此表示谢意！本课题后期，课题组主要负责人徐长青管理工作调动至江西省博物馆，课题推进和本书的编撰出版得到江西省博物馆领导及相关同志的支持和帮助，在此一并感谢。

　　最后，衷心感谢科学出版社领导闫向东、孙莉，以及责任编辑王琳玮为本书编撰出版提供的支持和帮助！

编　者

2022 年 8 月 5 日